思想锐度提升传播能见度
新闻力量推动产业新变革

思考的力量
能源中国视角下的新闻实践

王晓晖 著

石油工业出版社

图书在版编目（CIP）数据

思考的力量：能源中国视角下的新闻实践 / 王晓晖著. -- 北京：石油工业出版社，2025.8. -- ISBN 978-7-5183-7610-0

Ⅰ.G210

中国国家版本馆CIP数据核字第2025AC7743号

思考的力量：能源中国视角下的新闻实践

王晓晖　著

出版发行：石油工业出版社

（北京安定门外安华里2区1号　100011）

网址：www.petropub.com

编　辑　部：（010）64523689

图书营销中心：（010）64523731

经销：全国新华书店

印刷：北京中石油彩色印刷有限责任公司

2025年8月第1版　2025年8月第1次印刷

710毫米×1000毫米　开本：1/16　印张：25.5

字数：443千字

定价：88.00元

（如出现印装质量问题，我社图书营销中心负责调换）

版权所有，翻印必究

序 PREFACE

当下,世界之变、时代之变、历史之变正以前所未有的方式加速演进,新闻媒体当仁不让走在这场变革的前沿,以全新姿态迎接并拥抱"万物皆媒、人机共生"智媒体时代的全面到来。

媒体行业如何在推进系统性变革的时代浪潮中奋楫扬帆,抢占新闻文化宣传制高点,持续巩固和壮大主流思想舆论,更好地肩负起唱响主旋律、弘扬正能量、振奋精气神的重要使命,最为关键的是要坚守内容为王和价值引领的初心,以强大的思想引领力、精神凝聚力和价值感召力,传播党的政策主张,记录时代风云,聆听时代声音,回答时代课题,引领社会发展。这就更需要依靠思想的力量,解析新闻事实发生发展的原因,揭示事物之间的内在联系和发展趋势,引导读者认识事物本质和规律,提升新闻报道的传播力、引导力、影响力和公信力。

古语云:"行成于思,毁于随"。机器不能产生思想,只有人才能产生思想。不管是过去"铅与火"的平面媒体时代,还是如今"数与智"的全媒体时代,无论传播介质如何变化,传播工具怎么进步,对新闻事实的发现与挖掘,对新闻价值的判断与坚守,对新闻主题的升华与提炼,毫无疑问是新闻事业永恒不变的追求。在当下互联网、大数据和人工智能加持的变革中，要牢牢守住媒体的专业能力、专业优势，以及永久坚守"不变的真理"，思想的力量在岁月沉淀中则愈发凸显。

中国石油工业波澜壮阔的鸿篇史诗从启幕始，石油新闻事业应时而生、相伴而长。一代代石油新闻人赓续红色血脉，传承家国情怀，奋力书写能源风云。与时偕行，当历史的车轮驶上新时代能源强国的伟大征程，在中国石油迎来成立75周年之际，《思考的力量》如约付梓，我对上面的判断更加清晰而坚定。

作者王晓晖同志长期坚守在油气行业新闻一线，勤于思考、善于思考、乐于思考，他把二十多年躬身实践的深厚积淀，重理脉络、重拾思考，将新闻生产的全流程细细拆解为可触摸的肌理：从新闻线索的大海捞针到新闻选题的抽丝剥茧，从新闻策划的深谋远虑到稿件写作的谋篇布局，将气象万千的新闻碎片创作串成丝丝相扣的思想之链，标注了思维的路标，展现了思想的厚度。最为难得的是，作为本书的核心板块，精选新闻作品案例后的"延伸思考"，就如同地质队员的勘探日志，既娓娓道来采写的曲折过程，又寻踪觅源创作的连贯思路，既有"观往以知来"的规律总结，更见"文章得失寸心知"的采写自省；又好比物探专家解读的地震剖面，让读者既能清晰看到地下的构造轮廓，又能洞察地层深处的复杂变化。这种"既见树木，又见森林"的思维方式和写作模式，不仅增厚了新闻实践的真实质感，更集成了新闻写作的认识论和方法论。

《思考的力量》所诠释和展现的正是这一核心内涵。书中那些跨越二十多年的报道案例，今天重读依然透着超前的洞察和宏阔的视野：当年关于应对国际油价巨幅震荡的调查建议，已在中国石油业绩连创历史新高中得以验证；昔日对加入WTO后全球能源治理的追问，预见了中国石油国际化战略的巨大成功；"大庆要长，长庆要大""管道不欠生态的账"等多年前设置的新闻议题,依然是当下石油新闻追踪的热点。这种穿越周期的思考力,源于作者"弥纶群言、研精一理"的职业精神,源于"书囊无底、永不停歇"的钻探思维,源于对新闻的思想和价值本位的长期坚守。作者把思考的初衷、过程和结果完整地展现给读者,也许想表达这样的理念:好新闻一定不是流水线上的标准件,也不是滑过天际的流星雨,而是由思想、温度和责任融合而成的白纸黑字的"权威性"和"公信力"。

历史车轮滚滚向前,时代潮流浩浩荡荡。当能源强国梦想化作使命担当,当绿色低碳发展重塑能源版图,当主流媒体系统性变革重构舆论生态,新闻人面临的既是挑战更是机遇。用更有思想的文章引领发展,用更有质量的传播扩大影响,用更有温度的表达塑造品牌,是中国石油建设世界一流企业的现实之需、长远之要。《思考的力量》的价值,恰恰在于它为移动互联网时代的新闻从业者浅绘了思维的导图,为纠结于AI写作的新闻人注入了思想的定力,为石油新闻事业的高质量发展提供了有益借鉴。而更为深沉的价值,在于它启示我们:石油精神和大庆精神铁人精神才是石油新闻的真正"图腾"——要成为一名优秀的石油新闻人,就得"苦干实干""三老四严",就得"五到现场",进油区、爬井架,脚踏万米之巅的油层,在世界地图前思考能源转型重塑的方向,用沁染油味、泥土味的采访本记录能源行业发展的年轮。

掩卷沉思,智媒时代已然清晰可见,时代赋予我们以新闻力量引领保障能源行业高质量发展的重任。要讲好石油故事、讲好中国故事,做行业发展的记录者、见证者、引领者,回答好时代命题,就要创新性地全力打造"思想纸、观点纸、深度纸"。从这个意义出发,我寄予《思考的力量》以期待:希望它能成为能源新闻人案头的有益伙伴,让思考的火花启迪新闻"勘探"之路,在能源报国的沃土上写下有思想、有温度、有油味的精品佳作，唱响"我为祖国献石油"的主旋律。广大新闻人定当传承"孜孜不倦、朝思夕计"的求索精神，进一步打开"独上高楼，望尽天涯路"的眼界，秉持"衣带渐宽终不悔"的执着，最终抵达"蓦然回首，那人却在灯火阑珊处"的新闻境界。这也应是作者的创作初心和这本心血之作的光荣使命。

中国行业报协会会长

二〇二五年仲夏于北京

目 录

第一章 源头活水哪里来
——浅谈新闻线索和选题

一、水是什么——发现不了问题的问题在哪里 ……………… 003
 延伸思考：平常之中见非常！基层报道凭啥上了头版头条… 007
     打破"思想牢笼"，采摘带刺的玫瑰……………… 021
     出门跌一跤，也抓一把土；菜满筐里做"巧妇" … 022
     新闻调查报道是添乱吗？不是………………… 023
     领导干部应善用媒体力量推进工作……………… 024

二、跳出水面——擦亮新闻眼 ……………………………… 026
 延伸思考：发散思维对新闻采写的启示………………… 027
     小中见大，以点带面…………………………… 035
     正常秩序中断背后藏"大鱼"………………… 040
     反弹琵琶为哪般？……………………………… 044

三、按图索"水"——强化问题导向设置议题ᆢᆢᆢᆢᆢᆢᆢᆢᆢᆢᆢᆢ 047
　　延伸思考："三个维度"理解问题导向意识ᆢᆢᆢᆢᆢᆢᆢᆢᆢ 051

四、山海探流——唤醒沉默的"文山会海"ᆢᆢᆢᆢᆢᆢᆢᆢᆢᆢᆢ 053
　　延伸思考：钻进会议看会议，只言片语有乾坤ᆢᆢᆢᆢᆢᆢᆢ 053
　　　　　　　跳出会议看会议，热讨论中冷思考ᆢᆢᆢᆢᆢᆢᆢ 056
　　　　　　　问路"世界十字路口"ᆢᆢᆢᆢᆢᆢᆢᆢᆢᆢᆢᆢᆢᆢᆢ 065

五、水中捞鱼——做听风者，共情中同频ᆢᆢᆢᆢᆢᆢᆢᆢᆢᆢᆢ 070

六、深潜水底——身体和灵魂总有一个在路上ᆢᆢᆢᆢᆢᆢᆢᆢ 072

第二章 信息传递由接收者完成——浅谈稿件写作

一、坚持受众思维，强化议题设置ᆢᆢᆢᆢᆢᆢᆢᆢᆢᆢᆢᆢᆢᆢᆢ 077
　　延伸思考：凤凰如何展翅飞？ᆢᆢᆢᆢᆢᆢᆢᆢᆢᆢᆢᆢᆢᆢᆢ 079
　　　　　　　梧桐如何引凤凰？ᆢᆢᆢᆢᆢᆢᆢᆢᆢᆢᆢᆢᆢᆢᆢ 080

二、强化人本情怀，让报道充满"烟火气"ᆢᆢᆢᆢᆢᆢᆢᆢᆢᆢ 085
　　延伸思考：小人物大情怀，小故事大道理，小视角大时代ᆢ 091
　　　　　　　心灵共情解锁"物理间距"之困ᆢᆢᆢᆢᆢᆢᆢᆢ 097

三、秉持价值导向，强化事理融合ᆢᆢᆢᆢᆢᆢᆢᆢᆢᆢᆢᆢᆢᆢᆢ 100
　　延伸思考：从小情小我，到大情大我ᆢᆢᆢᆢᆢᆢᆢᆢᆢᆢᆢ 101
　　　　　　　"横断面"叙事，价值观共振ᆢᆢᆢᆢᆢᆢᆢᆢᆢ 106

第三章 文无定法　言之有物
——浅谈几种报道题材的架构

一、行进式报道：把新闻写在大地上 ············ **111**
　　延伸思考："四力"为舟楫，邂逅最美的风景 ·········· 119

二、消息类报道：及时传递，权威发布 ············ **121**
　　延伸思考：心怀敬畏，为明天书写历史 ············ 126
　　　　　　强化用户思维，让读者为新闻价值"买单" ···· 130
　　　　　　"数读"新闻：数字中看时代，数字里见思想 ··· 132

三、评论报道：从"信息传播"向"价值引领" ······ **134**
　　延伸思考：立意求新，言他人之未言 ············· 136
　　　　　　大中取小，小中见大 ················ 138
　　　　　　靠思辨说理，用思想引领 ·············· 147
　　　　　　善于从认识论、方法论、实践论的维度说理 ····· 154
　　　　　　善于"哪壶不开提哪壶" ··············· 159

四、行业观察：时代风云变革中的瞭望 ············ **161**
　　延伸思考：坚持"4D原则"，打造内容为王"硬通货" ··· 162
　　　　　　用平视的视角讲好中国故事 ············· 167
　　　　　　以大能源观大历史观书写"能源中国" ······· 178
　　　　　　剖析偏激共振源头，有理大声讲出来 ········ 186
　　　　　　新闻，回望之镜，瞭望之眼 ············· 194
　　　　　　勇立行业"风口"，善发时代之问 ·········· 206
　　　　　　治水先"知水"，既看热闹更看门道 ········ 212
　　　　　　偏见与正见的普遍联系中探寻规律性 ········ 218

五、资政建言类报道：做思想的"搬运工"，做价值的"淘金者" …… 220

延伸思考：见微知著，让思想跑在变革前面…………… 228

"类因法果"追问：新闻深一度，提升能见度… 234

发现新问题，研究新情况…………………………… 239

"靶向"研究"打深井"，提高资政"含金量"… 249

六、调查探访：望闻问切，既找"病症"，又开"药方" … 251

延伸思考：树立新闻"长期主义"，多点新闻"耐心资本" 264

典型经验报道，看"广告"，更看"疗效"…… 271

挖掘新闻特质，提升品位价值………………… 276

捕捉时代价值，发好时代先声………………… 282

老妪能解，朴素中见深刻………………………… 287

处理好树木和森林的关系，既见树木，又见森林 289

建设性报道须厘清的几个误区………………… 290

七、典型事迹报道：细节和有料至为关键……………… 292

延伸思考：自己"沉"下去 榜样"立"起来………… 298

一咏三叹，余音绕梁………………………………… 303

选材求新求特，叙述求实求活………………… 310

八、政论述评：述为本，评为脉，理服人，情感人……… 312

延伸思考：树立大事思维、大局意识………………… 315

激情壮写行业和时代"精气神"………………… 324

"硬"新闻"软"着陆，形散神不散……………… 331

新闻写作应把握的几个关系……………………… 332

第四章 关于新闻策划
——找准点、连好线、勾画面

一、单一选题策划 ·· 337
　　延伸思考："三结合",预见性创造性开展策划报道········ 338
　　　　　　一件"半拉子"策划诞生记························ 340

二、主题新闻行动策划 ·· 343

三、主题特刊策划 ·· 345
　　延伸思考:做精"特刊",流量时代"特"取一瓢饮 ······ 346
　　　　　　国际传播的个性化定制···························· 351

四、融媒报道策划 ·· 353
　　延伸思考:人格化"塑像","弱编码"叙述················ 356
　　　　　　实现政治站位、人民定位、价值品位的有机统一 ··· 359

第五章 关于国际传播
——从"四通八达"到"通情达理"

一、构建"四通八达"国际传播体系,提升覆盖面和触达率
　　·· 363

二、辩证统筹国际传播"本"与"末",增强精准度和感染力
　　·· 366
　　延伸思考:从"自说自话"到"他说自话"················ 374
　　　　　　强化本土关怀,增强"他说"自觉················ 375

三、构建融通中外"话语体系",以"通情达理"增强传播的温度…… 377

  延伸思考:通情达理,"见人下菜碟"…… 379

第六章 "新闻+"
——新闻力量深度赋能社会治理

一、怎么加?新闻为根,文化为魂,服务为本…… 383

  延伸思考:胸怀国之大者,"新闻+服务"走好全媒体时代群众路线…… 386

  用户思维,"新闻+服务"实践的破圈路径 … 388

二、赋能社会治理,服务中见证新闻的力量…… 390

加快系统性变革 壮大新闻主流舆论(代后记)…… 392

第一章
源头活水
哪里来

——浅谈新闻线索和选题

线索和选题，就是新闻报道的源头活水
发现不了问题是新闻报道中最大的问题

问渠那得清如许，为有源头活水来。

正如炊米之于巧妇，具有传播价值的信息、线索和选题，就如同新闻的源头活水，是新闻工作的"上游"，是新闻报道的重要起点。在很大程度上，新闻选题指引了新闻报道的内容和方向，决定了新闻报道的价值和影响力。

当前，全球化风雷激荡，能源产业加速转型重塑，国内外舆论环境复杂多变，媒体行业系统性变革纵深推进。随着大数据时代带来舆论传播格局的新变化，人工智能时代催生对新闻宣传工作的新挑战，媒体发展面临新课题。传播主体更加多元化、大众化，传播内容更富个性化、实用性，传播方式更趋可视化、移动化，更具交互性、开放性，深刻改变着受众的信息需求和阅读习惯，带给行业深刻的思考，那就是社会大众需要什么样的信息？怎样发现和获取这些信息？媒体能给社会提供什么样的精神文化产品和新闻信息服务？

因此，必须把新闻舆论工作放在党和国家发展的全局、能源行业转型重塑的变局、能源央企建设世界一流企业的大局中思考，构建新闻宣传和舆论引导新格局，锻造与之匹配的新闻舆论和新闻文化软实力，旗帜鲜明彰显主流价值，唱响主旋律。这就需要媒体坚持守正创新，激荡澎湃的源头活水。向数据驱动、智能驱动转型，结合新闻媒体的定位和受众需求，推进新闻文化的供给侧结构性改革，聆听时代声音，把握时代脉搏，承担时代使命，回答时代课题，努力实现优质新闻文化产品的高效供给。

关键是要抓好线索和选题建设，做强做优新闻"上游"。进一步提升队伍职业素养、拓宽观察视野、增强创新能力，打通高端信息与基层信息的"断裂带"，"天气"与"地气"呵成一气，构建新闻报道的"信息数据库"，提高信息的共享率，方能深挖源头活水，解决"无米之炊"，做好深度报道，推动企业发展。

一、水是什么
——发现不了问题的问题在哪里

2012年高考,语文试卷中有一道材料作文题:

两条小鱼一起游泳,遇到一条老鱼从另一方向游来,老鱼向他们点点头,说:"早上好,孩子们,水怎么样?"两条小鱼一怔,接着往前游,游了一会儿,其中一条小鱼看了另一条小鱼一眼,忍不住说:"水到底是什么东西?"

看来,有些最常见而又不可或缺的东西,恰恰最容易被我们忽视;有些看似简单的事情,却能够引发我们深入思考……

水是什么东西?

是的,这是水中的鱼儿终其一生很少思考的问题。须臾不离,却往往忽视。没有发问,也就很少去思考。

这何尝不是新闻采访普遍的困惑。

不少新闻同仁或多或少都有这样的困惑:在现实生活中有许多值得我们思索的问题,但是这些问题常常似隔着一些什么,让人感到了却抓不到,如雾里看花。我们迷茫于如何去找有价值的新闻线索。即便是到了基层,扎进了一线,仍然发现不了问题,捕捉不了线索,判断不了价值。有几种代表性声音:能报道的都报道了,没什么成果、进展、经验,没发现什么报道线索和问题,对方可能不接受采访,领导可能不会同意报道等。

调整发现的视角

水是什么是东西?

跳出水面,善于发现

这几种声音背后的潜台词，值得我们思考。

什么叫问题？毛主席在《反对党八股》中有深刻的定义。问题就是事物的矛盾。哪里有没有解决的矛盾，哪里就有问题。既有问题，你总得赞成一方面，反对另一方面，你就得把问题提出来。提出问题，首先就要对问题即矛盾的两个基本方面加以大略的调查和研究。

新闻老前辈梁衡先生直言，提出问题比回答问题还要难。那么，发现不了问题的问题到底在哪里？如何真正破解"提不出问题的问题"的难题？

浩渺如烟海的大千世界，生动活泼、热火朝天、气象万千的生产生活，正是孕育新闻的活水源头。新闻工作者不仅只是开源者、淘金手，或许就在新闻主角的身边，甚至本人就是新闻主角，却困惑于找不到新闻点，找不到好线索，"不识庐山真面目，只缘身在此山中"，司空见惯，又熟视无睹。

提不出问题，是采访报道中最大的问题。发现不了问题，归根结底还是报道者本身的问题，是触发新闻敏感的"雷达"系统出了问题，问题导向意识比较薄弱。主要体现在以下三方面：

> 发现不了问题的问题在哪里
>
> 1. 打破"思维惯性"的宣传定式
> 2. 突破"下沉螺旋"的自我设障
> 3. 跳出"水落石不出"的认识盲区

1. 打破"思维惯性"的宣传定式

2025年3月初，一张被记者自嘲为"有瑕疵"的新闻图片引发无数的热议和好评。该则新闻讲述的是2025年2月28日，特朗普、万斯、泽连斯基在白宫激烈争吵后，乌方领导人泽连斯基乘车离开的车内瞬间，可谓"一图胜千言"。中新社美国分社记者陈孟统在采访手记中，揭秘了这张"有瑕疵"的新闻图片的背后故事，也分享了富有哲理的宝贵经验。正是其在"单一重复场景"的新闻采访中尝试改变，探索不同的新闻报道角度，大胆地进行预判和准备，在经历了长达7个多小时的漫长甚至乏味等待后，坚持"盯"到最后一刻，"侥幸"捕捉到了新闻人物极具意涵的新闻瞬间，成为独特历史视角的记录者、见证者。

客观来说,"单一重复场景"是媒体工作面临的普遍困惑和挑战。为什么我们容易形成远视眼?熟悉的地方真的没有风景吗?

"单一重复场景"的工作困惑,其本质源于新闻生产的思维惯性、信息同质化,以及信息茧房强化等因素。记者由于常年跑口某一领域,很容易形成思维惯性而限制了创新,对自己熟悉的业务领域变得不再"敏感"。

分析深层原因,是记者的"雷达系统"产生钝感。记者的新闻敏感度、洞察力不够,采编能力局限,深度挖掘能力退化。不知怎样判断、捕捉,采访时易被牵着鼻子走,缺乏自己的独立判断,导致"采访对象说什么就是什么""听到什么就写什么"。此外,长期"派活制"让记者产生了依赖症,等着被喂食吃,而不是捕食吃。

如图1-1所示,从近几年石油石化行业纸媒刊发稿件的类别构成的数据分析可以观察到:成果宣传类、经验总结类报道规模比例远远高于调查类、分析类报道,尤其是在生产经营形势好的时候,总结性、宣传性写作风格很难转过来。某种程度上,"成果赞歌"旋律下的报道往往泛滥成了"宣传简报""生产汇报"。一旦行业、企业发展形势发生变化,报道的规模和形态也随之产生显著变化。近些年来的几轮低油价下,石油企业少了钻井进尺、产量突破、经营利润等成果,一度让传统报道无所适从,基层投稿量明显下降。

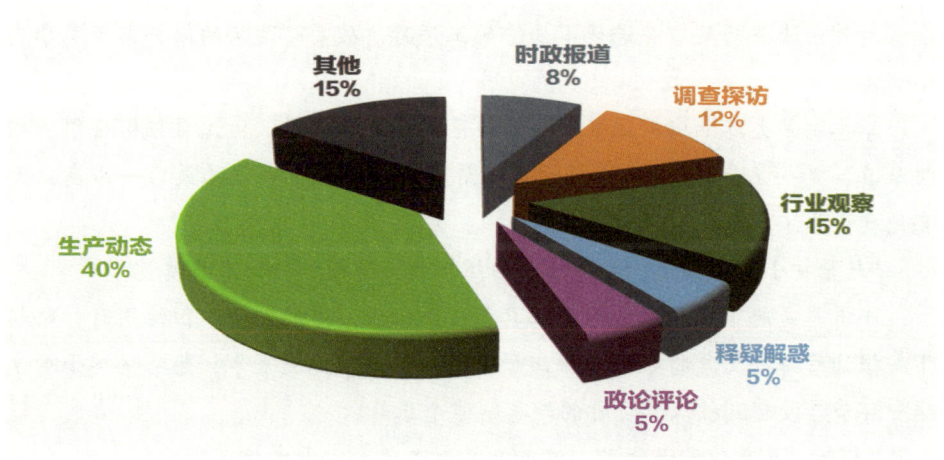

图1-1 近几年石油石化行业纸媒刊发稿件的类别构成

概要梳理,基层报道存在以下常见误区:

一是易陷在工作报告、会议材料里,内容多以部门和单位工作动态、总结为主。二是思维"圈"在小队、班组、车间层面，未能很好地站在本企业或者行业的高度认识和思考问题，导致稿件缺少代表性，不具启示性。三是因为与身边的"主人公"或发生的事情太"熟悉"，形成了习惯性"漠视"，错失新闻线索。四是求长求大，不注重消息、特写等小切口、大主题的写作，影响投稿的命中率。五是形式上易空洞生硬，只见工作不见人见事，缺乏可读性；或者自说自话，让人觉得不可信。

新闻是信息，但信息并不全是新闻。那么，如何从浩如烟海的事实里、生动火热的生产生活里"采撷"出有价值的、有亮点、有深度的新闻呢？基层的新闻能否上头版甚至头条，与重大会议、领导活动等抢地盘？

答案是肯定的。

突破的关键是要在重复中寻找非重复要素，每个看似重复的新闻场景都蕴含着独特的时空坐标与社会肌理，要在常规选题中寻找不同的替代视角，通过信息差发现差异化角度。

案例作品

老党员的最后一班岗

"停下，不加小滑车，一根油管都不许下。"6月19日2时，当施工人员正准备对作业油井西某口井进行下油管的工序时，被紧盯现场的修井监督员李志刚喊停。

李志刚是大港油田采油五厂作业一区的修井监督员。他工作任劳任怨、积极认真，是一名有着40年党龄的老党员。这一晚是他当值的最后一班岗，天亮他就退休了。

"赶紧把小滑车加上，要不油管的丝扣都得磨损，影响修井质量。"

小滑车是起下油管时的专用工具，用来保护油管的丝扣。但使用时，每起下一根油管都要反复将小滑车推回原轨道。施工单位图省事，想省略掉小滑车这一环节，没想到被认真负责的李志刚逮个正着。

"老李，天亮你就退休了。这井就是返工作业，也考核不到你头上。"作业期间的和谐相处，让施工方没把李志刚当"外人"。当天的负责班长继续打着哈哈，"加上小滑车，费时又费力。你睁只眼闭只眼，就当没看见。"

…………

"李师傅，我要是你，今晚晃一圈，早回家睡觉去了，谁还在这荒郊野外熬夜挨蚊子叮。"一旁的作业工也纷纷帮腔和稀泥。

…………

"你这人怎么这样！"见李志刚不给面子，那名班长有些恼火，"这井是好是坏，明天就没你啥事了，瞎认真啥，也没人给你评先进。"

…………

李志刚冲着众人斩钉截铁道，"别说我天亮就退休，就是我现在退休，你们下油管不加小滑车，一样别想开工。总之，我老李只要在岗一分钟，就必须保证油井的修井质量！"

见毫无回旋余地，施工方班长只好和众人将小滑车加上。在探照灯的聚焦下，装上小滑车的油管被一根根完好无损地送至井筒内。

（尹淑静　任明莉）原载于《中国石油报》2012年6月28日头版头条[①]

延伸思考

平常之中见非常！基层报道凭啥上了头版头条

这是一篇基层同志采写的稿件，讲述了一名一线队站老党员的故事。

当时笔者负责采访通联部的工作，其中有一项比较烦琐的任务，就是处理好每天100多篇基层来稿的初审分发，这篇报道的线索正是从基层来稿中发现的。初稿上千字，故事叙述铺陈过多，内容散且不聚焦，但其中一个点却吸引了我，那就是"即将退休离岗的老党员的最后一个夜班"，而"这个夜班"恰恰是"有故事的"，故事是"有冲突的"，内涵丰富。

平常之中见非常。这正是"重复场景""相似事件"背后的独特之处。比如：报道对象严守岗位的责任心，临近退休，却坚持履责"不早退"；他不讲变通，发现违规操作，勇于坚持原则，较真碰硬。这个夜班故事的主人公虽然只是一名普通的老党员，但他身上透射出的精神和品格，却散发着明亮的光芒。因此，讲好故事里的思想，讲

[①] 本书案例作品除特别注明外，均为著者在《中国石油报》刊发作品。

好故事里的精神，是这篇报道的价值所在。

于是笔者立即联系作者，在补充采访相关细节等要素的同时，商量将文章架构进行了调整，紧扣"三基"工作和岗位责任心展开叙述。优化场景工况描述，增强现场感。补充对话交流细节，增强代入感。尽可能用直接引语，注重与人物身份岗位相符，不刻意拔高，文风朴实生动。突出彰显普通石油老党员"在岗一分钟，尽责六十秒"的优良作风精神，让稿件具有典型性、代表性，反映了时代的呼唤、石油事业的呼唤，新闻的导向性一目了然。正因为此，这篇文章虽然只有700来字，而且还是最一线的稿件，却还是被编辑部"慧眼识珠"刊发在一版的头条位置。

2. 突破"下沉螺旋"的自我设障

在宣传报道工作中往往有一种"下沉螺旋"现象：那就是内外部形势越严峻，改革越深入，行业挑战越大，问题困难越多，企业对外宣传的意愿越低，自我设置的禁区、雷区越多，新闻宣传就越"谨慎低调"。不少企业领导者选择"只做不说或多做少说"。也不乏个别单位和领导对建设性、探讨性的报道采取抗拒排斥的态度，甚至认为是在"添乱"。矛盾说不得？问题碰不得？困难见不得？这显然是对新闻宣传工作意义和作用的片面理解和误读。有专家将之概括为"有无论""多少辩"，即可有可无论、说多说少辩。引人深思。

当然，新闻采访的同志，也会变得愈加手足无措。一些记者自己束缚了自己的手脚，步步留心，处处小心。越是小心，越见不到建设性的好新闻。

2014年，国际油价一度断崖式下跌，整个石油产业正经历着过山车般严峻的考验。中国石油工业感受到了彻骨的严寒，石油企业如何度过凛冬，备受各界关注。按照中国石油党组对新闻宣传工作的部署要求，中国石油报社采访部门迅速组织开展应对低油价提质增效基层大调查。我在带领小分队采访期间，就遇到了类似现象和困惑。采访的初衷很明确：作为党组机关报，作为党组的耳目、喉舌、智囊，就是要真实客观地了解国际油价低位巨幅震荡对企业生产经营的影响情况、企业遇到的问题困难和应对举措，以期为党组决策提供客观、建设性的意见建议。本次采访，我们重磅打造了油气勘探开发业务应对低油价提质增效调查上、下两篇特稿，分别为《开局之年的决胜之战》和《历史新起点的逆势突围》。

因此，在本次调研系列报道《开篇的话》中，我做了这样的阐释。

共和国的油气版图上，居上游的勘探开发举足轻重——

作为中国石油产业链的高地，它以独有的龙头优势支撑和拉动着中国石油工业半个多世纪的腾飞。

2014年6月以来，国际油价断崖式下跌，半年时间跌幅超70%，创12年来新低，整个石油产业正经历着过山车般最为严峻的考验。中国石油工业感受到了彻骨的严寒，而勘探开发业务更是首当其冲。

然而，石油行业的度冬之路，远比人们预期更为严峻。国际大石油公司纷纷采取破产、兼并、降薪、裁员等手段抵御严寒。国内，三大石油公司利润创近年来最大降幅。翻开油气勘探开发业务账簿，资源劣质化加重，采收率下降，成本刚性增长，在低油价的倒逼下，石油行业投资降到近10年的谷底。三大石油公司引以为傲的勘探开发板块由利税贡献大户转为亏损大户。

寒意阵阵，肩头重压。有人担心，石油发展当前遇到的问题，会不会过山车式下滑，重现20世纪90年代的困境，油气田企业能否挺过这场漫长寒冬？

当前，中国石油正站在新的发展起点上，处于承前启后、继往开来的重要阶段。如何深入推进开源节流、降本增效36条高质量实施，坚决打赢这场提质增效攻坚战，决定着我们能否为"十三五"开好局、起好步。

没有思想理念体制机制的深刻变革，就无法打赢提质增效这场攻坚战。必须审慎地发问，这些年过去了，我们究竟哪些变了，哪些没有变？哪些发展了，哪些又是被发展了？

确实，经过半个多世纪的发展，我们在体量、规模、竞争能力等方面取得了巨大成绩，但并不意味着所有问题都得到了解决，尤其是一些深层次矛盾和问题。破解困局，化解矛盾，关键在于辩证看待事物，厘清事物的主要矛盾和矛盾的主要方面，才能有效应对，不断前进。

低油价下，石油经济怎么看，油气发展怎么干，提质增效怎么办？

问题是时代的声音。年初以来，我们坚持问题导向，深入各油气田企业调研访谈，与一线干部员工、技术人员促膝交流，一起掰着指头算细账，抽丝剥茧挖问题，并力求从不同维度分析油气主营业务发展的困惑和矛盾，试图探求突破瓶颈和克服困难的办法及路径。

即日起，《中国石油报》推出提质增效基层大调查系列报道，敬请关注。

案例作品

开局之年的决胜之战
油气勘探开发业务应对低油价提质增效调查（上）

春寒中的松辽大地，一场沙尘暴铺天盖地，把百里油区团团围裹，让人喘不过气来。

快步进家，换掉工服，简单擦了把脸，路丹又出门了。清明时分的东北大地，料峭春寒还未退去。顶着风蹬车，比往常更显吃力。不到3千米的路，骑了足足半小时。这是路丹在肯德基打零工的第一个礼拜，她不想因为迟到给人留下不好印象。1小时前，还是在磕头机间穿梭的采油工，现在必须琢磨怎么快点进入快餐店员的状态。油价寒冬，为了补贴家用，以往那些所谓矜持都可以放下。

然而，石油行业的度冬之路，远比人们预期的严峻。从高油价时期的繁荣到眼下一片萧条，整个石油产业正经历着过山车般的严峻考验。三大石油公司最为骄傲的勘探开发板块都由利税贡献大户转为亏损大户。

作为共和国长子的大庆油田，开发半个世纪以来，累计产油占全国同期陆上原油总产量的40%以上，上缴利税等1.7万亿元，国家每花100元钱，就有1元是大庆油田创造的。而今却陷入亏损境地。部分油田如果按照目前国际油价倒逼的成本核算，意味着新投入的钻井会在个位数……

产业链的"蝴蝶一振翅膀"，路丹所在的采油厂就"刮起寒冬的风暴"：工作量下降、收入减少。曾经让人欣羡"财大气粗"的油气田，能否挺过这场漫长寒冬？

保产量、增效益，是独角戏还是二人转？

有资源，有产量，不见得有效益；没资源，没产量，效益就是空中楼阁、无源之水。

高油价给我们制造了产量崇拜，低油价让我们厘清了效益认识。避免回到错误观念的从前，放下油价重新高企的幻想，从油气勘探开发规律的本源出发，寻找经济开发的价值曲线。

3月，大部分处在北方的油田，冬色浓重。

以往这个时候，采油厂早就应该做好了当年的产量指标和各项预算计划。

而今年却一拖再拖，迟迟定不下来。一个原因：产量和效益的矛盾在低油价下让很多人犯了难。

今年年初在集团公司工作会议上，深刻分析低油价给公司带来的影响时，指出"低油价风险已经成为影响公司生存发展的现实危机"，要求更加注重能源资源价值，统筹国内外两种资源，着力在获取规模优质储量和效益产量上下功夫。这是集团公司在当前严峻的低油价形势下，推进稳健发展、提质增效的动员令。

有资源，有产量，不见得有效益；没资源，没产量，效益就是空中楼阁、无源之水。

调研中有一种声音，以往上产、稳产听惯了，现在突出效益，工作中一时不知该怎么抓？在与大庆油田采油一厂基层员工的座谈中，只要聊起产量，他们的自豪之情就溢于言表："我们队连续3年产量上升，这就是我们应对低油价的底气和信心！"而谈到效益，他们的表情就变得凝重起来。

也有一部分员工在苦苦思索：油气开发比较特殊，能简单地套在产量、成本和效益的经济公式里吗？勘探开发规律在低油价下与效益导向的经济规律一定会有纠缠，怎么化解？

一个关于稠油的例子很能说明这种困惑和思考。在某油田，稠油产量占总产量的近一半；稠油不仅开采成本高，而且还卖不上价，管理难度也大，一直在拖整个油田效益的后腿。这个油田一名技术人员说："如果光从油田自身出发，肯定是1吨无效益的油都不想采。在现在这个油价下，如果单纯想要油田实现盈利肯定是能做到的，把稠油井全关掉，剩下的都是纯效益当量，日子自然好过。"

那又为何不一关了之呢？

"与稠油生产特性有很大关系。"以稠油开发见长的新疆油田重油公司油田地质研究所所长说，"超稠油埋藏较浅，原始地层温度大都在20摄氏度左右，但超稠油可流动的拐点温度要达到80到110摄氏度，这就需要向地层持续注入蒸汽，形成高温热场。一个稠油区块动辄几十平方千米，储油层厚度都在十几米，要想地下温度升至拐点温度并常年维持在这个水平，则需要几年时间。而一旦关掉，油层温度会快速下降，很多稠油就变成'死油'，会把井筒、油层死死堵住。"

关停容易重启难。历史的教训历历在目。1998年那一轮低油价，许多油田关掉多口油井，产能再没能恢复到原来的水平。

问题在哪？是开发进入中后期资源劣质化、成本高企与投资回报率下降的矛盾，还是效益中心与产量中心如何平衡的问题？强调以效益为中心，那么我们还要不要追求产量？保产量与增效益，是独角戏还是二人转？

其实，强调产量中心和突出效益导向从来都不是互相割裂的，而是辩证统一的。

吐哈油田早在2014年油价还在高位的时候就设想过，如果国际油价低于效益临界点，上市业务面临亏损怎么办？现在面对"十二五"新增探明石油储量中低品位储量增加的严峻现实，他们陷入更深思考：低品位、低效益原油占比越来越大，怎么办？

何止吐哈，集团公司各油田经过多年开发，新增探明低品位储量比例已从"十五"期间的不到50%上升到了90%以上。

对抗资源劣质化下的高成本低产量，赢得效益就像从低产井里捞油一样困难。尽管各有各的难，但各油田都在效益产量的指挥棒下，根据自己的企业实际、资源特点、生产现状等，想方设法"水中捞油"。

西部油区，天山南北，新疆油气集群在"发展"的大方向上综合考虑产能。

塔里木桑吉油田开发逾20年，自然地质衰减，稳产形势严峻。为应对低油价的不利局面，桑吉作业区将眼光瞄向低成本且能产效益油的措施中。"按照综合治理、突出效益、先易后难、分步实施的思路，积极主动挖潜，科学合理处理产量效益的矛盾关系，力保产量与效益相得益彰。"作业区综合部主任陆文忠说。

吐哈油田聚焦产量结构优化，提出"没有效益的油1吨也不要"，优先投资收益率高的项目，调减资源品位差的区块，加大稀油勘探开发力度，2015年油田自然递减率降低25个百分点，增产约4万吨。

东部油区，从松辽到渤海湾、冀中，在"稳定"的战略导向上加大对老区的低成本开发力度。

吉林油田对老区产能建设，明确"努力寻找一些'甜点''高点'，优选一批高效聪明井"，对老油田二次开发坚持"以效益为中心合理安排措施和新井产量"。

冀东油田在别人还在关注措施有效率时，已经先一步考虑到措施经济有效率的问题。"油井措施成本占基本运行费的60%，以往只考虑上措施出不出油，"冀东油田财务副处长黄瑞祥说，"现在要增油，还要增效益油，力争让每吨油见到效益。"

"产量和效益，从来就不是独角戏，而是相互统一的一个整体。高油价时期遮掩了我们在管理中的粗放等问题，忽略了它们原本相互依存的'二人转'属性。"这是我们在调研中的整体感受和油田管理者的一致看法。

避免回到从前，低油价给了我们机会，让我们从思维到管理扭转错误。用吉林油田一名中层管理者的话说就是"低油价适逢其时，倒逼我们涤荡自身的错误理念、粗放管理，让我们退无可退，倒逼我们自我改变、自我提升"。

高油价给我们制造了产量崇拜，低油价让我们厘清了效益认识。避免回到错误观念的从前，放下油价重新高企的幻想，从油气勘探开发规律的本源出发，寻找经济开发的价值曲线。

退无可退！与机械、形而上的产量至上观念决战，与地下日渐劣质化的资源决战，与越来越微薄的利润效益决战——这是当下搞勘探开发的石油人无法回避的历史命题。

钱怎么花、花在哪，是数学还是经济学问题？

花钱是技术也是艺术，要弹性更要理性。放下那可松可紧的弹性，回归到有标准的价值体系，用技术性评估来引导自己的决策，用理性眼光来规划自己的战略。

与传统只重眼前而缺乏战略的投入理念作战，与追求规模速度的投入方式决战，与缺乏评估、凭经验投资的行为作战。

以往一箱油只能跑个单程，现在必须想办法跑个来回。一名吉林油田中层干部的说法颇能说明当下油田手里钱的紧张。

低油价步步紧逼，让在"投入—回报—投入—回报"经济模式里"回报"越来越少，"投入"越来越谨慎。钱生钱，怎么让有限的钱花出效益，花出最大的价值，已经成为油田管理者最为现实的问题。

跟投资回报率打交道十几年的一名采油厂总会计师坦陈："有些犯难，hold 不住。"

"就说我们这个十几人的处级部门，全年的因公交通费也就一万元。"一名东部油田企业文化处负责人说，"这在以往是不敢想象的。"

不敢想象的还更多。

渤海湾，湿冷的海风强劲地吹扫钻井平台，以往大场面的施工现场现在变得有些冷清。

规模不大、产能较少的冀东油田，为度寒冬，今年想方设法优化投资结构，争取用有限的投入干更多的工作量。

冀东油田副总工程师冯京海说："我在油田干了30多年，2016年是最困难的一年。如果今年能顶住，以后不管有多大风浪，我们都能扛得住。"

他说的困难是，如果按当下油价计算，确保油田的收益率健康，那将意味着不少项目需要调整。

冀东还不是最糟糕的。按当前油价，一些老油田可能会出现新井数降到个位数的情况。

无油不稳，无上不富，油田是长线作业，投资回报周期较长，投资额度较大，当下花钱是为三五年甚至更长远的回报。钱又不能不花，可怎么花呢？尤其是在处处捉襟见肘的低油价时代，这可不是一道简单的数学题。

要解答这道题，必须找到一个关键：刀刃。将有限的钱花到刀刃上，钱才有价值。

刀刃在哪？是勘探还是开发？新区投入大，短期是砸钱，回报期较长；老区投入低，占比少，产量低；新技术处于工业化试验阶段，投入较大但已见成效……怎么博弈？措施是进攻性的还是防御性的？长停井得具有怎样的"活力"才需要投入？

"不动用不探明，无效益不探明。"塔里木油田勘探事业部经理王清华指出，在当前的情况下，将调整油气储采结构、构建合理开发秩序作为开发工作的重中之重。

这个说法也代表了很多采油厂长的观点。就是效益导向下，给所有花钱的项目排队。位置靠前的，自然就是刀刃。

问题又来了：怎么给这些花钱项目排队？怎么判断？谁说了算？如果说以往高油价，谁说了算似乎并不那么重要——因为投资相对是"富余"的，但低油价时代这就是个紧要问题了。

渤海北岸，新年以来就弥漫着一种紧张感。

韩丹，冀东油田陆上油田作业区经济评价室主任。作为这个新成立的部门负责人，她告诉我们，经济评价室负责专职分析措施经济效率等。"我们有一票否决权，没有效益的措施不上。"韩丹说，"权力"大了，但压力更大，得对油田的效益负责。

同在渤海湾畔、咫尺之遥的辽河油田，也在强化经济评价的主体地位。

"以前只算勘探开发的账，如今安全环保、节能等所有项目都要过经济评价这个筛子。"辽河油田勘探开发经济评价中心主任刘斌说,"筛子眼变得越来越细。"

一组数据颇具说服力：截至2015年7月6日,辽河油田经济评价职能由事后参考转变为事前参谋,一张"效益票"否决了31口井,直接减少风险投入4516万元。

辽河油田对经济评价考虑的不但多而且细。在单井效益评价系统和投资成本管理系统上,建立"投资、产量、成本、效益"四参数经济评价数据库,对全油田1.6万口油井进行排队,从效益最大、成本最低、盈亏平衡上倒算单井生产,实现从能力配产向效益配产的转型。

这是经济评价的科学之处,单纯,标准相对单一——根据当下油价测量经济效益。这也是双刃剑,它看到了当下,却可能忽略了长远。

"技术解决不了所有问题。"一名东部采油厂厂长说,"它需要艺术来协调,花钱也是这样。"

比如安全环保,并不需要经济评价来"掺和",这是刚性投入的部分。他说,这得感谢新"两法",保证了以往常被"挤压"的"天字号"工程现在可以获得稳定的投入。

库车油气开发部作为塔里木天然气主力区,已经连续实现15年无井喷失控事故,低油价下更是坚持"安全就是效益"理念,加大投入,加大自研成果激励力度。

"低油价下,决不能减少安全投资。"库车油气开发部主任工程师贾国玉说。

采油厂厂长们开始将"眼前"的注意力部分地分配给"弱势"的投资项目,这个积极的变化,正在更大范围内发生。冀东油田在将有限的资金花在刀刃上的同时,也瞄准油田的基础工作。冀东油田副总工程师冯京海说,要注意安全环保、科技等那些"眼前很难看见效益的工作","不能光盯着刀刃,而忘了刀背"。

高油价不一定一去不复返,但低油价给了我们机会,让我们可以检视自己的"花钱水平"、修复自己的"消费习惯"。尽管"由奢入俭难",但要想挺过寒冬,这痛苦的一步必须要迈出去。

花钱是技术也是艺术,要弹性更要理性。油田要从动辄上亿元的花销里解放出来,放下那可松可紧的弹性,回归到有标准的价值体系,用技术性评估来引导决策,用理性眼光来规划战略。

学会好好花钱！与传统只重眼前而缺乏战略的投入理念作战，与粗放的追求规模速度的投入方式决战，与缺乏评估体系、凭经验投资的行为作战——这是现在的我们最需要学习的经济学。

"毛巾已经拧干"，是认识的禁区还是盲区？

必须打破思想的紧箍咒，摸一摸硬成本的底线。必须采取革命性的手段，试一试"干毛巾"的湿度。

思想的突破，让"传统的禁区"越来越小。观念的解放，让"认识的盲区"越来越窄。

花钱的事不好办，省钱的事就更难了。

吉林油田扶余采油厂总会计师，这几天一直在为今年的成本压减任务犯愁。他扳着指头给我们算了一笔账："完全成本里，折旧和税费、人工是死的、不能动；运行费3.9亿元，有7000万元安全、劳保等成本是不能动的，剩下能动的就只有小修、洗井、水井的1.8亿元和电费的1.4亿元。"

自预算下来后，他就一直在跟这些数字战斗：哪些地方可以抠，哪些地方可以挪，哪些地方可以减？

这不是他一个人的困扰。从东部到西部，由老区到新区，大部分采油厂总会计师们今年都扛着集团公司开源节流降本增效36条要求，琢磨在"毛巾里拧水"的可能性。

可是毛巾已被拧了多次，此前不同层级、不同时期的开源节流、降本增效、修旧利废、节能节耗等活动，让采油厂已经没有压减的潜力了。

井无压力不出油，人无压力轻飘飘。如果还像以往那样，"拧干的毛巾"自然不会出水。

必须打破思想的紧箍咒，探一探硬成本的底线。必须采取革命性的手段，试一试"干毛巾"的湿度。

顶着巨大包袱的吉林油田在悬崖边上绝地反击，接连放出"改革的大招"，给采油厂放权，在红岗、扶余等几个厂试点，搞承包。

3月的风旋转着，裹着沙尘，拍打着采油十三队C5班组的值班房。这是扶余采油厂承包改革的基层试点单位。C5班组承包人李文成，浑身透着一股子干练劲儿，"材料费、维护作业费这些费用让我们承包，完成了就给奖励提成，搁你也得起劲儿干。"

2015年，扶余采油厂以采油十三队为试验田，将承包的产量指标、成本指标、自然递减率等可持续发展指标与采油队的效益挂钩，下放管理权，不再干涉生产。

在承包改革的带动下，采油十三队 2015 年承包超产 263 吨，成本比指标节约 100 万元。

油田总经理设想中的局面出现了，"今年我们要继续深化改革，并全面推开"。

东部改革风雷激荡，西部创新也风生水起。

在以"两新两高"起家的塔里木，油田物资采办事业部生产服务中心为压减成本，从绩效考核"蛋糕"中切掉 40%，用于创新提质增效。员工在激励下八仙过海各显神通。从"二次兜挂法"到"建新作业法"，15 项员工"冠名法"自制工具和先进操作法，让万吨装卸作业的综合能耗降低了 29.7%。

思想的突破，让"传统的禁区"越来越小。观念的解放，让"认识的盲区"越来越窄。

3 月末的吐哈盆地，寒意犹在。一场牵涉三个采油厂的机构调整正在稳步推进。

针对鄯善、丘东和温米三个采油厂生产区域相对集中，同类业务单元生产规模小、能耗大、用人多等实际，吐哈油田将三厂合一。通过优化整合、降低运行成本的一系列举措，力争全年节约油气操作成本超过 5000 万元。

一边用改革换压缩成本动能的举措在推行，一边以超常规突破传统的思想解放在引爆。

折旧折耗，是一块常常被"选择性忽略"的成本大头。在成本构成中，有的油田折旧折耗率可超过一半，少的也在 30% 以上。

调研中，一名采油厂副总会计师给我们写出了折旧计算公式。他说："折旧折耗之所以那么高，就是因为油价太低了，经济可采储量下降得太多。很多人认为这是客观的，动不得。"

他的话戳中了不少采油厂长心里的痛点。持家过日子，都知柴米油盐贵啊。

扶余采油厂今年初开职代会，只打印一份职代会报告，厂长在主席台上宣读，代表们看屏幕。厂长说："不是说靠这个能省多少钱，就是想通过这种形式给员工传递降成本的压力。"

压力面前，冀东油田决定试一试。琢磨做大折旧公式里的分母，不断提高注水效率，完善注水井网，细化开发单元进行油井评价……随着储量控制程度和动用程度、采收率的提高，储采平衡系数显著改善，PD 储量逆势上扬。

经过努力，曾被认为铁板一块的折旧折耗在 2015 年减少了 6 亿元。冀东油田用行动摇撼了以往认为不可碰触的部分。

石油人的"勘探没有禁区"，降本也不应该有禁区。既然已经退无可退，不如破釜沉舟，引戈一击，置之死地而后生。

不破不立。压减成本，需要精细管理、精耕细作，需要开源节流、修旧利废，但更需要革命性的手段、超常规的做法，打破思维惯性和行为惯性，消除不合时宜的传统和"常态"，敢啃"硬骨头"。

毛巾里的水拧没拧干，不试一试怎么会知道？一名采油工人说。

非常之时，待非常之功。与畏难不上、裹足不前的保守心理作战，与经常被漠视的隐性浪费行为作战，与省不出、压不了的思维定式作战——这是我们向艰苦奋斗致敬，必须要上的一节传统课、精神课、时代课！

提质增效难，是地下资源问题还是地上人员问题？

企业成本刚性增长、管理粗放低效等问题会于无形中逐渐吞噬效益。这些看似是管理问题，实则也是人的问题。

这就是整体性冗员和结构性缺员的错位矛盾，在油气田发生作用并在低油价下显性化的结果。它带来的是一个个具体的问题。

"我是真的放心不下，我走后这些井可咋办。"这是一名采油工退休前留下的话。

一语成谶。一年间他曾管理的油井不但产量下降了一大块，而且部分油井还被迫关停。

是技术、责任心的问题？一名基层员工的话很能说明问题："自己干好本职工作就行了，油井产量和效益是领导考虑的事，跟我们有啥关系？"

低油价下，某东部油田好不容易获得与某南方油田合作机会，需要外派机关人员 40 多人。结果招聘启事发了几轮，却无一人报名。有内部人员透露："对机关领导来说，除非职务上有所调整，否则不会有人去的。"

是激励、觉悟的问题？

一名清醒的员工说，企业成本刚性增长、管理粗放低效、发展后劲不足等问题会于无形中逐渐吞噬效益，这些看似是管理问题，实则是人的问题。

要想深层次解决这个问题，首先要回答基层的困惑：我们尽职尽责究竟是为了什么？

塔里木克拉作业区第二处理厂站长卢庆庆认为，从严管理是为了对自己和工作负责。2015年承包商从不同厂家买来12个弯头，合格率不到10%。他几轮检测严把关，最终承包商找遍市面所有弯头，换了4批才合格。

一名基层员工的话耐人寻味："干好工作的关键是热爱它。"不仅员工热爱工作。在市场理念日渐深入人心的今天，企业也要转变观念，在呼喊精神的同时，借用市场杠杆，激励人心。

新疆油田采油一厂推行的绩效考核改革，在市场化方面积极探索，不仅量化岗位职责和业绩指标，而且以政策激励员工向创效的岗位倾斜。

这种激励机制的变化彻底改变了一线的精神面貌。奖金最多能相差5倍，员工抢着干活；班组奖金从按人头到按业绩分配，以往说人少的班组开始抱怨人多……

激励带来了吸引力，解决了人的动力问题，相对容易。难的是阻力——由于历史遗留造成的整体性冗员和结构性缺员如何解决？

吐哈油田的一组数字很具有代表性：会战时期，百万吨产量百人管理，如今油气当量不足300万吨，全油田用工总量却超过1.5万，其中后勤及社会服务人员占比超过33%。

有员工说："我们单位不缺人，缺干活的人。"

西部某油田仅财务处就集中了200多人，而基层骨干采油厂不过300余人。当油田优化人员，把一部分人员分流到基层采油队时，不少人跑到总经理办公室哭闹着要求留在机关。

人员整体富余和局部缺员的结构性错位，在低油价下发生作用并越发凸显。它带来一个个具体问题：工作量的多与少，职务的上与下，机关与一线的进与出……怎么办？

辽河油田建立"人才蓄水池"，试图从内部模拟市场予以化解。工资总额固定的情况下，作业工奖金系数从2.0涨到3.0，管杆倒运、油管清洗等部分艰苦岗位发双倍奖金。目前这个厂员工年终兑现奖差距已拉大到1万多元。

这种差异化的奖金驱动直接带动兴隆台采油厂一线岗位从"没人干"变成了"争着干"，一线转岗分流启动初期报了名就可以上岗，如今需要面试、笔试、培训、试用、考核，有一项不达标都会"出局"。兴隆台采油厂厂长说，管人的核心是管分配，管分配的核心是差异化。

"人是解决一切问题的根本。"永远不要低估人的潜力和创造力。要调动人，首先是要建立调动人的机制。任何企业都不缺干活的人，缺的是激励人干活的机制。

寒冬还在继续，油气行业面临着经济下行的巨大压力，又孕育着转型升级的无限希望。冷中有热，降中有升，忧中有喜。油气发展，就像太阳下的多棱镜，有光有影，复杂多面。

《历史新起点的逆势突围》版面图

"油价下跌，精神不能下跌。"面对万难重压，我们要引吭高歌，用石油大会战的豪情和气概，开拓、开拓、开拓！粉碎一切低油价下的桎梏和羁绊！我们要壮怀前行，用超常规的方法和手段，革新、革新、革新！击穿一切低油价下的重甲和铁索！

脚就是路，不走永远没有路！走出去，前方就是路！

（2016年4月10日，王晓晖　王晓群　魏枫执笔）

延伸思考 ❶

打破"思想牢笼"，采摘带刺的玫瑰

探讨转型发展、提质增效，哪些进步了，哪些还在原地打转？哪些发展了，哪些又是被发展了？本质上在于如何深化思想认识，推进观念革新。没有思想理念体制机制的深刻变革，就无法打赢提质增效这场攻坚战。

天不设牢，牢在心中。对于新闻报道来说，也是如此，不能像孙悟空画圈一样"画地为牢"。有资深媒体人这样说："新闻工作者难以置信地抵抗变化和新观点。"因此，新闻工作者须进一步打破"思想牢笼"，通过思想观念体制机制的转变，更好迎接融媒体时代新闻创新发展的挑战。

玫瑰和刺皆可摘。新闻宣传，要摘玫瑰还是摘刺，原本都不是问题。但在具体实践中，却往往面临着长期惯性思维下的摘刺与摘玫瑰的纠结。一边在解放思想，找亮点，寻卡点，触痛点，挖掘有价值的新闻，一边又要跟来自自身、采访对象、受访单位等的"惯性"对抗，包括采访环境、采访习惯、采访技巧等。在本次调研中，大多记者都觉得调查类报道尽管有难度，但有交流探讨，有思想碰撞，很有成就感。在作品最后呈现时，总会因为要照顾相关方的情绪和意见，就不得不作删减和模糊处理。

例1：在与采油一厂员工的座谈中，只要聊起产量，他们就谈兴很浓："低油价下我们队连续3年产量上升，这就是我们应对低油价的底气和信心！"而一提起效益，他们就互相张望，脸上写满不解。

例2：低油价下，某东部油田好不容易获得与某南方油田合作的机会，需要外派机关人员40多人。结果招聘启事发了几轮，却无一

人报名。有内部人员透露:"对机关领导来说,除非职务上有所调整,否则不会有人愿意去的。"

备受鼓舞的是,关于油气勘探开发业务应对低油价提质增效调查,我们重磅打造的《开局之年的决胜之战》《历史新起点的逆势突围》两篇报道,刊发后得到中国石油机关部门和专业板块的充分肯定,被认为是许久没有读到的"深刻又痛快"的报道,触及的痛点和分析的深度还可以更透彻。尽管如此,由于第一期调研过程中遇到上述情况,影响了第二期调研,记者在采访过程中就很谨慎地触及"矛盾和问题","恐怕不妥"成了前置条件,在写作过程中先入为主地对一些内容进行了看似善意的规避,使得报道的建设性"大打折扣",不痛不痒。

从新闻传播的需求侧来看,群众知情权无小事。无论是品牌建设,还是声誉塑造,但凡是读者群众关心的"小情",也是新闻报道的大事。如果调查报道一味地回避问题,久而久之,记者就慢慢失去了摘刺,甚至发现刺的能力,将会固守在自己的"舒适区",固守着熟悉而又惯常的认知。

报道既需要玫瑰和赞歌,也需要"带刺"的"逆耳之言"。这也是当下媒体转型的内在要求。从供给侧来看,媒体人更要加快从信息搬运工向思想淘金者转型,磨糙一双摘刺的茧子手,多写建设性报道,打造观点纸、思想纸、深度纸,发展宣传文化工作的新质生产力。

延伸思考❷ 出门跌一跤,也抓一把土;菜满筐里做"巧妇"

"出门跌一跤,也抓一把土"是新闻界流传的经典职业训诫,形象揭示了新闻采访的认识论和方法论。结合新闻实践,可以从两个维度深入理解其内涵。

一是本着"捡到篮子里的都是菜"的心态展开采访,时刻保持采集意识。采访信息素材的获取,大致也可分为"有没有""能不能用""好不好用"三个层面。记者是船头瞭望者,即便在暴风雨中也要收集每一片浪花的数据。采访中,不管好不好先"捡"回来,而不是习惯性地过滤。可以通俗理解为信息搬运,采访的素材越丰富,素材颗粒度越精细,内容关联性越多,更有利于增强场景解构力,更能够游刃有余地在琳琅满目的菜篮子里做"巧妇"。著名战地记者唐师曾在中东采访时,连沙尘暴中的街头标语都会记录,形成独特的观察视角。10多年前,笔者在开展成品油市场调研中,意识到加油员提枪率在南北方市场中的显著差异:如南方不少城市摩托车拥有量高,加油客流大,提枪率高,员工劳动强度大,但单站日销量却平平;而北方的不少城市加油站轿车、重卡等流量大,尽管提枪率不高,但日销量大。这一现象让我们更科学地分析销量、进站客流等方面的关系,并推动员工绩效科学评价体系的建立完善等。

二是"木匠进森林",就是在第一阶段"捡菜"的基础上,以专业眼光在"信息丛林"中,学习选择与舍弃的智慧。在这个过程中,采访写作就如同木匠做工一样,按照提前设计的"采访路线图",识别能够丰富核心事实的"真材实料",避免"藤蔓缠绕",舍弃冗余信息。满眼皆是材,大材大用,小材小用,歪材巧用,废材缓用。普利策获奖报道《雪崩》团队,在300小时的采访素材中仅选用0.3%核心内容,却重构出完整的滑雪场安全体系漏洞。

记者要实现从"捡菜者"到"建筑师"的蜕变,这既是职业本分,亦是新闻专业主义的纯真追求。

延伸思考 ❸

新闻调查报道是添乱吗?不是

习近平总书记把"聚民心"作为做好新形势下宣传思想工作的重要使命任务,要求"唱响主旋律,壮大正能量,做大做强主流思想舆论,把全党全国人民士气鼓舞起来、精神振奋起来"。"没有调查,就没有发言权。"调查研究是我们党的传家宝,也是党的新闻宣传工作的有力"武器"。新闻调查,就是要了解事物真相,探求问题要素,分析内在逻辑，寻找解决办法。尤其是在特殊困难时期，面临特殊困难形势，用媒体术语讲就是当"正常秩序中断"时候，就更需要新闻媒体以其客观视角和专业优势，直面工作中存在的问题，帮助读者"透过现象看清本质"，进而研究梳理出事物的发展规律，冷静专业客观地进行报道，最大程度回应民众关切，最有理有据地提供决策参考。让党的声音占据舆论高地，使党的方针政策深入人心，进一步聚民心，增动力，越难关，求胜利。很多同仁有个共同感受：一篇优秀的新闻调查报道，从为管理层提供决策参考的角度，或许比一厚摞汇报文件更具有信服力。

延伸思考 ❹ 领导干部应善用媒体力量推进工作

习近平总书记在谈到提升领导干部媒体素养问题时强调："领导干部要增强同媒体打交道的能力，善于运用媒体宣讲政策主张、了解社情民意、发现矛盾问题、引导社会情绪、动员人民群众、推动实际工作。"

新闻媒体的宣传报道和舆论监督，本身就是党和政府工作的一部分，也是履行好党和人民耳目喉舌重要使命的重要力量。在推进国家治理体系和治理能力现代化的总体要求下，应对媒体、运用媒体，是当下领导干部必备的一项基本工作能力。领导干部要了解和学会"数字化生存"，适应在舆论监督中工作，善于倾听公众声音，及时掌握舆情动向。既要习惯正面表扬性报道和工作指导性报道，也要真诚面对"批评报道"（问题性报道），变回避排斥为真诚面对，变只做不说为增信释疑，变事后补漏为事前防控，更好把握舆论引导主动权。应多了解一些媒体发展趋势和传播规律，善于运用媒体力量，善于通过网络走群众路线，做好"网上来网上去"品牌价值传递，增进社会了解，树立企业良好形象。

3. 跳出"水落石不出"的认识盲区

水落了，没见到礁石，原因或许就在于泥沙的掩盖。真正有价值的线索，需要新闻报道关注的问题，不会自己跑出来，而是需要打破思想深处的认识盲区、观念禁区，不妨心底多几个问号，是什么，为什么，怎么办。

以前述调研为例，国际油价低位震荡带给行业企业的冲击，不能仅停留在油价本身。如针对油田和工程技术是"一盘棋"下的"将相和"，还是利益共同体下的"二重唱"？通过采访，我们指出：表面看油田与工程技术企业是价格之争，实质则是体制与市场的冲突。没重组整合的时候，油气田和工程技术是真正的一家人，一个兜挣钱。重组后，就像两个兄弟分家，哥哥分了土地，弟弟分了耕牛。虽然钱最后都交给"家长"，但干活的时候各干各的，各有各的考核体系和任务指标。以往年景好的时候，双方皆大欢喜。现在年景不好，哥哥日子不好过，要从外头雇便宜的牛。弟弟以往靠着给哥哥耕地赚点辛苦钱，现在哥哥不找自己了，心里自然不愿意。提出问题，分析问题，关键在于解决好暴露出的深层次问题。文章中提出：矛盾固然存在，在市场的平台下，只有正视矛盾，学会市场规则，认清市场规律，尊重市场力量，求同存异，才能探索出合作共赢的新路子，实现"一盘棋"战略下真正的"将相和"。

调查新闻力求反映事物的本来面目，要胸怀大局，摒弃"惯性思维"，剥笋般层层深入，环环追问。既要指出现象，更要弄清本质；既要找准问题，分析"病症"，更要有的放矢，开好"药方"。唯有向深挖掘，才会"水落石出"，才会发现泥沙覆盖下的礁石——真正的线索价值。如在此次调研中，我们初步形成了一些报道思路的发散方向：地下的问题——根子往往在地上；生产中的问题——根子往往在体制机制层面；基层一线的问题——根子也多关联机关；油价的问题——根子在油价之外。这样的认识思考尽管不够准确和成熟，但让我们的调研报道有了建设性探讨的方向，不失为一件好事。

二、跳出水面——擦亮新闻眼

> 提出问题，比回答问题更为迫切
> 写什么，比怎么写更为重要

1. 充分重视新闻角度的选择

要把新闻价值充分呈现出来，必须找出最佳视点，选取最佳材料，择其最佳表现手法，来向受众传递新闻信息。有以下三方面体会：一是新闻的立意角度，即新闻主题的选择；二是新闻的选材角度，即报道所用题材的选择视角；三是新闻的表现角度，即新闻写作的创新思维运用。

选题怎么找？如何跳出水面，在浩如烟海的现象和事件中，遴选线索，判断价值，擦亮新闻眼呢？关键是将注意力放在捕捉社会变革的坐标点上或广大读者感兴趣的聚焦点上。因此，选题策划要充分重视新闻立意角度的选择。这里着重探讨。

如何理解立意角度？即看待事物的出发点，这里权且称作"视点""观点""观察点"等。横看成岭侧成峰，远近高低各不同。清朝湘军统帅曾国藩在给朝廷的奏折中把草拟的"屡战屡败"改为"屡败屡战"。这里的"战"和"败"两个字仅仅只是调换了位置，看待问题和表述问题的角度便完全不同，效果和结果也就大相径庭。相较于前者，后者"屡败屡战"的表述，更加强调军队意志顽强，不畏战、不退却，大有"不破楼兰终不还"的气势，朝廷自然是接受和满意的。因此，从不同角度看待事物，得出的结论则不尽相同。观察角度，决定了报道的深度。

不一样的角度，不一样的结果："愤怒""友好"

认识不到位、提不出问题，就无法找准发力点，更谈不上问题的解决。问题性思维要求记者在报道中勇于提出问题、研究问题。

如何正确提出问题呢？要用质疑的态度发问，充分重视新闻角度的选择，角度制胜，观点制胜，思想制胜。

延伸思考

发散思维对新闻采写的启示

新闻选题角度的选择背后，其实是人们思维方式的选择。

对新闻采写来说，在坚持问题导向的同时，要灵活运用好求同思维和求异思维、正向思维和逆向思维、单向思维和开放思维、聚合思维和发散思维等方式，特别是注重后者在新闻立意选材中的运用，勇于且善于运用逆向思维、求异思维、开放思维和发散性思维。

比如说，5+5=？这是聚合式思维方式，只有一个答案。那么我们问，？+？=10，这样的发问则体现出发散式的思维，如"一题多解""一事多写""一物多用"等方式。正如这道题，等于10有很多种答案，发散思维要考虑各种可能性，从中找出最优解。开放性思维的启示在于，思考问题不是沿着单向单一线索进行，而纵横交错，"雷达"一样广伸"触角"，全方位多角度的比照、观察和思考。不同于求同思维，求异思维则不依常规，沿着不同方向思考，以探求新的多样性结论。从反向思维的角度去突出事实，揭示事物的内在联系，探求来龙去脉，重点是要回答为什么（WHY）和怎么办（HOW），使新闻报道具有思辨性、立体性、深刻性，以及至关重要的建设性。

这些思维方式，实质都是要求突破常规和定式，打破旧框框的限制，多角度、多方向地思考答案。要善于"同中求特""同中求异"，不落俗套，在主旋律一致的前提下，有自己独特的视角，能够提出新问题、新思想、新见解；要敢于发出独有的"音调"，做到先声夺人。

> **换个角度看问题**
>
> （1）千篇不一律，就事不论事
> （2）捅破窗户纸，曲径通幽处
> （3）冲破思想牢笼，摆脱思想贫困

（1）千篇不一律，就事不论事

在新闻实践中，经常出现这样的事例，虽然是同一件事情，但由于选取的角度不同，其结果也截然不同。角度选好了，是一篇成功的甚至能够获奖的报道；而如果选不好角度，可能就是一篇平平淡淡的报道，甚至刊发不了。

在寻常中挖掘非常，在对比中彰显反差，从不同角度激发读者的阅读兴趣，增强报道的可读性。关键在于避免同质化，千篇不一律，就事不论事。

每年的全国两会报道、新春走基层报道等都是媒体的"四季歌"，是媒体间的大展示，也是记者间的新闻竞赛，贵在出新出彩。如新闻老前辈詹国枢老师有一篇《大会堂里的掌声》。记者没有按照惯例或流程化报道这次两会的召开，而是专门记述了在总理作政府工作报告的过程中，大会堂里响起什么样的掌声，围绕二者的关联巧妙架构。这篇文章的特色就在于通过掌声，烘托了大会堂的气氛，也把代表们关心什么，拥护什么，迫切希望解决什么，间接地联系起来，并且抓住了报道中鲜活的新闻点，出奇制胜，引起了巨大的反响。

（2）捅破窗户纸，曲径通幽处

新闻最忌老生常谈，最喜老树新枝。

正如经济报道中最常见的提质增效、扭亏增盈、进尺突破、开门红等报道，如果仅仅对事件本身的发展脉络进行叙述是远远不够的，往往记者看到、想到的，也是读者容易看到、想到的。记者观察的视角也是大多数读者惯常的观察视角，报道了无新意，"就事说事、老生常谈"，从满足读者"欲知心理"角度来说，那就显得"浅"了点，传播效果也就大打折扣。

但凡成功的报道，无非就是在审视新闻事件、选取新闻角度时，比别人多想了点，想深了点。不停留在事件"目之所及"的表面，而是"捅破窗户纸"，让新闻更具有延展性，靶向一个大家"看破未说破""言犹意未尽"的点上，向深处求新，使巧劲求新，进一步告诉读者事件发展的来龙去脉、前因后果，甚至是事件背后的启示、意义等，让读者以新的视角去认知和感知事物的本质。

中国石油报驻华北油田记者站原站长岳双才有一篇报道，可谓角度制胜的佳作。作者1996年到华北油田一机厂采访时，看到这里的厂机关大楼、厂大门口没有进行装修，还是建厂初期的老样子，但该厂却舍得花钱进行重大技术改造，每个车间都装备了最好的设备。因为产品过硬，不仅销往全国20多个省市自治区，而且打入了国际市场。

常理说，类似这样的题材在工作中司空见惯。如果按常规思路，围绕企业如何加大资金投入搞设备更新、增强企业发展后劲主题写作，作为业绩亮点报道也能刊发，但料想不太会引起多少关注。可贵之处就在于，作者并没有将视角停留在一厂一时的表象，而是联想到当时一些企业尽管经济效益不佳，但却热衷于花钱搞办公楼装修等怪象，继而"看山不是山、看水不是水"，目光所指"曲径通幽处"，将报道的主标题定为《装饰"门面"不如充实"后院"》，副标题为"华北一机厂集中资金增强发展后劲"。于是，一篇角度新颖、反差强烈、内涵深刻的报道新鲜"出炉"了。此稿还获得了全国企业报好新闻二等奖。

（3）冲破思想牢笼，摆脱思想贫困

不可否认，在我们的头脑中，或多或少有"思维定式"在起作用，这也或大或小地禁锢着我们对事物的认知和判断。有了这样的"框框"，我们采写的报道也就"老调重弹"，无非就是换个时间换个地方换个人谈，即便能做到

"哪壶最开提哪壶",也在读者"预料之中",很难达到预期效果。

如何于不同寻常处出新意,写出人无我有、人有我新、人新我深、人深我特的新闻佳作呢?

对新闻工作者来说,必须冲破"思想牢笼",更要摆脱"思想贫困",以发散思维、求异思维、逆向思维去发现线索,自会"看似无处无却有",豁然开朗起来。如果习惯了"老调重弹",那么何不"反弹琵琶"?习惯了"哪壶最开提哪壶",那么何不"哪壶不开提哪壶"?

下面我们将谈到的《看你千遍也不厌倦》《克拉玛依,你为何败北乌洽会》《喜见铁骑年年少》等报道,就是很好的范例。

当然,冲破思想牢笼不是一件简单的事,摆脱思想贫困也不是一朝一夕的事,二者互为因果,互为前提。捕捉新闻的嗅觉是否敏锐,视野是否开阔,考虑全面还是片面,文笔深刻还是浅显,都在于政治水平、理论功底和专业素养的高低。在增强转变观念"自觉"的同时,更要加强读书学习,增强理论功底和提升专业素养,在行走和深入中提升个人洞察分析、理论思考的能力,方能摆脱思想上的贫困。

2. 观察视野的"六看法"

个人将之概括为"六看法",就是换个视角看问题,多个视角看问题:

> 观察视野的"六看法"
>
> (1)离远了看
> (2)跳出来看
> (3)站高了看
> (4)蹲下来看
> (5)反复地看
> (6)闭着眼睛看

(1)离远了看

如同观海、观象,镜头视野的远近,观察到的事物或全然不同。这里的远近,既体现在空间轴上,也体现在时间轴上。用追溯的视角探究竟,用发展的眼光看趋势,如从今年和往年、当下和未来、热点和冰点等维度,评估新闻线索的意义、价值等。

近和远——拉开距离,视野才更开阔,观察才会更全面(吕殿杰 摄)

2016年,在"一带一路·能源丝路万里行"采访至玉门油田,期间参观油田展览馆,其中的一小段关于顾维钧的介绍吸引了我们的注意。在此之前,提起他,很多人的记忆多源于历史书本中那位100多年前在巴黎和会上舌战群雄、风度翩翩的北洋政府外交家,了解最多的大抵是其丰富的政治外交生涯,却很少知道他与玉门石油的缘分。

时任中华民国驻法国公使的顾维钧回国度假,听说了有关西部石油的消息。他深知石油在世界政治、经济中的地位,立即与几位商界好友商谈,他们一拍即合。于是顾维钧和金融、实业界的周作民等五人联名呈文国民政府实业部,请求南京政府以五年为期,授予探采甘肃、新疆、青海三省石油的特权。南京政府经过考虑,认为在当时国库竭蹶无力经营的情况下,与其弃置,不如利用民间资本提早开发,于是由实业部授予顾维钧等特许权,准许开发,并于当年11月1日由国民政府颁发了82号训令,核准该案。次年,中国煤油探矿公司筹备处成立。或正缘于他,中国近现代石油工业波澜壮阔的篇章,走到了历史的转角,小心地翻开了序章。

于是,策划并安排同行记者写作了《顾维钧与玉门石油》这篇报道。某种意义上,这应该是"旧"闻之中挖"新"闻,让一段鲜为人知的历史走进读者的视野,也引发了社会关注。

(2)跳出来看

有一个现象,一些作者采写的本单位成果性、成就性稿件,如果只从本单位出发评判,确实有价值,但拿到系统内、行业内看,就产生截然不同的结果。原因在于，价值判断时，视野太窄，少了内外的比较掂量，做了无用功。所谓跳出来看，就意味着不受内部视野局限，坚持从局部到全局、从单一到多维、从线性到立体、从松散到系统的观察视野。如将某单位一项技术的突破，或者一项工程的进展，或者某一方面的创新举措，放在所处区域内外、系统内外、行业内外、国内外等维度去评估，有无新意亮点、可否启发借鉴等。不一样的标尺，自然会得出其新闻价值的大小。

跳出来看，可不受内部视野局限

如 2014 年在基层百队纵深行采访活动中，中国石油报社记者采写的渤海装备公司中成机械潜油电泵制造厂女子下线班的故事——《"剪线头"上减成本》，只说这个基层班组的名称"女子下线班"，可能对广大读者甚至石油系统员工来说十分陌生。这是中国石油装备制造业为数不多的纯手工操作班组，创造了全年工时完成率 300% 的最高纪录，曾连续 10 年被评为公司级先进班组。

请欣赏其中的段落。

封闭、无尘、恒温，在一个完全独立的车间里，女工们正忙着"穿针引线"。这是 3 月 20 日记者走进渤海装备公司中成机械潜油电泵制造厂女子下线班时看到的一幕。

女工手中的针不是绣花针，是长约 3 米共有 28 种规格的通针；线不是棉线，而是高温电机专用的电磁线。夏丽蓉和贾俊娴一组，分别坐在 3 米长的电机定子两端，一人抽针，一人送线，配合默契。

在高度机械化的装备制造业里，电机定子下线是为数不多需要纯手工操作的工序。"这项工作要求精度比较高，即便是熟练工，一天也只能完成一根定子的穿线工作。"……

为降低电磁线废料数量，女工们一次次递减电磁线长度，对电磁线造型的匝数、预留线长等不断改进，并将改进后的数据详细记录下来，在与技术人员核算电磁线改进方案后，重新向单位申报新标准。"线头"越来越短，成本也随之降低。2013年"线头"减掉2米，节约成本2万余元。2014年，"线头"又被减掉5米，节约成本近4万元。

"有人将成本管理看作是守财。我们认为，成本管理不仅是守财，而且是创造财富的过程。"黄玉梅一边在小账本上记录一边说。

媒体常讲，记者要培养两种视角：一是鹰眼视角，宏观把握事件全貌与社会意义；二是蚁眼视角，微观捕捉关键细节。

从立意的角度来说，这篇报道的新闻价值首先在于其独特性，作为中国石油装备制造业为数不多的纯手工操作班组，甚至"读者罕知"的工种，这也自然而然具备了"新鲜"的传播要素，而通过进一步深入发现，其又有着"平凡岗位背后的不凡奉献"的代表性、典型性。

观察的视角跳出来，关键还要让思考的质量有跃升。如新闻人物的这句话："有人将成本管理看作是守财。我们认为，成本管理不仅是守财，而且是创造财富的过程。"这种基层一线在奋斗实践中孕育培育的朴素工作理念、成本观念等，且在当时行业大力倡导过紧日子、低成本发展的背景下，体现了思想性，给读者以启发和触动。

（3）站高了看

图为夜色中的安徽合肥滨湖天然气门站鸟瞰，与远处城市的繁华喧嚣形成鲜明对比（张旭 摄）

欲穷千里目，更上一层楼。找新闻，选角度，掘价值，应善于"站高了看"，站位要高，视野要宽，格局要大，方能大中取小，小中见大，也能传递深刻的思想。对一项重大创新成果、工作重要进展等的有益探索，或者一次理念大转变、思想大解放等的审视，对行业、全局有何影响，有何启示，观察者的站位不同，得到的结果也不尽相同。

案例作品

看你千遍也不厌倦

11月10日，西北边塞，旷野刮起了凛冽的寒风。

这里，古名盐州，今名惠安堡。明朝时因盐而置城，今天以油而享誉。

对于工作在这片荒原上的宁夏石油商业储备库员工来说，一年中最难熬的时间到了。风雪交加、黄沙漫舞是最常见的景象。

下午4时整，计量员张莹一天中的第五次忙碌又开始了。"行头"就是公司最新配备的便携式条码采集器，通过它将各种设备仪器的运行参数汇总到中央控制室。计量岗实行三班两倒制，早上8时接班，次日8时换班，每两小时巡检一次，一天巡检12次。查仪表参数，看有无渗透，听通风情况，摸仪器温度，录运行数据，然后打卡传送。"与中医的望、闻、问、切如出一辙。"张莹这样总结自己的工作。

作为长庆油田建设"西部大庆"的重要布局，这里是长庆油田唯一的原油北线出口，年外输能力800万立方米，储油能力129万立方米。2010年12座10万立方米的原油储罐投运以来，这里成为鄂尔多斯盆地最大的原油储备库。随着一座座拔地而起的大罐，计量员巡检的关键部位和重要检查点也不断增加，超过70个。计量员每巡检一次，要走上3千米，一个多小时，赶上个刮风雨雪天，那就得两个小时。

风比中午时大了些，夹杂着沙粒扫过，让人收不住脚步。出了离心泵房到罐区，巡检点更密，张莹的脚步也随之放缓。

先进的数字化建设，只有与传统的精细管理结合，才能实现生产的安全平稳和高效运行。人工巡检盯防，永远都不过时。张莹深有体会。去年冬天一次夜间10时的巡检，正是通过手摸鼻闻的笨方法，他在一个隐蔽处发现管线因腐蚀而渗透，及时维护后避免了重大损失和危害。

一项看似重复性的工作，时间久了，不单调吗？不枯燥吗？工作8年来，张莹有时会自问，也问别人，而答案总是让自己都莫名地激动和自豪。

每每闭上眼睛，每套设备、每个阀门、每条管线的情况都会跃于眼前，巡检路上的状况他都烂熟于心。"这些设备和仪器不都是一个个鲜活的生命体吗？被赋予了设计者和建设者的心血，只有你用心呵护，设备才会'健康'运行。只要你对设备投入感情，工作自会有激情。"张莹把这些话和同事们分享。

站里征求计量岗自勉和警示的格言，大家不约而同哼出了一句改过的歌词：看你千遍也不厌倦。

（2011年11月23日）

延伸思考

小中见大，以点带面

这要从此次采访的背景说起，一次难忘的邂逅。那是2011年，我去西部油气企业调研，在从银川往陇东的路程中，途经惠安堡时，遭遇沙尘暴雨无法前行。同行的长庆油田宣传部同志只好联系到附近的宁夏石油商业储备库，寻求进站避雨。储备库的采访，原本不在调研行程的计划之内，所以也没有提前做充分的采访准备。恰遇员工换班巡检，索性换上工服一道同行。

按常理来说，班组的日常巡检，是再平常不过的，又如何去立意去写作呢？可遇不可求的是，就在巡检一处设备时，文化墙上的一句话"看你千遍也不厌倦"，让人忽有顿悟。这本是从当时的一首流行歌曲《读你千遍也不厌倦》改编而来，但此时此地，却独具深意。抓住灵感，以独特新颖的事实，吸引读者阅读的欲望，《看你千遍也不厌倦》正是这样"偶遇"的。

如何"擦亮"这条新闻，在写法上有了一些思考。

一是将事件放在特定的时空背景下，从新闻发生地的大环境中去感受。"这里，古名盐州，今名惠安堡。明朝时因盐而置城，今天以油而享誉。"如把惠安堡放在古今之变上，把集输站发展放在中国石油加快推进"西部大庆"建设的进程中，增加历史的纵深感。如在不多的文字中，专门点出鄂尔多斯这片荒原的气候和地理特点，更能体现出石油人数年如一日坚守的不易。

二是把新闻事件的"个体"与"整体"结合，有点有面，以点带面，由内及外，由小见大。如这个站、这个处、这些管线、这些工作，放到集团、行业、全局背景下去思考，放在全石油系统大力加强岗位责任制、夯实三基管理的重大主题下，透视岗位员工如何理解安全的意义，如何理解岗位责任制，如何从要我安全到我要安全，如何让做好本职工作成为职业习惯和道德自律。这样，让发现"点"的讲述，成为社会认同的"共同记忆"，新闻发现便有了平凡生活里"普通人性"、永恒价值。毫无疑问，当员工对从事的岗位、对数年如一日单调枯燥的巡检，理解为"看你千遍也不厌倦"的乐趣和自律，面对日常反复机械单调的工作，却能够对之产生岗位情感，"看你千遍也不厌倦"，这大概就是岗位责任心的灵魂。这种个体感受，也是时代价值，引发回味，带来启迪。

这样的题材，特别适合记者站和通讯员创作，因为他们最有条件，希望可以有所启示。

（4）蹲下来看

蹲下来看，其实是站高了看的反向角度，二者实质上是统一的，辩证的。正如上组对比图，站着看，玩具的摆放任意堆积，了无章法，但当你蹲下来，从孩子的视角去平视，则是另一番风景：之前的杂乱变得整齐有序，透着精巧的设计感，满满的童趣跃然而出。

焦裕禄同志有句名言：蹲下去才能看清"蚂蚁"。在新闻采访报道中，我们需要时常"蹲下来"，以平视的视角，以换位思考的同理心，贴近报道对象，走进读者的目光和心灵深处。只有蹲下来，拉近距离，才看得清楚，听得明白，方能讲得透彻。这也是新闻工作坚守人民立场、践行"四力"要求、坚持读者导向的应有态度和必然之举。

如《中国石油报》官微2019年刊发的《技术实践证明：死后是可以复生的》报道，从长庆油田一口有代表性的低效低产关停井的"蚁眼"视角，以第一人称拟人化口吻，通过内心独白的方式，讲述企业如何通过技术创新和科技进步推动老油田"重生"，将专业枯燥的技术生产类新闻写得妙趣横生。许多媒体同行的优秀作品，也让人过目不忘。如获得2010年度全国报纸副刊作品年赛铜奖的《殡仪馆·送行者》，是《金华晚报》记者深入基层一线采访的成果，将殡葬工这个特殊的行业职业呈现在读者面前，展现殡葬工人高强度作业、巨大精神承压背后可贵的职业精神。其文字中所蕴含的独特的"生命的绽放"，给读者以深刻触动。正如记者的体会分享：采访中要"比采访对象蹲得更低"。或许正是如此，身体"蹲下来"，思考"站上去"。

（5）反复地看

如观画展，或明或暗，亦远亦近。如访大山，徐行急行，有高有低。亦好比欣赏一件书法作品，既要看笔画形态，还要看章法布局、落款留白等。欣赏画作，既要看技巧和构图，还要看色彩和用光等，也需要了解作者的情况和时代背景，这样才能更好地读懂作品所传递思想和意境。

2008年10月，笔者与同事蒋万全赴新疆天山西气东输二线果子沟隧道群建设工地采访。在海拔2250米的天山深处，钻掘距离最长、建设难度最大的果子沟1号隧道，为了攻克开掘瓶颈而开展的劳动竞赛中，听闻了趣事，于是就有了《天山之上，流动红旗为啥流不动》这篇特写。

案例作品

天山之上，流动红旗为啥流不动

流动红旗流不动了。这是记者10月18日在新疆天山果子沟1号隧道见到的一件新鲜事。

这里，海拔2250多米，山峰耸立，云雾缭绕在云杉松桦之间；隧道上方的巨大山崖直上直下，如同刀削一般。这里，是人迹罕至的生命禁区，即便是在夏季，雪线以上也是常年积雪。虽是10月中旬，这里早已是一片冰雪世界。我们走进隧道时，隧道顶的滴水像水帘洞一样……

但是，全长3088米的西气东输二线1号隧道工程必须从这里打通，管线要从这里尽快穿越天山，并连接上哈萨克斯坦国境内的供气生态。

…………

按照中国石油总体安排和部署，新疆项目分部在果子沟隧道群掘进队伍中开展规范化建设竞赛活动，通过比质量、安全环保和健康，比文明施工和隧道施工进度，以统一组织领导，统一工作方法，统一工作标准，统一工作程序，全面提升队伍素质，夯牢国家重点工程建设根基。

凭着"建一项工程，树一座丰碑"的信念，新疆战友天缘公司1号隧道南口掘进队至今已连续3个月夺冠，把流动红旗牢牢留在他们的这个阵地上。

是什么原因让流动红旗对这支队伍如此厚爱？

....

这个荣誉对参建队伍来说并不是可有可无。在现场施工的华油工建、铁十三局等队伍，哪支队伍都是劲旅，都在全力以赴争夺这面红旗。因为这直接关系到队伍的声誉和市场竞争力，如果哪支队伍总是落后，不仅面临相应处罚，还可能在今后的竞标中被淘汰出局。这对一支在市场中打拼的队伍来说，是一个生死考验。新疆监理分部总监这样说。

因此，竞赛拉开战幕后，各施工队伍制定和完善更加细致、规范的工作程序和科学、合理的工艺流程，明确分工，责任到人，严格按照作业计划书施工，促进了工作水平和质量的提高。

....

为保红旗不丢，南口掘进队以增加钻工和相关设备等手段，大大提高掘进速度，比别的队伍高出一倍还要多，这支有着35年历史的队伍在天山创出前所未有的好成绩。

曾经是部队武警中校的新疆战友天缘公司总经理说："之所以能创造这个奇迹，是我们把责任与国家利益联系在一起的结果。如果我们不提前完工，就无颜面对江东父老！"

....

作为护旗手，王红兵感到在竞赛中学到很多东西，完全融入中国石油的体系理念，使他和队伍得到极大提升。他说，之所以成功的另一个重要原因是中国石油的管理和监督更加注重服务和指导性，把一切相关工作都为作业队伍想到前头，提前做好准备，提前进行指导，随时随地跟进服务指导，而不仅仅是管理和监督。

这些措施不断强化着管理者的责任意识，唤醒着建设者安全施工和争分夺秒的强烈意识。"建一项工程，树一座丰碑"信念在他们心中生根发芽，鼓舞着他们的士气。队伍班子成员身先士卒，始终坚守现场指导；工程技术人员不分昼夜，精益求精，用科学手段优化施工；监督人员严防死守，监护着安全和质量；员工不管是冰雪寒冷，子夜凌晨，还是正午傍晚，都按规定动作向前掘进。

（节选）

（2008年10月28日，蒋万全　陈玉强　王晓晖）

如观画展,视线所及,或明或暗,或轻或淡,总有一抹色彩触动内心

(6)闭着眼睛看

个人认为新闻报道的最高境界即心灵视角,思考、造像,提出问题,回答问题。特别是在正常秩序中断的情况下,逆向思考。合乎常理,有新闻价值;不合乎常理,或更具新闻价值。进而探求来龙去脉,揭示事物背后的真相,这样的立意,往往突破常规,另辟蹊径,使新闻报道更具思辨性、建设性。《克拉玛依,你为何败北乌洽会》这篇报道,角度巧,主题深,给人启发。

案例作品

克拉玛依,你为何败北乌洽会

1992年,乌鲁木齐边境、地方经贸洽谈会在本月中旬鸣锣收兵了。

如果不是这次乌洽会,一贯被称为"油大头"的克拉玛依人也许不会有更多的自卑感;如果不是这次乌洽会上败北,克拉玛依人仍旧夜郎自大。乌洽会像一阵强大的冲击波,把克拉玛依人的"故步自封圈"冲得七零八散……

被列为全国500多个大中型企业中排行第48位的新疆石油管理局,在有38个国家和地区、27个省区市、29个外贸工贸总公司的668个企业参加的乌洽会上,仅仅与日本严井公司洽谈了一项双方各出500万美元成立一个工贸公司的协议,谈了两个乙烯后加工意向。最大的收获算是独山子炼油厂订出280吨的蜡烛。

乌洽会上克拉玛依地区不起眼的摊位前,门庭冷落,很少有人问津。新疆各报纸把全疆各地州乃至内地不少省都作了较大篇幅报道，而作为"新疆要大富，石油要大上"的克拉玛依，却只字未见报端。

....

克拉玛依人行动为什么如此之慢，从客观上讲，克拉玛依所处的地理位置差，单纯的石油生产。但是更应该讲，克拉玛依有克拉玛依的优势。石油在现阶段是戴有"皇帝女儿"的桂冠，何以愁也；然而，也正是因为这顶桂冠给予了克拉玛依人"皇帝女儿不愁嫁"的孤傲。相形之下，观念的陈旧比没签合同更可怕。

....

洽谈会期间，不少单位的新闻发布会、广告应接不暇，而偌大的新疆石油局借这样的天时、地利，竟没搞一个新闻发布会。不起眼的两个小摊位前，站着两位佳丽，表情木然。而记者目睹，外省和外地的摊位前，人还未到，招呼声已传来，不等上前，摊主便喜形于色地向你介绍自己的产品。

合同没有签订可以重找伙伴，而观念的落后可能断送一个企业。

....

从乌洽会上看，别的地区和企业无论从思想和作风上都已进入市场经济的角色，而克拉玛依人还没从单纯的计划经济中跳出来。

....

（1992年9月25日，张田梅）

延伸思考

正常秩序中断背后藏"大鱼"

常理，就是情理之中，预料之中。反之，如果在预料之外，那就不合乎情理，也就有违常理。

总部位于克拉玛依的新疆石油局（油地合一），在当时的新疆可算是"油大头"，戴着"皇帝女儿"的桂冠，顶着大型国企的金字招牌，作为地方政府的利税大户，用当下的时髦话讲，就是走路生风，自带流量。按理来说，克拉玛依参加洽谈会，自会得到不少客户青睐，不愁订单。然而，当届乌洽会给了克拉玛依人当头棒喝。近乎空手而归，丢了面子，也失了里子。

惯常情况下，作为采访记者，在完成大会程序性、规定性等四平八稳的报道任务后，即使企业在洽谈会上成果惨淡、缺少亮点，也可以结束采访任务打道回府，别人也挑不出什么毛病。然而，本文的作者却没有停止脚步。一名优秀记者和普通记录型记者的分界从这一刻就开始了。

出人意料，反向思维。一贯"不愁嫁"的"皇帝女儿"，缘何在市场"受冷遇"。在正常生产秩序中断的背后，挖掘事物发展不合乎情理的真相和原因。这就是最具新闻价值的"大鱼、活鱼"所在。

作者通过翔实的材料数据，摆事实，讲道理，溯本源，"败北"的背后，是"别的地区和企业无论从思想和作风上都已进入市场经济的角色，而克拉玛依人还没从单纯的计划经济中跳出来"，耻于主动"求婚"。报道发出振聋发聩的呼声："观念的陈旧比没签合同更可怕""合同没有签订可以重找伙伴，而观念的落后可以断送一个企业"。

问题是时代的声音。站在时代大背景下，审视新闻报道的价值。从党的十二届三中全会到党的十三大，商品经济的概念逐渐深入人心，中国在摸索中向市场经济一步步靠拢。1992年可谓决定性的转折之年。1992年初，我国改革开放的总设计师邓小平同志一路南下，发表一次又一次思想解放的宣言。同年秋天，党的十四大郑重宣告："我国经济体制改革的目标是建立社会主义市场经济体制"。"摸着石头过河"的中国经济改革终于摆脱了计划经济的羁绊。

然而，人们传统观念和思维惯性的转变，不是仅靠一项政策一纸文件、一朝一夕能够实现的。计划经济时期，国企生存环境较为宽松，生产听指令，销售有指标，发展压力也比较小，使得不少干部员工产生了"背靠大树好乘凉""老守田园"的安稳思维，缺乏危机意识，企业市场观念落后，市场竞争意识淡薄。而一旦市场环境等发生变化，国有企业不得不直面竞争压力，"败北"在所难免。正如克拉玛依败北乌洽会，不少国企从"皇帝女儿不愁嫁"到"门前冷落鞍马稀"，这是迈向市场经济必然经历的改革阵痛。

撼山易，撼思想观念难。脱困，关键是脱思想之困。当前国企改革正处于深水区和攻坚期，思想僵化、观念守旧、瞻前顾后、裹足不前等现象还在干部员工队伍中不同程度存在，成为国企改革发展的"拦路虎"和"绊脚石"。中国石油党组连续多年不换频道、不减力度，持续开展以"转观念"为先导的主题教育活动，既为题中之义，更是谋求长远取胜之道。

本篇报道把问题抓得准，思想走得深，眼光看得远。虽然反映的是克拉玛依的事情，但是投射出的是中国经济体制改革从计划经济、到有计划的商品经济，再向市场经济迈进的时代脚步。作者精准把握时机，将现象性新闻巧妙地通过事件性新闻进行报道，从人们观念深处去剖析，进而引导人们"解放思想"，从计划经济的束缚中解放出来，拥抱商品经济、市场经济。以具体、可信的呈现，引发读者广泛讨论和思考。乌洽会后，克拉玛依人痛定思痛，认识到"生意在房子里是做不出来的"，要放开视野，勇于走出去。报道刊发后，产生的思想"冲击波"冲出克拉玛依，远远辐射震荡石油系统。克拉玛依人的反思，无疑也是当时整个行业的反思。

这就是新闻的力量，也是新闻的价值。

在2024年《中国石油报》开展的新春走基层活动中，所策划的一篇《喜见铁骑年年少》，可以视作逆向思维、反弹琵琶找角度的有益探索。

案例作品

喜见铁骑年年少

"前几天还念叨呢，怎么一直没见你来加油。最近又是下雨又是下雪，你骑车回家安全不嘞？"2月18日，正月初九，在中国石油浙江销售白塔加油站，看到老乡高大哥，值班经理胡顺英一路小跑地迎了上去。

"儿子年前买了新车，又赶上天气不好，非要开车带我回老家。这不，又开车把我送回来了。"高大哥言语间流露出一股藏不住的高兴劲儿。

"这是我和老黄以前的'骑友'。以前每到过年，我们就结伴骑摩托车回家。"说到铁骑，胡顺英打开了话匣子，向记者介绍起了她的铁骑史。

胡顺英口中的"老黄"是她的丈夫——黄军。夫妻俩都是江西吉安人，

2010年来到台州仙居打拼，老黄在工地上开挖掘机，胡顺英则在镇上做家教。每年春节，老黄都会骑着摩托车带着妻子回家。

"那时候，我们哪能舍得买火车票，开小汽车更是不敢想哦。一年到头挣的辛苦钱，能省一分是一分。"胡顺英感慨万千，"那种冻得鼻涕一把泪一把的经历，再也不想有了。"

她说，骑车回家最怕遇到下雨下雪。虽然雨披下有好几层棉衣，还戴着护肘、护膝，但是冬天刺骨的冷风一吹就透。可以休息和取暖的地方，就是途中那一座座的中国石油加油站。

"只要我们进站停下车，站里就有人跑过来送热水，招呼我们进去休息。寒冬腊月，有个地方歇歇脚，喝上一口热水，吃上一碗热面，真是比啥都幸福，我们打心底里感激他们。我和老黄总说，这份情，咱可不能忘。"胡顺英说着，声音有点颤抖。

2019年，胡顺英应聘成为白塔加油站的一名员工。她说要把这份爱传递下去。

春节是站里最忙的时候。入职5年，胡顺英在站里过了5个除夕。即使遇上轮休，她也主动到站里帮忙。"能像当年大家帮助我们一样去帮助其他人，真心觉得值得了。家里也很支持我。"胡顺英说。

正说着，从老家返程的老黄开着私家车来站里加油。"我现在的收入是2010年的近3倍。2021年，我和顺英商量，买了一辆小汽车。打那以后，都是开车回家过年。"他说，这几年骑车回家的老乡相继改变了返乡方式。他们有的选择乘坐高铁、大巴，买了私家车的则一般开车回家。胡顺英所在的白塔加油站，在春节期间服务的铁骑数量也变得越来越少。

自中国石油启动"铁骑返乡"公益活动以来，浙江销售公司每年服务的人数，最开始是二三百人，到2016年、2017年达到最高峰的万余人。到了2021年，全省只有千人左右，如今不足百人……为铁骑加油的场面，日渐"萧条"。这种现象也出现在江西、广西等多地的中国石油加油站。

"以前三五成群的铁骑车队，现在变成了一辆辆私家车。"老黄说，"国家越来越富强，咱老百姓的日子也越来越红火，一天比一天有盼头。"

（2024年2月20日，于佳鑫　王识博采写）

延伸思考

反弹琵琶为哪般？

1. 立意点在哪里？——正常秩序中断，求异求新

这是一篇精心设置议题、带着题目下沉采写的稿件。

回家过年，是每个中国人一年一度寻找乡愁的精神回归，是刻在骨子里的"仪式感"。"铁骑大军"起源于2005年。春节来临，很多人买不到车票，于是他们聚在一起，带上家人，备好年货和干粮，骑着摩托车走上返乡之路。浩浩荡荡的摩托车大队，成为中国春运的一个缩影。

自此后，"铁骑"返乡人群数量逐年上升，尤其是在南方地区。摩托车返乡大军悄然形成并迅速获得关注。中国石油始终秉承"人民至上"理念，积极履行社会责任，自2008年启动"温暖回家路，铁骑返乡"等公益活动，旗下沿线各加油站为"返乡铁骑"提供姜汤热茶等帮助，甚至为"返乡铁骑"提供免费加油、免费快餐等。这也是沿线加油站员工异常忙碌辛苦的时候。仅浙江销售公司每年服务的人数，从最开始的二三百人，到2017年达到最高峰时的万余人。

应该说，在过去的十多年里，"铁骑返乡"是许多媒体春节新闻宣传的重头戏。就《中国石油报》来说，每年都会派出精干的报道组，全方位追踪报道好中国石油服务保障好"铁骑大军"、倾情服务人民的故事，推出了不少现场感强、生动感人的作品。

然而，近两年情况发生了变化，出行回家选择多了，铁骑大军少了，加油站相较冷清了。数据显示，2023年浙江销售服务"铁骑"不足百人。这种现象也出现在江西、广西等多地的中国石油加油站。为铁骑加油的场面，日渐"萧条"。

新闻的思考开始了。铁骑出行少了，什么原因？亲历者怎么想、如何看？是喜是忧？从新闻传播的角度，常理来说，"铁骑"队伍越来越壮大，报道取材写作或更容易，图片、影像等视觉效果或更有气势。但从求异思维来看，从老题材中抓亮点，从繁复的社会现象中捕捉到新事物，这样的新闻更深刻。

独特的视角，精妙的立意，是此篇报道成功的关键。

2. 滴水投射太阳——反其道，正其理

记者采访发现，这几年骑车回家的老乡相继改变了返乡方式。他们有的选择乘坐高铁、大巴，买了私家车的则开车回家。"以前三五成群的铁骑车队，现在变成了一辆辆私家车。"顶风冒雨"千里走单骑"的时代正逐渐退去。加油站在春节期间服务的"铁骑"数量也变得越来越少。

如果对于以前的宏大返乡场面，记者的感受是"惊""震撼"，或许心底还有深深的无奈。那么时过境迁，记者的感受则是发自内心的"喜"。加油站小窗口，见证着时代的大变迁，中国石油为人民美好生活加油的坚定信念始终不变，央企的责任担当始终不变。也见证着奋力奔跑中的"油气中国"的不凡变迁。用群众的话说，"国家越来越富强，咱老百姓的日子也越来越红火，一天比一天有盼头。"

无独有偶，《中国石油报》同时期还刊发了另一篇关于"铁骑"的报道《走进八桂大地，3℃守候铁骑暖归途》，这是从另一个角度报道服务"铁骑"大军的。不同的是，目前服务人群越来越少，只不过，加油站的服务对象从"铁骑"人员扩大至货车司机、返乡的私家车人员、环卫工人、快递小哥等群体。用文中主人公的话说，"这两年同行的几位老乡陆续买了小车，自己很羡慕，准备年后也购车，明年就不用'铁骑返乡'了"。

"铁骑返乡"俨然成为时代变迁的符号。新闻记录历史，见证历史。这正是新闻的力量。

如果说要进一步思考点什么，或许是此篇报道延伸的思考。企业是要为国家创造更大财富的？"铁骑"少了，对销售企业来说，无疑是对市场销量和效益的冲击，"喜"背后，企业的"忧"？从另一个视角来看，是企业加快能源供应转型调整的紧迫感。

3. 善用"两分法"，透过现象抓本质

随着采访的深入，许多时候都会觉得线索很多，头绪繁杂，延展性很差，甚是苦恼。那么如何清晰梳理这些"剪不断、理还乱"的素材，擦亮"新闻眼"呢？

马克思主义辩证思想认为，任何事物都是矛盾的统一体，矛盾总是由既对立又统一的两个矛盾着的方面构成。既抓主要矛盾，也要重视次要矛盾；既分析矛盾的主要方面，又不能回避矛盾的次要方面。这就是人们常讲的"两分法""两点论"，是正确认识和解决问题的重要思维方法和工作方法。

在新闻工作中，更要坚持"两分法""两点论"，透过现象看本质，带着问题找问题，剥笋式层层深入，不断反问自己，立意是否准确到位，问题是否抓到要害，并不断丰富或矫正，才能更立体更深入地逼近事实本身，问题的脉络自会一目了然。

以前述调研为例，在分析国际油价低位震荡带给行业和企业的冲击时，不能仅停留在油价本身，或者简单归结为低油价导致低效益。油价的问题，根子往往在油价之外，企业的治理水平和科技实力等，直接决定着企业的抗风险能力。

比如要研究分析东北地区、西北地区原油资源如何优化的问题，比如要分析局部或个别企业憋库而全局市场供应紧缺的问题等，如果仅仅站在单个企业的角度，这个话题注定无解。只有运用关联思维、系统思维，从油气田、炼化、销售、贸易等上下游产业链分析，才能发现问题症结和办法出路所在。逐渐地，你会发现，很多问题是表象，不是根子上的问题，通过剥笋式层层深入，努力找到事物的本源，进而实现从"提出问题"到"分析问题""回答问题"的转变。

三、按图索"水"
——强化问题导向设置议题

1. 既看"高楼大厦",又看"背阴胡同"

坚持问题导向,核心在于增强问题意识,既看"高楼大厦",又看"背阴胡同"。从方法论的角度讲,强调新闻采访的全面性与平衡性,兼顾成就与问题,既要听取权威意见,也要倾听基层声音;既要捕捉容易被关注到的"光鲜面""显性信息",又要看见容易被遮蔽的"阴影面""隐性真相";既要警惕"高楼大厦"背后可能存在的"虚假繁荣",又要关注"背阴胡同"中累积的系统性风险。通过这种辩证视角,敢于正视问题,善于发现问题,真找问题,找真问题,找准问题。

前面举例的"全力应对低油价提质增效大调查"报道中,就是打破"水落石不出"的认识盲区,于泥沙厚积的"表象"、背阴胡同后面,探求事物本来面目。找对了问题,然后运用党的创新理论分析研究,解剖麻雀,去粗存精,去伪存真,透过现象看本质,找到解决问题的思路和对策、意见和建议,整篇报道才更具建设性。

当然,不能为了提问题而刻意提问题,以择菜的态度去发现,以同理心去倾听,真正把情况摸清、把问题找准。关键是要夯实调查研究的硬功夫。从身入到深入、心入,扑下身子,沉到一线,打成一片。

2. 勿把问题当负面

对于问题性报道,要防止简单片面的理解,认为"找问题"就是曝光、揭露,就是负面报道,这种认识是万万不可取的。

弹琴要看听众,射箭要看靶子。有的放矢,关键是找准"的",这是调查新闻的价值所在。因此，问题性报道的关键，是在采访过程中一定要找触点，找痛点。从新闻的视角，把困难说透、把矛盾找准、把变化写清、把痛感呈现、把思路讲明。在很大程度上，问题性报道正是秉持第三方的相对客观立场。一方面聚焦问题，展示矛盾，挖掘根源，寻求"解药"。另一方面，反映困难，替企业发声，帮企业解围，助企业克难。最终目的还是要通过新闻报道推动问题的建设性解决。

问题不等于负面，问题不全是批评，而重在探讨和反思，突出建设性和思想性。以前述的"全力应对低油价提质增效大调查"为例，在报道内容、采访视角、表达方式等各个层面上，都有新的探索和尝试。从新闻业务的角度看，它将以往不能碰、碰不得的内容，以巧妙的视角、适度的方式暴露出来，拓宽了我们报道的边界。从服务集团公司发展的角度看，它替基层石油企业发出声音，得到了中国石油相关部门的肯定，也得到了读者的认可，产生了比预期更好的报道效果。

3. 秉持"三不"，勿用道理代替事实

新闻报道贵在用事实说话。在具体工作中，问题性报道容易走进"以道理替代事实"的误区。写出的报道板起面孔说教，太过严肃，读者不爱看，也不可信。因此，应秉持"三不"原则，即不绝对，不武断，不片面，力求通过多方位、多视角的实例客观陈述事实，少概括，少升华，少判断，以事寓理。特别是对"一家之言"，慎之又慎。不匆忙下结论，让读者去得出答案。

采访中要进一步拓展看待事实的视角和领域，既要有基层视角也有上层视角，既有生产视角也有管理视角，既有专业视角也有专家视角，让我们的问题性报道更加贴近问题本身的面貌。即使一针见血的矛盾、沉重的话题，亦可通过讲故事的方式、客观的陈述娓娓道来，让报道一下子亲切起来，拉近与读者的距离，大家愿意读，读起来也不累。

专家学者对一个话题往往有较为深入而持久的研究，不妨循着他们的思考方向观察，定会大有收获。比如我们在思考如何端牢端稳能源安全"饭碗"的采访报道中，以高度前瞻性的战略思维，将国家粮食安全饭碗的"18亿亩耕地红线"与国家能源安全的"2亿吨国内原油自给"联系起来，极大地拓展了思考的空间和路径。

到一线的贴近度，影响着报道的深度。做好舆论引领，记者必须从身入到

心人，走到一线去，倾听感受员工群众心声。世界这么大，问题这么多；士气这么低，队伍要咋带；同样一片天，有些为啥行；心咋一块想，劲咋一块使。只有扎根基层，才可能接触到原生态的现状，善于讲故事。这是坐在办公室想当然写不出来的，也必然会"失温"的，只有弄清楚问题，用百姓话讲百姓事，以事寓理，为新闻报道的基层视角赋予"情感元素"。

在"全力应对低油价提质增效大调查"报道的开篇打样文章中，考虑到如何架构选材，突出可读性，我们精心打造开头引语，于是就有了如下的开篇讲述。

春寒中的松辽大地，一场沙尘暴铺天盖地，把百里油区团团围裹，让人喘不过气来。

快步进家，换掉工服，简单擦了把脸，路丹又出门了。清明时分的东北大地，料峭春寒还未退去。顶着风蹬车，比往常更显吃力。不到3千米的路，骑了足足半小时。这是路丹在肯德基打零工的第一个礼拜，她不想因为迟到给人留下不好印象。

1小时前，还是在磕头机间穿梭的采油工，现在必须琢磨怎么快点进入快餐店员的状态。油价寒冬，为了补贴家用，以往那些所谓矜持都可以放下。

又如，文中一些充满感性的故事化叙述，通过事实传递问题和道理。

最近这些天，刘连迎火气很大。身为冀东油田一名集输班班长，突然发现因几名员工怀孕、生病，手下无人可用了。刘连迎拿着值班表"杀"到采油一区党支部书记耿博的办公室，要求领导给自己派人。

"不是我不想解决，作业区现在哪个岗位不缺人？"耿博的回答，让刘连迎很不爽。但她控制住了情绪，没有像此前那次"犯傻"，一激动就把领导的手机号给"拉黑"。

与此相反，大港油田采油二厂油品外运负责人郭力伟，近来却在为35名押运员同事忧心。看到部分人已经开始在南大港家属院小区附近卖早点，他很无奈。低油价下业务萎缩，作为"辅助岗位"，押运员属于"被优化"的部分。

4. 千金难买回头问；才下眉头，却上心头

需要新闻报道关注的问题，真正有价值的线索，不会自己跑出来。正所谓千金难买回头问，要有"才下眉头，却上心头"的境界，提出问题是回答问题的先决条件。

毛泽东同志在1942年延安干部会上《反对党八股》的讲演中，明确指出党八股的第五条罪状是：甲乙丙丁，开中药铺。就是批判一些文章如中药铺抽屉格子上的药名，充满着甲乙丙丁、ABCD等"形式主义"这样的符号，不去思考事物的本质，而满足于甲乙丙丁的现象罗列，"不提出问题，不分析问题，不解决问题，不表示赞成什么，反对什么，说来说去还是一个中药铺，没有什么真切的内容。"

为什么说"却上心头"的叙述更深刻，在于问题性报道客观陈述事实，揭示矛盾冲突，引发思考，引起共鸣，引起警醒。因此要增强发问意识，提高发问能力，练就在泥沙中识珠的"慧眼"，秉持客观独立、不偏不倚的"冷眼"，打破思想深处的认识盲区、观念禁区。如《天然气汽车为何"叫好不叫座"》《特许经营缘何许而不特》等报道，就是努力探求是什么、为什么、怎么办的典型。

同时，问题性报道要在素材的选择上下功夫，选取的事实要有价值，读者关注；叙述的事情要脉络清楚，主次分明；故事的讲述要有借鉴、有启发。如中国石油油气生产业务提质增效调查系列《勘探开发，如何演绎一盘棋下的二重奏》报道，正是依次展开的。

东方物探的张朝东（化名）最近想到东部某油田联系业务，却很为一件事犯难：是先到勘探处，还是先到开发处？

以前，老张一直跟勘探处打交道。作为业务量的主要提供方，勘探处攥着东方物探大部分业务。但随着近两年投资压减、业务萎缩，勘探处给东方物探的活儿少了，东方物探不得不寻思"走出去"，谋求其他方面的合作，于是，开发处成了主要目标。开发处对效益产量、精细管理的需求，跟拥有地震采集、地质资料解释等优势的东方物探一拍即合。

孰先孰后不好取舍，使老张每次跟"做贼"似的进出两个处，"左手旧爱、右手新欢，既不能得罪，又得分出个轻重，很费思量"。一个是勘探、一个是开发，作为油田的两个主要业务处室，竟然在乙方眼中有了先后、分了主次。这颇值得玩味。

5. 问题清单必不可少

生物学家研究表明，蜜蜂每酿一千克蜜，需在200多万朵花朵上采集。新闻采访如同蜜蜂采蜜，须在丰富繁杂的万千世界中多跑、多听、多记、多思，在信息海洋中提炼有价值的素材。因此，采访前要做好准备工作，打有准备之仗。记者的知识储备要日积月累，做"资料的富翁"，而采访提纲和问题清单更是必不可少。

问题性报道，考验的是记者对事物和现象本质的把握，对事实性知识和观点互相印证的能力。带着问题去采访，精心准备一份扎实的问题清单，这样采访的针对性更强，采访的效率就更高，是报道成功的关键。在整个采访报道过程中，预设的问题应具有开放性、延展性、探讨性，还要通过对采访素材的消化，判断问题的设计是否准确，是否把真正问题反映出来，并不断修正立论观点，延伸问题的内涵。

> **延伸思考**
>
> ## "三个维度"理解问题导向意识
>
> **从媒介转型视角来看**：无论是从传统媒体与新媒体、信息资讯传递与价值引导层面来看，还是从浅阅读与深阅读等层面来看，移动时代的"快餐"效应下，反而呼唤更多有价值的信息传递。问题导向，在于导向问题。当下，哪些是读者最关心、最想听到的？哪些是最想让读者看到的？哪些又是管理层最想真实了解的？这些问题的背后，是"四多四少"的宣传困境：即宣贯多，反馈少；经验多，问题少；赞歌多，建言少；指令多，讨论少。读者最关心关注的，反倒是我们报道最缺乏的。
>
> **从行业发展视角来看**：问题是时代的声音。在信息传递、品牌塑造的同时，新闻宣传是行业企业直面问题、调查研究、破解问题的重要力量。特别是在行业企业大变革、大重塑、大发展的阶段，"正常秩序中断"背后，更是调查研究报道的机遇期，新闻报道应围绕需要解决的突出矛盾，精心、精准设置报道议题。以油气等能源行业为例，经历了行业发展的冰河期、深化改革的攻坚期、员工思想的波动期后，石油行业能否迎来又一个繁荣期？行业深化改革如何高质量推进，市场化之路该怎么走？压力如何传递，认识如何统一，信心如何重振，智慧如何激发？这些问题，只有在贴近些生产、触碰些实情、摸透些情况、研究些问题后，方能提出些思考，寻求到答案，进而推

动工作。

从记者职业定位来看： 如何真正实现从简单信息"搬运工"到思想"淘金者"的转变？目前，普遍存在的问题是"想不到、看不到、听不到、走不到"，到基层发现不了问题，发现了问题写不出来，写出稿件把握不了分寸。所以，只有解决了"谁写谁看、写谁谁看"的沮丧和困惑，经历过"捕食能力"的一次次检验，记者的职业使命、责任方能有所体现。

采访无禁区，兼听则明，找准找全，透彻客观，做个明白人；报道有纪律，强化政治意识，把握好分寸尺度，做个规矩人。问题一针见血，语气娓娓道来。

四、山海探流
——唤醒沉默的"文山会海"

可以说,参会听会,看会议文件,听发言讨论,听报告讲话,确为新闻的富矿。这些活动中,激荡着的新进展、新观点、新思想等,让记者无疑有了"站在巨人肩膀上"得天独厚的知识获取和思考碰撞的便利,岂不乐乎。

然而,很多时候事与愿违。但凡跑过时政新闻、经常跟会采访的记者,多有一种"后知后觉"的体会,那就是"入耳皆是新闻,入心只有沉淀",很多时候就在一篇篇中规中矩的"会议体"中完成报道任务。纵有"巨人肩膀"这样的登天梯,却悄悄蒙着了双眼,甚是遗憾。

这里,有经验的问题,更多是理念观念的问题。那么,如何唤醒沉默的"文山会海",如何于"蓦然回首、灯火阑珊处"挖掘新闻富矿呢?

> **延伸思考**
>
> **钻进会议看会议,只言片语有乾坤**
>
> 2005年8月底,笔者有机会参加在香山召开的国家天然气科技攻关20年学术研讨会。本次研讨会可谓"含金量"十足,相关部委领导、行业领袖、院士专家云集。除了做好相关程序性报道外,我们紧紧盯住会议发言、讨论中的信息和声音。
>
> 期间,天然气领域著名科学家戴金星院士在报告中首次做出了一个重要判断——我国天然气工业站上了里程碑新阶段,并用翔实严谨的数据实例予以阐释,与会许多代表也都持乐观态度并从不同角度进行了分析。当时世界上天然气产量超过千亿立方米的国家仅有5个,中国天然气产量突破500亿立方米,这无疑是中国乃至世界天然气产

业里程碑的事件，我们如获至宝，迅速围绕该主题在会上进行了补充采访，并就所涉及的国内外相关资料进行查证。主要落实了以下几个问题：一是突破500亿立方米并持续迈进是有靠实的资源潜力；二是迈向天然气生产大国是有理论体系支撑和科技创新力量保障；三是世界天然气生产大国不仅是量的概念，更是国家油气产业综合发展实力的体现。只有厘清了这些问题，这一里程碑事件的新闻报道才经得住时间检验。随后第一时间写作完成了《我国正向天然气生产大国迈进》的消息，这也是国内媒体独家权威发布。该新闻还被中央人民广播电台早间的《新闻和报纸摘要》节目播报，也获得了年度产经新闻一等奖。

案例作品

我国正向世界天然气生产大国迈进

初步建成6个气区，今年年底将突破500亿立方米

8月31日从国家天然气科技攻关20年学术研讨会上获悉，经过石油科技工作者20年的不懈奋斗和努力，我国天然气科技攻关取得丰硕成果，为改善我国能源结构作出重要贡献。截至目前，我国天然气探明储量达到4.38168万亿立方米以上，初步建成6个气区，年产量407.7亿立方米，今年年底将突破500亿立方米，正向世界天然气生产大国迈进。

据了解，目前世界上年产天然气超过500亿立方米的国家有11个，1000亿立方米以上的国家只有5个。1982年，我国天然气人均占有储量不足2%。1983年，五届全国人大五次会议通过"六五"国家科技攻关计划，共设38个科技攻关项目，"煤成气的开发与研究"列入其中，并获得1987年国家科技进步一等奖，从此拉开了我国天然气科技攻关的序幕。20年间，我国天然气科技攻关在五个方面取得重大成就。

天然气探明储量、产量快速增长。1982年我国探明的天然气储量为2889亿立方米，年产量仅为119.3亿立方米，人均占有储量为360立方米。在科技攻关成果的推动下，天然气探明储量、产量快速增长。截至目前，我国天然气

探明储量是科技攻关前 1982 年的 15 倍，年产量是科技攻关前的 4 倍；人均占有储量 3800 立方米以上，是科技攻关前的 10 倍多。预计到 2010 年，我国天然气年产量将达到 850 亿立方米，2015 年前可超过 1000 亿立方米。

发现一批大气田，形成一批新气区。由于天然气地质理论与勘探技术的不断发展，天然气勘探取得重大进展。1982 年，我国发现的大气田有 2 个，气区只有 1 个，没有发现 1000 亿立方米以上储量规模的大气田。截至目前，我国共探明大气田 32 个，其中 1000 亿立方米以上储量规模的大气田就有 7 个，初步建成 6 个气区。此外，松辽盆地深层也获得重大突破。

天然气地质学理论取得重大进展。20 年来，天然气地质学理论和勘探理论取得重大进展，在煤系成烃（以气为主以油为辅）、地球化学、天然气气藏地质特征与成藏理论、大气田分布规律与勘探方向等方面取得重大突破，一大批重要理论成果获得国家级大奖。

培养了一大批中青年专家，建立了专家队伍。天然气科技攻关的 20 年，是我国老一辈科技工作者不断创新、辛勤奉献的 20 年，也是新一代中青年专家不断成长的 20 年。经过 20 年的积累，我国已经造就一支高素质的天然气专家队伍。

积累了石油行业联合科技攻关的成功经验。20 年的天然气科技攻关，是国家科技项目的成功典范，也为石油行业跨部门、跨行业，联合实施重大科技攻关项目积累了成功经验。

（2005 年 9 月 2 日，王晓晖 刘晓飞）

此外，如《我国油气管道里程超过高速公路（主），第五种运输方式异军突起 十万公里造福华夏十亿人（副）》报道，是通过参加当年的管道建设领导小组会议，从与会领导的发言中获悉的重要线索。我国建成管道总里程超出高速公路 1 万公里，覆盖我国 31 个省区市和特别行政区，使近 10 亿人口受益。记者如获至宝，并立即着手前期采访，在发稿前一个月已就相关信息进行核准，对事件背景等进行丰富补充，然后就是预见性地"等新闻"，抓住国家四大战略通道之一的中缅天然气管道干线建成投产重要节点，成稿发布。

要说会议报道，莫过于全国两会，无疑是一次媒体综合实力的竞技。不论是央媒还是行业媒体、地方媒体，大家都憋着劲，努力从"大珠小珠落玉盘"的两会信息中抓取有价值的新闻，收获更大的传播力和影响力。多年来，《中国石油报》也一直在探索行业媒体两会报道的创新路径。我们重策划，重创新，重结合，充分发挥在能源领域的专业优势，强化议题设置。以近几年为例，聚焦区域发展新格局中的能源新动力、能源行业发展"减负快跑"期待"政策加持"、能源转型绿意和动能等热点话题，力求视角独特，观点独到。如根据代表委员的观点，先后推出《化工项目正名必先正视听》《炼化升级：慎走独木桥行稳高速路》等稿件。《油气立法，能源发展的时代命题》的呼吁，就是根据2007年全国两会政府工作报告精神和代表委员的提案建议等采写而成。这些稿件都引发了行业和社会的积极热议，被主流媒体大量转载，很好地引导社会舆论。

延伸思考

跳出会议看会议，热讨论中冷思考

在国际能源界，例行召开的世界石油大会、世界天然气大会[①]、世界能源大会等都是全球能源治理的标志性活动，从主旨演讲、主题报告、领袖对话、圆桌论坛，到论文宣讲、展览展示等百余场活动，氛围热，探讨热，议题热，可谓媒体眼中的饕餮盛宴。正可谓"乱花渐欲迷人眼"，那如何从丰富繁多的会议信息中遴选出优先报道的线索呢？会议讨论热，但报道需要"冷思考"。

2012年，笔者赴吉隆坡采访第25届世界天然气大会。这是世界油气工业的盛会，每3年举办一届，全球能源公司高管、行业精英、知名专家汇聚。当时，国际天然气行业正在孕育着一场"从冷到热"的变革，可以说该会议在某种程度上引领着天然气工业发展的趋势走向和前景，何去何从，备受关注。因此，在常规的开闭幕式消息等报道之外，如何出新出彩，及时、客观、准确地报道好这次会议，我们决定跳出会议写会议，通过会场内外所见所闻所思，立足当下看长远，提炼主题，观点先行，开宗明义，引领舆论。

在以下四篇案例报道中，开篇述评的切入点，是在前往吉隆坡的航班上初拟的，主要是受到"气定神闲"这一成语的启发，感觉与当时世界天然气产业发展的趋势比较契合。除此之外，其他主题都是从会议期间各种演讲、报告、发言的意见观点中抽丝剥茧，并结合当

---

① 现为世界燃气大会。

时全球关注的供应安全、价格形成、发展路径等焦点、热点提炼拟定的。短短4天会期里，就有了四篇"气场"十足的系列述评报道，当天写作当天上版。其中最难的就是语言关，因为会议组织方未向记者提供同声传译服务，加之记者外语能力有限，只能在会上听取一些关键句，全靠录音后反复回放整理，颇费周折。

案例作品

世界"神闲"尚待"气定"

马来西亚首都吉隆坡，吸引了世界的目光。

不过，视线所向，并不是这里的世界最高建筑吉隆坡双子塔，而是聚焦于一次盛会——第25届世界天然气大会的召开。

盛夏，赤道之国，对于出席有着"天然气工业的奥林匹克盛会"的全球能源公司高管、行业精英和专家来说，对天然气"热关注"的背后，更多的是冷静和理性。

6月5日，掌声中，埃克森美孚石油公司首席执行官雷克斯·蒂勒森以其特有的西方式幽默开始演讲。"全球天然气工业正处在历史性变革中，我们应该怎样肩负起这样一个时刻？我们今天的努力，将改变生活的质量和变革能源结构，又将怎样迎接机遇和挑战？"他演讲中一连串的发问却是少有的严肃。

这或许也是全球天然气行业的疑问和思考。

在吉隆坡的苍穹下看天然气，是一种新的视角。这种被我国古代先民称之为"上火下泽""泽中有火"的气体，如今"大行于世"。与其他能源相比，天然气愈加具有竞争力。

从一份资源账单看，有关测算表明，天然气的二氧化碳排放量比煤炭低43%，比石油低28%。20世纪70年代以来，天然气作为污染最少的化石能源占全球能源比重一直不断增长。目前，天然气占世界能源消耗的20%。

从全球石油大公司业务发展趋势来看，天然气增势将快于原油。2011年，BP、埃克森美孚等公司加大从"以油为主"向"以气为主"的转移力度，天然气产量已超过整体油气产量的50%。世界正在加速进入天然气时代。

从近几届世界天然气大会主题的变化看，在阿姆斯特丹召开的第23届世界天然气大会，呼吁能源生产者和消费者共同努力，增加天然气市场的开放性和透明度，并保障其供应安全。在阿根廷召开的第24届世界天然气大会，重新审视至2030年国际天然气发展战略及面临的全球能源挑战、天然气市场供应和环境安全问题。本次大会的主题——天然气：保持未来全球增长。放眼世界，无论东西南北，人们理所当然对天然气寄予更多期望。

毫无疑问，在能源需求大幅增长、环境问题愈加严重及全球能源局势不确定性增加的背景下，天然气作为一种环保、经济、安全和充足的清洁能源，已成为未来能源结构中不可或缺的一个组成部分。

"气"定方能神闲。当下，人们关心的是，天然气如何在绿色能源变革中担当重任，实现稳定增长的基础从哪里来？发展的方向又在何方？

在雷克斯·蒂勒森看来，天然气的发展已经成为绿色能源变革桥梁和保持世界经济增长的钥匙。天然气开发进一步拓展了新型的国际合作关系，改变了世界能源格局。从这个意义上说，天然气行业和政府必须把握时机而不是坐等时机，增强国际的互惠合作，相互尊重并负起责任来，开展长期持续的投资和技术项目发展。

壳牌石油公司首席执行官彼得·傅赛在发言中强调，天然气将在未来全球增长中，提供最安全、可持续的能源。大力开发全球天然气资源是毫无疑问的。科技工作者正在以负责任的态度加强研究。随着科技的进步，天然气的发展将沿着可持续清洁的道路向前，面对所有挑战。

正如马来西亚首相纳吉布·阿卜杜尔·拉扎克在开幕式致辞时坦言，面对挑战，新兴工业国家应均衡经济发展与环境保护两大主题。稳定的需求是新兴天然气市场可持续发展的关键。政府应注重保障这一需求，为行业发展注入信心。同时，各国应积极消除市场壁垒，尽快完善天然气市场定价机制。

一个清晰的声音是，能源供应商主要考虑的是为世界经济增长提供更可靠、更稳定的能源。为了实现这个目标，不应该因短期的变化而改变长期的使命和基本责任。

尽管前方充满挑战，但从大会透射出的美好期望和为此而努力的诚意，让人们在盛夏倍感清凉，也对天然气产业的未来充满信心。

从吉隆坡看天然气，从天然气看世界。人们期待，本次大会能将世界天然气工业的发展带到一个新高度，带入一段新历程。

（2012年6月6日，王晓晖 崔茉）

案例作品

常规的思维　非常规的出路

6月6日，吉隆坡，第25届世界天然气大会进入第三天，会场"气"味愈加浓厚。

同一会场，不同嘉宾；同一话题，不同视角。

共识不容置疑。全球能源图景中，天然气正处于发展的黄金时代。大会的一组数据显示，从能源需求看，全球人口将持续增长，预计到2030年达到80亿，假设所有人沿用现有的生活方式，届时天然气消费量增长40%。天然气需求量将是石油的两倍。预计到2030年，亚太地区对天然气需求占全球需求的40%。

略显枯燥的数字背后，透射出核心关注——如何保证天然气供应安全。

会场内外，从全球能源公司高管、行业精英到专家，从勘探开发到资源来源，再到多元渠道供应，观点碰撞，意见融合。

勘探开发成本提高，社会准入限制，如何最有效储存，应对恶劣环境，这些均令天然气工业的前景充满变数。

雪佛龙副董事长乔治·柯尔克兰德表示，天然气安全供应面临三方面挑战。一是和石油市场不同，天然气的开发、运输需要建设大量的转化设备和终端设施，由于各地区经济水平的差异，因此不能够在短时间内建立起一个全球市场。二是资源的不确定性、储存环境、基础设施和技术劳动力等因素所导致的区域发展的不均衡。例如，发达的油气管网以及服务体系使美国天然气价格远远低于欧洲和亚洲市场。三是与石油开发相比，天然气还处于成熟的早期阶段，如今石油已开采了最终可采资源总量的20%，包括常规和非常规资源。然而天然气只采出了最终可采资源的10%。

机遇与挑战并存，能否战胜挑战？根据美国能源信息署（EIA）的报告，过去10年间全球天然气储量增长30%。这主要归功于一些以往不被看好的资源在技术进步下得以开发。数年前，美国还在担忧天然气的供应。在大规模开发页岩气后，美国页岩气产量在天然气总产量中的比重从2000年的1%上升为如今的35%。

5日大会上，壳牌公司表示，今年预计开采的天然气总量多于石油，这在壳牌的历史上尚属首次。这显然是好消息。

开放的市场，多样化的供应，也将给亚洲乃至世界市场提供更多来自全球的天然气资源。挪威国家石油公司常务副总裁艾德尔·萨特指出，新来源，新市场，LNG的强力增长确保了天然气在新兴市场的吸引力，并通过LNG和管输两种形式将天然气输送到市场。数据显示，未来十年全球LNG需求量预计翻一番，原因就在于亚洲市场迅速崛起。美国已经在计划出口LNG。

当然，人们也将更加关注，地缘政治和经济挑战在未来将如何影响天然气市场发展和供应能力，能否用更低的成本提高产量？

"技"高方能"气"扬。马来西亚石油公司总裁三苏·阿兹哈·阿巴斯认为，科技进步将再次扮演重要的作用，将为常规天然气的稳定增长和安全供应提供新的出路。在新技术的推动下，天然气工业将更加富有竞争力。

"财"大方能"气"粗。根据IEA预测，2010年到2035年期间，需要大约40万亿美元的投资和各类能源及基础设施用于满足全球的需求，其中10万亿美元直接用于天然气开发。

乔治·柯尔克兰德表示，为吸引这些投资，需要几个关键因素：首先，需要高质量的天然气藏，并评估其可采资源量及相应的开发成本；其次需要寻找具有吸引力的财政政策和合同条款以及高质量的市场和可靠的用户；最后，需要IOC（国际跨国公司）、NOC（国家石油公司）、独立石油公司等各合作伙伴在技术、专家和信息资源等方面的密切合作。

无疑，保证安全的天然气供应，需要坚定信心，持续投入，互利合作，广开气源。埃克森美孚石油公司首席执行官雷克斯·蒂勒森坦言，尽管看到了金融危机引发的疲弱经济对能源需求的影响，但不会影响我们对天然气项目发展的资金支持和力量投入。

大会宣传片的一句话令人印象深刻：常规的思维，非常规的出路。

（2012年6月7日，王晓晖 崔茉）

案例作品

"价"起资源与市场供求平衡的桥梁

4000多千米，是北京到吉隆坡直线飞行的距离。

不过，置身世界最高的双塔建筑——吉隆坡石油双塔下，穿梭于第25届世界天然气大会现场，一种强烈的感觉是，世界被骤然拉近。

在大会媒体中心，眼前的大屏幕上不间断播放 CNBC（美国全国广播公司消费新闻和商业频道）节目，不时可以看到关于中国的新闻，油价、股价和汇率，还有长城哈弗汽车等的动感画面。

然而，对于与会的能源公司高管、行业精英和专家来说，距离的度量将意味着另外一种概念，或将是另外一种感受——天然气资源与市场到底有多远，价格离价值到底有多远。

6月7日，大会进行至第四天，从主会场到分论坛，来自不同地区、有着不同肤色、操着不同口音的代表，交流着同样的主题：如何在现有需求基础上提高诉求？在不平衡的市场环境下创造平衡？

从消费市场分布来看。美国目前是全球最大的天然气消费国，俄罗斯位居第二。未来5年内，亚洲天然气消费可能达到3.94万亿立方米，将成为拉动天然气消费的主要力量。

从消费结构来看。国际上，对天然气用户的分类有所不同，如美国将用户类型分为居民、商业、工业及发电。在欧盟、美国和俄罗斯的消费结构中，城市燃气的比重则较高。

从消费价格来看。由于天然气消费的区域性，并不像石油一样有统一的国家价格。国际能源机构（IEA）发布报告指出，未来5年，尽管不同地区的价格分歧将缩小差距，但是价格的多样性仍将成为天然气市场的一大特色。

不平衡市场，必须平衡供应。挪威国家石油公司常务副总裁艾德尔·萨特指出，全球能源市场正在发生转变，天然气在补充不断增长的全球能源需求中充当最合适的角色。全球能源市场的整合将惠及消费者、生产者和整个天然气产业，必须通过有效管理框架支撑起天然气价值链。

英国IHS能源咨询公司克里斯·福尔摩斯表示，尽管目前天然气和LNG的贸易条款在一些地区已趋于灵活，但是全球范围内对于天然气价值和价格尚未达成一致。在北美，天然气价格是在市场间竞争中形成的。在亚洲，天然气价格和大宗油品进口价格相挂钩。而欧洲天然气价格则介于两者之间。

克里斯·福尔摩斯认为，石油市场示范了在何种条件下碳氢化合物可以达成全球价格，那就是天然气必须能够在市场间自由流动，其品质也能为不同市场所认可，同时必须有完善的运输设备等。

以LNG发展为代表，天然气市场的种种动向表明形成全球统一的天然气价格并不只是一种良好愿望。近年来，随着LNG供应灵活性的增长，天然气液化装置投资的增加，LNG 运输和 LNG 进口与气化装置的进步，为全球形成统一的天然气市场创造了良好的成长环境。

如何"价"起资源与市场供求平衡的桥梁。国际能源署总干事范德胡芬表示，价格是保持天然气竞争力的关键。天然气在未来的角色依赖于其投资便利的环境，不仅需要上游天然气产量增加，而且需要通过中游的运输基础设施的完善，将天然气带向市场。

法国燃气苏伊士集团（GDFSuezSA）副主席兼总裁萨拉里表示，目前，国际上天然气定价与原油的关联度越来越小，天然气价格形成机制亟待改革。

既要平衡需求，也要提高诉求。人们关注，传统的天然气市场将会发生怎样的变革？天然气作为一种重要的能源，消费者和政策制定者是否意识到这一点？如何更高效使用天然气并鼓励负责任的消费？

大会传递的声音越来越清晰，培育市场，价格先行。正如分论坛代表所讨论的，天然气行业应该认清这样一个事实：天然气是清洁高效能源，应该想办法让其价格最大限度地体现其价值。价格是市场是否选择天然气作为燃料的一个关键因素。此外，还必须依靠整个天然气行业的努力，大力开展科研与创新，提高能效。

人们有理由更多地期待，让天然气的消费结构更加科学，利用更加高效，价格更加合理，市场更加成熟，让这种稀缺清洁能源实现科学利用。

（2012年6月8日，王晓晖　崔茉）

案例作品

黄金时代的"蓝金"之路

吉隆坡石油双塔见证，一个属于整个亚太及全球的荣誉时刻镌刻在了世界天然气工业的史册上。

6月8日，会议中心主会场，在一段有着浓郁马来民族特色的欢快舞蹈表演之后，大会东道主城市与下届主办城市巴黎交接，为期5天的第25届世界天然气大会，完成所有议程并完美落幕，正式进入"巴黎时间"。

在过去的几年里，全球天然气工业持续发展，天然气迎来发展的黄金时代。正如埃克森美孚石油公司首席执行官雷克斯·蒂勒森所言，在未来20年内，天然气将飞速发展，特别是在非常规天然气方面，增速有望达到40%。

法国国际能源署的苏菲·科比尤在演讲中也指出，到2030年，全球天然气占一次能源比例将达到25%，主要消费市场将集中在亚洲。而中国和印度是未来亚洲天然气消费增长主体。

如果说，早些年前，人们只是将天然气作为能源发展的补充和一种过渡能源，那么时至今日，没有人再怀疑，天然气已成为未来能源结构中不可或缺的一个组成部分，正如这次大会的主题——天然气：保持未来全球增长。

今天，这种被称为"蓝金"的燃料，在全球气候减缓变化的当下，正引领绿色能源新的变革。当然，如何让后人也能享用到天然气这种优质的能源，则是当下及今后一个时期必须关注的课题。

展望天然气发展的未来，黄金时代的"蓝金"之路，该怎么走？发展的重心在哪里，传统市场将会发生怎样的变革？

人们理所当然给予更多期待。能否提供可支撑的解决方案，如何探索一种可持续发展的新路径？

世界石油理事会规划副主席雷纳托·贝尔塔尼认为，世界常规天然气按照现有水平还能消费120年。道达尔集团首席执行官马哲睿强调，天然气工业目前面临的最大挑战是，投资的速度跟不上需求的增长步伐。预计到2025年，一半的天然气需求将来自新项目的产量，但是这些新项目的成本高昂。一是位置遥远，如巴西、东非和深海；二是埋藏很深，如墨西哥；三是地质条件的复杂。这些因素都增加了开发的难度。成本的增长还来自环保要求的提高，废水和废气的排放要遵循资源国的更严格标准。

加大投入，锁定资源。雪佛龙副董事长乔治·柯尔克兰德表示，为吸引这些投资，就需要IOC（国际石油公司）、NOC（国家石油公司）和独立石油公司等各合作伙伴，在技术、专家和信息资源等方面的密切合作。

从消费结构来看，8日上午的圆桌会议认为，今后一段时期，世界天然气市场重点将是非常规天然气开发和LNG技术与贸易的发展。非常规天然气勘探开发技术的突破，将改变世界天然气供需格局和行业游戏规则。面对非常规天然气革命产生的很多新问题，马哲睿倡议，所有参与其中的公司要保证技术安全及对环境负责。

在勘探的早熟阶段，必须培育成熟的消费市场。挪威Petoro石油公司首席执行官乔·佩德森指出，从安全供应角度讲，必须从资源、渠道、常规能源、经济性四个方面着手，从安全需求角度讲，必须从竞争性、能源政策和环境政策三个方面予以加强。

我们欣喜地看到，2011年，BP、埃克森美孚等公司加大从"以油为主"向"以气为主"的转移力度，天然气产量已超过整体油气产量的50%。壳牌公司也在大会上表示，今年预计开采的天然气总量多于石油。

用一种声音解答面对不断增长的需求，大会上这种声音广泛传播并越加清晰。在这个乐于接受新思想、不断进步的时代，朝着建设低碳星球的目标，寄希望于天然气，创造最完美的价值链，增强能效，改善作业环境，确保最适合的发展战略，是一项责任。

大会的宣传语还在耳边回响：能源革命的参与者，游戏规则的改变者，有能力让天然气产业走得更远，规模更大，为的是让天然气这一有限资源有一个可持续的未来。正如下一届天然气大会的主题：共进共赢，创造和谐地球。

人们期待着，3年后，聚首巴黎，将会看到，天然气黄金时代的"蓝金"之路，将走出了怎样的绚丽来。

2015年，巴黎见！

（2012年6月11日，王晓晖　崔茉）

旧闻新貌

早在1997年，在中国成功承办的第15届世界石油大会上，达成了"21世纪是天然气时代"的共识，到主题为"天然气：保持未来全球增长"的第25届世界天然气大会的召开，15年间，全球能源结构的调整"气势如虹"。国家统计局最新数据显示，2023年我国规模以上工业天然气产量达到2297亿立方米。根据国家发展改革委的数据，2023年全国天然气表观消费量为3945.3亿立方米，同比增长7.6%，显示出天然气消费量恢复增长的态势。2023年，我国进口天然气总量为1.1997亿吨，同比增长9.9%；其中LNG进口量为7132万吨，中国再次超过日本，成为全球最大的LNG进口国。2024年，我国天然气对外依存度依然保持在高位。

这次会议提炼采写的报道观点及分析前瞻，在此后的十多年天然气发展中得到印证。新闻，正是以同频共振的方式，记录和见证能源变革的伟大进程。

延伸思考

问路"世界十字路口"

2017年7月中旬,主题为"架起通向能源未来的桥梁"的第22届世界石油大会在土耳其伊斯坦布尔召开。在圆满完成既定报道任务后,走出会场已是傍晚时分。伫立会议中心外的露天平台,眺望横亘欧亚大陆的博斯布鲁斯海峡,在这个被称为"世界十字路口"的城市,耳边激荡着全球行业领袖们的真知灼见,我们也在思考,同样站在"十字路口"的世界石油工业,未来该向何处发展?于是跳出油气看油气,立足当下看未来,策划撰写了《如何重塑油气行业竞争力——世界石油工业转型发展七问》,旨在引发行业思考。此报道的谋篇写作,有以下考虑。

其一:问什么?

准确地说,应该是"望",瞭望,展望。现代石油工业从诞生起,经过160多年的发展,也伴随着人类文明从柴薪时代、煤炭时代、油气时代迈向低碳时代,走到了新的十字路口。

社会上常听到一些声音:石油行业已到被"革命"掉的时候了吗?石油消费何时达峰,石油要被新型能源替代了吗?变化的时代,变化的格局,这不仅是一个行业话题,更是一个全球性的社会话题。

不论是悲观的唱衰,还是乐观的预期,毕竟任何事物的运动变化总有一个发展进程。问题是时代的声音。彼时人们最为关切关注的是,石油工业这艘承载现代工业文明的巨轮,该向何处去,还能走多远,面临的严峻挑战是什么?天气好不好,风浪急不急,前方有没有暗礁?

做时代风云的洞察者和站在桅杆上的瞭望者,是媒体的时代责任。世界石油大会为媒体提供了这样一个宝贵平台。找准问题最关键,围绕行业热点和公众兴趣点,聚焦大会讨论焦点和重要视点,会场内外结合,行业社会结合,再从主旨发言、主题演讲、平行论坛、圆桌会议、论文宣读等活动中,提炼归纳各种声音后"集大成者",于是就有了如下一些方向性、代表性的问题。

1. 石油行业的下一个春天在哪里?

2. "供应峰值"缘何首次被冷落？
3. 如何不被油价波动牵着鼻子走？
4. 技术能否成为撬动"石油未来"的终极杠杆？
5. 如何占领"下一代"人才制高点？
6. 油气行业低碳转型之路怎么走？
7. "汽油时代"的繁荣正逐渐远去？

其二：为何是"七"问？

这是一个有趣的问题。为什么不是十问、五问或者其他数字呢？熟悉的人这样打趣道。

问题的数量多少，貌似和报道着重探讨的主题无关，但又恰恰投射出一个在新闻工作中普遍存在的现象，即报道形式和报道内容的关系，也就是形式服务于内容的原则问题。

确实，在策划和讨论时，原本拟按照预设的"十问"来提炼归纳，这也符合人们生活中对于数字的认知和使用习惯，更有利于传播。但在具体写作中，受限于记者对石油工业发展观察理解的认知局限和思考局限，除了比较清晰地梳理出以上七方面内容，对于其他的行业热点焦点话题，一时还不能很好地做出有价值的梳理归纳，有些议题还有待进一步深化认识、深入采访，因此就不能生搬硬凑，以其昏昏使人昭昭焉。

其三：回应关切，传递思想

围绕如何重塑油气行业竞争力，抛出"七问"后，关键的是回答问题，用新闻事实和观点去举证，回应行业和社会大众的关切，传播观点，传递思想。

对于这些问题的探讨，必须是权威的，必须是专业的，必须是科学的。这篇报道从以下四方面展开论述。一是"借嘴说话"，吸纳引用行业领袖、专家学者的真知灼见。二是用实证说话，采用国际大公司转型发展的具体实践和案例。三是用数字说话，通过全球油气生产供应、投资贸易等相关数字曲线，看变化、看走势、看逻辑。四是用历史说话，让历史观照现实。

正是基于此，文章梳理提炼、形成了一些理性的判断和规律性的认识：

——石油工业从一个半世纪以来的常规油气时代，跨入目标更为宽泛的、常规和非常规油气并举的时代；

——产业链下游发展重心将从燃油生产转向化工原料或其他产品加工，整个石油工业的性质特征也将进一步从"能源"转向"基础原材料"；化工将成为未来石油需求增长和转型的主要方向；

——在低碳发展的时代大潮下，石油工业"以比过去任何时候都少的碳排放量，提供比过去任何时候都多的能源"；

——既然油价无法控制，那么必须专注于能够控制的东西，尤其是投资和运营成本降本都必须是一个持续的过程；

——技术成为撬动"石油未来"的终极杠杆。数字化、智能化、集约化已成为行业技术创新的重要方向。未来，"大数据"或许就是"大油田"；

——汽车行业变革下，石油行业并非走向没落，而是重塑自我。
……

其四：问得可否准，答得可否对？

当然，新闻观察是否科学，判断是否具有前瞻性，是否具有指导性，还在于能否经得起时间和实践检验。

这篇报道刊发，适值中国石油集团年度领导干部会议召开期间。报道以其前瞻开放的洞见、独家新颖的观点、权威专业的佐证，引发了不少与会代表的热议，深化了对行业认识和思考。关心油气行业发展的读者也反馈，"七问"的议题设置和论述呼应了大家心中的疑问和关切，有豁然开朗之感。经过信息检索后发现，作为一篇新闻报道，文章的观点也多次被专家、院士在科学研究中引用，这让我们备受鼓励。

《如何重塑油气行业竞争力——世界石油工业转型发展七问》版面图

旧闻新貌

能源"十字路口"的战略重塑

在过去的8年时间里,全球能源产业加速变革,供给消费结构呈现全球化的调整,低碳化、数字化、智能化正重塑油气行业未来。在新征程新起点上，中国石油石化企业以习近平总书记重要讲话和重要指示批示精神为根本遵循，深入落实"四个革命、一个合作"能源安全新战略，胸怀"国之大者"，加快从生产供应油气为主向生产供应油气热电氢多种能源转变，从炼油为主的炼化基础产业向"基础+高端"的能源化工材料现代产业转变。

抓创新就是抓发展，谋创新就是谋未来。大家看到，中国石油、中国石化、中国海油等都把科技创新作为发展新质生产力的核心驱动力，推进高水平科技自立自强，通过技术创新撬动"石油未来"。中国石油将创新作为第一战略，着力建设国家战略科技力量和能源与化工创新高地、人才高地。加快数字化转型、智能化发展，打造"数智中国石油"。

加快绿色低碳转型，开辟能源保供新赛道，向社会供应更多低碳零碳能源。中国石油积极推进公司"双碳三新"业务，实施清洁替代、战略接替、绿色转型"三步走"总体部署，加快布局和发展战略性新兴产业，力争2035年实现新能源新业务产能与油、气"三分天下"。中国石化、中国海油也都致力于构建多能互补的清洁低碳能源供给体系。

应该说，"七问"报道还是比较准确和富有前瞻性的契合了油气行业已经变化的和正在变化的趋势方向。我们相信，迈向能源未来，重塑竞争力，油气行业的下一个春天正徐徐走来。

五、水中捞鱼
——做听风者，共情中同频

记者要学会聆听，不仅需大义直言，也需逆耳微词。倾听身边干部职工怎么说，倾听社会大众和利益相关方怎么看，倾听不论是赞赏的声音还是批评的语气，从不同声音中获得更有价值的信息。沟通理解，尊重信任，感同身受，共情共振，汇聚推动变革的满满正能量。

1. 曲线采访很重要

在同仁们的交流中，一个共识是：不少好的细节并不是采访对象讲出来的，而是通过外围采访获得的。比如说很多采访是从抵达目的地的车上开始的，还有不少采访是和采访对象在饭桌上完成的。《中国石油报》曾就国家地炼行业发展转型做过系列追踪调查报道，在相对正式的办公室等场合是很难聊出有价值的东西，只能在外围采访，进而求证，挖掘一些细致的"内幕"信息。如地炼企业的D20价格商议机制就是在用餐间隙偶然获得的。如在中国石油榜样宣传活动中，人物报道《让"龙头"高昂的项目经理杨贵山》中，铲车司机"小贵阳"的事例，就是在一次随行车上听人提起并随后求证的。

组织抢险、救援，积极开展复工准备，杨贵山再一次将指挥部搬到山上。司机小李还记得，上山前，杨贵山经理偷偷揣了盒速效救心丸。"小贵阳"不会忘记，他的靴子在机械操作中被坚冰划破，一旁指挥的杨贵山经理看见了，硬是脱下自己的靴子让他换上，自己穿着裂口的靴子忙碌在零下十几摄氏度的雪地里。

2. 共情中同频共振

采访形式多种多样，直接或间接，云端或线下，电话或邮件函询等。然而，除非条件不具备（比如疫情、跨国跨地域受限等），否则面对面采访是必须的。更为关键的是，要与采访对象努力实现共情，心与心的交流，用温度拉近距离。

温度来自语气、表情，更来自设身处地的同理心。比如彼此相熟了，走到采访对象心里去了，对方才会放下"戒心"，不再是很程式化的"一问一答""你问我答"。对方感受到了你的真诚，才会认真对待采访。因此，在采访对象最为松弛的状态下获得有价值的报道信息。

如《中国石油报》余海同志的新闻图片报道《跪着养家的石油人》，在微信公众号一度被刷屏，获得了重量级奖项。取得良好传播的关键，就是他和采访对象处成了朋友——在结束正式采访后，采访对象带他又去看大港的滩涂，从而意外收获了一组精彩报道。当然，机会永远是给有准备的人，对于新闻记者更是如此。年轻摄影记者张旭采访玉珠峰加油站的图片新闻，成为一张经典照片。挖掘报道"老颜"的感人奉献故事，打动了无数读者，颜世秀也被评选为2023年"感动石油人物"。除了其过硬的摄影技术外，更重要的是，张旭走进了采访对象老颜的内心情感世界，让他始终处于放松的状态，才敢开心扉把自己最真实柔软的一面展示给记者。采访中，他们一起为一些人和事而泪流满面。正是因为与采访对象实现共情，同频共振，作品才会引起极大的共鸣。

3. 树立"关联意识"

采访要多问更要会问，要多听更要会听。特别是在采访对象的选择上，树立"关联意识"，让采访对象多元化，采访的时候心里要装着不同岗位、不同地域、不同学历、不同年龄层次等，尽可能多地搜集所有和采访事件以及人物相关的资料。

横看成岭侧成峰。当记者将不同采访对象处获取的信息汇总一起，并对他们的观点全面评估、多方确认，无论是"峰"还是"岭"，都会有助于形成更加立体整体的认知，采得清楚，写得明白。

六、深潜水底
——身体和灵魂总有一个在路上

> 新闻宣传文化工作就像军人站岗值守一样,越是偏僻的地方,越是艰苦的地方,越要建立我们的宣传文化岗哨

新闻宣传文化工作就像军人站岗值守一样,越是偏僻的地方,越是艰苦的地方,越要建立我们的宣传文化岗哨;就像开采地下能量保障油气供应一样,把人们智慧的能量充分释放出来,为广大员工提供优质的新闻文化产品和信息服务。

那么,如何才能将新闻宣传工作的岗哨建设得更坚固更完整呢?

2012 年,中国石油报社组织开展"石油记者基层万里行"活动。按照社里的统一部署安排,采访部作为牵头执行部门,对活动的开展做了深入思考。活动启动当日,在同仁们的深入讨论集智下,我执笔撰写了以本报编辑部名义的署名文章,向石油新闻同仁发出了诚挚的邀约,"身体和灵魂,总有一个在路上"。

▶ 案例作品

身入基层一线,深入火热生活,深度报道石油
"石油记者基层万里行"今日出发

亲爱的读者朋友,当你驾着爱车带着家人野外郊游的时候,当你使用管道"自来气"烹饪可口饭菜的时候,当你品着香茗点击鼠标开始一天工作的时候,

你是否意识到,千里之外甚至异国他乡,还有这样一群人,正在为你便利的幸福生活"头戴铝盔走天涯"?!

你可发现,他们数十年如一日,坚守戈壁大漠、雪域高原,一种信念"只有荒凉的沙漠没有荒凉的人生"日久弥新!你可听见,他们与父母妻儿遥隔四方,他们勇闯"死亡之海"、征战无人区,一首老歌"我为祖国献石油"久唱不衰……

我们拿什么奉献给你——新时期石油最可爱的人?

走,到基层去!身入基层一线,深入火热生活,深度报道石油!今天,《中国石油报》"抓作风树形象——石油记者基层万里行"大型新闻行动整装竞发。报社本部和记者站记者、特约记者、广大骨干通讯员,约3000名石油新闻宣传工作者,将用一年左右时间,结合所在企业和各自工作,分期分批按计划走进上下游、遍及海内外的5.4万多个基层站队和车间,开展调查研究和新闻采访,做到心中有群众、胸中有大局,以小见大、由点及面、以事喻理,把新闻写在大地上,写进读者心坎里……

石油记者基层万里行,为何行?

离基层越近,离群众越近。从祁连山下最早创刊的《石油工人报》,到大庆会战时期的《战报》,再到《中国石油报》,石油新闻工作者用职业责任诠释石油工业责任,以文化自觉壮写石油工人自觉。

走出去、沉下去、融进去,才更真切地体会到新闻工作者的根基所在、价值所在。从"西气东输万里行",到"国脉万里行",再到"海外创业万里行",我们用新闻铁脚板丈量能源丝路,风雨兼程、铿锵前行……

实践证明,只有身入基层心入基层,才能知晓基本"油情";只有把新闻工作的坐标定位在基层的源头活水,才能挖掘出企业最有价值的新闻。

石油记者基层万里行,哪里行?

只有在路上,心里才会有时代;只有在基层,心里才会有群众;只有在现场,心里才会有感动。

本次新闻行动,将力争实现三个全覆盖:组织骨干采编人员,到记者罕至、读者罕知的地方去,到最偏远、最艰苦的地方去,对这些地区实现全覆盖;组织本部和记者站记者对主要石油企业二、三级单位实现全覆盖;组织记者、骨干特约记者和通讯员走进所有队站和班组,对基层一线实现全覆盖。让群众多当"主角",让基层多上"头条"。

石油记者基层万里行,如何行?

带着感情行，带着感动回。少一些住宾馆泡会议，多一些住板房吃食堂，一头汗两腿泥，俯下身心贴心，让作品洋溢石油的芬芳，让新闻传递大地的感动。

带着问题行，带着答案回。深入开展基层调查研究，从基层的生动实践中挖掘深刻内涵，发现重大主题，让新闻报道从单纯的"信息中心"向"思想中心"转变。

带着责任行，带着收获回。送"新闻课"下基层，采一串带露珠的新闻，播一路文化繁荣的种子，培养一支优秀的基层新闻文化队伍。

一颗种子，植入泥土，才能生根发芽；一名记者，融入群众，才能锻炼成长。用心走基层，用情转作风，用功改文风，俯身聆听基层，躬身拜师群众，让肥沃大地壮实成长的筋骨。

这是一次石油新闻的长征，这是一次新闻作风的洗礼，这是一次队伍形象的检阅。通过活动的开展，树中国石油的良好形象，树报纸的品牌形象，树《中国石油报》的新闻队伍形象，为建设"忠诚、放心、受尊重"的中石油提供新闻舆论和精神文化支持。

与时代同行，与石油同行。我们始终在路上！

身体和灵魂总有一个要在路上。以"石油记者基层万里行"活动为例，《中国石油报》精心策划了《感动在一线》《体验在一线》等专栏，力求让记者身体沉下去、情感融进去。重点打造"走进熟悉的陌生队站"系列专题，产生了如《每日钻透一座珠峰》《70511队，吸氧也要打好井》等一批鲜活生动的图文报道。此外，"走进中国'舞龙'人"系列中《在这里，我们领略中国"舞功"》《在这里，我们读懂铁血柔情》等专题报道在基层引起热烈反响，极大鼓舞了士气，得到领导的肯定。

实践表明，身入基层一线，深入火热生活，追寻地下流淌的星河，新闻人的脚印，是历史最忠实的刻度。

第二章
信息传递 由接收者完成
——浅谈稿件写作

新闻，顾名思义，体现在新字上。

要么事实新，不管是权威发布还是资讯速递，能闻读者之所未闻，让人连忙近听端详；

要么观点新，不管是观察角度还是思维逻辑，能让人眼前一亮、心中一顿，有所启发和触动，即便旧闻也释新意；

要么文风新，不管是严肃题材的政论，还是站队班组的寻常记录，摒弃八股味道，生动活泼接地气；

要么形态新，图、文、视频、条漫等独具特色，让人耳目一新，读得进去；

要么渠道新，细化受众群体画像，精准传播，通过不同的载体满足不同的受众需求。

一、坚持受众思维，强化议题设置

新闻就其功能作用，无非就是信息传递的一种特殊形态，从传播闭环的路径分析，媒体所传递信息的成功与否，由信息接收者来完成。

塔克拉玛干沙漠腹地，石油工人一天中能够偶尔接收到手机信号的沙丘（张伟建 摄）

如何实现从单向传播到双向交互转变，让信息的发布端和接收端实现同频共振，让信息链形成闭环，也就是读者和受众能否"听得到、听得清、听得懂、听得进"，这是当前新闻宣传工作面临最大的挑战。

因此，必须打破"自说自话""各说各话"的困境，坚持受众思维，强化议题设置，立足给谁听、听什么的思路，解决说什么、怎么说、怎

新闻信息传递有三种境界：

1. 单向信息——知晓了
2. 参考信息——认可了
3. 多向信息——互馈了

说得更加可亲可感,让受众听得清、听得懂、听得进,增强传播力、引领力、亲和力。

关键还在于说什么,强化议题设置,让读者为价值买单。《经济日报》原总编辑艾丰将提炼主题的方法形象比喻为:凤凰落在梧桐树。"凤凰"指主题,"梧桐树"喻指题材。这种方法对记者来说,实际上是一个工作顺序问题。有了主题后,记者心中已经有一只"凤凰"在飞翔。她飞呀飞呀,总是落不下来。等记者按照这个主题去找新闻"事实",发现了合适的题材,那"凤凰"就一下子落在梧桐树上了。先有主题,后有题材,而后结合。

著名作家魏巍同志在谈及《谁是最可爱的人》这篇经典通讯的采写体会时说:"这个主题,是很久以来就在我脑子里翻腾的一个主题,也就是说它是我内心感情的长期积累。长期在部队生活,和战士们接触很多,于是觉得我们的战士是最可爱的人。""谁是最可爱的人"这个主题,在魏巍去朝鲜战场采访之前就已经在他的脑子里形成了。

案例:"一带一路·能源丝路万里行"新闻主题活动

2015年下半年,按照中国石油报社"一带一路·能源丝路万里行"新闻主题活动的整体部署,笔者在负责统筹整个新闻活动开展的同时,带一支采访组全程参与了甘肃段的报道任务。从甘肃东大门天水开始,一路向西、向西,花费近20天时间,足迹踏遍甘肃的黄土高原、沙漠戈壁、城市乡野。我们进陇东,下陇南,溯黄河而上,过河西走廊,访丝路重镇和石油基地,一路行至兰州、平凉、武威、酒泉等10个市、州,行程跨越1600余千米。

20世纪30年代,新闻战线前辈范长江深入大西北实地考察、求真解惑,开启了他的"诗与远方"之旅,著述了《中国的西北角》的经典名作,在中国新闻史上留下了浓墨重彩一笔。80多年过去了,作为能源行业媒体,我们该如何审视和探求"能源中国的西北角"?

因此,"一带一路·能源丝路万里行"甘肃段采访之初,我们也一直在思考,此次新闻行动的目标导向如何定位,报道的受众思维如何落地,进一步明晰"给谁听、听什么"的思路,着力破解"说什么、怎么说"的问题,力求活动取得良好宣传效果。

图为玉门石油河。这里是中国石油工业的"西北角",
石油工业最早的报纸《石油工人报》在这里创刊(王晓晖 摄)

延伸思考 ❶

凤凰如何展翅飞?

　　本次活动力求突出反映丝绸之路沿线的今昔巨变,以及丝绸之路上石油工业的今昔跨越,紧扣"三个结合",即将石油、丝路、社会三个元素紧密结合,重点关注"四个层面"的关系,即油气发展与国家能源安全及供应保障等的关系,与沿线地方经济社会发展的关系,与行业产业发展的关系,以及与丝绸之路经济带建设的关系。也就是说,沉寂400多年的丝绸之路,正重现昔日的繁荣景象。生机勃发的"能源新丝路"就是这只展翅腾飞的凤凰,需要借助新闻的视角,记录和见证这条新的经济带在神州大地上的崛起及影响。

延伸思考 ❷

梧桐如何引凤凰?

1. 寻找利益交汇点,社会语系解读石油脉动

如何真正实现媒体"想说的"与受众"想听的"充分结合,让报道出圈,让读者有感,结合点在哪里?

石油与国家、石油与社会、石油与民生、能源国脉与古老丝路、中国石油与能源大省、能源枢纽与地理几何中心的兰州,到底能邂逅出怎样的美丽来?采访组更加注重秉持开放视野、社会视角,跳出石油看石油,与时代同频,与社会共情。

一碗面!一颗土豆!"三个结合"就从这里切题。

在采访活动的前期务虚讨论中,大家不约而同地想到了兰州牛肉面。这是兰州的名片,甘肃的名片。黄河穿城而过的兰州,300多万人口,竟拥有1000多家牛肉面馆,被誉为"牛肉面之城"。兰州人的早晨,是从一碗香味扑鼻的牛肉面开始的。数据显示,兰州每4人当中就有1人每天要吃一碗面。可以说,拉面已融入兰州人的生活。但很少有人意识到,一碗牛肉面和能源有着怎样的不解之缘。除此之外,俗称"金蛋蛋",作为甘肃省大部分地市重点兴农产业的马铃薯,自然也走进了大家的选题视野。

于是,《一碗兰州牛肉面的能源账单》《"金蛋蛋"背后的油气密码》等作品在思想碰撞中诞生了。

《一碗兰州牛肉面的能源账单》怎么算,文章这样分析:

早期的兰州牛肉面馆多用煤炭做燃料,地上、案子下堆放着煤炭,早上四五点钟起来,花一个小时生火烧水,遇到客流高峰,要通过鼓风机调节火力大小,风起灰扬。小小的取面窗口通常挂起一块布帘,用以阻隔顾客与后厨,据说也起到遮挡后厨环境的作用。

在市区皋兰路附近拥挤的巷子里,我们看到了脱胎换骨的兰州牛肉面馆。

最大的变化在于布帘的消失。如今取面口是开放式,透过这里,后厨干净的灶台和地面,摆放整齐的操作台一览无遗。

变化来自天然气的使用。

聪明的商人自己有一个账单。（文中先算经济账，还有效率账。现在，政府、企业、市民都在算环保大账。）

……………

面，还是那碗面。距兰州100多千米的青海民勤出土的拉面化石，证实这一地区以拉抻方式做面的历史可追溯到4000年前。只是今天，做面的燃料不断跨越地域，从青海涩北气田乃至新疆、中亚等古丝绸之路途经地远道而来，正源源不断，滋养着这碗诱人的牛肉面。

《"金蛋蛋"背后的油气密码》是这样解码的：

定西，地处丝绸古道，因"苦甲天下"闻名。10月25日，记者行走定西，市场内新大坪等品种土豆堆成山，街道上外地牌照的货车连成龙，"中国薯都"正在崛起。细究之下不难发现，小土豆变身"金蛋蛋"的背后，有着丰富的油气密码。

……………

"定西土豆产量质量居全国领先水平，不仅因为这里的气候和土壤条件适宜，而且我们探索形成了'黑膜全覆盖+脱毒种薯+标准化种植+测土施肥+机械耕作+程序化防病'的现代科学种植模式。"刘大江所说的黑膜全覆盖和测土施肥等技术手段，都和中国石油生产的石化产品息息相关。

……………

因为黑膜具有很好的保墒、降温作用，成为全家人的救星。据统计，当年安定区黑膜土豆平均亩产超过1500千克，比露地土豆增产81%。在肥料方面，贾效礼偏爱将尿素跟磷肥、钾肥混合。"不仅亩产增加，而且土豆个头更大，能卖上更高的价钱。"他说。

定西分公司经理介绍说，过去10多年间，伴随天定、兰临等高速公路建成通车，定西公路交通情况极大改善。定西分公司及时增设7座加油站，为定西土豆出城乃至出国，提供优质的油品和服务。

适逢加油高峰期，一辆满载新大坪土豆的货车进站，西川加油站经理康雅熟练地将其引导至"蔬菜绿色通道"，无须排队，十几分钟就加满了油。

马铃薯综合交易中心的土豆销售示意图上显示，定西土豆不仅销往全国各地，而且远销哈萨克斯坦等中亚国家。未来定西还将派出专业技术人员直接到哈国种植土豆。沿着古老的丝绸之路，在中国石油化肥、油品等保障下，定西的"金蛋蛋"将销往更远的地方、打开更大的市场。

这两篇作品的成功出圈之处，正是在于紧扣社会视角，穿梭闹市街巷，行走田间地头，从沿线老百姓衣食住行中最为亲切熟悉的元素入手，用社会语系解读石油脉动，让读者可知可感可亲，自会对"石油让生活更美好，石油让城市更美好"有独到理解。《一碗兰州牛肉面的能源账单》被中国民族宗教网、中国牛肉面交易网，以及兰州第一生活门户网等转载，扩大了石油报道的社会影响。

2. 寻找情感共鸣点，平民视角传递家国情怀

古丝绸之路历经了怎样的新变迁？新丝路有怎样的新内涵？能够为沿线发展带来怎样的机遇？石油行业又将发挥怎样的带动作用？带着问题上路，在行进中感受产业和能源、油气和民生背后的石油密码，体悟和思考石油与地方和谐发展的有效途径。

《马娃山上"好风水"》一文，就是通过讲述中国石油驻地企业帮扶定西马娃山贫困村勘察水源、修建饮水管道的故事，反映石油企业勇担社会责任助力乡村振兴，构建地企和谐发展的生动实践。从村里来了石油人，开始勘查水源、设计路线、建设管道起，大多数村民从心里嘀咕、观望、怀疑，"几代人几百年都没解决的水问题，这几个人就能办成？"再到惊喜、感激、信任，用当地老百姓的话说："自从有了水，连马娃山的'风水'都变好了。"以平民视角，传递家国情怀。

在甘肃省定西市岷县流传着一句话："有女不嫁马娃山，马娃山的水难担。"

周家村就在这马娃山上。在50多岁的老汉卢瑞林记忆里，村里就没下过几次像样的雨。几百年来，村里的祖祖辈辈天不亮就要下山担水，5千米的山路得足足走上3个小时。而如今，随着甘肃销售定西分公司挖渠引水工程的顺利竣工，村里66户人家安上了"自来

水",300多人的吃水难题得到了解决,村民们再也不用挑水了。

....

有了自来水后,在靠天吃饭的周家村,党参和当归是当地主要经济来源,有了极为可观的收入。

当第一股清泉水从老卢家水龙头里流出时,老卢拿出家里的阳春碗,接上半碗水一饮而尽,高兴得连水从嘴角溢出来都没发觉。

....

去年6月,石油人了解情况后,特地从山上拉了400米长的塑料管,把水接到学校里。周家村小学的90多个孩子终于不用再挑水了,建校60多年的周家村小学也不用再为水发愁了。

甘肃销售的饮水挖渠工程改变了老卢家三代人的生活,更结束了马娃山几百年来远途挑水的历史。今年年初以来,马娃山上喜事不断,其中,4户人家还娶上了外村的媳妇。

茶余饭后,经常有村民打趣说:"自从有了水,连马娃山的'风水'都变好了。"

"一带一路·能源丝路万里行"甘肃段采访不仅在石油系统内产生共鸣,而且走出了石油圈,提升了中国石油的企业形象。普遍反映《马娃山上"好风水"》等报道的"泥土味""油味"扑面而来,石油报的面容越来越亲切起来。《油路·邮路》刊发后,甘肃省工信委主管的《管道保护》杂志予以转载。

3. 寻找观点激荡点,能源巨笔勾勒时代风云

迈开腿,才能纵览时代风云。采访组始终带着思考行走,以全球视野审视新丝路建设,用社会视角透视石油足迹,由点到面,由表及里,多维度地思考丝绸之路经济带建设和"向西开放"战略将为我国油气工业带来的机遇和挑战,思考能源央企如何坚决服务国家大战略,勇挑重担,当好主力军、排头兵。执能源巨笔,书写时代风云。

黄河岸边,中山铁桥历经百年风雨傲然挺立,见证羊皮筏子、悠悠驼队运油的昔日景象。而今天,一条条油气管道、一列列火车、一辆辆油罐车等现代化油气输送工具,载着几千万吨原油、上千万吨成品油和数百亿立方米天然气由此东去,将西部的资源优势转化为经济

优势。兰州已成为西北地区重要的油气集散枢纽。我们发出了疑问，写下《油都去哪儿了呢》。

河西走廊绿洲戈壁，这里曾是中国和中亚之间陆上商贸与文化交流的黄金通道，如今这里古今交汇，地上地下并肩，玉门关繁华再现，边塞春风又度，千里走廊已成为中国西部最重要的能源管道长廊，西气东输、西煤东运、西电东送等现代能源大国脉正激荡畅流。我们感叹：《河西走廊筑就油气长廊》《春风再度玉门关》。

从"丝路黄金段"建设透视油气大发展，进一步审视支撑中国石油工业由小到大、由弱到强的内生因子和历史原动力，审视丝路沿线石油工业的变与不变，透视《黄金通道的油气解码》《屹立几何中心的能源新中心》。在16期报纸上累计刊发稿件60篇（幅），专题报道4个，在微信公众平台刊发报道29篇。《"反弹琵琶"发展看玉门》等报道在社会上反响热烈，有读者还特意跑到故事发生地探访。

这也是行业媒体深入践行"走转改"的有益探索。在选题策划中，努力做到有"集"有"散"。一方面，集中研讨，集思广益，精雕细琢，优选选题，即便在行进中也不断增减或修正选题，新增的有《重访金城关》《老报道看新变化》《石油河随想》《顾维钧与玉门石油》等。一方面，坚持发散思维，勇于跳出固有的报道模式，跳出石油看石油，倾听各方的声音，兰州拉面、"金蛋蛋"、马娃山上"好风水"、飞天故里话飞天等都是从社会视角对石油话题的重新定义。

回过头来看，这次"能源丝路万里行"甘肃段采访报道的成功，也得益于前期采访准备工作的扎实充分，对沿线经济、社会、人文、历史方面的素材收集精筛，而且不少新闻题目、写作框架等，都在采访出发前了然于胸，打一场有准备之仗。

全国新闻传播核心期刊专家评审组认为："报道将能源变革的宏大主题与民生话题优雅交融，以其鲜明的主题，深刻的思想，浓烈的油味，见证石油，记录巨变，书写成功，是一组接地气的、舆论导向好的报道。"

二、强化人本情怀，让报道充满"烟火气"

行业媒体要进一步解放思想，打破创刊初期的"地域化"思维和"画地为牢"的思想束缚，深刻认识传统意义上"行业受众"和当下"社会受众"的界限差异。只有进一步开阔视野，放大格局，坚持人本情怀，让文章多些"烟火气"，媒体的生命力才能更蓬勃更持久。

《学习时报》2013年曾刊发文秀的署名文章，就习近平总书记重要讲话的语言风格和特点作总结和梳理，有着精辟的概括："要善于用讲故事、举事例、摆事实的方式同频共振、凝聚共识；善于用大白话、大实话和群众语言深入浅出、解惑释疑；善于用聊天式、谈心式的语气娓娓道来、触及心灵；善于用极其凝练、高度概括的话语提纲挈领、大开大合；善于用问题开刀，拿现象作靶开诚布公、振聋发聩；善于用古今中外的优秀文化元素广征博引、纵横捭阖等。"这些独特的富有个性的语言，充满了语言魅力，无疑对新闻宣传工作提供了很好的指导和遵循。

1. 为什么要采用讲故事的形式呢？

研究显示，以讲故事的方式向人们提供的信息更容易被理解和记忆。读者看到的不再是干巴巴的事实罗列，而是真实的生活。因为这种方式让人放松，让人觉得有趣，以这种方式整合过的新闻素材将更加吸引读者。讲故事就是通过举例帮助人们进行理解。

其实，不论是新闻还是歌曲、影视等文艺形式，在传递信息、沟通情感的功能中是相通的。如经典儿歌《歌唱二小放牛郎》的叙述式歌唱，颂扬了一个放牛娃大智大勇、诱敌就歼并为之献出自己生命的英雄事迹。又比如前些年一首登上央视春晚的歌曲《可可托海的牧羊人》，正是通过简洁明了的故事叙述，吟唱一段煎熬的爱情故事，配以抒情的旋律，容易让人听得清、听得懂。

如何讲故事，不同的新闻写作范式会产生不同的效果。尝试用时下火爆的 DeepSeek 工具，分别参考倒金字塔和华尔街日报体例，就鸿门宴这一历史事件写一篇简短新闻稿，生成了以下风格的报道，读者可以从中体会不同报道角度和叙事方式所产生的信息传递效果和阅读体验。

倒金字塔体例：开宗明义，简明扼要报道最重要的新闻点，如事件结果、影响意义等，然后依次按照新闻价值重要性展开。

鸿门宴刺杀流产 刘邦惊险破局

（公元前 206 年冬）项羽设宴伏杀刘邦的计划失败，汉王借如厕之机突围，楚汉对峙局势骤变。此次事件源于秦朝灭亡后，项羽与刘邦对关中统治权的争夺。刘邦率先攻入咸阳，依"先入关中者王之"之约自称关中王，引发项羽不满。

据"目击者"称，范增三次举玉玦示意刺杀，项羽迟疑未决。项庄舞剑行刺时，项伯拔剑护刘邦致计划败露。樊哙持盾闯入斥责楚军无义，刘邦借机离席，留张良献白璧玉斗周旋，自率亲卫抄骊山小道遁回霸上。

项羽拥四十万精锐驻军鸿门，刘邦仅十万兵力处劣势。范增曾警示"刘邦有天子气"力主剿灭，项伯却因私谊向张良泄密。刘邦赴宴前诛杀内应曹无伤，宴间主动交还咸阳军权以暂缓危机。项羽受礼后未追击，范增怒摔玉斗痛斥错失良机。

目前楚军进驻咸阳，刘邦退守汉中，以退为进奠定后续逆转根基，楚汉争霸正式拉开帷幕。

华尔街日报体例：多从一个人物、故事、场景等小切口入手，引出更广泛的背景或主题，然后再回到切口叙述，形成一个闭环。

鸿门宴惊魂：一场未遂刺杀改写权力棋局

（公元前 206 年冬）瑟弦崩断的嗡鸣刺穿宴席时，项庄的青铜剑寒光已抵住刘邦咽喉。楚国乐师季平按住震颤的瑟面，目睹项伯的佩剑斜刺里截住致命一击。酒爵坠地的脆响中，樊哙持盾撞裂帐门，甲胄铿锵声震落项羽案头半樽残酒。

戌时三刻，楚军大帐外三十名甲士剑鞘皆朝外倾斜。季平数着范增第三次高举玉玦的手势，项羽却将刘邦进献的白璧推向烛火阴影。当张良以"如厕"为由离席，项庄剑锋正割裂刘邦左襟——这与帐外灞上方向骤亮的三簇火把形成微妙呼应。

"取龚肩来！"樊哙的怒吼声里，季平清晰看见范增摔碎玉斗的瞬间：飞溅的碎玉在项羽战袍留下细痕，而楚王仍摩挲着那对白璧。子夜更鼓响起时，侍卫通传"沛公醉归"的喊声，掩盖了骊山小道急促的马蹄声。次日楚军旌旗东指，关中大地悄然易主。季平在简牍背面刻下带血的剑痕，其状恰似九州版图上新裂的疆界（乐师季平为虚拟人物）。

个人认为：做新闻必须得学会讲故事。叙述是基本功。一个完整的故事必须具备几个要素，时间、地点、人物、事情发生的因果和过程等，而这几条也是新闻五个"W"一个"H"的内核。

2012年，笔者策划了中国石油扶贫开发项目探访系列报道，如《一泓清水，情"暖"冷湖》《母亲水窖，让山里人变了样》《万亩林系万民情》《大美玉都，大"气"和田》《双湖来了石油"白衣天使"》等，旨在探索强化新闻故事的叙述，以行业视角透视石油步伐，用社会语系解读石油脉动。在写作过程中，"加减法"创新表现方式：在角度上，"加"进事实，"减"去道理；在内容上，"加"进故事，"减"去工作；在形式上，"加"进鲜活，"减"去生硬，取得了不错的效果。

案例作品

小站春来早

阳光打在每个人的脸上和肩上，轻风撩起发梢。这是南国冬天都会有的日子，这是遍布大江南北每个中国石油加油站都会有的日子。但今天，新年来了。

这是2007年的第一个清晨。位于广西壮族自治区河池市郊30千米处，210国道2721千米处的中国石油五星级站——金福加油站，去岁的忙碌仍在继续。客车，货车，小轿车，车如流，一路风尘而来，在金福"享受"加油站的免费冲洗服务、"容光焕发"、备足油料后驶去。

油站经理刘仁安又一次起身，"采访"不到20分钟，他出去了两趟。"车辆多，人员忙，得帮忙引导车流"。刘仁安歉意地抱拳。

…………

"贵C的是贵州遵义一家化工厂的车，去年除夕，几位顾客加完油后买方便面，细心的员工询问后得知，由于客户要货急，他们得连夜赶路，于是员工盛情邀请一同吃年夜饭，临别时还送上了浓浓的新春祝福。此后，这家公司的车队来了，目前常到的有20多辆，员工和司机师傅们也成了朋友；川K的则是四川内江的蔬菜运输车，近年来油品供应紧张，为方便农民朋友的新鲜蔬菜能及时运送市场，加油站开通了'绿色通道'，优先保证供应"。刘仁安如数家珍。

听我做采访，卡车师傅大个刘凑了过来，一定要说说：去年初春的时候，朋友的妻子只身乘车路过这里，偏偏临盆在即，情急中求助于加油站，被全福的员工们迅速送到附近医院，真是有福气，生了个女婴，母女平安。

轻风拂面。在忙碌有序的车流中，想找个员工"聊"几句，却"碰了壁"。引导车辆、加油、冲车，"十三步曲"流畅而利落，加油员小徐甩了下额头的刘海，冲我笑了笑，又扬起了抹布，鬓角的汗珠粒粒。

河池公司经理告诉了一个员工们约定的秘密。前日，站里资助的都安下坳乡小学四年级的韦昌凯打来电话，自己最近的考试中拿了全班第二名，要关心自己的石油叔叔阿姨们放心。

新年注定在忙碌中度过，喜庆在每个人的心底。

（2007年1月12日）

2. 这样讲好故事：触动读者心底最柔软的部分

2018年，首届石油精神·青年榜样论坛在京举办，作为石油新闻宣传战线代表，我在论坛上作了题为《感悟石油精神 讲好石油故事》的演讲，取得了较好反响。现实录如下。

> **案例作品**

感悟石油精神　讲好石油故事

——照片里的这位藏族姑娘，是全国劳动模范、青海销售玉树分公司西杭加油站经理才仁吉藏，其实，大家更喜欢叫她的小名——春花。春花26岁那年，玉树7.1级地震，带走了她的5位亲人，家园被夷为平地。悲痛中她选择坚守，与同事们一起，流泪持枪为抢险救灾车辆加油。她心里只有这样一个念头,多加一枪油,受灾乡亲们就能减少一份伤痛。她将站里的情况处理完后,已是震后第三天,才匆匆赶回已是废墟的家。左手还拿着抢险救灾保供手册,包里装的是站里的所有加油款。

——这张照片的主人公叫吴文峰,是工程建设公司拉美公司总经理。最爱说的一句话是,爱拼才会赢。20年来,他参与和组织了28项油气工程,地域跨度从中东到中亚再到拉美,年均飞行里程相当于绕地球两圈半。大家可以看到,他的左臂有一道长长的伤口,先后做过3次手术。但由于错过最佳治疗期,一根钢筋和骨头永远长在一块儿无法取出。因此,每次过安检都会被拦下盘问,他也被同事戏称为"铁臂阿童木"。

——这张照片拍摄地是中国的最北端,大兴安岭北极村加油站,这里最低温度可达零下五十三摄氏度。这是加油站经理王海军,唯一的员工是宋连辉,他妻子。从2011年建站起,小两口在这里一待就是7年,加油站就成了他们的家。右上角墙上的照片,是他们唯一的结婚照,也是一张只有一个人的结婚照,因为丈夫走不开,照片里只有新娘。再有几天,他们的孩子也将在这里降生,他们一家的坚守故事仍在继续。

——这是高丹,西部管道库鄯线觉罗塔格减压站员工。一座站、一个人、一条狗,1000多个日夜,这样一个40多岁的汉子,竟然学起了十字绣,用十字绣缓解孤独。他被大家称作"绣花的男人"。

这,就是石油人。是我们采访笔下的石油人,是新闻镜头中的石油人,是工作中、生活中,一个个普通又平凡的石油人。

——相信很多人对这张照片十分熟悉,它展示的是物探冬季作业。在天津大港的这块滩涂地,重型设备用不了,全靠跪着爬着施工。队员每天平均要跪爬三千米。跪爬一天后上岸,还得再重新学着走路。照片中这位队员叫鲁国力,42岁,他说,流鼻涕也没法擦,一擦满脸泥。对他们来说,最难的就是上厕所,穿的是连体皮衣皮裤,浑身的泥,上一次岸十分不易,因此即便汗水把衣服湿透了,也得忍着少喝水。网络上,他们被称作"跪着养家的石油人"。

——还有这样一群人,30年只专注于一件事,提高东部老油田采收率,他们就是大庆复合驱技术创新团队。这支石油科技战线的"梦之队",从"小伙伴"拼成"老伙伴",黑发熬成了白头,但他们自主创建了完整的技术体系,使我国东部主体油田采收率突破60%,创造了油气开发的世界纪录。

这,就是石油精神。是我们采访笔下的石油精神,是新闻镜头中的石油精神,更是生动而鲜活、具象化人格化的石油精神。

其实，这样的人和故事还有很多、很多。

当春花悲伤的时候，我们陪她流泪。采访本打湿了，镜头模糊了。

当钻井工人吸氧也要打好井的时候，我们一起忍着高原缺氧的不适，上井架爬钻台将采访进行到底；

当海外石油人在动局中推进油气合作时，我们同样负重几十斤的防弹衣，坚守在火热的海外创业一线……

我们理解：

石油精神并不高深，就是立足岗位，执着向上；

石油精神并不遥远，就是默默坚守，是身体的苦行，更是意志的修行；

石油精神并不抽象，就是永不服输、不断超越、不断创新。

我们也一直在思考，石油精神的源头在哪里？我们深入一线，扎根基层，寻找答案。一个个普通石油人的故事告诉我们，石油精神是人格化的，它就是你，就是我，就是他，石油人在哪儿，石油精神就在哪儿。

我们也一直在思考，在多元文化交融的当下，石油精神源源不竭的动力来自哪儿？在每一次采访、对话、交流中，我们深深感受到，石油精神的生命力来自实践，只有在实践的土壤中才能成就发展的伟力。

我们也一直在思考，时空隔阂之下，石油精神何以能够历久而弥新？那就是在每一个不同的时期，为祖国加油，为时代加油，为人们的美好生活加油，早已融入石油人的血液因子，是石油人永恒不变的主题。

感悟精神传承精神，汇聚力量激发力量。精神的力量激励着我们，在新闻战线为石油做出更多贡献。哪里有石油事业，哪里有石油人，哪里就有我们的身影。

在新闻宣传工作中，我们登山、我们出海，我们走进沙漠，我们奔赴海外……为的就是离"石油精神"近点，再近点。

这是汶川地震来袭时，我们记者余海在震中映秀镇现场采访报道，当时的映秀余震不断；这是记者金添在雅安现场报道；这是天津大爆炸后，我们记者林培军与第一批抢险勇士一同进入现场，但鲜为人知的是，他们都悄悄签下了遗书；这是我们在生产前线驻地采访时，遇到停电，点着蜡烛讨论交流；这是我们每每在重大新闻战役，重点报道时期，加班苦熬，通宵达旦编辑排版。

在我们的新闻宣传工作中，这样的人和事也有很多、很多……因为讲好石油故事，传播好石油正能量，就是我们新闻人的初心。与时代同行，与新闻同行，与石油同行！我们一直在路上！

延伸思考

小人物大情怀，小故事大道理，小视角大时代

为什么我的眼里常含泪水？因为我对这土地爱得深沉。著名诗人艾青在《我爱这土地》中深情告白。

走进石油，走近这个石油报国的群体，你也会为他们对这片土地、对祖国和人民深沉的爱而热泪盈眶。

这次演讲的成功之处就在于，讲述中实现了事与理、情与景的有机融合，沉浸式，代入式，小人物大情怀，小故事大道理，小视角大时代。

坚持人本情怀，强化真诚表达。上面讲述的这些人物，都是来自基层站队最为平凡普通的员工，都是新闻记者在基层采访中挖掘到的鲜活事例。这些发生在我们身边的普通石油人的故事，貌似熟悉，却恰又陌生；最为平凡，却至为不易；没有惊心动魄、轰轰烈烈，但却让人鼻子发酸、心头一颤。他们的身上，也折射出我们每个人的影子。主人公经历的喜怒哀乐，听众感同身受或正在经历，讲得就是你我他，听得也是你我他，说到心坎里，触动柔软处。正因为此，才同频共振，产生共鸣。

叙事是为了说理。通过这些平凡故事的讲述，为的是让读者和听众更深刻地感悟故事背后所承载的价值取向和精神内涵。从春花、吴文峰、王海军、高丹等故事中自会感觉到，石油精神并不高深、并不抽象、并不遥远，它是具象化、人格化的，它就是你，就是我，就是他。石油人在哪儿，石油精神就在哪儿。

任何一种精神的孕育发展、传承弘扬，都离不开所处的时代背景。因此，这些故事的撷取，既要有代表性、典型性，更要有时代性、先进性。在新闻笔触和镜头中，既见浪花朵朵，又见大江奔涌，通过小视角折射大时代，通过小故事昭示大情怀。于是，对石油精神的感悟被赋予了新的内涵：是那种择一事、毕一生的情怀，是那种"身体的苦行，更是意志的修行"的默默坚守，是那种"永不服输、不断超越、不断创新"的执着。一言以概之，皆来自他们对这个行业朴素的情怀和深沉的爱。这是信仰之魂，道德之光，人性之美。

> 而对新闻工作者来说,那就是与石油同行,与时代同行,离"石油精神"近点,再近点。
>
> 从传播效果来看,舞台演讲中很好地运用了PPT、视频、图片等媒体形态,极大地增强了情感代入,为讲述加分不少。

案例作品

与疫情竞速　为生命逆行
——中国石油驰援武汉医疗团队英勇战"疫"纪实

2月13日晚,华灯初上,夜幕下的江城,宁静安详。

再过两个多小时,就要入舱了!这是张录录和她的队友们正式冲锋战"疫"一线的时刻。目标地是刚刚改造投用、接收新冠肺炎轻症患者的武汉江岸方舱医院。

尽管已做好了充分的心理准备,但坐在前往医院的大巴车上,看着车窗外冷冷清清的街道,街道上零星忙碌的环卫工人,及至楼宇间大屏上闪烁的"中国加油,武汉加油"时,张录录的眼泪还是忍不住夺眶而出。

出发前,她和伙伴们一同剪掉了及腰长发。"头发短了可以再长,首要是保护好自己的同时,尽全力去救治更多的人。"张录录所在的中国石油第三批驰援武汉医疗先锋队,从请战集结到队伍组建完成仅用了5个小时。她们在心底许下了一个愿:等春暖花开,武汉一定能恢复到原来繁华活力的样子!到那时一定要留好长发,好好欣赏这座城市,拍好多漂亮的照片。

是的,武汉加油,中国加油!这是百万石油人最最迫切的期盼和诚挚祝福。

到武汉去,到湖北去!

"没有生而英勇,只是选择无畏"

2020庚子鼠年,注定是不同寻常的一年春节。

一场突如其来的新冠肺炎疫情席卷中华大地,也牵动着百万石油人的心。疫情就是命令。中国石油宝石花医疗集团迅速响应,驰援湖北的医疗队伍火速集结。

请缨。

1月25日，大年初一。

盘锦辽油宝石花医院，石油医护人员递交的奔赴武汉抗疫一线请战书，摞起了厚厚一沓。

"我还年轻，没有太多牵挂。非典时是前辈们在守护我们，现在换我来！"

"作为一名医护人员，现在正是国家和人民需要我们的时候，请让我上。"大战当前，无须动员。第一时间递交请战书，红红的手印摁得坚决而果断。

来自重症医学科副护士长董婷婷作为中国石油首批队员，参加辽宁省医疗队，踏上了驰援武汉之路。大家摩拳擦掌，到最危险的第一线和疫病过招，救治更多病患。

正如网友在白衣天使出征消息后的跟帖所说：哪有什么英雄，哪有什么白衣战士，他们也是平凡人，也有家庭、父母、子女，没有生而英勇，他们只是选择无畏，成为一堵坚实的墙，站在我们和病毒之间！

在抵达武汉的第二天，医疗队临时党支部举行党员宣誓仪式。董婷婷在当天日记里这样写道：宣誓的那一刻，我仿佛走向了战场，"随时准备为党和人民牺牲一切，永不叛党。"

疫情来势汹汹，随着时间推移，防控工作到了最吃劲的关键阶段，武汉市依然是疫情防控的重中之重，医疗物资和人员极度紧缺。

湖北告急！武汉告急！河北中石油中心医院、保定宝石花医院、吉林市化工医院、甘肃宝石花医院等闻讯而动。石油医护团队纷纷请战，踊跃报名。

——2月8日，元宵夜。盘锦辽油宝石花医院，援助倡议发出不到半小时，200多名医护人员主动请缨，随时接受调遣。1个多小时，来自呼吸内科、重症医学科、心内科、肿瘤科、急诊科等11名同志组成的医护队迅速集结。神经内科护士宋妍印象深刻。很多人是放下了碗里的汤圆就匆匆收拾行装出发了。"我早就做好了心理准备，一直在等待支援的通知，若有战、召必应。"

——2月9日，廊坊，河北中石油中心医院。从早上8时接到上级部门紧急抽调护理人员通知，到下午1时医疗队组建集结。一支由5名骨干医务人员组成的突击队，从开始组织到赶赴抗击疫情的主战场，仅仅用了5个小时。

"我是湖北人，让我去！"杨航是第一名请战者。做出驰援的决定，他没有告诉家里人。"我相信家人会理解，只是不想让他们担心。"队伍里年纪最小的董惠，是刚下夜班时收到赴一线的紧急通知，没有回家，就直接赶往集合地点。"我很幸运，能够第一批出发。疫情防控的第一线就是青春的主战场。"

"在这个特殊时刻,将病毒挡在身前,把百姓护在身后。我会像战士一样去冲锋,不胜不归!"呼吸与危重症医学科护士范晶晶踏上了她职业生涯的特殊战场——武汉江岸方舱医院,用行动践行入党申请书上立下的铮铮誓言。

作为医疗队队长,贺新竹甚至没来得及跟儿子好好道别,但她坚定地说:"穿了这身白衣,治病救人就是我的天职。相信儿子会理解,也会为我感到骄傲。"无论是远赴湖北一线,还是坚守企业驻地后方,一场与时间赛跑、跟病魔抢人的攻坚战正在展开。

中国石油华北宝石花医院,短短一天半,3个党总支、29个党支部成立党员先锋队,774名党员群众积极报名并庄严承诺。

周露,26岁,四川宝石花医院肝胆外科的一名护士。面对疫情,怀孕24周的她:取消婚礼,取消婚假,参加战斗!"虽不能到疫情防控第一线,那我就顶班,坚守病房!"从除夕夜千里驰援,到元宵节紧急集结,中国石油已有39名医护工作者会师武汉,累计百余名医务人员战"疫"在新冠肺炎防控阻击战的风暴中心。

用生命托举生命!

"越是吃劲关头,我们越是要守好阵地"

医生俩字,是使命,也是承诺。迎"疫"而上,意味着最危险的逆行,最义无反顾的担当。

为什么要冒风险到抗疫一线?队员们的回答出奇一致:"这就是我的工作"。轻描淡写,却震撼人心。

对于杨航来说,6个多小时的首次入舱战"疫",像陀螺一样高强度运转着,经受住了专业和体能的双重考验。

由于江岸方舱医院刚改造好就投用,保洁员和后勤人员极度缺乏,杨航的很大精力还用于患者所有的生活护理与后勤保障,成了病区里的"多面手"。先是备好手消、洗手液等物资,在大伙下夜班脱隔离衣、防护服时使用;收拾大家摘掉的帽子、口罩、隔离衣、防护服、手套、鞋套、靴套等医疗垃圾,清空垃圾桶;整理可重复利用的眼罩,浸泡消毒后,拿出晾干备用;饭点的时候负责给患者送饮食。

和时间赛跑,跟死神抢人,队员们常常处于高度紧张的超负荷状态。护目镜起了雾,口罩勒出了深深印痕,防护服穿在身上不敢脱,无法吃喝,8小时不能上厕所,纸尿裤成了人人必备的"神器"……心里只有一个念头,让更多病人早一分钟接受诊治,就能为早日战胜疫情多带来一丝希望。来自呼吸科的范晶晶，首次进舱就遇到了难题。不是因为专业，而是因为语言障碍。由于凌晨接诊的一位老人讲方言，在发药、护理中，互相听不大懂，加之害怕和担心，老人显得愈发紧张和焦躁起来。晶晶果断俯下身子，一边搂着老人肩膀轻轻安慰，一边找来纸和笔，通过书写告诉她服药的正确方法、频次和注意的事项，慢慢地老人平静放松下来。

是啊，守望相助，推己及人，爱的语言从来都是相通的。晶晶也在总结反思，下一步的值班中，如何做好对患者的心理护理，用专业知识告诉她们，只要有信心，冠状病毒并不可怕，一定能康复。凌晨2时交接班，等脱防护服、做各种检查出舱，返回驻地消毒、浸泡衣服等，已是凌晨5时多了。大家才惊觉，事先准备的纸尿裤甚至一点没有派上用场。由于浑身出汗，防护服湿了又干、干了又湿，汗液已经把身体的水分无情"榨干"。

2月3日，武汉天气放晴。

这一天，对于已在协和江北医院战斗了一周的董婷婷来说，盼来了一个好消息："家里来人了。"同样是在重症医学科，无话不说的好姐妹赵莹莹，参加辽宁省第二批驰援湖北医疗队抵达武汉，被分配支援武汉大学人民医院东院区工作。这是相隔50千米的"会师"，虽不曾谋面，但也足足让她心底好一阵兴奋。当然，快要"弹尽粮绝"的她，也收到了莹莹从家里捎来的防护服、口罩、提高免疫力的药品等稀缺物资。

尽管莹莹说得很委婉，但她知道，这是院里从捉襟见肘的资源里优先支援的。老家辽河油田的微信朋友圈里，大家用他们俩的名字打趣鼓劲。你看，"油田医院派出参战的两名护士的名字寓意深刻啊！董婷婷（停停）、赵莹莹（赢赢）。"是啊！所有人都在默默祈祷，无情的病毒能够快快停下来，美丽的武汉、伟大的祖国一定会赢！

战"疫"打响了，这是一场拉锯战，更是一场持久战。然而，风险也无处不在。

动脉采血本来只是重症护理的一项基本技能，但是由于穿戴防护品、戴近视眼镜，加之由于身体不停地出汗，眼镜上全是水雾，董婷婷每次为患者采血找动脉血管，视线都要穿过多道"防线"。同时，由于手上戴了三层胶皮手套，采血时也不容易摸到动脉血管，还得小心由于视线受阻造成采血时手滑，针头不小心刺到手上。所以，每次采动脉血，都需要打起十二分精神。好在经过多天的高强度磨合实战，她逐渐适应了戴着三层手套进行动脉采血，且一次成功率也大幅提高。

我们一定会胜利！

"一起战胜疫情，一起平安回家！"

这是爱和希望与病毒的竞跑。

在战斗的日子里，大家互相鼓劲，互相激励，收获着希望，收获着感动。

2月14日，武汉，阴转雨夹雪。没有鲜花，没有团聚，赵莹莹却收获了满满的感动。

那是晚上在东院区病区时，由于穿的防护服有些大，所以走路时只能时不时用手提着拎着，一忙起来也就把这茬给忘了。忽然，听见有人喊自己，有点诧异地回头，原来是病区80岁的周爷爷。"姑娘，我包里有钱，你拿100元去买根腰带系上吧，要不影响干活。"周爷爷还一再叮嘱，不要买太贵的，买个便宜点的，因为用完后就得扔，要不然病毒会传染。莹莹说，那一刻，她忽然觉得这阴雨绵绵的天气里竟然好温暖。担心弄花了护目镜，她强忍着泪珠在眼眶里打转转。

眼中有泪，依然坚守不退。病人的痛苦，他们痛在心里；白衣天使们的辛劳付出，老百姓铭记心中。

2月15日，武汉大雪，气温降至冰点以下，空寂的街道被映衬得越发清冷。

来自盘锦辽油宝石花医院的队员们却收获了一份暖人的惊喜。那是前天晚上，心内科护士陈亚庆在社交媒体上看到当地有人为医护人员捐赠紫外线灯，抱着试试看的心态，她在私信里快速留言之后，便继续投入即将开始的雷神山医院开诊准备中。直到15日凌晨，还在忙碌的陈亚庆接到了一个武汉区号来电。对方告诉她，白天可能会有一台紫外线灯送到她们手中，具体还要看武汉当天的交通和天气情况。果不其然，下午，捐赠者带着紫外线灯如约而至。回忆起当时的场景，陈亚庆抑制不住激动。"真的没想到他这么快就把灯送了过来，而且带了一台备用灯，告诉我们交替使用更高效。""捐赠者只说自己姓魏，说车里还有很多紫外线灯，得赶快送到其他医护人员手中。我甚至都没看清楚他的脸，感谢的话没来得及说出口。"这让陈亚庆颇感遗憾。

纵有万般牵挂，依然初心不改。出发前，陈亚庆将她即将援鄂的消息告诉家人，因为爱人在国外工作回不来，她把两个孩子托付给母亲照看。"以前上夜班前，孩子总会抱着我哭闹、不让我出门，到最后不还是得走吗。这次就是时间长一点，他们应该能习惯。"陈亚庆说。在得知她要去武汉后，母亲一句话都没说，平静得让她特别内疚。"你害怕吗？""不怕，怕就不来了！"陈亚庆笑道。

对于董婷婷来说，疲惫忙碌之余，心里也颇感欣慰踏实。儿子小杨清前几日来信了，信里说："妈妈，我爱你。我知道，你在武汉好多天了，我很想念你。祝你身体健康，不被感染。我爱你。"她忽然觉得孩子长大了。

从位于蔡甸区知音莲花湖酒店的医疗队驻地，到对口支援的华中科技大学协和江北医院，4千米多，董婷婷和她所在的护理组战友们依然每天路过。但是，这几日，她忽然留意到街道两旁树木一团团的绿了，湖里的水涨起来了，似乎还有些枝头出现了含苞欲放的花蕾。

春天来了！大家共同约定，"一起战胜疫情，一起平安回家！"待到长发及腰，待你平安归来，再看那繁华盛开。

（2020年2月17日，记者王晓晖　李程　张旭，张伟建　杨碧泓参与采访；部分内容引自《小董日记》）

延伸思考

心灵共情解锁"物理间距"之困

这是一篇噙着眼泪采写完成的稿件。

一场突如其来的新冠肺炎疫情席卷全球，也牵动着百万石油人的心。中国石油迅速响应，宝石花医疗团队火速集结，紧急驰援，英勇战"疫"。

当时疫情形势严峻，政府提倡弹性上班，中国石油报社大部分同志居家办公，不少春节探亲的同事被困在了外地，工作生活的联系都在网上。特殊时期，媒体不仅要及时发声，更要发好声，做好新闻舆论工作。

然而，采访工作受到极大影响。采访之难，难在与新闻现场和采访对象的物理距离，记者多居家出不来，能上班的又因各种受限去不了一线，几乎所有的采访依托电话、网络等，几乎全部素材靠云端获取。难在主要采访对象——援鄂医护人员没有时间、没有精力。他们在一线和时间赛跑，跟死神抢人，防护服穿在身上不敢脱，8小时不能上厕所。多数时候凌晨2时交接班，等脱下防护服、做完各种检查出舱，返回驻地消毒、浸泡衣服等结束，已是凌晨5时多了。报道组的张伟建、张旭、李程等记者，也按照医护人员的节奏在电话这头时刻准备着。既不忍心打扰和占用石油"天使们"返回驻地后的宝贵时间，又因为职业责任使然静待音讯，期待能听到前线将士们更多的平安讯息和战"疫"故事。

采写期间，担忧与焦虑交织，心情也随着电视中疫情相关新闻的波折而起伏。如果说有利的一面，那就是借助"第二现场"，通过电视网络播报的新闻实时画面，以及当时的社会氛围和公众情绪，很容易产生充分的沉浸感，与疫区的群众心连心，与一线的将士共命运，情感上更容易共情。破解之策，就是用情感和心理的零距离，克服采访无法企及的"物理距离"。如利用微信朋友圈、日记、家信多种渠道，通过直接或间接多种手段获取信息。

所谓沉浸感是指观众在观看新闻时将自己的情感、思想代入事件人物之中，与事件、人物产生共情体验。在具体写作中，以时间脉络为主线，截取了从1月25日前后到2月15日左右的跨度里，聚焦请缨、集结、出征、战斗（与疫情正面交锋）、支援等若干片段，讲述了石油白衣天使的战"疫"故事。因为这种灾难和突发事件报道，与读者群众自身的生活关联度高，因而采取微观角度的报道方式，营造有效"在场感"，让人如临其境。充分运用提要句、小段落强化文章节奏感，反映"战疫"的紧迫感使命感。凝练引用采访对象的对话等，增强叙述的代入感，更容易与读者形成良好互动并产生精神情感上的共鸣，打下深刻烙印。

当时"战疫"正在焦灼时期。如何结尾，总觉得要给读者以希望，传递一种信心和力量，于是考虑用自然环境描写来深化主题意境。刚好本人在湖北生活过，熟悉那里的季节气候变化，在采访时作了"技术性"提示，让他们有空留意城市里草木天气的变化。于是就有了"这几日，她忽然留意到街道两旁树木一团团的绿了，湖里的水涨起来了，似乎还有些枝头出现了含苞欲放的花蕾。"草木萌动，春意盎然，自然世界的蓬勃力量，涌动着一切美好的希望。主题跃然而出：我们一定会胜利。

在这场波澜壮阔的"战疫"中，中国人民同舟共济，迸发出的意志力量,值得用洪钟大吕的激越之声去讴歌,用丝竹管弦的细腻之韵去赞美。这是媒体的使命。

新闻工作常讲,不到现场不写稿。新闻人无法身至第一现场,与其说这篇报道是采出来的,更不如说这是可爱的医护工作者的"自述",我们只是搬运工,以实录的文字向他们致敬!更为可贵的是,接到上级同意可派记者深入疫区一线采访指令后,中国石油报新闻中心的同事们纷纷请战,踊跃报名。

与时代同行,与新闻同行,我们一直在路上。

三、秉持价值导向，强化事理融合

新闻报道的"价值导向"是由媒体的社会角色和职能定位所决定的。媒体在信息传播过程中，通过选题、立场、语言和呈现方式，将客观事实的呈现与理性分析、价值观引导有机结合，既避免生硬说教，防止为强化导向而选择性呈现信息，又避免简单地情绪渲染，警惕过度情感化消解理性。强化事理融合，小故事讲透大道理，小人物映衬大担当，"横断面"投射大道义，通过所传递的价值观、意识形态和社会责任，实现"事实传播"与"价值传递"的同频共振，最终达到"润物无声"的导向效果。

案例作品

你是我此生最大的骄傲
——献给四名牺牲的全国见义勇为英雄司机

灯光、目光，鲜花、掌声，在这个清冷的雪天一同涌来。

12月6日的人民大会堂里，4个女人聚成焦点，百余人的会场，掌声雷动，持续足足半分钟。她们是3位失去丈夫的妻子、1位失去儿子的母亲。因为一个"义"字，她们从湖北南漳、福建龙岩、宁夏青铜峡和贵州铜仁来到北京。

"如果可以，我想代替他。"伍宗娥说。她的丈夫李豪，南漳县18路公交车的普通驾驶员，一家6口的顶梁柱，因为在车上制止小偷行窃，遭遇报复，尖刀插入心脏，胸腔3根肋骨折断，半个小时后不治离世。

宁夏的风里，青铜峡市的王自强，面对大风掀浪的大清渠和生命危急的落水者，一头扎入水中，用尽最后一点力气将落水者推向渠边。而他，再也没能上来。警察向他妻子陈淑萍复述经过时说："二三十个年轻人看着，就他一个人跳下去了。"陈淑萍望一眼渠水便瘫倒了。她说："我敬佩他，只有我的丈夫能做到。"

贵州的雨中，24岁的安然，为救触电者，和同学用竹竿挑、尼龙绳拉，再用塑料包住伤者脚往外拖……"他想使上劲儿，左脚就往前迈了半步，没想到……"母亲孙代芬双手做抓握状，轻轻抬起左脚，一遍遍重复着安然生前最后一个动作，眼中满是遗憾与不舍。

福建的夜间，龙岩的骄傲沈家河，为救被劫同事，第一个冲到出事车旁，先是堵住车门，然后一手抓住一个要跳车逃跑的歹徒。谁知第三个歹徒手持匕首朝他猛刺数刀……他忍住剧痛仍未松手，直到失去知觉才慢慢倒下。他牺牲时主动脉创口长达19厘米。

2010年7月5日、8月25日、9月25日，2011年5月18日，沈家河、安然、李豪、王自强，4位年轻的英雄在见义勇为时相继离亲人们而去。2011年12月6日，他们的亲人代表他们，在庄严的人民大会堂，接受最热烈的掌声和最崇高的敬意。

"他是我这辈子最大的骄傲。"陈淑萍说。"我丈夫死得值。"伍宗娥说。这一切，皆因她们理解亲人义举的含义。

何为义？字典中这样解释：义，宜也。公正合宜的道理或举动。

何为义？王自强11岁的儿子这样理解："他用自己鲜活的生命，挽救了一个完整的家庭。"

何为义？南漳县这样践行——旋即刮起规模巨大的反扒风。此后一年多来，南漳县公交车上再无偷盗之风。

何为义？沈家河妻子——抱着鲜花和奖章的黄晓芳这样说："他走了，不是没人管我们了，希望他在天堂放心。"

（2011年12月，王晶）

延伸思考

从小情小我，到大情大我

小文章，传递大情怀。

2011年12月6日，由中华见义勇为基金会和中国石油主办的第八届"昆仑奖"全国十大见义勇为英雄司机评选表彰大会，在人民大会堂隆重举行。187万群众选票推举的60位全国见义勇为英雄司机受到表彰。

作为活动的承办方,《中国石油报》除了做好本次活动的程序性报道外,还安排记者采写活动侧记。记者回忆,接到任务之初,没有明确的角度和方向。活动已经开展多届了,过去都有过丰富优秀的报道,自己如何能跳出往届报道的窠臼,在角度、写法上出新出彩呢。让记者更为忐忑的是,对于四名牺牲的全国见义勇为英雄司机家属的采访(3位失去丈夫的妻子、1位失去儿子的母亲),担心有排斥。因为对于英雄的家属来说,即便是只言片语的叙述,无疑都是一次痛苦的回忆。在做了足够的心理建设后,记者怀着致敬和慰问的共情心态,"见机行事"。意料之外的是,首次采访家属伍宗娥,就让记者破了防。"他是我这辈子最大的骄傲。"正是这句话,记者说她感觉自己的心一下子被点亮了,写作有了方向,甚至报道的题目都更加清晰。

题材抓得准。如何驾驭?短短的900余字,通过凝练的事迹经过描述,尤其是用朴素无华的语言引用,就感觉像亲人朋友间的诉说,努力抑制的平静中,却涌动着情感的波澜。

侧记写作,体现一种选择倾向。特定角度的选择,也就是"弃月追星法"。浓厚的抒情色彩,使文章充满感染力。文章写情,更在写义。见义勇为的英雄司机们,他们就是田间地头、街头巷尾的平民百姓,但关键时刻,他们冲得上,他们的行为是稀缺的,难能可贵的。生命赴使命,挚爱护苍生。小人物,托举的是大爱;危难关头,迸发出的是大义。英雄壮举为社会点亮希望之灯,让全社会正气充盈、邪不可干。这是英雄们留给社会最大的财富。

引用陈淑萍的话,"我丈夫死得值。"这一切,皆因她们理解亲人义举的"义"。侧记夹叙夹议,富有思想性。结尾自然而然的四个"义",顿时让文章从"小情小我"到"大情大我"。文章的基调不再是悲伤、哀婉,而是激荡希望、释然,暖意融融,让人走出悲伤向前看。报道传递出社会大义,展现出的是美好的、坚韧的人性,传递出向上向善的满满的正能量。新闻人的目光应如北斗般指明方向,又照亮人间烟火。这是新闻记者的使命与担当。

应该说,这是一篇优秀的特写作品。如果说有遗憾,那就是作为一篇新闻报道,缺少部分新闻的基本要素。此文对于活动主题"'昆仑奖'全国十大见义勇为英雄司机表彰大会"的交代略显模糊，影响了新闻要素的完整性，这或许与当日同期有消息报道、与本文组合刊发有关。不过瑕不掩瑜，可堪习作。

案例作品

聆听奋进的足音

大庆，这个英雄的称号，已然成为一个时代的记忆，一座不朽的丰碑。半个世纪来，大庆的历史和现实的发展深深烙在人们的心海里。

8月24日到30日，在大庆油田发现50周年前夕，由中宣部组织，来自人民日报、新华社、光明日报、经济日报、中央人民广播电台、中央电视台等20多家中央新闻单位30多名记者组成的采访团走进大庆油田。几天来，记者们上井场，进站队，听汇报，做访谈，重温会战史，感悟铁人魂，以期用手中的笔，向人们展示大庆精神铁人精神的传承，展现新时期大庆石油人勇担历史重任、创建百年油田的风采，展望大庆油田光明的未来。

凝视·感动

位于大庆市萨尔图区中七路32号，一幢四合院，恬静古朴，草木疏离。虽处日新月异的都市，却始终洋溢着大方沉着、隽永凝重的气质。这就是大庆人心中的圣地"二号院"——大庆油田历史陈列馆所在地。

这里，是石油大会战的"起点"，当年的会战指挥中枢。半个世纪，时移沧桑。昨天，她见证了气壮山河的石油大会战；今天，她成为承载大庆油田半个世纪辉煌的不朽丰碑。这里也是采访团本次行程的"起点"。

走进"二号院"厚重的历史之门，之前还有说有笑的记者们，神情顿时变得肃然而又庄重。人民日报黑龙江分社社长已不是第一次来这里，然而，对他来说，每回都是一次精神的洗礼，"我们在感受历史的同时，感受到大庆石油人对民族、对祖国深沉的爱"。

沿着镶嵌在院内广场中轴线上用青铜铺就、按照大庆油田发现以来发生的重大事件年份从大到小排列的"大庆之路"，就如同穿越时光隧道，引领记者们走进那个轰轰烈烈、荡气回肠的会战岁月。香港文汇报的罗洪啸在青铜甬道起点凝视良久后轻轻迈开步子。对初次来大庆的她,"踏上这块石油人的'精神祖宅',过去文献影像中的大庆开始变得真切起来,也更深刻领悟到每个人身上都有历史的影子,都正在创造历史。"

……………

跟随讲解员,记者们怀着崇敬、仰慕的心情,静静地瞻看,追寻大庆石油会战可歌可泣的历史画卷。在采用原材原坯、原窗原梁、诸多实物还原的"干打垒"展区,在"首车原油外运"展区,影像中钻机耸立、机器轰鸣,搪瓷缸、煤油灯等实物,形象生动的场景,使记者们睹物思情,在历史的真实中感动着。

两年前,人民网记者王静以"80 后"的视野"走进大庆",感悟大庆精神铁人精神,而今天,她再一次体会大庆油田开发建设的艰辛。"大庆油田还能为国家奉献多少年原油?""2004 年,在升深二井施工前井下人为何要立下'军令状'?"和她一样,记者们在关注着每一件展品背后故事的同时,他们渴望更深入地了解大庆油田厚重的历史,思考大庆油田辉煌的未来。

如果说,大庆精神是油田永远的灵魂,是民族永远的灵魂,那么,铁人精神则是人格化、具象化的大庆精神。在铁人王进喜纪念馆主馆广场前,采访团成员在铁人手扶刹把的高大塑像前久久地肃立,并合影留念。沿着铁人纪念馆的正面 47 级台阶拾级而上,铁人那豪迈的铿锵话语犹在耳边回响:"宁肯少活 20 年,拼命也要拿下大油田!""把贫油的帽子甩到太平洋里去!"

穿过纪念馆"荒丘灭"的岁月长廊,记者们被一个个生动的铁人故事深深吸引,读铁人日记,观会战历史,听创业传奇,泪眼蒙眬,神情严肃,思绪难平,也积聚了太多的触动和感叹。"铁人何止是早逝了 20 年啊!"中央人民广播电台记者杨沼畔这样感叹。铁人 47 年匆忙而坚定的人生足迹,留给我们的不仅是感动,更是启示。

是啊,铁人们没有走远,他们还活着。活着的,是他们的精神,是他们的灵魂。他们活在油田新时期火热的生产生活实践中,活在后辈们对祖国一如既往的真诚中,活在一代代石油人延续的光荣和梦想中。

追问·探寻

历史选择了大庆,而大庆也没有错过这个历史机遇。从 20 世纪 50 年代末荒原深处的油龙出世,到新世纪的曙光照耀现代化的油城,她的激情创造和巨大贡献,融入了伟大祖国和中华民族的永恒记忆。

在大庆油田发现50周年前夕,记者们深入大庆油田,与大庆油田的管理人员、科技人员、一线员工、先进模范和老会战代表等进行了座谈和采访,回望历史风云,喜看油田巨变,一连串的追问却比以往任何时候更强烈:在这座城市里面,除了那源源不断的、滚烫的石油,还蕴藏了什么力量使它作为某种精神的象征传承到今天;是什么东西一直在支撑着这座城市,乃至民族石油工业的发展前进步?

....

如何看大庆,是一种态度。无论是参观还是采访、座谈,记者们言语之间,疑惑中夹杂着好奇,追问中透着崇敬。

如何看大庆,每位记者眼里,都有一个视角。凝视、透视、仰视、鸟瞰,行业眼光与全国视角,全国眼光与国际视角,尽在找寻答案,大庆红旗为何如此鲜艳,大庆的百年油田之路如何实现。

围坐在"新时期铁人王启民"身边,记者们一个个问题如连珠炮未曾间断,从"表外储层"课题的突破到油田今后的高产稳产之道,老人细致作答,记者们健笔如飞。原定40分钟的采访时间竟延后了半个小时。

在研究院采收率实验中心,大庆的技术创新、科技兴油工作成为经济日报、科技日报等许多媒体关注的焦点。作为油田三次采油技术研发团队的带头人,伍晓林博士用两个试管所做的三元复合驱成果的比较展示,即刻赢得了记者们的钦叹。而国际电台记者杨琼关于三元复合驱技术应用与环境保护的提问,也得到伍晓林的赞许。

....

几天的紧张行程,一路的体验,一路的真情,一路的感动。对于每个人来说,答案愈来愈清晰,心灵越来越清澈。

大庆是全民族的大庆。大庆之"大",就是因为大胸怀、大抱负、大贡献,企业成长与国家命运、能源安全紧紧联系起来,擎起了科技兴企、产业报国的光辉旗帜。中国青年报记者郿光哲的话意味深长。

理解·奋进

走进大庆,媒体看到了什么?听到了什么?

是的,看到了,是那纵目眺望中云低野旷的片片湿地,是如诗如画的百湖碧波,是那向过往的人们点头致意"磕头机",在每位记者的采访本上,在摄影机里,在脑海中,在记忆里。也听到了,那半个世纪前在松辽千里荒原人拉肩扛、奋力夺油的号子，听到了篝火旁学习"两论"的激情辩论，更深刻理解了如史诗般厚重的大庆油田，感受到她的神秘与伟大、雄伟与现代、美丽与清新。圆珠笔的笔芯空了一支又一支，照相机的内存卡换了一张又一张，摄像机的磁带满了一盘又一盘，收获的是那满满的行囊和沉甸甸的记忆。

连日来，记者们被大庆石油工人艰苦奋斗精神和高尚情怀感染着，被大庆油田涌动的创新热潮激励着，这正是大庆实现可持续发展的真正原动力。

……………

在大庆的短暂日子里，各路记者们满怀火热的激情，在最基层的地方，找到了令他们最感动的东西，这就是新闻之源、新闻之根。

作为新闻人，我们要带头弘扬大庆精神铁人精神，用大庆精神做好这次的大庆油田发现50年的报道，为建设社会主义特色小康社会、和谐社会鼓与呼！"尤金光的话道出了采访团成员的心声。

因为理解，所以深刻；因受鼓舞，更加奋起！

是的，大庆精神是石油人创造的，但它是属于中华民族的，属于时代的，历久而弥新。时代需要这样一种精神，需要大庆精神，需要铁人精神。是的，大庆精神铁人精神对每位石油人，以及油城外的国人，永远是鼓舞、是促进、是鞭策。

大庆与时代同在，新闻工作者与铁人同行……

（2009年9月4日，王晓晖　陈金国　陈玉强）

延伸思考

"横断面"叙事，价值观共振

此文为大庆油田发现50周年之际，中宣部组织中央媒体采访团走进大庆主题采访活动侧记。这是新闻媒体视角下，对共和国工业战线这一重大里程碑事件的一次时代解构。

既为侧记，那就不同于纪实通讯报道，也有别于典型事迹报道，不求全貌、全程等，贵在侧面烘托。因此本文写作的指导思想是秉持真挚的人本情怀，以期通过行进式、见闻式、体验式的工作，截取事件、人物、场景等新闻事实的其中一个侧面——横断面，灵活抓取一定角度，通过鲜活感人的镜头，生动朴实的话语，极富现场感的细腻描述，讲好新闻故事。情景交融，述评结合，事理融合，让精神具象化、让典型人格化。

当然，基于"50周年"这一重大历史节点的新闻活动，侧记报道仍然要聚焦历史事件的主题，"横断面"烘托要避免陷入单一的见闻罗列，不仅要在见变化、见成长、见跨越中求"新"，更要在与时代共鸣、与行业共振中求"心"，在感悟"大庆精神铁人精神"的洗礼中实现情感共鸣、价值观共振。正如文章架构的逻辑，从"凝视、感动""追问、探寻"到"理解、奋进"，在聆听历史交汇点上的奋进足音中，传承精神，传递力量。

第三章
文无定法
言之有物
——浅谈几种报道题材的架构

新闻报道就是将新近发生的最为丰富多彩的新鲜故事讲给读者听。穆青同志曾提出过"新闻三论",即实录式新闻、散文式新闻、视觉新闻。可以看出,这样的分类是从呈现形态、表现形式划分的,内涵依然是强调高信息含量和高价值含金量的内容传递。所谓文无定法,就是别开生面的形式背后,贵在言之有物。

一、行进式报道：把新闻写在大地上

这里讲的行进式报道，是一个相对宽泛的概念，意指边走边采访报道，强调的是进行时、见闻式、沉浸式、体验式，考验的是捕捉新闻的敏锐洞察力和铁脚板丈量现实的脚力。

新中国新闻事业的奠基人范长江老前辈，其经典著作《中国的西北角》，就是他当年作为《大公报》记者，行走采访沿途见闻的通讯实录。从1935年7月到1936年5月，他的足迹遍及川、陇、陕、宁、青、内蒙古的广袤大地，用真实、生动的文字还原了西北地区的时局，勾勒出壮美河山之下的民生之艰，更是向读者客观真实地还原当时中国工农红军长征的情况，在中国的通讯史上具有重要的里程碑意义。

对记者来说，此类报道并没有太大预设主题的束缚和压力，在采访路上"抓活鱼"，呈现方式也更为生动立体、多姿多彩，如一线见闻、主题访谈、记者观察、采访札记、现场直播、镜头聚焦等产品。群众的思想最鲜活、语言最生动。这些鲜活的故事、生动的话语，就蕴藏在丰富多彩的群众生活中。走出去、沉下去、融进去，就能采写到一大批"接地气""冒热气""有油味"的新闻作品，突出作品的亲和力、感染力和代入感、现场感。

根据采访写作中的叙述特点，暂且将行进式报道概括为以下几类：

> **行进式报道**
>
> 1. 偶遇型——新颖叙述激发兴趣
> 2. 情感型——动情叙述直击心灵
> 3. 情境型——状景叙述可感可亲

1. 偶遇型——新颖叙述激发兴趣

抓住灵感，将所见所闻所思，以独特新颖的事实，诉诸文字影像，吸引读者阅读的兴趣。

前面提到的《看你千遍也不厌倦》这篇报道，就是这样"偶遇"的。题目本身，也是借鉴当时一首十分流行的歌曲名字，选题的视角，本身具有现实性、代表性、启示性。笔者很喜欢主人公的这句话："这些设备和仪器不都是一个个鲜活的生命体吗？被赋予了设计者和建设者的心血，只有你用心呵护，设备才会'健康'运行。只要你对设备投入感情，工作自会有激情。"可以说，笔者就是被这句话打动的。在主人公的心里，那些原本冰冷坚硬的钢铁设施，都有了灵气和热乎乎的生命，那当面对即便单调枯燥的生活，还不能升腾起丝丝热爱吗？

当你置身数千千米外的异国他乡，在撒哈拉大漠深处的项目工地，在近乎清一色的男性建设者中，忽然瞥见一位身形削瘦、面容清秀的女焊工，是否也会觉得讶异和好奇，是否很想了解她背后的故事？《沙漠玫瑰聂秀兰》这篇报道，是"海外创业万里行"采访组行至中国石油尼日尔项目炼化一体化建设工地时"偶遇"的。同行的摄影部主任余海敏锐地抓住了这个线索。

案例作品

沙漠玫瑰聂秀兰

在撒哈拉大沙漠中有一种自然形成的石英结晶体，像一朵朵绽放的玫瑰，人们称之为沙漠玫瑰。因为形成时间长，十分罕见，所以这种晶体非常珍贵。

记者在尼日尔炼厂建设现场，也发现了这样一朵沙漠玫瑰——来自中油二建的高级电焊工聂秀兰。她是炼厂建设现场几千名施工人员中唯一的女性。

今年46岁的聂秀兰自豪地告诉记者，2010年11月22日来到工地到现在，她的焊接一次合格率始终保持100%。当记者问她在现场最大的困难是什么时，聂秀兰没说炎热，而是说："现场没有女厕所。"接着，她又急忙解释："上班前少喝点水，能克服……"

就在记者离开炼厂第二天，聂秀兰发来短信："告诉您个好消息，领导已经给我建临时厕所啦……"

沙尘暴下，正在建设中的尼日尔炼厂（王晓晖 摄）

后来进一步了解到，反映尼日尔项目的报道——《沙漠玫瑰聂秀兰》见报后，主人公聂秀兰接到儿子的越洋电话，此前正跟她闹情绪、不理解她选择到海外工作的儿子流着泪说："读了报道，真正理解了妈妈工作的艰辛和事业的崇高，为妈妈感到骄傲。"正是通过在新闻的感染力、影响力上下功夫，才能用高质量的新闻架起党组和职工群众的连心桥。这些被报道的人物成为大家传颂的"身边的榜样"。

2002年国庆前夕，笔者深入新疆南天山山前勘探工区采访。这里，峰峦叠嶂，沟壑纵横，作为塔里木油田油气资源勘探战略接替区，为了寻找油气大场面和油田的可持续发展，十数支勘探队伍先后挺进该区，沿线布开，展开了艰苦的奋战。东秋8井井场如楔子一样"嵌"在赭红色山崖间。正值这口备受中国石油上下关注的重点井试油前夕，若试油成功，这里将成为继克拉2、迪拉2之后的西气东输又一主力气区。走进他们中间，聆听了一曲曲"夺"油战歌，感受石油将士产业报国的拳拳之心。当晚正赶上四勘70102队利用工余时间举办"迎国庆安全知识竞赛"，以为记。

案例作品

战前热身赛

国庆的前夜，东秋 8 井的营地餐厅，灯火通明，阵阵掌声和笑声不时响起。承担钻井任务的四勘 70102 队"迎国庆安全知识竞赛"活动正在这里举行。

职工分为四组，四盏台灯成了抢答器。

"东秋 8 井的质量目标是什么？"主持人的话音才着地，光亮一闪，下边的答案已经蹦了出来。"井深质量合格率达全优；固井质量合格率达全优；无井涌、井喷事故；取芯收获率达 100%；全面执行质量管理体系的标准。"

"正确，加 10 分。"

"硫化氢比空气重还是轻？"

"重。密度为 1.176。"

又是第一组的陆庆辉得了分。第二组的王新华不服气地挠了挠头。

"今年全国安全生产日的主题是什么？"

"安全责任，重于泰山。"第四组后勤班的三名女职工异口同声。场上的掌声伴着喝彩声一并响起。

问题连珠炮似的抛出，但精确的回答和快反应的速度却"逼"得主持人没有丝毫喘息的机会。主持人有点急了，嘟囔着，"不难倒你才怪！"

不到 30 分钟的比赛，竟问答了 60 多道题目，各组之间比分咬得很紧。

东秋 8 井最后试油的准备阶段。这场竞赛透出队里绷紧"安全弦"的良苦用心。

记者对员工抢答正确率之高有些惊讶，平台经理何卫东的话让我释然。"这与井队长期进行的安全知识教育和培训是分不开的。如此艰苦的条件和高难度、高风险的施工任务，要保证安全优质钻进，职工的积极参与和群策群力至关重要。也正因为一个共同的目标，使我们有信心在后面的试油作业中创出佳绩。"

（2002 年 10 月 12 日，王晓晖）原载于《塔里木石油报》

2. 情感型——动情叙述直击心灵

这类稿件写作的突出特点是，多通过白描式的叙述，以写事为主，传递一种情感，遵循"事件—人物—情绪"的逻辑，人随事出，情随人出。通过文字的张力，触动读者心底最柔软的部分。

两个五大三粗的汉子，因为两条狗感动得落泪。《那山那人那狗》讲述的故事，发生在2008年西气东输二线新疆天山果子沟1号隧道工地上。11月29日，1号隧道南口掘进队现场经理王红兵和他的同事，让读者聆听了一段"狗与人"生死不离的故事。报道这样写道：

故事从积雪说起。

去年12月的一天，当晚下起了大雪。第二天一大早，王红兵的另一位同事发现去1号隧道进口施工现场的路完全被封死了，车根本没法通行，他俩带着两条看守炸药库的狗结伴上路了。

在深深的雪中，人只能在雪面一点点向山上爬行。爬过一道弯又一道弯，到了第26道弯的时候，王红兵和同事突然一起深陷雪窝之中。王红兵说："突然之间，就感觉脚下一陷，整个身子掉了下去……刹那间，感觉似乎整个世界都被雪填满了，一种无助和恐惧袭上心头。"

看到陷入雪坑的"战友"，两条叫蒙蒙和小毛的狗急切地奔过来，不安地叫着，在他们周围急躁地转来转去，想要用嘴叼他们，却又感到无从下口。

不一会儿，它们将身子调过来，把尾巴伸向了他俩。一刹那，他俩迅速明白了两只狗的意思，立即用手抓住了狗的尾巴……

两只狗喘着粗气向前爬，一边不停地叫着，一边拼命地刨着雪。"一只狗拉一个人，吃力地向前刨，一刻也不停歇。我们忍不住感动得热泪盈眶……"王红兵哽咽着说。

有了这次生死经历，王红兵和同事却丝毫没有退缩的意思，他们说："我们在荒山野岭里干得这么辛苦，就是要让大家用上天然气。"

结尾写道，若说80年前，徐志摩写下"悄悄的我走了，正如我悄悄的来；我挥一挥衣袖，不带走一片云彩"的诗句，是诗人挥别尘缘、参透人生的话，那么，今天这句诗更能表达石油人对环保的领悟。这样的描述，能够透射出石油人的特质，即默默坚守、无怨无悔、小家大爱，蕴含其中的还有悠悠的情感失落。正是这些东西，界定着奉献者的价值准则，平凡中孕育的伟大，尤为可贵。

又如《中国石油报》2011年9月6日刊发的《麦子山的爱情》，朴实无华的文字中，如同电影"一镜到底"般呈现了如下故事：

重庆忠县，一场急雨匆忙而落。麦子山，天蓝云白，山翠水绿。

....

黄川所在的麦南增压站，有4口无人值守井，路途近的有1千米，远的有3千米。巡一次井一个来回，行程11千米，全靠腿跑。

雨落前，黄川刚巡井归来。一下雨，怕有山体垮塌。在川东的深山里，泥石流稀松常见。他必须再跑一趟。

唐利萍对黄川说，这趟我去。

黄川摆摆手说，站里工作也很重要。

在这个三人值守的井站，黄川是班长，唐利萍和范玉华是组员。唐利萍是他的"生活领导"。他没有理由让她们巡井。

....

老黄不喜欢走石子路，太硬，硌脚。在山里，他爱走土路。其实，池57井近在咫尺，只要穿过田埂，几步就能到达。但是，这样会伤着地里的庄稼。

一阵风吹过，山野里松涛阵阵。黄川捧起手中的水壶，长饮一口，心里一阵甜蜜。这是老婆给装的水。

16年前，从技校毕业的唐利萍和10个毕业生一起分配到黄川所在的井站。大山深处，忽然冒出10多个风华正茂、活力四射的年轻女孩。黄川方寸大乱。

黄川想谈恋爱了。

一个阳光柔软的冬日。黄川走到唐利萍面前。"我喜欢你，想找你耍（交）朋友。你可以先不答复我，给你几天考虑。"没敢听她回话，他一溜烟跑掉了。

....

许多年前，在一个叫作打柴坡的山头，他拽着她躲开"眼线"，在成片的野花中，奔跑，追逐，听草尖虫鸣……

香气氤氲。黄川蹲下身，挑了几束开得正艳的半支莲，心里忽然有了计划：重温一下昔日的浪漫，给老婆个惊喜，把一簇散发着清香的野花送给她。

短短900余字，通过对新闻人物一天工作中诸多细节的捕捉和背景素材的交代，在中国石油加强"三基"工作，加快推进综合性国际能源公司建设的大背景下，以点带面，展现了一线员工岗位履责、默默奉献，貌似平凡中透着伟大，看似不经意间真情流露，写出了人性的光辉，读来回味无穷。

3. 情境型——状景叙述可感可亲

作为新闻要素的重要一环，写景是为了强化真实性，增强现场感。那么如何理解景呢？景物、环境是事件的空间坐标，是事件的范围、条件、氛围的空间界定。因此，在故事讲述时，注重场景描写和情境运用，能迅速增强代入感，吸引读者的注意力，就更可信可亲，可以感知，引人入胜。

案例作品

夜宿兴安镇

夜，从午夜 11 时开始。

这是 8 月 25 日，农历七月十六。祖国北极边陲的漠河县[①]兴安小镇，我国四大油气战略通道之一的中俄原油管道（漠大线）首站所在地，记者此行采访的起点。

月光透过窗户照进活动板房，上铺的同行微微打起了鼾，除了间或几声犬吠，四野一片宁静。已入夜，我却无眠。

全长 926.55 千米的漠大原油管道，途经黑龙江省和内蒙古自治区的 12 个县市，抵达大庆末站。管道投运后，每年可输送 1500 万吨俄罗斯低凝原油。经过全体建设者一年多的鏖战，管道主体焊接基本完成。按照集团公司"建管分离"要求，负责运营管理任务的管道公司抽调业务骨干和党员模范，成立漠大线运行筹备小组，有序推进投产各项准备工作。

作为目前国内第一条穿越原始森林、第一条通过多年冻土区的大口径长输原油管道，建设难，运营管理也难。

难在交通。从漠河县出发，到兴安首站的 180 多千米的路程，记者乘坐的进口越野车走了近 5 个小时。难在通信。兴安，这个 1000 多人的小镇，大概也是全国为数不多至今未通电和网络的地方之一。靠发电机，每天晚上 6 点供电，11 点拉闸断电。沿途基本没有任何通信信号。没有电，也就没了网络。难在社会依托。为了特意照顾我们，站里从不多的板房中匀出一间让我们住宿，而大多数员工还借宿在老百姓家挤大通铺。

"为了啥！"下午采访中一位员工的这句反问，清晰萦绕在耳际。

---

① 现为漠河市。

自 7 月初上线以来，筹备小组与建设单位一起，主动参与，加强隐蔽工程及施工质量的管理，组织各种检查 30 余次，发现各类问题 640 多处，积极协调，目前已整改解决 600 多处。由于条件限制，员工们至今没有洗过一次澡。

"苦不怕，就是想儿子"。谈起感受，仪表班班长王涛片刻沉默后蹦出一句话，抬头已泪水满眶。忙碌间歇，出生才 9 个月的儿子是他最深的牵挂。家在大庆的副站长张春青前不久才从哈密戈壁调回，这次又毅然听命北上，"工作需要，总得有人多担待点"。听说要赴漠北，技术员李昊宇的女友委婉向他提出了分手。对此，小李说，遗憾有，"但我可以参与并见证一个站的成长"。

一个站的成长背后，折射出的是中国石油管道事业发展的轮廓。咀嚼着小李的话，忽然有种莫名的感动。

耳边是蚊子的低鸣。工人们说，前不久一次踏线标注工作中，站长苟航海由于长时间工作在沼泽地中，工友竟在他肩膀上一巴掌"消灭"了 38 个蚊子。对漠北蚊子的凶猛，此刻感同身受。

索性起身到户外。圆月如洗，巍巍兴安岭，在天际间延伸。隔壁的板房里，有人在说梦话，或是在思念远方的亲人。

夜，注定无眠。

（2010 年 9 月 2 日）

这里指的情境，还含有一个概念，就是指叙述中通过文字描绘的画面感、空间感。如《中国石油报》同仁杨孜孜早年间的优秀作品《寂寞留守》，讲述了物探施工队伍收工撤离大漠腹地后，留守看护营地人员小乔、小孟、"老黄"和"老黑"的日常工作和生活琐事。记者在与主人公短短一天的生活中，通过亲身体验，带着读者一起体味大漠石油人的寂寞和艰苦。文章中引用主人公小乔的话，"摆脱寂寞的最好办法就是多找活儿干""他俩讲了许多有趣的沙漠故事，却没诉一句苦"……几近白描的叙述，却让作者和读者"几欲落泪"。特别是结尾一段文字，可谓超写实主义的描写：第二天，我得上路了，他俩和"老黄""老黑"把我送得很远、很远……倏忽间，读者眼前会不自觉浮现出一幅非常"生活化"的画面，无垠大漠深处，沙丘边上，客人要离别，主人在路口挥手道别，两只常伴主人左右的小狗一个劲不舍地摇着尾巴。

删繁就简三秋树。做新闻工作的都有体会，文字写长了不易，但要写短写精练更难，考验记者对主题的提炼、对素材的取舍，以及独到的文字驾驭功底。白描精简的文字，留给读者充分遐想空间。行业性质决定了广大石油人总是常年奔波野外，与家人聚少离多，与高山大漠为伴，特别是在早年间还缺少现代通信设备，但凡有工余闲暇，唯一的乐趣就是白天数蚂蚁、晚间数星星，熬过一个个寂寥孤独的日子。如我们前面讲述过的库鄯线觉罗塔格减压站的高丹，一座站、一个人、一条狗，为了疏解工作之余的孤独，竟然学起了十字绣。寂寞留守的他们，只是广大石油工人群体的一个缩影，貌似没有什么光辉事迹，却又让人在平淡平凡中咀嚼到选择背后的奉献和价值。寓情于景，让新闻报道在感人动情的同时，更可信可亲。

文喜见山不喜平。《小胜靠智 大胜靠德》报道，认真提炼一段精彩的导语或开头，采用白描手法，让叙述充满镜头感，从具体引导出抽象，再从抽象转变为新的具体。

11月11日，立冬后的第一个周末。谭纯岩在店里忙了大半晌，将新上架的昆仑润滑油摆放停当，甩了一把汗笑了。从这天起，他的头衔换成了昆仑润滑油广西河池经销代理。

5年前经营"洋"品牌获得第一桶金时，他还为本土品牌的市场缺席而怅然。如今，他毅然加盟"昆仑"经销军团，并在"昆仑"的大旗下，迎接事业的又一个春天。

《小站春来早》中，选取有代表性的细节和有画面质感的细节，还原事实真相，再现当时情景，激发读者兴趣。

听我做采访，卡车师傅大个刘凑了过来，一定要说说：去年初春的时候，朋友的妻子只身乘车路过这里，偏偏临盆在即，情急中求助于加油站，被金福的员工们迅速送到附近医院，真是有福气，生了个女婴，母女平安。

轻风拂面。在忙碌有序的车流中，想找个员工"聊"几句，却"碰了壁"。引导车辆、加油、冲车，"十三步曲"流畅而利落，加油员小徐甩了下额头的刘海，冲我笑了笑，又扬起了抹布，鬓角的汗珠粒粒。

延伸思考

"四力"为舟楫，邂逅最美的风景

和年轻同仁交流时，我会经常向他们"灌输"自己的感悟：记者是三百六十行里最幸运的旅者，也是最"见世面"的群体之一。行走在新闻路上，站在"巨人肩膀"上，修炼"四力"，体察四方百态，观察社会万象，感知时代脉搏，邂逅最美风景，聆听最动人故事，经历最独特体验，进而深化对事物的思考，形成独到见解。

2002年国庆前夕，我深入天山深处的塔里木石油勘探主战场采访。当时物探联队正"征战"玉尔衮山地的一处大冲沟，崖两边高差达100多米，人只能在山脊上贴着地皮走，机械设备无法输送，只能在崖两边钉钢钎架设缆索。20多天时间里，7台钻机，打了80多口组合井，光炸药就用了7吨多，铲车钢刃也"破天荒"被崩断。在荒凉僻远的东秋里塔格山坳里一支钻井队，一位同龄钻工的话让我泪目。他说好想看看山外面的世界，但井场离最近的村子来回也得一天行程。进山时春意盎然，而今却秋风瑟瑟。让他最兴奋的是探井快要完工，即将见到油气，一想起这事就激动。当我和勘探队员们一起立昆仑之巅看夕阳西下群峰尽染，在塔克拉玛干大漠苍穹下仰望星空、数满天繁星，"我吹过你吹过的风""我走过你走过的路"，融入其中，被石油人的风采所感染，被英雄事业所感动，与生命相拥，让油气清香和泥土气息浸润职业底色，自能掬上一捧新闻"热土"，也就有了《生命禁区的生命》《南天山勘探巡礼》等系列报道。

新闻工作者不仅是伟大时代的记录者，更是传播精神文明建设成果、培育人文精神的文艺工程师。修炼"四力"是记者常修必修的答卷。脚力是"我在"的证明。新闻的"油气层"往往藏在至深至险处，记者的岗哨不只在楼宇大厦、繁华街市，更在地域偏僻处、人迹罕至处、读者罕知处，要像地质勘探般执着，以躬身之姿抵达新闻的"地心"。这不仅是地理意义上的抵达现场，要经常返场、在场，更是情感层面的共鸣，让心灵和身体同步抵达。眼力是"我见"的洞察。身处第一现场不应局限于宏观的视角，也须捕捉每一个画面细节和细微数字，既要是照见时代的广角镜，也要是穿过表象的显微镜、透视镜，从记录者向发现者转变。细节的穿透力量，更可让能源报国的宏大叙事有可触可感的温度。脑力是"我思"的脉络。通过碎片信息的有机组合进而揭示信息背后的精神内核。无论是戈壁深处物探工人的"寂寞留守"，天山之巅管道建设者的"人狗情未了"，还是麦子山基层石油工人的平凡爱情，都源于"看你千遍也不厌倦"的岗位责任心，绽放着人性的光辉。笔力是"我讲"的艺术。改进文风，创新表达，以受众喜闻乐见的语言，让硬新闻"破圈"传播，让能源报国的故事在笔端自然流淌。

二、消息类报道：
及时传递，权威发布

1. 独家和权威发布

关于消息类题材的报道，这里不做过多概念上的探讨，重点针对当前石油新闻中存在的一些现象作粗浅分析。具体来看，主要表现在通讯多，消息少；长篇多，短文少。还表现在会议消息、时政消息多，而事件类、信息类、观点类消息占比较少，一定程度上削弱了媒体"新闻纸""信息纸""观点纸"的价值。因此，要通过独特视角、独有价值，形成独家和权威新闻发布。下面选取几篇非时政和非会议类消息报道作案例交流。

案例作品 ▶

入舱！又见白衣天使勇敢逆行
中国石油驰援武汉医护队会师"疫"线

"在这个特殊时刻，将病毒挡在身前，把百姓护在身后。我会像战士一样去冲锋，不胜不归！"戴上口罩、护目镜，穿上厚重的防护隔离服，2月13日20时，河北中石油中心医院呼吸与危重症医学科护士范晶晶踏上了她职业生涯的特殊战场——武汉江岸方舱医院，用行动践行入党申请书上立下的铮铮誓言。

与她一起进驻方舱医院抗疫一线的，还有她的来自河北中石油中心医院支援湖北医疗队的4名同事，分别是感染科主管护师贺新竹、重症医学科护师杨航、神经内科护士董惠、保健与老年医学科护士张录录。保定宝石花中心医院急诊科主任周国庆，被分配到方舱医院5个专家组中的第4组，12个小时一班，两班倒，将要负责患者评价、转院、查房、治疗等工作。

同时，来自盘锦辽油宝石花医院的11名医护人员，早在2月9日就参加了辽宁省第三批医疗队驰援武汉，在经过一系列相关培训和适应锻炼后，将于14日奔赴刚刚启用的雷神山医院。他们分别是：医生王妮妮（心血管内科）、医生陈晓英（肿瘤外科）；护士常袁龙、董旭、洪源源、韩贤茹、宋研、陈亚庆、王欣、于苗苗、何畅。此外，这个院重症医学科副护士长董婷婷、护士赵莹莹，分别参加辽宁省第一、二批医疗队奔赴武汉，在华中科技大学协和江北医院、武汉大学人民医院东院区开展救治工作。

至此，中国石油共有19名医护工作者会师武汉，冲锋在战"疫"第一线。他们都是从众多请战者中选拔产生的。贺新竹是河北中石油中心医院首批驰援医疗队队长，因为出发匆忙，她甚至没来得及跟儿子好好道别，"穿了这身白衣，治病救人就是我的职责。我相信儿子会理解，也会为我感到骄傲"。年龄最小的董惠、常袁龙，24岁。老家湖北的杨航，第一个向组织递交请战书。为了避免交叉感染、节约穿防护服的时间，90后护士范晶晶和张录录在出发前剪掉了及腰秀发。

当前，疫情防控工作到了最吃劲的关键阶段，武汉市依然是疫情防控的重中之重。最新数据显示，2月12日0时到24时，湖北省新增新冠肺炎确诊病例1.484万例，其中临床诊断病例1.3332万例。据了解，江岸方舱医院是武汉市已启用的7座方舱医院之一，共有1000张床位，由来自河北、天津、江西的医疗队入驻。雷神山医院是武汉新建的第二个"小汤山模式"的专门医院，已于2月8日交付使用。

（2020年2月14日，王晓晖 李程）

案例作品

北京无照摩托车加油"没门儿"

中国石油北京销售各加油站已完成"断粮工程"的有关培训，按照《通告》要求严格落实

"《通告》太好了，这是依法整顿无牌照摩托车的好办法。"到北京销售柳荫加油站加油的摩托车司机鲍师傅竖起大拇指对记者说。从11月13日起，北京市对所有无牌照摩托车加油说"不"。

为严厉打击驾驶摩托车抢劫、抢夺犯罪，经过4个多月的筹划，由北京市公安局、北京市市政管委、中国石油、中国石化等单位共同发起这场"断粮工程"。全市各加油站从13日起停止给无牌照摩托车加油。

北京市公安局、北京市加油（气）站综合管理办公室发布的《关于依法整顿摩托车行驶秩序的通告》，已下发给全市各加油站，所有加油站都在明显位置张贴了《通告》。中国石油、中国石化所属各加油站都已制定了方案并严格落实。

北京市公安局刑侦总队副总队长介绍，"断粮"主要有两个目的：一是遏制"骑抢"发案率；二是从源头防止摩托车司机上路飙车。警方将从源头打击"骑抢"案件，干扰其犯罪过程，剥夺其生存空间。

中国石油和中国石化的所有加油站员工已经先期进行"断粮工程"的有关培训，员工对所有无牌照摩托车说"不"。对于遮挡牌照的摩托车前来加油，员工将要求车主取消遮挡，如果发现有伪造牌照，加油站将第一时间通知警方。对于"提铁桶"前来加油的车主，员工将仔细询问。

有关负责人表示，如果加油站工作人员违反《通告》规定，根据情节轻重，将按照有关管理制度罚款、开除职务；如果员工违规加油直接导致"骑抢"案件的发生，将移交警方处理。据介绍，各加油站都有监控设备，有关部门也将利用探头进行监督。

为保证"断粮工程"顺利实施，警方已派出治安民警、巡逻民警24小时在加油站巡逻。警方表示，如果有人在加油站寻衅滋事，干扰秩序，警方将依法拘留，行为严重者将被追究刑事责任，如果屡教不改将被劳动教养[①]。

（2006年11月15日）

案例作品

第五种运输方式异军突起　十万公里造福华夏十亿人
我国油气管道里程超过高速公路[②]

金秋10月，丹桂飘香。10月20日，中缅天然气管道干线建成投产，并与西气东输及新疆、长庆和川渝气区连通。至此，我国油气管网格局初步形成，

---

① 劳动教养，2013年已废止的行政处罚制度。
② 获首届国企好新闻一等奖。

总里程达到 10.6 万公里，超出高速公路 1 万公里，覆盖我国 31 个省区市和特别行政区，使近 10 亿人口受益。

截至目前，我国已建成天然气管道 6 万公里，原油管道 2.6 万公里，成品油管道 2 万公里，形成了横跨东西、纵贯南北、连通海外的油气管网格局，成为推动中国经济发展和造福民生的能源动脉。而交通部最新数据显示，我国高速公路为 9.6 万公里。

公元前 3 世纪，中国人用竹子连成管道输送卤水，开启了世界管道运输的先河。1958 年新中国油气管道工业开始起步，至 2006 年年底建成油气管道 4.8 万公里。伴随中国经济的高速发展和对能源的迫切需求，2007 年，我国掀起第四次管道建设高潮。6 年来，中国石油人"奉献能源、创造和谐"，纵横交错的能源动脉深植于祖国大地，油气管道建设总里程超过新中国前 48 年的总和，西气东输二线、中亚、中俄和中缅等 50 多条管道相继建成投产。

今天，人们在享受高速公路的便捷时，也享受着油气管道大发展带来的红利。仅以西气东输、陕京、川气东送、涩宁兰四大天然气管道系统为例，每年输送 1000 亿立方米天然气，可替代煤炭 2.6 亿吨，减少二氧化硫等排放 4.7 亿吨，减少灰渣 6565 万吨。据估算，如果这些灰渣全部落在北京城区，将厚达 20 米。

同时，管道作为继公路、水路、铁路和航空运输之后的第五大运输方式，其更加高效、节能、安全和环保等优点，让中国的经济发展更有力和可持续。

与高速公路相比，建一条长 7000 公里的成品油管道，仅运输成本、能耗和损耗 3 项，每年可节约资金 10 亿元左右，节约土地 26 万余亩。一条年输量 1000 万吨的管道，相当于两条铁路的年运输量。在国外，地面油气运输被称为"流动的炸弹"，地下管道成为最安全环保的选择。

管道建设还成为中国经济转型升级的"牵引工程"。国际经验表明，通过管道建设，开发利用 100 亿立方米天然气，可带动下游 600 亿元配套建设，并拉动机械和冶金等十多个行业的发展。

管道运输正成为全球经济一体化发展的新方向。管道专家、中国工程院院士李鹤林指出，21 世纪的中国将成为世界油气管网建设的中心地区之一。今后，我国油气管道建设将朝着大口径、大流量和立体网络化方向发展，油气管道总里程 2020 年将超过 15 万公里，形成资源多元、调运灵活和供应稳定的全国能源保障系统。

（2013 年 10 月 21 日，王晓晖　蒋万全）

旧闻新貌

十年翻一番，全国一张网

截至2024年12月，我国长输油气管网总里程约19万公里，主干油气管网总里程超10万公里，构架起了横跨东西、纵贯南北、覆盖全国、连通海外的能源管网。天然气"全国一张网"日供气能力超10亿立方米。未来几年，中国计划进一步完善天然气"全国一张网"，形成"五纵五横"的干线管网格局。一条管线，就是一根推动经济结构优化和发展方式转变的"油气杠杆"，就是一部拉动产业和行业经济、沿线和地域经济发展的强大"钢铁引擎"，就是一个推进科技进步和自主创新的竞技场，更是一条弘扬生态经济理念、创造能源与环境和谐发展的"绿丝带"。

案例作品

塔里木原油年产量突破五百万吨
跃居我国陆上第六大油田

岁末年关，地处塔克拉玛干沙漠腹地的塔里木油田传来好消息：截至12月25日，全年已生产原油500.6万吨，年产量首次突破500万吨大关，成为我国陆上原油产量位列第六的油田。至此，塔里木油田开发建设进入产出大于投入的规模化效益发展时期。

塔里木油田原油年产量从1989年会战开始的3.4万吨持续攀升，平均每年以41万吨递增，增长幅度在全国陆上油田中名列第一。会战13年来，油田建成了轮南、塔中、东河、牙哈、哈得、柯克亚6个原油生产基地，累计产油3715万吨，产值超过400亿元，累计向国家上缴利税150多亿元，在风险勘探阶段提前为国民经济持续稳定发展做出了重要贡献。

会战13年来，塔里木油田坚持稀井高产、少人高效的开发方针，油气开发不断实现新突破。油田今年百万吨原油产量仅用油井44口，比全国陆上油田平均少用540多口井；直接从事开发生产的员工不到700人，人均年产原油7000多吨，相当于全国陆上油田平均水平的10倍；建成了我国第一个高度自动化的沙漠油田——塔中 4 油田，建成了国内规模最大、世界少有的超高压循环注气方式开采的牙哈凝析气田；轮南油田在含水上升的情况下连续 10 年稳产 90 万吨。

在多年开发实践的基础上，塔里木油田不断推进勘探开发一体化，大力实施滚动勘探开发战略，在确保老油田稳产的同时，突破禁区，甩开勘探，致力于寻找新的具有商业价值的产能增长点。以一系列配套技术将超薄超深的哈得逊边际油藏已开发建设成了一个年产达 80 万吨的高效油田，而且当年建成并投入开发，当年收回全部建设投资，探明加控制地质储量由最初的 1000 多万吨上升到近 5000 万吨。塔里木目前的勘探开发一体化工作受到中国石油天然气股份有限公司的肯定。

塔里木油田坚持以经济效益为中心，将实施低成本发展战略贯穿于油气开发始终，油气开发创下多项全国最高纪录。平均单井日产原油 61 吨，是全国陆上油井平均日产量的 12 倍，为全国最好水平。原油操作成本逐年递减，不仅是我国陆上油田之最低，而且优于国际油公司的平均水平。

塔里木油田坚持科技兴油战略，以技术创新和技术突破为前提，深化三级油藏经营管理，科技投入占销售总收入的 3%，今年投入近 2 亿元；相继攻克了塔里木深井超深井堵水、轮古潜山碳酸盐岩储层评价预测技术等一系列世界级难题，探索完善了超薄超深双台阶水平井开发、控水稳油、防腐除砂等一系列具有塔里木特色的开发新技术，使可采储量采收程度达 64%，居国内领先地位。

（2002 年 12 月 27 日，王晓晖）原载于《塔里木石油报》

延伸思考

心怀敬畏，为明天书写历史

近年来，但凡有相熟的朋友去塔里木，如果有机会参观油田展览馆，多半会发送我一张展陈的剪报照片。这张剪报，自是不会陌生的——这是 21 世纪初我在塔里木油田实习驻站期间，采写的关于塔里木原油年产量突破 500 万吨历史大关的报道，刊发在当日的《塔里木石油报》头版头条。

一篇小块头的新闻报道，为什么会被醒目陈列于油田的历史纪念册上？为何又会吸引大家的目光呢？

从写作来看，这篇消息的结构中规中矩，文字平淡如水，但从内容来看，它还是客观见证了塔里木盆地油气勘探的一个重大里程碑节点，严谨记录了我国石油工业"稳定东部、发展西部"战略实施中的一件大事。

当年，可谓西部石油发展的丰收年，新疆油田原油年产量历史性地突破了 1000 万吨大关，使准噶尔盆地成为中国西部第一个年产原油千万吨级的含油气盆地，长庆油田原油年产量实现 600 万吨，为党中央实施西部大开发战略写下了浓墨重彩的一笔。

猛然意识到，今天的新闻，不正是为现实书写明天的历史吗！这就决定了新闻所承载的重量，赋予了它绵长的生命力。

记得多年前主持采访部工作，当时记者采写的稿子还需纸质打印后送我修改审核。有一回因为审稿有感，我随手在一位很有潜力的年轻同志稿纸上写了一句话，大意是记者写稿要心怀敬畏，白纸黑字，落笔成史，来不得半点"自由"发挥。事后才听说，这位同志将此页稿纸粘在自己的工位正前方，用来警醒鞭策自己。我听后既内疚又十分欣慰。

古人云：敬字如敬圣，惜字如惜金。又云：废墨收经史，遗文著汉唐。这些体现的是由古至今人们对文字的虔诚与敬畏。对于"铁肩担道义"的新闻工作者来说，那就要对自己笔下的文字严谨再严谨，报道的事实核准再核准，提出的观点审慎再审慎，不盲从、不武断、不绝对，新闻报道要经得起读者检验，时间检验，历史检验。

唯有心怀敬畏，方能不辱使命。

案例作品

首船亚马尔液化天然气通过东北航道运至中国
中国用上了北极气

"冰上丝绸之路"再传喜报。7 月 19 日，首船来自北极圈亚马尔项目的液化天然气（LNG）船，通过东北航道顺利到达中国石油江苏如东 LNG 接收站。

这标志着国际天然气合作结硕果，中国用上了北极气。中国石油作为我国主要油气运营商，高度重视天然气业务发展，为深化双方合作奠定了良好基础。

亚马尔项目是"一带一路"倡议提出后实施的首个海外特大型项目，也是中俄能源合作的典范。作为中俄在北极圈合作的首个全产业链合作项目，中国石油参股的亚马尔将成为"冰上丝绸之路"的重要支点。

……………

（2018年7月20日，黄祺茗　吴瑕　陈辉）

案例作品

中国石油"点燃"冬奥历史上首支"绿氢"火炬

2月4日晚，在北京2022年冬奥会张家口赛区，由中国石油自主研发的绿氢点燃了太子城火炬台。这是本届冬奥会唯一一个由绿氢点燃的火炬台，也是冬奥会近百年历史上首支以绿氢作为燃料的火炬。

绿氢是指利用可再生能源电解水得到的氢气，燃烧时只产生水，与以煤炭和天然气为原料的灰氢和蓝氢相比，从源头上实现了零碳排放，是很纯正的绿色新能源，在全球能源转型中扮演重要角色。此次中国点燃冬奥历史上首支绿氢火炬，不仅向全球彰显了我国新能源领域的技术实力，更创造了冬奥火炬用能历史，首次实现燃料从生产到应用全过程碳零排放。

中国石油表示，新能源是增加我国能源总量的重要一分子，绿氢的突破拓展了其奉献清洁能源的空间，秉承系统观念，公司将积极践行绿色低碳战略和碳中和愿景，打造绿色低碳能源产业增长极，为建设能源强国贡献力量。

近年来，中国石油加快从"资源制胜"向"技术制胜"转变，此次绿氢的"诞生"是中国石油新能源领域科技攻关的重要成果之一。

…………

作为双奥企业，中国石油生产的天然气曾点燃北京2008年奥运会鸟巢主火炬。如今，中国石油用更清洁的自产绿氢"点燃"北京2022年冬奥火炬，两次奥运见证了中国石油绿色低碳转型的路径，更彰显其赋能"绿色冬奥"和建设"美丽中国"的责任与担当。

（2022年2月6日，魏枫）

案例作品

塔克拉玛干腹地再添一片新绿
"生命禁区"初步建立绿色生态系统

随着今春塔中4油田129公顷造林任务的全部完成，塔里木油田在短短3年时间里，在塔克拉玛干腹地种植了320多公顷的绿色植被，初步建立了绿色生态系统。

塔里木油田今春在塔中完成工程绿化面积为121.19公顷，绿地改造0.41公顷，防沙103.34公顷，共栽种各类耐旱树木39万多株。作为塔里木沙漠公路防沙与绿色走廊建设关键技术开发项目之一、占地100亩的塔中植物园建设，是沙漠公路生态防护林植物试种基地。该园分耐盐、经济、花卉几个区，目前引进100多种植物。2001年完成的全长31千米、总宽度平均60米、占地面积达191.3公顷的沙漠公路防护林生态工程一期工程，近100万株苗木生长旺盛。截至目前，塔中地区已栽种苗木近300万株。随着沙漠腹地绿洲的不断扩展，兔子、狐狸、燕子等动物也踏"绿"而来。

塔克拉玛干沙漠腹地气候异常干燥，年降雨量一般低于50毫米，而年蒸发量高达3000毫米左右，冬夏地表温差高达100摄氏度，地下水矿化度一般在4到5克每升。极其不适宜植物生长。塔里木油田自勘探初期开始，就高度重视能源开发与环境的可持续发展协调运行，提高这一国有企业的社会效益。在中国石油集团公司和自治区的支持下，坚持沙漠公路和塔中油田的绿化与开发同步进行，与国家科研机构等合作，先后攻克了抗逆性植物引种筛选、沙地盐水灌溉等制约沙漠绿化的技术瓶颈，选育出了适合沙漠环境生长、防风阻沙的红柳、梭梭、沙拐枣等树种以及早熟禾等草坪绿化品种进行种植。

在这片绿洲的调节下，塔中地区的气候正发生着变化。风沙天气相对减少了，降水天气增多了。今年5月3日至5月6日，连续两次降雨20多小时，降水量21.9毫米，达到年平均降水量的142%。此次降水量为塔中地区有史以来的最高纪录。它标志着该地区沙漠气候和生态环境已得到明显改善。

据悉，全长436千米的塔里木沙漠公路防护林后期生态工程即将启动，计划种植各类苗木2000万株，总面积约为46908亩。两年后，一条沿沙漠公路的"绿色走廊"将展现于世人面前。

（2003年7月10日，王晓晖）原载于《塔里木石油报》

延伸思考

强化用户思维，让读者为新闻价值"买单"

从作品题材看，有标志性事件类，如中国用上了北极气、中国石油"点燃"冬奥历史上首支"绿氢"火炬等；有行业产业重大进展，如我国油气管道里程超过高速公路、我国正向世界天然气生产大国迈进、小桐子"托起"大飞机；有重要节点动态，如塔里木原油年产量突破五百万吨等；有社会热点，如中国石油驰援武汉医护队会师"疫"线、北京无照摩托车加油"没门儿"等。这些都属于"新近发生的鲜活信息"，并及时权威地发布，具有较高传播价值。

从新闻信息源分析，《中国用上了北极气》《我国油气管道里程超过高速公路》《我国正向世界天然气生产大国迈进》《北京无照摩托车加油"没门儿"》等报道，都是记者在参会听会过程中获悉的线索。

从稿件写作分析，这些报道没有仅就会议进行报道，没有过多叙述会议流程、领导讲话发言等，而是围绕"会议说了什么或传递出什么？是在什么样的背景下？有什么意义或影响？"

以《中国用上了北极气》这篇报道为例，应该说是重大事件活动报道的一次创新。线索和信息来自中国首船亚马尔LNG入港仪式。消息从第四段起，才开始介绍出席仪式并剪彩的中外代表，呈现他们的评说和认识看法等。这是典型的倒金字塔式的消息结构，越是重要的信息，越放在最前面，在标题、导语、补充导语中体现。选题信息从会议活动中来，尽管这次会议的规格、层级都不低，但报道没有按部就班写成所谓"时政体"，而是把活动仪式作为报道的新闻由头，重点从活动中剥离提炼事件的核心信息——中国用上了北极气，以及这项标志性事件背后的意义影响，这才是社会和行业最关注最想获悉的，也就是新闻的独特价值。对于报道出席会议领导嘉宾的致辞发言，不是简单地"原音回放"，而是"借嘴说话"，通过他们的权威声音来丰富新闻价值的内涵。不是说领导讲话发言不重要、不报道，而是不能简单地陷入领导活动的程式化报道中。记者稳妥地处理好时政新闻与事件新闻的关系，毅然从新闻本质出发写稿，值得肯定。归根结底，要坚定读者导向，让读者和公众为信息价值"买单"。

新闻报道如何避免陷入"从会议来、到从会议走""从报告来、到从报告走""从讲话来、到从讲话走"的惯性和误区，如何准确理解时政报道的内涵，时政报道的创新空间有多大，重要经济新闻报道有哪些规律可循，这些都需要新闻同仁们进一步解放思想和持续创新发力。

2. 主题类发布——"四季歌"如何唱出新调调

对行业媒体来说，年终盘点报道这篇命题作文，既是必答题，又是不容易答好的加分题。报道如何推陈出新、出彩出圈呢？2013年，我们跳出老套路，不再按照业务板块和产业链条进行盘点，而是聚焦全系统全年工作的亮点高光点，社会关注的热点兴奋点，用数字说话，创新策划了"数读中国石油2012"系列报道，让亮点成为社会关注热点。系列报道目录如下：

1.1亿吨——原油年产量创历史新高

1701口——水平井打出高水平

节地6.2万亩——标准化设计引

《数读中国石油2012：1.1亿吨原油年产量创历史新高》版面图

领绿色变革

2.15 吨——单站增销新突破

4 万千米——绿色管网给力美丽中国

1 亿吨——海外油气合作质提量升

11 大基地——规模发展布局炼化新版图

每周 40 项——科技发力推动"石油创造"

78 个——"中国石油装备"布局海外

3.3 万户——棚户区改造情注民生

第 4 名——石油奥林匹克赛场竞风流

延伸思考

"数读"新闻：数字中看时代，数字里见思想

在新闻报道中活用数字，一方面可以提高信息传递的可信度，增强说服力；另一方面，能够更容易让读者接受和记忆。从某种意义上说，一组准确的数据，胜过一段文字的信息传播功效。

"数读中国石油 2012"系列，通过对中国石油一年来取得的成绩、变化、亮点等进行梳理，提炼出 11 组代表性数字，打造 11 篇（组）报道，姑且称为"数字"硬新闻。每篇（组）数字报道均以 800 字左右的消息为主体，一幅可视化图表，再配 300 字左右短评。一组数字折射出中国石油每一路业务的发展变化，浓缩了石油企业或行业的行进脉络。短评点透成绩背后的经验启示，增加稿件的深度。图表曲线则将石油转型发展成就变化直观地呈现在读者面前。三种体裁相互配合，在较短的篇幅内表达了更丰满、更立体的含义，形成中国石油的"数字化报告"，让读者"速读"石油。

用数字说话，旨在可读性、可视化、有启发，重点在于透过一系列数字，洞察行业变化，感悟时代变迁，思考发展规律，当然也要通过数字看问题矛盾、看大势走势。数字背后，体现的是石油行业的经济责任、政治责任、社会责任，折射出的是企业的创新力、竞争力、影响力。数字中有时代，数字里有思考。这样的"数字化"，将石油和国家、社会结合得更加紧密，把石油的亮点、对利益相关者的贡献

> 和读者的体验结合得更紧密，更加凸显主题，也让报道的"四季歌"，唱出了新调调。

数读新闻，也是媒体当前常用的传播形态，重点围绕数字解读新闻，或者说数字本身就是新闻。这里举例谈如何在新闻报道中巧用、妙用数字，让新闻叙述更简洁可信。记者于2002年国庆期间，采写了塔里木油田南天山山前工区勘探巡礼系列报道，其中一大特点是用数字说话，以下是《北喀：物探征战急》部分内容。

9月29日，记者奔赴工区。

从314国道约930千米处离开公路向南绕道上山，不到4千米的路，山地越野车竟然折腾了一个小时。随行的HSE监督熊德辉告诉记者，正是修这条路，物探联队几十名队员花了近一个月。

…………

在一处大冲沟的一侧，队员们正在打眼放炮，由于两边高差达100多米，钻机和炸药无法输送，只好在崖两边钉钢钎，然后通过缆索来运送。熊德辉向记者罗列了关于断崖施工的一系列数据：7台钻机，花了20多天，打了80多口组合井，平均井深8至15米，光炸药就用了7吨多。

2007新年前后，记者深入广西开展成品油市场终端网络建设调查，元旦当天恰好在河池分公司天福加油站蹲点采访，目之所及，心中有感，便有了以下这篇见闻式特写报道——《小站春来早》。

油站经理刘仁安又一次起身，"采访"不到20分钟，他出去了两趟。"车辆多，人员忙，得帮忙引导车流"。刘仁安歉意地抱拳。

索性放下了笔到加油岛上感受。

掐着指头数，15分钟，30辆过路车，20辆进站，17辆大吨位。就在这前后不到80千米上，沿途依次排列15座加油站。刚刚过去的2006年，金福站实现了2万吨销量，为广西销售公司全年销量突破100万吨作出了贡献。12月31日的统计报表定格了这一不寻常的数字。

三、评论报道：
从"信息传播"向"价值引领"

评论是报纸的旗帜，媒体最有力的宣传手段。毛泽东同志十分重视评论工作。他这样指出，搞新闻工作，光务实，不务虚，不好。有了看法，有了意见，就要找机会、找题目发挥。这里说的务虚，主要是指评论。作为一种政治性和指导性很强的题材，倡导什么、反对什么，阐明立场，表明观点，评论就是旗帜，就是方向。

当前，随着大数据和移动传播的演进，在碎片化信息爆炸的今天，海量资讯和杂陈观点充斥舆论场，传媒发展的边界和格局也在深刻调整。尤以纸媒来看，"有媒无纸"或者"有媒少纸"或将加快来临。虽然人们对传播内容的诉求发生着变化，但更多的还是希望能从繁杂的信息场中获取更多深度知识，能有观察问题的更高站位、更多元视角、更高价值观，提供独立思考，帮助读者摆脱碎片化信息包围。因此，内容为王的铁律始终不会改变。

当下的舆论场，不缺信息，缺的是优质资讯；不缺观点，缺的是权威的价值判断和引领。因此，环境决定了媒体发展从阐释事实到阐明观点、从信息传递向价值引领的转变，从"新闻纸""信息纸"向"思想纸""深度纸"迈进。

行业媒体的评论报道，在业内有较为统一的认识，大致集中体现在五种形态：一是社论，围绕重大节点、里程碑事件等的评论，因全年刊发数量相对较少，这里不单独讨论；二是以中央和上级的指示为内容写评论，主要起到及时传达精神的作用；三是配合中心任务和重大决策的指导性评论；四是针对错误倾向、错误思想或是模糊观点来写的思想性评论，意在澄清思想认识；五是配发新闻的评论，多以短评、编者按等为主。从风格看，评论多是论断式、号召式，其次是概括式、提问式等。

1. 短评类：一口咬到馅上

这里谈的短评，既包括点评类，遵循一事一议、一理一评原则，讲求短小精悍，针对性强，言之有物，一针见血，也包括配发的各种说明性、评论性的按语等，对新闻稿件的中心思想和现实意义进行强调，起着"画龙点睛""补充批注"作用，具有较强的时效性。

案例作品

外圆内方的市场铁律[①]

俗话说，行有行规，家有家法。市场也自有市场遵循的原则。

想起今年世界杯足球赛上，因故意撞人被一纸红牌结束了足球生涯的齐达内，遗憾之余是对裁判勇气的叹服。不管其作为足坛大牌的身价多高，还是球迷的反对情绪多激烈，在情与法之间，规则永远是一条铁律。齐达内的出场也就在情理之中。

想起了SK-Ⅱ的超标风波，想起了银广厦违规事件……

从11月13日起，为禁止无牌照摩托车违规运营，北京对所有无牌照摩托车加油说"不"。实施"断粮"，正是行业管理的必然。

干扰其犯罪过程，剥夺其生存空间。因为无牌照摩托车的无序增加和违法上路，不仅给不法分子作案提供了便利的交通工具，也给道路交通秩序和环境保护造成重大隐患。

市场是圆的，规则是方的。行业是自由的，活动必须是有序的。规则告诉和约束人们，哪些该做，哪些不该做。

竞争有优胜劣汰，但竞争杜绝营私舞弊。这使人想起了中国古币，外圆内方，一板一眼。

（2006年11月15日）

[①] 该短评为《北京无照摩托车加油"没门儿"》消息的配发按语。

延伸思考

立意求新，言他人之未言

短评的内容讲究独到新鲜，切中肯綮，实现"见别人之未见""言他人之未言"的价值。《外圆内方的市场铁律》这篇短评，370余字，是为《北京无照摩托车加油"没门儿"》消息配发的评论，刊发在市场导刊一版。立意的产生可以说是"一念之间"。何来"一念"呢？平日里闲聊，但凡有人做事一是一、二是二，很有原则，很讲规矩，常会有"有板有眼、一板一眼"的评价。乍听起来，除了感觉很有原则规矩外，甚至觉得会有刻板古板的印象。如何理解一板一眼，很少有过细致咂摸。有天猛然看到父亲钥匙链上的古钱币，一板一眼，外圆内方，竟有感悟。这也正是儒家思想追求的最高境界和处世哲学，方是做事要有原则，讲规律，秩序井然。圆是做人要有尺度，心存善良，圆润和善。正所谓以"义""利"为方圆，"义"方"利"圆。

案例作品

精细管理仍是"富油区"

有人说，"三低"油气田的开发，就好比在收割后的麦田里捡麦穗。资源"低渗透、低压、低丰度"的低品味特性和实际，决定了开发的难度之大，开发的成本之高。

搞石油的人，岗位在地上，工作对象在地下。地上差之毫厘，地下谬以千米。一句话，管理之要，贵在精细。求精，就要追求最佳、最优和精准；求细，就要把措施做细，把流程管细，把工作考虑周全。目前，从一些企业的开发实践来看，除了思想认识的解放、关键技术的进步等，向提升管理要油，向精细开发要油，局面豁然开朗。

我们欣喜地看到，不论是在长庆华庆、靖边气田，还是在吉林红岗等，正是实施全天候、全环节、全周期、全方位的动态管理，实时"把脉"，开展一井一法一工艺的精细治理，培育"学查改创"的全员精耕细作的氛围，夯实了稳产上产的基础。充分表明，管理提升仍是实现"三低"油气田高效益开发的

"富油区"。

当然,精细管理的提升,不会一蹴而就,也非立竿见影。推进精细管理,必须大力培育脚踏实地、孜孜不倦作风,增强艰苦奋斗、勤俭节约、过紧日子的思想。越是复杂的难题,就越需要精雕细刻,精益求精;越是低效低产,就越需要粒粒归仓,斤斤计较;越是高投入,就越需要严控成本,精打细算。

正像老百姓过日子,相信"勤俭持家久,诗书济世长"。精打细算,企业发展更需如此。

(2013年7月15日)

案例作品

"三低"的变与辩

就在几年前,以"低渗透、低压、低丰度"为主要特征的"三低"油气藏,一度被认为无开采价值。

今天,随着一场场深刻的思想变革在千里油区展开,随着一次次开发实例的有益探索,作为世界级油气开发难题的低渗透,正形成新的开发高度。

人们常说,知行是一个功夫的两面,知是行之始,行是知之成。"三低"油气田的高效开发,就是一个不断突破认识、超越自我的过程。

唯物辩证法和矛盾论也告诉我们,事物的矛盾双方既是对立的,又是统一的。关键是如何厘清主要矛盾与次要矛盾,如何厘清矛盾的主要方面与次要方面。油气田企业的成功实践表明,只有解放思想,才能解放"三低"。

重新认识"三低",就是要眼睛向外,拓宽视野。地质上有盲区,思想要无禁区;地层有"裂缝",思想不能断层;只有认识上开阔视野,才会实践中缩小"网眼"。

重新认识"三低",就是要眼睛向下,因时制宜,因实制宜,探索出一条具有中国石油特色的"三低"油气藏开发路线图。我们看到,许多企业采取一井一法一工艺,看井"下菜碟",采取老工艺与新技术结合,效果良好。

重新认识"三低",更要勇于直面,敢于挑战。试想,如果当初由于对地质规律的认识不到位,只看到不利的一面,而忽视其有利的一面,产生恐惧,影响信心,何来今天的可喜局面。

实践表明,高与低、老与新、大与小等是相对的,关键是如何在工作中理性认识"变"与"辩"。"三低"高效开发的探索,引人深思。

(2013年7月10日)

延伸思考

大中取小，小中见大

短评写作，虽然体量上要求短小精悍，但传播效果要达到"大中取小、小中见大"。"三低"油气藏的开发工作，是全球油气开发领域努力攻坚的最具挑战性课题之一，而中国油气藏地质条件则更具代表性。不论是从地质理论、开发技术还是工程装备等方面，都可以展开评议，然而短评不可能面面俱到，谈不开来也谈不透彻。

钻坚求通，钩深取极。《"三低"的变与辩》正是从众多角度中，选取石油人观念认识的转变这一视角来立意来深挖。论如析薪，贵能破理。按照木材的自然纹理劈柴。所谓"大中取小"，滴水映射太阳，运用唯物辩证法和矛盾统一的两分法两点论分析，阐释了思想认识的"变与辩"，强调只有解放思想，才能解放"三低"，正所谓"油在地质家的脑子里"。这也正是"小中见大"的内涵，就事不论事，就事论理，既见树木又见森林，提出了具有普遍意义的哲理来，引发启迪。

案例作品

和合故能谐

和谐，是一道朴素而又厚重的社会命题。

大漠孤烟直，长河落日圆，展现的是自然的和谐；琴瑟和鸣，黄钟大吕，萦绕的是艺术的和谐；赠人玫瑰，手有余香，体味的是人际的和谐。新中国成立以来特别是近年来，中国石油企业与地方各级政府和群众一道，互相支持，携手并进，奏响的则是共同推动科学发展、构建和谐社会的主旋律。

本报自6月15日起开设"企地和谐、共同发展"专栏，分别推出"中国石油推进企地和谐共同发展的调查与思考"等一批重点报道，多角度、多层次、全方位展示企地和谐发展取得的进展及成果，在读者中引起广泛关注，也带给我们深刻的启迪与思考。

当今时代，作为国民经济的重要组成部分，石油企业和地方如何进一步推进融合，实现双赢，构建和谐，考验着双方智慧。

《管子兵法》有言：和合故能谐。这句古语引申开来，和是前提，合是手段；和是大局，合是过程。

怎么"和"？凝心方能聚力。首要是统一认识，这是油地双方特殊的地缘关系和在经济社会发展中自然的依存关系所决定的。对于石油企业来说，融入并参与地方经济的发展，是自身发展之需，也是国有骨干企业的应尽之责。对于地方来说，石油企业的发展，进一步延伸完善当地经济相对单一的产业链，优化产业格局，推动经济社会发展。其中关键是双方要增强大局意识，要时刻铭记国家利益至上，能源安全至上，群众利益至上，紧紧围绕大局思考问题，紧紧围绕大局开展工作。有了这个基准点，"和"就有了动力。

怎么"合"？首要的是要寻找双方目标、利益的契合点，准确定位，求同存异，长远考量，即在工作中分，在思想上合；在职能岗位上分，在目标方向上合。换言之，石油企业要强化社会责任，主动参与地方经济发展，为社会创造财富。地方要强化对企业的协调服务功能，自觉转变政府职能，以优质服务为企业营造良好的社会秩序和市场环境。其中关键是通过创新合作机制、拓展合作领域、丰富合作方式，实现双赢和长赢。

当然，油地共建的推进和合作的深化，绝非一时一地之功、一人一己之力所能，还有待于油地双方共同不懈的努力。和合故能谐，和合"久"能谐！

（2009年10月22日）

案例作品

精细之举　精工之路[①]

老话说：省下的就是挣下的。老百姓过日子，讲究精打细算，相信"勤俭持家久，诗书济世长"。治企亦如此。

靠精细求市场，重精细促转变，向精细要质量，抓精细谋发展，首次走出国门的中国石油人，十数年如一日，艰苦奋斗，精耕细作，让开发了130多年历史，濒临枯竭的秘鲁塔拉拉油田6/7区连续16年产量不降反升，"百年老油田"重焕青春。

秘鲁6/7区项目的成功，给了我们深刻的启迪：精细之举，精工之路。

---

① 为《百年老油田的"重生"之路——中国石油秘鲁6/7区项目精细化管理探秘》配发的评论。

古语有云：天下难事，必作于易；天下大事，必作于细。泰山不拒细壤，故能成其高；江海不择细流，故能就其深。其中闪烁着朴素的精细之哲理。

作为现代工业化时代的一个管理概念，精细化最早于20世纪50年代提出，逐渐成为一种共识，那就是微观的精细管理与宏观的战略管理同等重要，即使有了正确的战略，如果没有精细的管理也难以成功。研究数据表明，美国过去100多年里劳动生产率平均每年增长2%，除了劳动力的改善和技术更新，有一半以上源于管理水平的提高。许多成功案例还表明，当企业管理实现了从粗放到精细的跨越、从传统经验管理向科学化管理转变，会面临和把握更多的战略机会，形成更多的比较优势和更强的竞争能力。

中国石油正积极推进综合性国际能源公司建设，迫切需要增强现代化管理能力和国际化运营水平，从这个意义上说，精细化管理既是企业做大做强的重要保障，更是新时期新形势下推进发展方式转变、实现可持续发展的重要任务。

精为科学，细为作风；精心是态度，细致是过程。精是精湛、准确，精雕细刻，精益求精；细是细节、具体，细针密缕，一丝不苟。秘鲁6/7区项目等成功案例还启示我们：

推进精细管理，必须继续坚持求真务实、开拓创新精神。面对困难，不裹足不前、轻言放弃，而是攻坚啃硬、永不懈怠；遇到问题，不心浮气躁、浅尝辄止，而是打破砂锅问到底，不打折扣，一丝不苟；有点成绩，不沾沾自喜、自我满足，而是向着更高，追求更优。

推进精细管理，必须大力培育脚踏实地、孜孜不倦作风。这不仅是对员工群众的要求，更是对领导干部的要求。做事不贪大，细节不嫌小。以"细"为起点，延伸管理触角，细大不捐，细致入微，形成精细优势。共性管理只是基本功，细节管理才显真实力。

推进精细管理，必须努力增强艰苦奋斗、勤俭节约、过紧日子的思想。大庆精神铁人精神是石油工业的传家宝，任何时候都要努力弘扬。"一顿省一口，一年省几斗。"

"苦干加实干，困难靠边站。"新时期，新挑战，广大干部员工必须以"我为祖国献石油"的扎实行动，赋予老传统以新的内涵。

（2010年5月25日）

2. 评论员文章：就事论理，指导实践

媒体要勇于发声，善于发声。评论工作是行业媒体一项十分重要的任务。尤其对作为党的机关报的新闻媒体来说，社论和评论员文章在很大程度上代表着党组织的立场、意志和精神，传达党和政府的声音，有极强的政治性、权威性、指导性，必须立意正确鲜明，论据充分有力。从行业媒体多年来的实践看，媒体更多以评论员文章的形式发挥功能。评论员文章要树立大事思维、大局意识，一方面要及时准确传达党的政策主张、决策部署、精神声音，一方面要阐明说理、号召动员、督促指导，统一思想，凝聚力量。所谓论点准确、论据充分，论证有力，这个"力"，更在于指导性、思想性、启发性。

案例1："应对低油价，推进高质量发展"系列评论

2020年，一场低油价"遭遇战"不期而至。国际油价暴跌引发石油行业"巨震"，单日最大跌幅近三十年来首次超过30%，直接威胁到石油企业的盈利基础，石油行业面临严峻挑战。中国石油党组迅速召开会议，研判内外部形势，统筹部署提质增效专项行动。从当年3月至5月间，《中国石油报》先后推出三组系列评论报道，号召和动员中国石油上下统一思想、提高认识，动员广大干部员工积极应对低油价冲击，坚决打赢效益实现保卫战。

案例作品

直面低油价　坚决打赢提质增效攻坚战
—— 一论积极应对低油价推进高质量发展

近期国际油价暴跌引发的"巨震"持续发酵，一度创下了近30年来首次单日最大跌幅超30%的纪录。利润跳水、成本挤压、投资收紧、风险高企，石油企业接下来的度冬之路，或许远比人们预估得更为艰险严峻。

发展压力沉肩，挑战前所未有。集团公司党组3月12日迅速召开会议，统筹部署2020年提质增效专项行动。戴厚良董事长强调，要坚定信心，加强正面宣传引导，讲清政策、形势、目标、任务，把广大干部员工的思想和行动统一到习近平总书记重要讲话精神和党中央决策部署上来，积极应对疫情影响和低油价冲击，扎实推进提质增效措施落实落地，坚决打赢疫情防控阻击战和

效益实现保卫战。

当前，中国石油正处在持续深化改革、推进高质量发展，建设世界一流综合性国际能源公司的决战阶段。如何应对低油价，打赢这场提质增效攻坚战，决定着我们能否更好地保障国家能源安全、助力全面建成小康社会和"十三五"规划圆满收官。

问题是时代的声音。

必须清醒地认识到，不能将企业的发展寄希望于油价的攀升，高油价未必带来高利润，同样低油价也未必就导致低竞争力。唯有立足问题导向，拨开低油价的迷雾，辩证地认识和把握当前形势任务，才能明确发力方向，逆势而上，将应对低油价的遭遇战，转化为提质增效的攻坚战。

从国际、国内油市大环境看，全球能源生产和消费格局的基本面并未发生根本性变化。但受当下全球公共卫生事件冲击，以及能源生产大国博弈等多重因素影响，全球经济增速持续放缓。我国经济正处在转变发展方式、优化经济结构、转换增长动力的"三期叠加"，经济增长乏力，油气市场需求不振。特别是随着新能源行业的突飞猛进，上游领域市场准入放开，市场化改革加速推进，行业竞争将更趋激烈。

从此轮油价"巨震"的成因和影响看，有波峰就有波谷，这是油市发展的周期性规律所决定的。随着市场需求峰值渐趋渐近，或许在一个较长时期内，当前油价下跌的"应激态"，会成为今后石油行业不得不面对的油价低位震荡"新常态"，意味着石油企业必须做好迎战长期复杂挑战的准备，打一场应对低油价的"持久战"。

从集团公司改革发展实际看，尽管我们经受了过往屡次低油价的磨砺，发展基础更加坚实，抗风险能力显著提升，但还需清醒地认识到，油价高企顺水赶潮，油价下降水落石出，制约公司高质量发展的瓶颈问题也将再次显现：资产创效能力不强等深层次问题凸显，产销储运贸各环节间矛盾依然存在，成本刚性下降难题需要破解，管理精细化有待提高，发展后劲需要尽快提升。

思想是行动的先导。没有思想观念体制机制的深刻变革，就难以打赢这场提质增效的硬仗。低油价看似关闭了一扇高油价时期回报丰厚的大门，却打开了另一扇倒逼企业苦练内功的机遇窗口，更有利于我们审视自身的差距和不足，进一步转变观念、深化改革，提升管理水平和竞争能力。

这些年过去了，我们究竟在哪些方面提升了，哪些在还原地打转？哪些方面发展了，哪些方面又是"被发展"了？

此时或许更需深入思考是否存在制度缺位、观念错位，是否有根深蒂固存在于思想观念上的"礁石"，一些干部员工思想上是否有"跑冒滴漏"。要反省自查认识的误区、思维的盲区和行动的舒适区：成本的"毛巾已经拧干"，是认识的禁区还是盲区？成本和投资是"将相和"还是"矛与盾"？上下游产业链如何更加协同，成为"一盘棋"？破解提质增效的难题，除了地下资源问题外，是否还有地上人员进一步解放思想的问题？

正如一枚硬币的两面，油价震荡下跌对石油石化企业来说，利弊共存、正反相生。只有看清其中蕴含的潜力和积极因素，把握住了，就是机遇，就是发展的新起点。

非常之时，亟待非常之功。关键是要坚定信心、痛下决心，摒弃畏难情绪和裹足不前的保守心理，像冬泳一样，在低油价风暴的"冰窟窿"里，做好分内事，练硬自身功，增强驾驭油市波动和市场抗风险能力。

要充分利用好低油价的倒逼机制，从价值管理、价值创造角度重新审视产业链，巩固优势，补齐短板，发挥协同效应，深挖链条创效潜力，激发链条创效活力；要增强企业的驱动力，真正实现从资源驱动向创新驱动转变，增强抵御市场震荡风险的"金钟罩""铁布衫"；要深刻认识"独行快，众行远"，扩大市场利益共同体，合作共赢借势发展，提高可持续发展能力。

这一轮油市寒冬的时间还难以预测，因此我们还要有相当的韧劲。油价下跌，但精神要更加昂扬。一方面，要坚持底线思维，增强危机感和紧迫感，从最坏处着手，往最好处努力。另一方面，要牢固深化过"紧日子"思想，层层传递压力，动员和激发广大干部员工，把思想和行动统一到习近平总书记重要讲话精神和党中央决策部署上来，按照集团公司党组的统一部署和要求，以破釜沉舟的勇气，以滚石上山的决心，取得打赢疫情防控阻击战和效益实现保卫战的双胜利。

唯有如此，我们方能让应对油价震荡的遭遇战，成为企业深化改革砥砺前行、推进高质量发展的决胜之战。"千磨万击还坚劲，任尔东西南北风"，在无数艰难困境的挑战中，一次次跃升历史新高度。

（2020年3月16日；系列社论首篇）

案例作品

增强危机意识　越是艰难越向前
——"坚决打赢效益实现保卫战"系列评论之一

受新冠肺炎疫情、油价超低位震荡等多重因素叠加影响，全球经济承压向下，石油行业正经历过山车般的巨大冲击。集团公司党组号召广大干部员工进一步增强危机意识、忧患意识，转观念，勇担当，战严冬，勠力同心，积极应对低油价提质增效，打赢效益实现保卫战。

这是动员令，也是攻坚决战令。

一方面，务必要对当前形势的严峻性、挑战的艰巨性有清醒认识。应该看到，此轮油价巨震背景复杂，影响深远。加之世界经济因疫情全球蔓延面临系统性风险升级，油企发展不确定性加剧，集团公司发展面临前所未有的严峻挑战和考验。

另一方面，务必进一步强化危机意识和忧患意识，增强打好效益实现保卫战的紧迫感和使命感。面对当前挑战，国际石油公司或削减开支，或优化调整，全球油企的生存保卫战已然打响。中国石油企业更要积极应对，主动作为。

必须深刻认识到，能否打赢这场效益实现保卫战，关乎集团公司可持续发展，攸关百万员工切身利益，更决定着能否助力全面建成小康社会和"十三五"规划圆满收官。

在近期应对低油价员工思想动态抽样调查中，暴露出的两种心态和思想苗头，值得警惕。

一种是对油价回升、发展向好预期过于乐观，将企业发展寄希望于油价的早日攀升，缺乏做好积极应对低油价、过好"紧日子"的准备。甚至有部分员工还抱有"自然免疫"的幻想，认为"等一等"，随着油价的回升企业自会好起来，危机感不足，紧迫性不够。

一种是产生悲观思想，在低油价冲击面前，畏难怯战，抱着"熬一熬""边走边看"的观望心态。在高油价带来的"好日子"里，或许可顺水赶潮，但在困难挑战面前，则束手无策，徘徊不前。

以上思想的倾向和苗头，对于应对"大考"，破解新冠肺炎疫情和低油价冲击难题，打赢效益实现保卫战都是不利的。

盲目乐观必然影响对形势严峻性的认识，下不了决心拿不出招法；等靠观望只会贻误战机，使工作更加被动。认识不到危机，才是最大的危机；挑战面前被动等靠，更是最大的挑战。凡此种种，都是战时大忌，最要不得，必须坚决摒弃。

工作中的困难攻克不易，心底深处的思想礁石移除更难。要打赢提质增效的攻坚决胜之战，必须进一步强化底线思维，把困难想得多一些，把问题估得足一些，把风险评估得更充分些，对策才能更具体、更全面、更具操作性和实效性。

中国石油作为国有大型骨干企业，作为国民经济社会稳定发展的压舱石，我们要清醒地认识到，这是一场不能退、不能输的攻坚战，唯以越是艰难越向前的勇气，勠力同心，迎难而上，共克时艰。

必须要打赢！一定要打赢！

越是艰难，越要凝聚起攻坚克难的强大精神力量，努力培育应对低油价、推动高质量发展的"精神疫苗"。只要精神不滑坡，办法总比困难多。好日子不是等来的、熬出来的。同样，发展质量能否提上去、经营效益能否增上来，也不会是等来的、熬出来的，一定是咬定青山、攻坚啃硬干出来的，一定是咬紧牙关、破釜沉舟夺回来的。

越是艰难，越要增强企业抗风险能力的"抗体"。既要有勇气打破高油价"情结"，也要有能力跳出低油价"陷阱"，以对竞争能力和盈利能力追求的"不变"，应对油价剧烈波动冲击的"万变"。转"熬冬"为"冬训"，在低油价风暴的"冰窟窿"里强健筋骨，增强系统免疫力。如此，我们才能在面对各种风险挑战时，从"始料未及"到"从容应对"，奋发有为，砥砺前行。

越是艰难，越要采取革命性举措，去啃改革发展的硬骨头，勇闯改革发展的深水区。对于油价退潮后暴露出的阻碍企业高质量发展的瓶颈问题，切忌头痛医头、脚痛医脚，应抓住低油价倒逼企业苦练内功的机会窗口，以壮士断腕、滚石上山的决心，持续深化改革，勇于触及灵魂、触碰利益，方能脱胎换骨，行稳致远。

越是艰难，越要发挥党员领导干部以上率下的旗帜作用。领导干部要深入"听得到炮声的一线"指挥战斗，及时发现问题，及时解决难题。将士用命，上下同欲，将无往而不胜。

万人操弓，共射一招，招无不中。我们坚信，在党组的坚强领导下，在百万员工的共同努力下，我们必将突破重重险阻，闯过道道关隘，在一次次爬坡过坎的"柳暗花明"中，实现高质量发展的历史跨越！

（2020年4月7日，王晓晖　马莹莹）

案例作品

以钉钉子精神真抓实干
——深入开展主题教育活动、扎实推进提质增效专项行动系列评论之一

战严冬，转观念，勇担当，上台阶！集团公司4月16日召开全系统专项会议，动员全体干部员工深入开展"战严冬、转观念、勇担当、上台阶"主题教育活动，扎实推进提质增效专项行动，奋力夺取疫情防控和生产经营改革发展"双胜利"。

既是动员令，更是攻坚决战令。

当前，受新冠肺炎疫情和油价暴跌双重影响，集团公司生产经营面临的冲击前所未有，到了生存发展的紧要关头。打赢疫情防控阻击战和效益实现保卫战，奋力夺取疫情防控和生产经营改革发展"双胜利"，不仅是一项重大经济任务，更是重大的政治任务。

一分部署，九分落实。

集团广大干部员工要迅速把思想和行动统一到习近平总书记重要讲话精神和党中央的决策部署上来，用习近平总书记指示批示精神和新发展理念武装头脑、指导实践；要把百万石油人的思想统一到集团公司整体工作安排和各项要求上来，提高政治站位，以主题教育活动为抓手，把提质增效作为当前最紧迫的任务，迅速行动，细化目标，分解任务，责任到人，监督到位，出实招，拿实策，见实效。

前进道路上从来没有一马平川。我们不能寄希望于疫情很快结束、油价迅速升高。干，才是马列主义；不干，半点马列主义都没有。唯有丢掉幻想，发扬钉钉子的精神，真抓实干，勠力同心穿越公司发展征程上的"至暗时刻"。

真抓实干，要有"破釜沉舟"的决心。应该看到，随着改革发展纵深推进，集团面临的挑战考验比以往更加复杂严峻，发展道路上的困难，体制机制上的"瘀滞"、技术创新的"瓶颈"、工作推进中的"梗阻"，多是些"躲不开、绕不过、拖不得"的硬骨头，如滚石上山，退无可退。没有一股子"不破楼兰终不还"的勇气和拼劲，是很难闯关夺隘、度过这个"凛冬"的。必须采取超

常规思维、革命性举措，采取硬办法，下定"破釜沉舟"的决心，才能凤凰涅槃，浴火重生。

真抓实干，要有"钉钉子"的韧劲。坚决打赢疫情防控阻击战和效益实现保卫战，千头万绪、繁重艰巨，是复杂的全局性工作、系统性工程。面对市场变化与企业自身上下游的矛盾、产业链的顽疾，机关和一线、生产和科研的症结难题，要做好打攻坚战、持久战的准备，越是艰难，越要保持定力，增强韧劲。必须发扬钉钉子精神，把切入点放在市场变化的分析研判上，把工作重心放在应变措施推进实施上，统筹考虑全产业链的优化调整，才能把效益发展的钉子钉实钉牢，才能把问题一个一个破解。行百里者半九十。大考面前，决战关头，锲而不舍，久久为功，必有成效。

真抓实干，要善于统筹推进、精准施策。新中国石油事业半个多世纪的伟大实践，历经多次严峻大考，取得了一个又一个建设奇迹。困难面前有我们，我们面前无困难；只要精神不滑坡，办法总比困难多。打赢这场硬仗，夺取"双胜利"是对石油人毅力品质的考验，也是对能力智慧的检验。要遵循企业发展的规律和油气生产规律，善于"弹钢琴"、下好整盘棋，既抓好整体统筹，又因时因事、一企一策。既要有"摸着石头过河"的精神，也要有"找准过河石头"的本领，分轻重缓急，善抽丝剥茧，抓工作中的主要矛盾和矛盾的主要方面，精准施策；要善于算账，既算企业的小账，更要算集团的大账；既要算眼前的利益账，更要算长远的经济账。

夺取"双胜利"，关键在实干，成败在领导。各级党员领导干部要坚守初心、率先垂范，要发动群众，依靠群众。唯有上下同欲，将士用命，方能共克时艰。

困难重重，挑战艰巨。我们坚信，只要保持昂扬的斗志，甩开膀子加油干，就必定能勇往直前，战而胜之。登山攀峰，跨沟越壑，必将苦尽甘来，满园春色。

（2020年4月20日）

延伸思考

靠思辨说理，用思想引领

在服务经济、指导工作方面，评论所承载的舆论导向作用，不同于行政命令或政策文件的刚性指令，而是在于剖析问题、阐释道理、揭示规律。因此，评论必须切题要准，针对问题立论，聚焦议题论证，通过道理说服。本组评论可用三个"准"来概括。

其一，时机抓得准。2020年年初，在百年变局和世纪疫情相互交织的大背景下，国际油价一次次越过人们"心理关口"，一度跌破"负油价"，世所罕见，史所罕见。行业遭遇"至暗时刻"，发展压力沉肩，挑战前所未有，企业干部员工士气受到很大冲击。当务之急，就是如何认清形势，如何重振信心，如何破解挑战。正是在此背景下，按照中国石油党组统一部署，《中国石油报》充分发挥党组机关报的喉舌阵地职能，第一时间组织策划、精心打造了三大系列15篇评论，突出围绕以上方面加强舆论引领，吹响了全员向困难进军的冲锋号。

其二，问题抓得准。在前期实地采访和问卷调研的基础上，评论员紧紧抓住在具体工作中面临的关键性问题以及在认识层面的深层次难题，针对问题去拆解问题、亮明观点，让评论更具针对性。就如何拨开低油价的迷雾，如何辩证地认识和把握形势，在第一组评论首篇中，重点从国际国内油市大环境、此轮油价"巨震"的成因和影响、集团公司改革发展实际等宏观、中观和微观层面分析，由表及里、由史及今，力求系统性、多视角把准脉搏。

撼山易，撼思想观念难。针对员工队伍中存在的思想观念之困，这种思想倾向背后往往隐藏着不易发现的消极因素，任其发展可能造成危害。在第二组系列首篇评论中，振聋发聩地提出，没有思想观念体制机制的深刻变革，就难以打赢提质增效的硬仗。对值得警惕的"两种心态和思想苗头"进行当头棒喝。通过正反两方面分析引发启迪，"认识不到危机，才是最大的危机；挑战面前被动等靠，更是最大的挑战"。针对员工干部队伍中存在着心理上的波动、思想上的迷茫等悲观情绪、消极态度，着力把主动干与被动等的利害讲清楚，"迎战低油价是一场不能退、不能输的攻坚战"，把趋利避害、扬长避短、逆势而上的底气和希望讲清楚，进而引导舆论、提振信心，凝聚敢打必胜的力量。

其三，方法找得准。评论要充分发挥旗帜、号角、方向功能，不能"为强调而强调""为说理而说理"，必须要有雄厚的说服力和启发性，力争把问题讲清讲明白，把道理悟明悟透彻，进而动员和引导人们从思想自觉到行动自觉。找准真抓实干的关键所在，提出建设性的方法和思路，增强对实践的指导性。这不仅对企业自身有较强的现实意义，对相关行业和企业来说也同样有很高的借鉴价值。

靠思辨说理：正如一枚硬币的两面，油价震荡下跌对石油石化企业来说，利弊共存、正反相生；好日子不是等来的、熬出来的，一定是咬定青山、攻坚啃硬干出来的，一定是咬紧牙关、破釜沉舟夺回来的；高油价可能带来高利润，但低油价未必只能低效益；低油价看似关闭了一扇高油价时期回报丰厚的大门，却打开了另一扇倒逼企业苦练内功的机遇窗口；越是艰难，越要凝聚起攻坚克难的强大精神力量，努力培育应对低油价、推动高质量发展的"精神疫苗"等。正是通过思辨、富有哲理的论述，朴实中见深邃。条分缕析，循循善诱，启发启迪，在理性上说服读者，让受众从心底认同、接受所表达的观点，增强思想分量。

在该系列评论写作中，努力创新生产方式和表达语态。喻巧而理至。评论充分运用喻证法、反证法、例证法等，如采用"自然免疫、顺水赶潮、冰窟窿、将相和"等比喻，形象、通俗地反映思想认识中存在的现象问题和面临的严峻形势，增强说理的形象性、启示性和思想性。

本系列评论在中国石油上下和石油石化行业引起强烈反响。很多企事业单位及基层一线把这三组系列评论作为当时形势目标任务教育的学习材料。在一些企业工作会上，企业负责人直接大段朗读系列评论，要求大家认真学习领会评论精神，统一思想打硬仗打胜仗。一些企业媒体对报道进行转载。系列评论还被编入中国石油主题教育学习材料。"以钉钉子精神真抓实干""丢掉幻想准备打好硬仗""成败关键在领导"等一时之间也成为开展主题教育活动的热词、口头语。

关于应对低油价的系列评论，是解决问题和推动工作的持续过程，从一开始的如何认识低油价和认识形势，随着认识的不断拓展深化，讨论如何有力应对的方法措施等，有战术层面的，有战役层面的。按照这样的节奏安排三组系列报道，既避免了评论在一个层面反复讨论，又随着讨论从思想观念到具体实践的深化，丰富了评论报道充分的指导性和引领力,形成了较强的影响力。对报社来说,在较短周期密集呈现某一主题,是很少见的,也反映了报社发挥喉舌职能引领舆论的信心。

案例2:"提升国内油气勘探开发力度,努力保障国家能源安全"系列评论

2018年,习近平总书记做出大力提升国内勘探开发力度的重要批示。中国石油作为国家能源安全的顶梁柱、压舱石,作为国民经济发展的"稳定器",如何完整准确全面学习领悟和贯彻落实习近平总书记的批示精神,不仅仅是经济问题,更是政治问题;不仅仅影响企业局部,更关乎国家社会发展大局全局。《中国石油报》按照中国石油党组的部署安排,加强系统策划,先后推出相关专栏、专题和特刊报道,重磅打造了"提升国内油气勘探开发力度,努力保障国家能源安全"系列评论员文章,即《立足战略布局 增强保障能源安全的政治担当》《突出资源战略 大打勘探开发进攻战》《深化改革创新 以高质量供给推进高质量发展》,以下摘选其中两篇文章。

案例作品

立足战略布局 增强保障能源安全的政治担当

前不久,集团公司党组召开扩大会议,专题学习贯彻落实习近平总书记重要批示,研究部署提升国内油气勘探开发力度,努力保障国家能源安全等工作,动员百万石油人勠力同心,坚决打好打赢勘探开发进攻战,为新时代保障能源安全和国家战略安全做出新的更大贡献。

能源安全是国家战略安全的重要基石,油气安全在国家能源安全中始终发挥着重要作用。随着国民经济快速发展,石油供需矛盾越发凸显,成为制约我国经济社会可持续发展的一大瓶颈。2017年我国原油对外依存度已接近70%,成为世界第一大原油进口国;天然气供应安全形势亦不乐观,对外依存度迅速上升到39%。总书记站在党和国家前途命运的战略高度,敏锐洞悉我国油气对外依存度不断上升可能带来的重大挑战,对石油战线做出重要批示,寄予殷切期望。这是摆在我们面前一项艰巨而光荣的政治使命。

政治使命需要政治担当，首要就是着眼战略全局，充分认识到立足国内保障能源安全的重要性紧迫性。从全球看，当今世界正经历新一轮大发展大变革大调整，国际力量对比深刻变化，地缘政治热点此起彼伏，特别是美国政府奉行"美国优先"，与中国以及其他经济体之间的矛盾、摩擦不断。传统不安全因素依然存在，新的不安全因素还在增加，我们必须做好应对形势发展变化的思想准备、资源准备。

政治使命需要政治担当，其中重要一点，就是站在政治高度回答经济问题，厘清各种认识，坚定立足国内保障能源安全的意志。长期以来，保障能源安全存在"买油经济"和"自产经济"两种声音，在国际石油供应宽松的背景下，甚至出现"产油不如买油"的思想。一方面，我们要充分认识到"买油经济"的必要性和积极作用，充分利用两种资源两个市场保障能源安全，积极开展对外油气合作和贸易。另一方面，要对过度强调"买油经济"保持高度警醒，无论是暂时的国际能源市场供应宽松还是积极走出去建设多点多元供应体系，并不完全意味着我国能源安全有了本质保障，立足国内加大勘探开发力度才是最可靠最有效的措施。

从国内看，我国已进入实现中华民族伟大复兴的关键阶段，国民经济持续稳定发展、人民过上美好生活对油气的需求是刚性的，容不得半点闪失。"买油经济"或许是"输血"，"自产经济"才是"造血"，中国人的饭碗不能端在别人手里，世界第二大经济体也不能依赖"输血"运转。

从能源行业来看，美国跨世纪实施的能源独立战略给我们以警醒和启示。兵马未动粮草先行，发展主动就必须掌握能源供给的主动权。当然，也有人以日韩等为例，认为中国油气对外依存度上升还存在较大安全空间，殊不知数字背后国情迥异、政治因素复杂，崛起的中国将长期面临艰巨挑战。

政治使命需要政治担当，我们必须清醒地看到，能源安全是买不来的。世界政治经济形势错综复杂，市场有油，不等于买得到；买得到不等于运得回；眼下供应宽松不代表长远充足。能源安全也是等不来的。石油作为国家战略物资的属性没有变，较长时期内化石能源作为主导能源的地位不会变。BP预测，到2040年其在一次能源消费中占比仍达60%。我们应牢固树立石油忧患意识，居安思危，知危图安，从最坏处着眼，立足国内做最充足的准备，确保能源安全。

政治使命需要政治担当，我们要矢志不渝，切实增强保障能源安全的责任感使命感。"宁肯少活二十年，拼命也要拿下大油田！"在祖国需要的时候，挺身而出，奉献能源，为国分忧，是新中国石油工业一脉相承的红色基因和历史担当。作为国有重要骨干企业和我国油气生产供应主导企业，中国石油有这个根基，有这个底蕴，更有这个担当，当主力打先锋，完成时代赋予的重任。

新形势新使命新担当。大力提升勘探开发力度，保障国家能源安全刻不容缓。回首新中国石油工业建设初期的筚路蓝缕，今天保障能源安全的任务依然艰巨。全体石油干部员工必须行动起来，解放思想，改革创新，苦干实干，以巨大勇气排除万难，为国家找油找气，为共和国加油鼓气，才能无愧于时代，才能向祖国和人民交出满意答卷。

（2018年8月20日）

案例作品

突出资源战略　大打勘探开发进攻战

贯彻落实习近平总书记的重要批示精神，大力提升国内勘探开发力度，努力保障国家能源安全，集团公司党组已经做出全面部署。前不久召开的集团公司领导干部会议也明确提出，当前国内主营业务要打好打赢四场关键战役，为保障国家能源安全做出新贡献，国内勘探开发进攻战是首要之战。

大打勘探开发进攻战，就是要打赢思想上的攻坚战。必须提高政治站位，立足战略全局，更加突出资源战略，坚持国内勘探开发业务"优先发展"战略定位。人心齐泰山移，充分认识到打好勘探开发攻坚战是中国石油作为国有重要骨干企业和油气生产供应主导企业义不容辞的重大历史使命和政治责任，也是集团公司实现高质量发展、建设具有全球竞争力世界一流企业的内在需要。要把思想和认识统一到对总书记批示精神的落实上，统一到集团公司党组的部署上，毫不动摇推进实施资源战略，心无旁骛投身上游油气业务发展。

石油工业的工作对象在地下，岗位在地上；地下的问题往往反映在地上，地上差之毫厘，地下谬以千米；生产中的问题往往体现在思想上，大脑里有油才能找到油。哲语所言，当你思维模式转变的刹那，你将看到一个全新的世界。当前上游勘探开发面临前所未有的挑战，比起创业之初，石油战线要克服的不仅是物质的困难，更多是从思想深处攻坚，破除思想认识的藩篱，破除体制机制的束缚，在实践、认识、再实践、再认识的过程中，一次次实现自我超越；在解放思想中统一思想，大打"解放牌""创新牌"，用超常规的思维、革命性的举措，坚定打赢勘探开发进攻战的决心和意志。

我们也应该看到，我国石油处于勘探中期，天然气处于勘探早期，油气储量近年来始终保持高峰增长，常规勘探开发总体技术保持国际先进，拥有一支在复杂环境中摸爬滚打成长起来的人才队伍，这些都是打赢勘探开发进攻战的有利条件。

大打勘探开发进攻战，就是要打赢行动上的持久战。地下情况千变万化，勘探开发工作从来不会一帆风顺，而是充满坎坷和曲折，勘探开发之路也注定是波浪式前进、螺旋式上升。实践表明，正是在一次次挫折和反复中，我们才一步步深化地质认识，掌握勘探开发规律，不断接近目标。坚持战略定力，不因一城一池之得失，停止前进的脚步，坚定打持久战的恒心和毅力。要按照"深化东部、发展西部、拓展海上，油气并重、立足常规、加强非常规"的战略布局，认真分析勘探开发现状、形势与潜力，编制完成国内上游业务加快发展规划，实事求是、科学确定提高原油产量短期目标和未来一个时期奋斗目标，制定切实可行的针对性措施，保持高强度稳定投入，全力以赴增储增产增效。

大打勘探开发进攻战，就是要打赢一场场战术上的歼灭战。当前，国内资源劣质化趋势不可逆转、勘探开发成本持续走高。这就要求我们要有战士冲锋陷阵夺取"高地"的勇气和劲头。要瞄准战略区域、重点区带、潜力区块，打阵地战、歼灭战。当前要重点推进实施新疆油气业务加快发展规划，加快四大气区上产，加大页岩气开发力度，力争早日取得实质性突破。要瞄准制约勘探开发的瓶颈难题，坚持问题导向，集中优势力量各个击破。资源有限、技术无限，从某种程度上说，对技术的渴求比资源更迫切。要站在政治高度看待解决技术问题，加大勘探开发和工程技术攻关力度。要瞄准制约油气业务发展体制机制上的束缚，敢于打破条条框框，充分调动集团公司内外一切可以调动的力量，投身勘探开发进攻战。

时代的华章，总是在新的奋斗里书写。让我们用智慧和汗水奏响"加油曲"、唱好"争气歌"，始终不忘"我为祖国献石油"的初心，为保障能源安全再创新业绩再做新贡献。

（2018年8月22日，以上系列评论作者：王晓晖　张晗　薛梅　张舒雅等）

延伸思考

善于从认识论、方法论、实践论的维度说理

评论写作不管如何架构，总是离不开论点、论据、论证三要素，绕不开"提出问题、分析问题、解决问题"三大块，关键是要言之有物，言之有序；贵在于理，重在于辩；讲透道理，以理服人。

对于这一事关国家能源发展战略性、方向性的重大事件，不同于单一的信息披露和新闻公告，而是要通过理性的分析和论证，进一步增强百万石油人保障能源安全的政治担当和使命责任，统一思想，凝聚力量。报道组经过认真思考和集思广益，形成了如下系列评论的主题：努力从认识论、方法论、实践论的维度去架构，也就是从战略、战术、战役三个层面，回答"是什么、为什么、怎么办"的问题。

具体来看：深化思考的哲学，提高认识问题观察问题的视野和高度。开篇《立足战略布局 增强保障能源安全的政治担当》，重在认识领会批示的精神精髓和战略要义。首要就是着眼战略全局，站在党和国家前途命运的战略高度、政治高度回答经济问题，充分认识到立足国内保障能源安全的重要性紧迫性，有理有力辨析保障能源安全存在的"买油经济"和"自产经济"两种声音的谬误，强调买油经济或许是"输血"，自产经济才是"造血"，能源安全是买不来的，能源安全也是等不来的，中国人的能源饭碗必须端在自己手里，坚定立足国内保障能源安全的意志。上面的思考，也得益于两年前我们就国内原油年产量2亿吨首次调减开展的大量采访调研。

提供思考的方法，提升思考问题、分析问题的逻辑和广度。评论第二篇《突出资源战略 大打勘探开发进攻战》，从战术层面聚焦如何大打勘探开发进攻战。强调要打赢思想上的攻坚战，必须提高政治站位，在解放思想中统一思想，大打"解放牌""创新牌"，用超常规的思维、革命性的举措，坚定打赢勘探开发进攻战的决心和意志；要打赢行动上的持久战，勘探是一项高风险事业，坚持战略定力，不因一城一池之得失，停止前进的脚步，坚定打持久战的恒心和毅力；要打赢一场场战术上的歼灭战，面对能源安全保障路上的"上甘岭""松骨峰"，就要有战士冲锋陷阵夺取"高地"的勇气和劲头。要瞄准战略区域、重点区带、潜力区块，打阵地战、歼灭战。

开阔思考的维度，增强回答问题解决问题的能力。评论之三《深化改革创新　以高质量供给推进高质量发展》，聚焦世情国情，从"量""价""质"三方面的全面安全，探讨实现高质量油气供给的路径。提出要刚性实现"量"的安全，走一条依靠改革不断实现突破的"长征路"；要加快实现"价"的安全，走一条创新驱动的内涵发展之路；要持续攻关"质"的安全，走一条灵活高效的绿色共享之路。"质"既指能源清洁的品质，也指能源服务的质量。

如何去评议，就是要充分把矛盾展开，既正面说，又反面说，提出反面的意见，并充分反驳；既说 A 面，又说 B 面，才能避免论证中的片面性、局限性；既用肯定的语气，又用诘问的语气等，才会有波澜有起伏。

如关于"买油经济"和"自产经济"两种声音的交锋中，从否定之否定的角度，驳斥"产油不如买油"观点的片面性、狭隘性和危险性，明确指出"市场有油，不等于买得到；买得到不等于运得回；眼下供应宽松不代表长远充足"，并将日韩等国的高依存度与我国实际比较分析，让读者清醒认识到，因国情迥异、政治因素复杂，崛起的中国将长期面临艰巨挑战，必须"立足国内"确保能源安全。

关于大打勘探开发进攻战、持久战，这既是方法论，也是实践论。这是石油工业在一次次的挫折失败中凝结的思想财富。21 世纪初，塔里木油田集结队伍攻坚秋里塔格，部署钻探的重点井——东秋 8 井，前期钻探取芯等显示良好，曙光在前，有望成为西气东输气源的又一个"大场面"。一时间，从中央部委到地方政府、社会各界都寄予厚望。然而最后的试油却泼了大家一盆冷水。但也正是坚持战略定力，不因一城一池之得失而停止前进脚步。正所谓"东方不亮西方亮"，在十多年后，还是秋里塔格，塔里木石油人锲而不舍，先后在中秋、西秋区域获得重大突破。这也从一个侧面印证了"勘探没有失败"，每一次的摔倒、蹲下，都是为了下一次跳得更高。

上述系列评论报道转化为新媒体报道后，《条条都是痛点，这才是理解总书记重要批示的正确姿势》《中国油气安全的饭碗，怎样才能牢牢端在自己手里》获得了不错的点击点赞量。这组报道干货满满，充满思辨，启发启迪，再一次表明言之有物的硬道理。我们也首次提出了"油气安全饭碗"的概念。兄弟企业领导看到报道后,特地安排所属媒体予以转载。不少企业将系列评论作为学习宣贯党组精神和动员号召的辅导材料,帮助干部员工思考领会。

3. 监督性言论:提示警示,澄清谬误

从新闻实践看,评论的选题来源大致有以下方面:来自"上面的精神""下面的呼声",以及社会热点焦点和重大新闻事件。以下几篇报道,选题线索分别来自基层群众的呼声和行业热点现象,主要是针对工作中的错误倾向、错误思想或是行业失序行为,有针对性地开展的监督性、针砭性评论,起到提示警示、澄清谬误、修正纠偏的效果。

案例作品

把好事办好办实

随着党的群众路线教育实践活动深入开展,石油企事业单位结合实际出台实施了许多好的制度措施,取得了显著实效。但也有单位出现了以形式主义来反形式主义等"四风"现象,值得思考。

近日,集团公司有关部门收到一封群众来信,反映东北某市销售公司在机关人员基层轮岗过程中存在的问题:本是机关人员去轮岗,但这个公司机关人员并没有完全按规定参与轮岗,却安排不少附属单位员工轮岗,致使"轮岗"变成"顶岗";工作安排不尽科学,有些人年初至今已经轮了3次,有些人总是被安排到最偏远的站,给工作生活带来诸多不便……

轮岗本是一件好事情,却为何会引来群众怨言?

"四风"改没改,工作好不好,群众说了算。基层反映的这些问题,从一个侧面暴露出我们工作的不足和亟待改进之处。一项政策、制度或办法的制定实施,如何能自始至终得到有效执行,如何把好事办好,把实事抓实,考验的是各级领导干部的服务意识、决策水平和管理能力,这正是今后工作中需要认真解决的。

诗经有云：靡不有初，鲜克有终。讲的就是为官、做人、做事，没有人不肯善始的，但很少能做到善终。任何一项工作，抓而不实等于白抓，抓而不常等于白抓。好的政策、制度在实施过程中，如何防范"歪嘴和尚念歪了经"变形走样，如何避免对待问题简单化、机械化处理，如何避免以形式主义、官僚主义来反"四风"，关键在于领导。

领导干部不仅要考虑发展"大方向"，也要关注生产"小问题"。这就要求在做决策、抓管理的同时，要进行细致的前期调研和充分的民主讨论，要结合实际做更细致、周全的指导；在制度落实中，要坚持公开透明，公平公正；要加强监督检查，确保制度落到实处，达到预期效果。事情的出发点是好的，不代表其结果总是好的。作为领导干部，决不能回避和掩饰工作中的矛盾和问题，而应让"问题意识"萦绕心间，围绕解决问题动脑筋、想方法、搞谋划。

群众来信还折射出，一些单位群众反映问题的渠道仍不尽畅通，群众的声音还未得到足够的重视。作为党员领导干部，要始终抱着谦虚求教的态度，多一些现实的观照，多一些群众的视角。党的群众路线教育实践活动提出要"照镜子"，不仅要揽镜自照，更要把群众作为一面镜子，常与他们的要求做对照，认真查找工作中存在的问题，千方百计解决问题。

即使群众反映的问题有不尽全面之处，领导干部也应虚心听之。以有则改之、无则加勉的态度，把问题当作期望和提醒，当作善意的警示。要欢迎群众以各种形式开展监督，把群众的声音作为提升工作水准的正能量，把问题的改进作为推动工作进展的突破口，推动我们的事业更上一层楼。

（2013年11月15日，王晓晖　王晶）

案例作品

严监管：遏制市场投机性需求

国际原油价格强劲上扬，国内成品油市场亦不平静。近段时期以来，随着成品油市场需求的快速增长，全国各地柴汽油供应趋紧，一些非法经营成品油的现象有所反弹，一些地区假冒伪劣油品重新流入市场。

在当前的国内成品油市场结构中，除了中国石油和中国石化等国有成品油经营企业外，民营、合资以及独资企业等社会加油站占国内加油站总数的 56.3%，已成为我国成品油经营的重要力量。此外，散布于各地的"游击队"也悄然突起，由于油源、管理等良莠不齐，使得国内成品油市场监管难度加大。

在目前市场乱象的背后，不难发现，投机性购买有抬头趋势，一些社会单位和个人在市场价格走高、零售价可能被解禁的预期下，投机性需求高涨，加大采购积累库存。目前，囤积油品的群体分为几种类型：一是担心涨价成本压力过高，这一类型基本是一些施工单位，他们需要大量柴油来满足建筑等施工需求；二是一些进行石油贸易的商业企业或者个人。一旦石油价格上涨，其利润空间将会大幅扩大。通过囤积，赚取成品油差价。

成品油市场是否健康有序，关系到国家众多惠民政策以及宏观调控措施的贯彻落实。囤油行为的影响不可小视。这会打乱营销企业均衡调配、均衡管理的步骤。一些地区的定额供应，会因此而显得供应趋紧，供应紧张的状况使消费者恐慌心理蔓延，导致市场需求非理性放大，加剧了市场供需矛盾。

眼下正是各项重点工程建设的黄金时段，也是夏收夏种的紧要关头，如何进一步加强市场监管，规范和净化市场环境，成为政府和油品经销企业的迫在眉睫之要务。

因此，用油高峰期，油品市场监管更应该加强，更呼唤政府和企业的有力合作，对那些趁成品油短缺之机囤积居奇、销售假冒劣质油品等违法行为，要严厉打击，坚决查处，决不手软，一经查实取消经营资格，以维护正常的市场秩序。当然，加强市场监管是一项长期行为，必须形成长效机制，方是根本。因此，要制定和完善成品油市场监管工作各项责任制度，建立内部监督和责任追查制度，完善执法监督机制，扎扎实实开展监管工作。而对于营销企业来说，应进一步控制销售节奏，有重点有序地开展批发、仓储、零售等各种经营活动，更有效地保护消费者合法权益，降低流通环节成本，严肃成品油市场秩序。

（2008年6月16日）

延伸思考

善于"哪壶不开提哪壶"

评论所承载的舆论监督和引导作用,也是媒体社会责任的具体体现。通过摆观点,谈看法,表明立场、观点、态度和主张。然而,在具体工作中,新闻同行大多深有体会,评论报道不好开展,而针砭性、监督性的评论更为"难产"。原因有多方面,采编队伍专业能力、媒体平台的栏目定位,以及社会环境的包容性等,关键还是在观念认识上,存在一些片面性、局限性,喜欢报喜,害怕报忧。仍不同程度地存在一些认知偏见,简单地把监督评论视为负面报道,感觉是自揭家丑、自损形象,进而产生惯性排斥和抵制。越是如此,监督性的评论报道就越发稀缺。

上述评论的可贵之处,就是勇于"哪壶不开提哪壶",针对一种错误倾向、错误思想和不良现象等展开的提示、警示性评论,不遮不掩,一针见血,指出问题,亮明态度,讲出道理,澄清认识,并对这些不良现象和失序行为等进行舆论监督。

《把好事办好办实》是根据一封读者来信所反映的问题,在核实确认后撰写的针对性评论。信中反映的是群众身边的"四风"问题,虽暴露在一隅,但具有代表性。当年年末,在全国安全生产紧急会议后,结合中国石油当时安全生产严峻形势和行业企业特点,针对不健康现象或可能性的不安全趋势,我们策划了《警惕安全生产的"岁末"现象》的警示性评论报道,作为"强化施工安全监管,筑牢冬防安全体系"专题的按语组合刊发。《严监管:遏制市场投机性需求》则是针对当时国内成品油市场终端环节的"投机"乱象,从行业健康发展角度发出了公开呼吁。

评论的立论,必须具有"值得一评"的可议性。以上选题都是从具体判断到普遍性判断,从单一事件、单一现象揭示其背后普遍性问题,依据事物发展逻辑跳脱出来,透过现象看本质,站在桅杆望远方,提前预警,及时止损,修正纠偏。

又如针对一个时期石油企业社会舆论形象遭遇困境的实际,我们策划了"弘扬大庆精神铁人精神 增强文化感召力影响力"的评论文章，勇于直面问题，深刻地反思，发出灵魂之问："我当个石油工人多荣耀"的自豪感为什么缺失了呢？在大庆会战时期那样的艰苦条件、恶劣环境下，为什么我们的干部带头作用那么突出、队伍的凝聚力战斗力那么强？现在公司发展了、条件改善了，为什么我们的干群关系反而疏远、干部的威信下降、"四风"一度盛行？进而引导大家共同思考如何更好弘扬石油精神，赓续红色血脉，重塑企业良好形象。

从这个意义上说，勇于直面问题，善于"哪壶不开提哪壶"，开展舆论干预，应是媒体的宝贵品格。

四、行业观察：
时代风云变革中的瞭望

必须认识到，当下新闻传播格局发生着巨大变化，"全程、全息、全员、全效"发展特征，使得信息随处可得，媒介无处不在，人人都有"麦克风"，形成了主流媒体舆论与民间舆论"两个舆论场"。微博、微信、抖音、快手等传播平台，改变着受众的阅读习惯和信息需求。

有人说，媒体记者大致有三种类型：一类是记录式，勤劳的信息"搬运工"，采访对象说了十分，记者能够相对完整、准确地予以呈现；二是解析式，能把众多的采访素材、观点综合起来，提炼总结出信息背后的经验教训等价值。三是智囊式，能够在采访中发现矛盾，揭示矛盾，提出解决矛盾的思想和路径，给读者受众以深刻启发，为组织和领导提供决策参考。

美国报人普利策说过："倘若一个国家是一条航行在大海上的船，新闻记者就是船头的瞭望者。他要在一望无际的海面上观察一切，审视海上的不测风云和浅滩暗礁，及时发出警告。"

由部委或行业企业党委（党组）主管或主办的媒体，除了承担党组织的机关报职能外，还承担着做好产业报道、经济报道的任务，主要体现在政策性、分析性、解释性、前瞻性、经验性等报道。因此，特别需要其发挥自身行业领域的权威性和强大的专业优势，围绕行业热点、焦点话题，社会普遍关注的行业方向性、趋势性问题，强化观察分析、思考判断和专业阐释，做桅杆上的瞭望者。

延伸思考

坚持"4D原则",打造内容为王"硬通货"

"4D原则":

独家发布——资讯信息(及时新鲜)

独家立言——思想评论(价值引领)

独家解读——权威高端(有料有品)

独家分享——讲好故事(触动心灵)

习近平总书记指出:"内容永远是根本,融合发展必须坚持内容为王,以内容优势赢得发展优势。"

经典电视剧《渴望》中慧芳的扮演者张凯丽在央视《对话》栏目一期以"艺术遇到市场"为主题的沙龙中,讲了这样的故事:尽管这部剧首播至今已过去三十多年,但自己每次遇到群众签名留念,好多观众都希望签上"好人一生平安"这句影视歌曲的词。在她看来,不管艺术形式如何创新发展,但优秀影视作品呈现出的"真善美"的价值烙印,深深地感染着一代代的观众。实践证明,文化艺术所承载的勇气、力量和爱的价值内核,只会随着时间的沉淀更加丰盈,不会减弱。

融媒时代,流量时代,信息和思想传播仍是媒体的重要功能。不管传播渠道和媒介形态如何变化,内容为王的新闻传播内核不会变化,优质内容始终是舆论场上的"硬通货",思想和价值观是灵魂。内容的"新"有了更为宽广的内涵,已不仅仅只意味着抢到了"第一落点"和"第一时间"的新鲜事,而更意味着达意新、挖掘深,应有"新角度、新观点、新表达、新形态"的传播,即便同一新闻事件,都要挖掘出比别人更权威、更深入、更深刻的新闻"含量和价值"。因此,"独家新闻"的概念已发生了深刻变化,"人无我有、人有我特"的传播,正是行业媒体的优势所在。

观察思考的角度、广度、深度,决定了报道的锐度、深度和丰度。这里"独家新闻"的含义,更多意味着独家观点、独家视角、独家思考,依此开展议题设置,挖掘新闻背后的特质,进而形成独家解读、独家立言、独家分享。

案例 1：全球视野与中国实践

案例作品

经略 WTO：全球能源治理的中国起势[①]
——在全球化背景下审视我国石油石化入世 5 年

5 年前，门扇开启，WTO 接纳了中国。中国，这只巨鲸的庞大躯体竖起在世界贸易体系的洋面之上。

时光匆匆，脚步匆匆。入世 5 年，世界影响了中国，中国改变着世界。"狼"没有来，但变化润物无声。

从行业变局到百姓生活，入世 5 年，光荣与梦想，得失之间，取舍之间。审视是必要的。这个孕育春天的季节，今天的态度，影响着我们该如何迎接并拥有一个新的 WTO 时代。

入世是自主选择；不开放是最大的不安全

如果说入世体现的是开放意识，那么石油市场的开放，是战略决策，更是自主选择。

12 月 15 日，不眠的多哈哈里发体育场，第十五届亚运会火炬在阿拉伯史诗剧《一千零一夜》的旋律中徐徐熄灭。多哈的喜庆仍在继续，而 WTO 多哈回合谈判自上次陷入僵局后仍不见星火闪烁。

我国油品市场的大门如约开启。12 月 4 日，备受各界关注的"成品油市场管理办法""原油市场管理办法"正式出台，石油市场将逐步形成国有大型石油公司、跨国石油公司和社会经营单位共同参与竞争的格局。

5 年来，中国石油化工业的开放路线图清晰可见：取消配额和其他进口数量限制措施，恢复进口；减让关税；给予外国公司贸易权和分销权。

开放中发展，开放中共赢。实践证明，在兑现入世承诺的同时，石油石化业因市场的开放寻找到了发展机会：石油流通领域的市场化进程加快推进，逐步形成油源和经营主体多元化、品牌和服务差异化的市场格局，构建统一、开放、竞争、有序的石油市场体系。截至 11 月底，我国社会批发企业占国内成

[①] 原标题为《参与 融合 成长》。

品油批发企业总数的 33.4%，社会加油站占国内加油站总数的 56.3%。民营企业已经进入我国成品油分销领域的各个环节，且发挥着重要作用。外资石油巨头的身影更加活跃。对于国人来说，人们在享受到大市场带来的高质量产品的同时，享受着更加优质的服务。

在开放中融合，在融合中开放。入世 5 年，中国石油的海外军团取得了辉煌业绩。中国石化成功收购英俄合资企业秋明—英国石油公司；中国石油成功收购哈萨克斯坦 PK 石油公司，成为中国企业在海外最大的资本收购成功案例；中海油壳牌石化项目的成功建成投产，成为市场开放环境中国际合作的典范。在全球经济一体化背景下，开放成为保障国家石油安全和提升国际竞争力的重要途径。

开放无止境；挑战才刚刚开始

"中国是 WTO 五年级的学生"。保护期的终点，亦是竞争的新起点，意味着更全面、范围更广的开放。

5 年前，不少人怀着忐忑的心迎接开放。人们普遍认为，石油石化市场将受到极大冲击，几大石油石化企业也如临大考。

以化肥行业为例，人们担心，一旦市场放开，必然会引发两个问题，其焦点在于是直补农民，还是补贴企业。一是因为免去企业原来可能享受的优惠政策，一批化肥企业会因成本大幅上升、农民购买力不足而面临危机。二是导致化肥价格大幅上涨，农民买不起化肥；化肥企业为追求利润最大化有可能转产，造成化肥产业的萎缩；价格完全放开与国际接轨，就会有大量国外产品倾销进来。

5 年过去了，不同行业发生迥异的变化，市场开放并没有造成混乱，而更加有序和规范。在市场化推进中，石油石化业取得了长足的发展，中国石油、中国石化在国际资本市场上受到追捧。

正如乐观的人们所认为，以不夸大冲击、也不低估影响的科学态度，坚持走向开放的 5 年里，中国企业和人民更加自信。

但我们必须清醒地看到，市场开放不等于实现了市场化。我国能源行业市场化程度有待提高，价格机制、市场理念等远远没有与"国际接轨"。

业内人士指出，目前我国能源市场化改革滞后且不协调，能源价格不能反映资源的稀缺性，也不能起到调控余缺的作用，从而造成能源的过度消费和能源利用的低效率，成为我国能源领域面临的一大挑战。

开弓没有回头箭。在世界经济一体化的大背景下，能源市场化改革，依然长路漫漫。温水煮青蛙的童话启示我们，越是和风顺雨、旅途坦荡时，越要增强参与竞争的紧迫感。

龙永图在分析中国加入 WTO 的得失时说，对中国企业而言，其中一大好处就是外来压力逼着企业走国际化道路和增强竞争力。中国的开放还远远没有达到中国经济高速发展的要求，远远没有达到经济全球化进程日益加快的要求。能源行业的当务之急是持续推进市场开放，用全球视野在世界范围内捕捉发展机遇，综合运用多种方式开发利用国内外两种资源和两个市场，不断扩大国际化经营规模。

从某种意义上说，5 年后的今天，挑战才刚刚开始。

开放之履，成长之路；挑战在，希望在

有一种思想叫开放，有一种成长是放开。开放面临着风险和挑战，更孕育着机遇。

谈及中国入世五周年的表现，世贸组织总干事拉米评价为"A+"。

与世界接轨，融入全球化浪潮，在促进国内石油化工市场规范健康发展的同时，中外企业面临综合竞争力的较量，这是一场没有围墙的角逐。有收获的喜悦，也有摩擦的烦恼，甚至付出代价，表现在：

在对外贸易稳定发展的同时，贸易摩擦和纠纷频发。近几年，国外针对我国出口产品的反倾销、反补贴等贸易限制措施和贸易壁垒不断增多，去年我国遭遇反倾销数量占全球 1/3。其中，国外对我国石油和化工产品提起反倾销的案件数量居高不下，2004 年立案总数为 14 起。

如何正确应对反倾销，成为石油石化行业入世以来的一大挑战。2004 年，石油和化工行业 WTO 预警中心的成立，充分利用和统一协调行业的资源优势，最大限度地保护了我国化工企业在国外市场的利益。2004 年到 2005 年，我国化工产品反倾销申诉立案共 13 起。今年上半年，我国对欧美国家的反倾销应诉率达到了 100%。但石化企业对其他一些国家的应诉率仍很低，如土耳其对中国的硫化橡胶、印度对中国的橡胶助剂等很多产品没有企业应诉，痛失了许多有利的海外市场。

业内人士指出，解决贸易争端，不是消极的防御甚至保守的抵触，而是利用好反倾销这个世界贸易组织允许的保护国内产业的合法手段，走公平竞争、合法竞争的道路，维护贸易公平，实现利益最大化。

入世带给石油石化行业的另一个较大影响，就是自主创新能力不足造成的品牌困局。加入 WTO 后，我国进出口迅速增长，由于没有知名品牌，尽管数量很大，但利润微薄。润滑油行业作为我国石化行业最早对外开放的领域，由于品牌战略的滞后，致使高端市场的 80% 份额为洋品牌所拥有。

5 年再回首，不管是贸易倾销，还是品牌冲击，有摩擦，有互补，有对立，也有统一。大开放有大风险和大挑战，但更孕育着机遇。直面挑战，把握机遇，是中国石油石化行业面临的共同课题。

从遵守规则到把握规则：赢得全球市场话语权

如果说 5 年前人们关注最多的是冲击和如何应对，那么 5 年后的今天，人们更多的是关注如何更好地去融入世界经济大潮，影响并推动世界经济发展，赢得中国在世界市场的话语权。

入世不仅体现开放意识，更体现规则意识。5 年来，中国给世贸组织带来了巨大市场，带来了新的强大的贸易引擎，促进了全球贸易显著增加；反过来，入世也在一定程度上强化了中国体系中的一些规则，从而为扩大商业和贸易活动创造条件。

入世，不仅在于国人逐渐深刻地理解规则，遵守规则，更重要的是，国人已能够灵活应用规则维护利益，在开放的环境中谋求共赢。2004 年 8 月 25 日，上海期货交易所恢复了中断近 10 年的能源期货交易，备受关注的燃料油期货上市，逐渐成为亚洲燃料油的重要定价参考，"上海价格""中国标准"等中国因素的影响力日渐显现。

市场开放助推市场化改革，最终目标是建立一个高效的现代石油市场，这是我国石油资源管理体制改革的目标和方向。专家指出，只有通过开放的持续推进，更积极地参与国际贸易规则的制定，建立起高度发达的石油市场，才能有效规避价格风险，保障我国石油供应和石油安全。

从参与到融合，产业自强，借势腾飞。5 年来，中国获得了充分的自信，并将继续她的全球经济贸易之旅。

（2006 年 12 月 22 日）

延伸思考

用平视的视角讲好中国故事

正式加入WTO，对中国来说，可谓21世纪初具有标志性意义的全球化之变。入世，让中国与世界在同一片深海、同一方舞台，接受同样的规则展开经贸合作与竞逐，中国石油石化行业处于与国际接轨的最前沿。WTO，既是展示台，也是竞技场。

在入世5年"保护期"结束的重要节点上，该以何种视角审视这场正在上演的"中国之变"？WTO之于中国，中国之于WTO，该如何做好"石油体"的叙述解构和话语解读？

作为一篇科学观察和透视关于石油石化行业入世的独家报道，议程设置有独创，观察视角有突破，叙述表达有创新。文章刊发后，被许多产经媒体和行业机构转发，得到不少中肯的评价。或许正在于坚持以平视的视角，坚持"4D原则"，以客观、坦率的方式展开分析报道，理性辩证地审视这一影响深远的全球化大事件，其独特视角、独家立言、独家解读的新闻呈现与社会的观感和实践实现最大程度的统一，讲述有理有据，读来内心充盈。这也是新闻传播秉持的立场与准则。

视角决定视野。"平视"二字，内涵丰富。

于人生。杨绛先生曾有句意蕴深长的感悟："无论人生上到哪一层台阶，阶下有人在仰望你，阶上亦有人在俯视你。你抬头自卑，低头自得，唯有平视，才能看见真正的自己。"

于国家。大家可能不会陌生，社交媒体上，一组1901年辛丑条约签订现场和2021年中美高层战略对话会议场景对比图，一度被大家刷屏。平视！平等！话语表达的视角，映照着国民的心态和情感。

于新闻。公共关系学中有一个基本原则："越是平等的态度，越容易被人接受。"平视，意味平等、平和，才能以更加广阔的视野、宽广的胸怀、开放的心态去认识世界拥抱世界，也能以更加客观的视角、更加自信的态度去认识自己发展自己。

经过5年的磨砺，以平等的心态看得失取舍，以开放的心态看成长进步，以尊重的心态看差距差异。对于挑战和差距，不渲染、不妄自菲薄，但也不回避，不避重就轻。对于进步和成长，不夸大，不盲目乐观，但也不过于低调和含蓄。对于同行的长处，不抗拒排斥，也杜绝狭隘偏见。

正如报道中强调，以不夸大冲击、也不低估影响的科学态度，保持清醒的认识，市场开放不等于实现了市场化；入世不仅体现开放意识，更体现规则意识；入世不是求来的，入世是自主选择；不开放才是最大的不安全等。

中国的发展离不开世界，世界的发展繁荣也需要中国。实践证明，没有中国的全球贸易体系是不完整的、缺少活力的。而随着中国这个全球主要经济体的加入，让WTO变得更为广泛和更具代表性，当然也极大丰富并提高了中国经贸活动的能见度和行动半径，增强了石油石化工业的自信心和荣誉感。

新闻报道要长期调频"平视"模式，以更加坦诚的态度向世界讲好中国故事、石油故事。而"平视一代"，何曾不是奔跑中的"油气中国"精神奋发的缩影和写照。

案例作品

中国石油工业，给世界带来什么？

三年一次的世界石油大会（WPC）是国际石油界的"奥林匹克"。

世界油气风云变幻，石油巨头云集莫斯河畔，为期4天的高端论坛背后透射出一个现实：以俄罗斯—中亚为中心的油气资源带在全球格局中的地位愈加重要，围绕这一中心的亚太消费中心吸引着全行业目光，中国也从世界石油舞台上的一颗"新星"成长为"明星"。

有人风趣地比喻，石油"奥林匹克"不设金牌奖。对中国而言，它为国际石油界了解中国石油工业所发生的深刻变化打开了一扇窗，扩大了中国石油工作者对世界石油技术最新发展趋势的洞察和了解。这远比"金牌"重要。

那么，频繁亮相石油"奥林匹克"的中国，拿什么奉献给世界油气行业？世界感受到了什么、分享到了什么？

1. 为世界油气供需平衡做出"中国贡献"

作为全球最大油气消费国之一，中国保障自身油气安全就是为全球油气安全作出重大贡献。

"廉价石油"时代或许已经结束，但"石油时代"并没有终结。"中国时刻"是大家都有所耳闻的概念，这一概念在能源领域同样适用。

开放发展的中国石油工业给世界带来了巨大的商机，带动了资源国的就业和经济发展，让世界分享油气合作的红利。

时间倒转至一个多月前，5月21日的上海亚信峰会上，在中俄两国元首的共同见证下，中俄东线管道天然气大单签署。外界评论，世界能源版图已经发生变化，中俄天然气合作印证了未来亚洲地区的能源需求将大幅上涨，俄罗斯天然气发展进入"中国季"。

世界油气风云际会，油气格局全新位移。当全球油气从"一域两中心"——一个油气生产与出口地域（中东—苏联），两个消费中心（欧洲和美国）格局，向"两带三中心"——"俄罗斯—中亚—中东"和美洲两大供给和出口中心地带，美国、欧洲、亚太三大消费中心变迁，带给世界石油工业新的思考：有限的能源，依靠科技、创新满足绵延不绝的需求，那么需求除了扩张之外，能否有主动性的变化？

世界是平的。美国作家汤马斯·弗里德曼在同名著作中深刻分析了21世纪初期全球化进程。随着经济全球化的深入，世界局势更加复杂多变，中国与世界相互依存不断加深。国际石油市场被看成是一体化全球经济的重要组成部分。在全球化背景下审视中国石油工业，我们收获了什么，贡献了什么？

以"管理世界石油资源造福人类"为宗旨的世界石油大会，蕴含着人们长久以来对油气发展的诸多期望和托付，也记录了中国石油工业日益融入世界石油产业链的不凡历程。

然而，世界石油大会肇始之时，中国却远在世界之外。

1937年，作为世界上最早发现、利用石油和天然气的国家之一，中国首次参加在巴黎举行的第二届世界石油大会。这是中国与世界石油大会的历史性握手。

1955年，伴随着新疆准噶尔盆地西北缘黑油山1号井完钻出油，新中国石油工业实现了第一个突破——发现克拉玛依油田。1959年，松辽盆地松基3井喷油，大庆油田诞生。之后几十年，中国石油工业在艰难中创业，在拼搏中奋进,在荒原上崛起,陆续实现了石油自给的历史性转折,彻底甩掉了贫油的帽子,并逐步跨入世界产油大国行列。改革开放、走向世界的中国经济马达"如饥似渴",石油人唱响了"我为祖国献石油"的嘹亮凯歌,立足国内大打勘探开发进攻仗,喷涌的"黑金""蓝金",铺就了一条金灿灿的石油强国之路,勾勒出共和国民族工业最耀眼的轮廓。

今天,在"资源为王"的时代,中国石油工业的地位已不容小觑,中国原油生产进入世界前4位、天然气生产进入世界前7位。中国油气管网格局也已初步形成,总里程达到10.6万千米,覆盖31个省区市和特别行政区,近10亿人受益。

正如外界评论的那样,作为全球最大油气消费国之一,中国保障了自身油气安全就是为全球油气安全作出的重大贡献。

透过世界石油大会这扇窗口,中国石油工业获得了国际化的能源视角,并以此为平台致力于推动和世界油气行业的交流与合作,推动石油工业奔跑在"石油世纪"。世界石油大会也见证了中国石油工业在风雨中一路跋涉,一路向前。

让我们将目光回转。

1993年,中国告别石油自给自足30年的历史,变为石油净进口国。为保障国家能源供应,中国石油率先"走出去"开展油气合作,以全球视野在世界范围内捕捉发展机遇,利用国内外两种资源,开拓国内外两个市场。

这一年,在遥远的美洲大陆,中国石油将海外油气合作的第一粒种子,撒在了秘鲁塔拉拉油田。自此,"星星之火"开始燎原。

20多年来,全球能源市场风起云涌,以中国石油为代表的中国石油工业"走出去"步伐铿锵有力。从无到有,从小到大,形成油气投资业务与工程技术等服务保障业务一体化协调发展的格局,国际业务进入规模发展的新阶段。特别是新世纪以来,中国石油工业深深地投入到世界石油发展的洪流之中。

目前,中国在全球34个国家经营100多个国际油气合作项目,成为世界多国重要的能源合作伙伴,推动国际能源秩序多极化发展。三大石油公司均跻身世界50家最大石油公司行列。数据统计显示,仅中国石油一家就累计为世界贡献了近7亿吨作业产量。这对于世界经济发展和能源市场稳定无疑具有重要意义。

同时,开放发展的中国石油工业给世界带来了巨大的商机,带动了资源国的就业和经济发展。中国石油海外各个项目在国际化人才的选拔、引进、培训和储备方面，不断推进属地化，向国际标准看齐，促进了当地就业和经济发展，创造了逾8万人的外籍员工岗位。

国际油气合作实践证明，中国的发展离不开世界石油市场，而世界石油市场的繁荣稳定也离不开中国。随着国际化程度不断提高，中国石油企业为油气市场稳定贡献了力量，让世界分享油气合作的红利。

集团公司董事长指出，世界在不停改变，国家地区间的相互依赖性不断增强，需要能源公司做出快速果断的决策。作为能源供应商，我们不应该因短期的变化而改变我们的长期使命和基本责任。

这是世界经济大循环中的"中国声音"，这是中国石油对世界的承诺。

今天，中国石油工业已经成为世界石油工业一支重要而积极的力量，对推动国际油气合作互利共赢、共同发展将产生重要而深远的影响。世界正以前所未有的广度、深度、直观度认识中国石油工业。

"廉价石油"的时代也许已经结束，但"石油时代"并没有终结。"中国时刻"是大家都有所耳闻的概念，这一概念在能源领域同样适用。剑桥能源主席丹尼尔·耶金博士在《能源重塑世界》一书中的观点掷地有声。

面对未来，如何发挥好"中国角色"在"中国时刻"这一历史性阶段的重要作用，与其他主要能源企业和组织通力协作，为本地区和全球油气稳定供应做出更大贡献，支持区域及全球经济发展，仍是中国石油企业必须承担的重要责任，以及应该努力的重要方向。

2. 为全球油气投资创造"和而不同、合则两利"的"中国模式"

近10年来，中国石油企业海外油气业务快速增长，经营模式更趋市场化与规范化，逐渐改变了国际社会对中国石油企业"走出去"的态度。

作为国际市场"后来者"，秉承"互利共赢"原则，依靠一体化优势，中国为全球油气投资合作创造了"和而不同、合则两利"的"中国模式"。

2011年，中国石油海外油气作业产量当量超过1亿吨，权益产量达到5170万吨，相当于在海外建成一个大庆油田。就是这一年，国际能源署（IEA）推出一份与众不同的报告——《中国石油公司海外投资驱动因素和影响分析》，引发行业关注。

报告中肯定了"中国国家石油公司"（注：报告中表述，指国内三大石油公司）在全球的投资行为，认为这些投资主要由商业利益推动，也符合其他石油进口国的利益。报告同时还认为，在与国际大石油公司的合作过程中，中国石油企业也学习了先进的管理文化和技术，双方不同的文化背景也规避了在资源国的合作风险。

有专家认为，国际能源署的这份报告，以积极的态度肯定中国石油企业"走出去"获得了其他国际石油公司无法比拟的进展，认为中国石油企业在海外参与国际竞争的做法也是符合商业规范的，这说明国际社会对中国石油企业"走出去"逐步理解。

而这背后，正是近10年来，中国石油企业海外油气业务令人瞩目的快速发展。

由于国民经济快速发展，能源需求增长很快，致使油气缺口较大，中国石油企业必须到国际市场上去寻找资源，弥补国内供应不足。这本是很正常的事情，却一度引起西方一些媒体非议。

事实证明，中国石油企业在"走出去"的过程中，遵守国际规范，履行社会责任，与资源国真诚合作，坚持"互惠互利"的原则，既为保障我国能源安全供应投资海外油气项目，又为项目所在国的经济发展积极履行企业的社会责任，促进共同发展。中国石油企业在资源国普遍受到欢迎的同时，为资源国、地区和世界油气产量增长及世界经济发展和能源市场稳定做出了重大贡献。

如何理解这个"中国贡献"？有专家如此评价："对资源国来说，尤其是发展中国家的油气资源国来说，国家社会经济发展在很大程度上有赖于油气资源开发和自然资源的财富创造。以中国石油为代表的中国国家石油公司的跨国经营承担着将地下资源转变为国家财富的任务。"

更重要的是，作为国际市场"后来者"的中国石油企业，从未盲目模仿国际大石油公司的跨国经营实践，唯"西方经验"马首是瞻，而是保持清醒，立足实际，秉承"互利共赢"原则，依靠一体化优势，为全球油气投资合作创造"和而不同、合则两利"的"中国模式"。

在非洲，中国石油人1997年来到苏丹，先后有130多个国内单位参与苏丹石油投资、技术服务和工程建设等业务，仅用短短两年时间，就建成了具备年产量1000万吨的原油生产能力、1506千米的长输管道和年加工量250万吨的炼厂项目，让苏丹人民通过石油出口，获得巨额石油收益。在尼日尔，仅仅3年内，中国石油投资的阿加德姆一体化项目建成投产，还在撒哈拉沙漠腹地建成年产百万吨原油生产基地、数百千米的输油管线和一座现代化炼油厂，让尼日尔由石油进口国摇身变为出口国。

在中亚，中国石油不仅坚持一体化开发，而且通过持续和稳定的投资促使合作领域逐步扩大，充分体现了与资源国长期合作的战略意图。2013年9月4日，习近平主席和土库曼斯坦总统别尔德穆哈梅多夫共同参加由中国石油承建的复兴气田南约洛坦年100亿立方米产能建设项目竣工投产仪式，对中土天然气合作高度评价：中国与中亚延续了两千多年前古丝绸之路经贸合作情谊的牵手，激活了中亚国家的油气兴国梦。

而今年5月刚刚签订的中俄天然气合作协议，对未来产生的效益也绝不局限在天然气本身，将会带动中俄能源合作向上中下游延伸，对促进我国能源供应的多元化，改善俄罗斯未来能源走向的单一性，甚至改变全球天然气市场，都有着重大意义。卢克石油总裁瓦吉特·阿列克佩罗夫就在本届石油大会发言中表示："供气协议的签署对俄罗斯所有油气公司都有非常重要的意义，中国的市场潜力巨大，这可以使我们整合资源向中国市场提供。"

现在，石油公司面临着共同挑战，尽管石油公司纷纷推出各自的科技战略，但是当今的世界决定了石油公司不能单打独斗，必须进行创新型合作，包括NOC、IOC和服务公司之间的合作。

每个公司或者国家都有自身独特的文化烙印和利益诉求，都在寻求独特的发展模式。中国石油企业"走出去"，秉承"互利共赢、和谐发展"理念，就是用自己的努力向世界表明，实现"和而不同、合则两利"，就要直面存在的矛盾分歧，就更需要深入开展国际对话和交流，求互信，求共识，求合作。

因为，能源的未来就是能源产业间的相互依存。

中国石油企业认为，基础设施的合作战略与资源国的经济社会可持续发展紧密结合，只有把资源国的可持续发展利益容纳到跨国公司的整体合作规划和发展战略之中，才能使合作模式具有可升级和可持续的发展空间。更重要的是，没有任何油气企业能自绝于全球市场获得发展，也没有任何国家能脱离于其他国家实现"能源独立"，只有建立"全球能源安全链"的科学认识，树立相互依存的能源安全观，中国乃至全球油气行业才能在合作共赢中实现可持续发展。

当前在能源相互依存，利益相互依存，发展相互依存的环境下，如何将上游油气勘探开发领域的"和而不同、合则两利"的经济模式转变为贯通油气全产业链的，涵盖各利益相关方的综合"共赢产业发展模式"，并将其在全球油气合作中推广，尚待中国石油企业与各方进一步携手努力。

3. 为油气行业可持续发展提供"中国创造"的"全球芯"

中国石油人用科技的力量，迎来我国油气事业的一个又一个"旺季"，砥砺参与世界经济大循环的强劲脉动的"全球芯"。

中国标准不仅成为海外项目快速发展的直接动力，而且成为在海外叫响中国品牌、贡献给世界石油工业的"中国智慧"。

与此次大会同期举行的技术装备展览，成为各大公司展示核心竞争力的舞台。无论是经营理念文化内核等软实力，还是技术装备等硬实力，数百家公司和组织同台竞技。不言而喻，大会向人们传递，谁拥有核心技术，谁就能在下一轮油气革命中抢占先机。

会上，中国石油重点展示致密油开发、聚合物驱油提高采收率等技术，中国海洋石油展示的深海油气勘探技术等，吸引了众多政府官员、石油公司高管和能源专家学者关注。

从中折射出的是在全球竞争中的"石油力量"。

在国际石油市场，技术就是王道。真正的实力是"你找不到油田，我能找到；你找到小油田，我找到大油田"，是"你打不出油来，我能打出；你打出的少，我打出的多"这样的"硬道理"。

中国石油企业"走出去"初期，实力相对较弱，国际经验缺乏，凭什么在海外市场与强手一较高低？"核心技术买不来"，加之中国石油进入国际市场啃的都是"硬骨头"，海外的油气藏类型，许多与国内不同。没有勇于创新的作风，没有科技创新的能力，就难有立足之地。发挥原有技术优势和增强持续创新能力，成为海外油气业务发展的原动力。

2013年初，一则消息引发国际石油界关注。中国石油"走出去"首个项目——秘鲁6/7区项目传来捷报：这个已开发140年的项目区块，依靠精细化管理和技术创新，日捞油百万吨，老油田重获青春。更引人注意的是，这个项目超过一半的产量是从老井中捞出来的。

这样的案例不胜枚举。2005年，中国石油成功收购哈萨克斯坦PK项目。该项目的油气勘探和开发始于20世纪六七十年代的苏联时期，是高成熟的油气勘探区域。中国石油接管后，必须在短时间内发现经济的可采储量，勘探区域合同才有可能获得延期批准。面对紧迫形势，中方科技人员突破前人的研究框框，利用三维地震资料重新进行解释，辅之以邻区钻井资料分析，最终部署8口探井，7口井获得高产油流。

通过跟踪前沿技术，掌握关键技术，开发核心技术，把国内50多年形成的成熟配套适用技术在海外融合创新，相继在苏丹迈卢特盆地发现法鲁济世界级大油田，在哈萨克斯坦滨里海盆地发现希望油田，在委内瑞拉开发奥里诺科超重油。坚持管理创新，海外油气业务发展形成了一套融合国际惯例和中国石油工业特色的管理模式，即"全球化思维、差异化定位、专业化管理、一体化运作、本地化立足"，带来了高效率和高效益。

值得一提的是，中国石油工业特色优势技术在海外成功应用，助推着国际油气合作业务高速、稳健发展的同时，中国标准不仅成为海外项目快速发展的直接动力，而且成为在海外叫响中国品牌、维护中国石油整体利益的有力手段。

2009年，中亚天然气管道建设管材比选阶段，中方提出使用螺旋管技术标准建议，并邀请俄罗斯科学院知名院士和17个钢厂、制管厂代表，与中方专家一起研讨、确定螺旋管技术标准，获得他们对中国螺旋管技术的认可。这一改变直接节省投资近6亿美元，并带动了中国钢管走向中亚。

目前，另一项管道技术标准——中亚天然气管道在线维抢修技术标准，也被推广到了乌兹别克斯坦和哈萨克斯坦。这一标准改变了中亚地区原有的技术标准和技术规范，对管道安全平稳运行、确保特殊工况下72小时内恢复通气至关重要。

这是中国创造的魅力，也是贡献给世界石油工业的"中国智慧"。

回顾前20届世界石油大会，"科技"成为大会主题的就达7次。而中国石油工业融入全球化合作的曲折历程，每一次跨越，都伴随着一项项技术的革新，和着国际石油科技进步的脉搏，以石破天惊的科技力量带给发展崭新机遇。

创业初期，正是老一辈石油地质工作者创新性地提出并运用"陆相成油理论"指导实践，才有了大庆油田的发现，支撑起中国石油能源的半壁江山。

今年年初，正是新一代石油科技工作者坚持理论创新和技术进步，突破并丰富了古隆起形成和演化、油气运移和成藏等油气地质理论，才有了安岳龙王庙这个目前我国单体规模最大的特大型海相碳酸盐岩整装气藏的发现，新增天然气探明地质储量4403.85亿立方米。

当以"三次采油"为代表的"大庆技术"享誉国际，当"大庆聚合物评价方法"等专有名词写进世界石油词典，当自主研发的万米钻机在国际市场奇货可居，当管道燃驱压缩机组、大口径干线截断球阀等国产化装备大规模应用，当"两带三中心"的世界油气格局判断越来越多地被业界认可……正是通过积极提升自主创新能力，培育一批具有自主知识产权的核心技术，在国内，科技进步贡献率达到52%以上。

因此，也就不难理解，壳牌为何将董事会议移到中国召开，走进以老油田高效开发闻名的大庆油田参观交流；也就不难理解，国际跨国公司为何频频向中国石油企业伸出橄榄枝，诚邀共同参与油气合作开发。

中国石油人用科技力量迎来我国油气事业的一个又一个"旺季"，砥砺参与世界经济大循环的强劲脉动的"全球芯"，传递出搏击全球化浪潮的中国力量。

展望未来，在油气开采难度日益加大、油气供应难度日益增大、原油质量日益下降、环保要求日益提高的背景下，技术革命势必将成为解决上述问题的重要措施。中国石油企业应看到这一点，在非常规勘探开发技术与装备制造、高效炼油化工技术与装备制造、低碳化油气利用与装备制造领域加大投资力度，争取取得相应突破。

4. 为全球油气治理机制重建唱响"中国声音"

对中国而言，要从变幻莫测的全球油气格局中获得发展机遇，必须融入全球能源格局的大调整、大变革，参与和影响全球油气治理的重构过程。

伴随着中国在全球能源消费端地位的不断提升，中国石油企业国际化经验的不断积累，以及在商业决策战略选择与实践操作上的逐渐成熟，"中国角色"在全球能源治理舞台上日趋重要。

金融危机后全球经济缓慢复苏，世界能源领域正处于大调整，大变革的时期。这将为全球石油行业的发展带来革命性的变化。

一是能源技术革命快速演进，特别是一些智能技术、纳米技术的应用，使得科学创新及跨学科技术合作在油气行业发展中发挥着越来越重要的推动作用。

二是能源供求格局出现了重大变化，消费需求重心东移，全球供应多中心化，使得维护供应安全与需求安全相互制衡，确保资源国、进口国、石油公司相互协同，成为保障全球能源安全的关键。

三是能源地缘政治日趋复杂，特别是美国处于实现"能源独立"的进程中，国内能源自给率逐年上升，尽管不会撤出中东及放松对全球能源市场的把控，但美国原油进口减少及国际市场不稳定因素增多的趋势日益明显，安全通道的风险增加。

四是经过前一轮资源国有化浪潮，以墨西哥为代表的部分资源国开始重启、开放及私有化政策，开放石油天然气市场，吸引国外资本和国内私营资本进入，特别是在非常规油气开发、深水油气开发领域，开放力度较大。

正是在国际格局大变动、国际秩序大调整的大背景下，全球能源治理规则发生了重大变化，多边合作和新的国际治理规则成为共识。比如采掘业透明度倡议（EITI）在非洲等发展中资源国和发达国家的广泛推广，全球气候变化和环境保护措施对中国国家石油公司在发达国家和其他国家的合作提出更加严格的要求。对此，专家表示，中国石油公司的全球化经营如果不适应这些全球倡议、全球议程和有关的国际规则，就有可能在与其他国际著名公司的竞争中落伍，更谈不上承担全球化经营的责任，使公司发展方式转向高效、绿色、和谐的发展方向了。

中国要从变幻莫测的全球油气格局中获得发展机遇，就必须融入全球能源格局的大调整、大变革，参与和影响全球油气治理的重构过程。这也是中国从大国走向强国，和世界紧密融合的必然趋势。

当前，中国对外能源合作取得了一项项重大成就。然而，由于历史及政治等各方面复杂原因，中国还未成为世界上影响力较大的国际能源组织——国际能源署、石油输出国组织、天然气输出国论坛、能源宪章、国际能源论坛、欧盟能源合作机制等的成员国；但伴随着中国在全球能源市场地位的不断提升，中国石油企业国际化经验的不断积累，以及在商业决策战略选择与实践操作上的逐渐成熟，"中国角色"在全球能源治理舞台上日趋重要。

中国一直积极参与世界石油大会，致力于推动和世界各国石油界的交流、学习与合作。1979年，第10届世界石油大会，新中国与世界石油大会第一次亲密接触，被吸纳为成员国。1997年，中国成功承办第15届世界石油大会，大会达成"21世纪是天然气时代"的共识。如今，这一共识正变为现实——据国际能源署发布的《2014年天然气市场中期报告》显示，中国对清洁能源的需求正在激增，未来5年，中国对天然气的需求预计将增长近一倍。预计到2019年，中国将进入"天然气的黄金时代"。

而在本届莫斯科世界石油大会上，中国石油集团成功连任世界石油理事会副主席，有7名中国专家担任会议主持，中方代表团近200人，展会面积达到1300平方米，中国石油集团有17篇论文（英文）被收录，11篇在会场张贴，6篇在大会上宣读，展示了中国对油气工业的认识及对行业可持续发展的思考。

其中,《优势互补构建东北亚天然气贸易体系》一文认为,基于市场的全球化、非常规资源和多元化供应,"亚洲溢价"问题有望逐步得到解决;《中国油气储运技术新进展》一文展望了未来中国油气储运技术在管网运行、海洋深水以及天然气储运方面的发展前景和趋势;《油气工业创新驱动发展能力评估》一文强调,油气工业必须实施以技术为核心的创新驱动发展战略,全面提升国际竞争力和可持续发展能力……中国代表围绕"负责任地提供能源,强力支持发展中的世界"主题,发出了响亮的"中国声音"。

不仅如此,中国还不断深化与世界石油理事会(WPC)、其他国际能源组织以及专业社团的合作关系。2013年3月,中国石油同埃克森美孚公司在北京共同主办了由美国石油地质学家协会(PG)、欧洲地质学家及工程师协会(EAGE)、SEG、国际石油工程师协会(SPE)发起的第六届国际石油技术大会(IPTC),吸引了来自全球的5000名参与者。这种国际组织同专业社团共同平行合作的模式得到了行业内积极的反馈,并为其他会议提供了范例。

显然,中国石油企业有需求也有能力在新一轮的国际能源治理中扮演更为重要的角色,提升其自身的市场影响力,新的变化对中国能源企业来说既是挑战,更是提升自身能源地位的重要机遇。为此,中国石油企业应该抓住这一机遇,在巩固和深化现有角色地位的同时,还应在国际能源市场定价、国际能源事务谈判权、国际合作范式的推广方面获取与其地位相应的权利,在国际油气舞台上唱响"中国好声音"。

"这是最好的时代""这是智慧的时代。"英国作家狄更斯的名句用来描绘我们所处的"石油时代"并不为过:油气行业比以往任何时候都更能接受复杂的挑战。而中国石油工业必将以更高的热情,持续推动行业变革与繁荣。

(2014年7月7日,王晓晖 刘宁洁 李向阳)

延伸思考

以大能源观大历史观书写"能源中国"

如何在融入全球化大潮、推进国际能源合作进程中,讲好油气中国、能源中国的故事,是新时代党的宣传思想工作对新闻媒体提出的更高要求。

在采访报道第21届世界石油大会时,一个声音始终萦绕脑际。被誉为"石油奥林匹克"的全球盛会,到底靠什么样的魅力吸引全球同行热情奔赴? 30多年过去了,世界石油大会对中国及世界石油工业有什么意义,带来了什么?中国石油工业,又为世界带来了什么?

在讨论碰撞中,思路逐步清晰:不论是从商品属性还是政治属性看,能源行业特别是油气产业,是一个有着悠久历史、成熟市场化、高度国际化的产业。写石油,不能只写今天的石油,还要写历史的石油、未来的石油;不能只写国内石油工业,还要写全球石油产业;要以大能源观、大历史观书写报道油气中国、产业报国、能源治理等,我们既要听世界的声音,也要让世界听到中国石油工业的声音。

因此,这篇报道的谋篇布局,就围绕两个剖面展开。

第一,立足世界地图前。全球坐标下,个体的审视将更有分量。世界石油工业需要中国。离开了中国,世界石油体系将不完整。改革开放之初,中国石油工业以非凡的气魄拥抱世界,加入世界石油理事会,融入国际油气发展洪流。而中国加入这一大家庭,也有助于全球了解中国。文中,我们以新颖的视角,展示作为全球最大油气消费国之一,中国保障自身油气安全就是为全球油气安全做出重大贡献。更为重要的是,砥砺全球化,"中国角色"在全球能源治理舞台上日趋重要,中国石油工业为全球油气投资创造"和而不同、合则两利"的"中国模式""中国方案",为油气行业可持续发展提供"中国创造"的"全球芯",为全球能源治理机制重建唱响"中国声音"。

第二,回望历史纵深处。浩荡长河中,发展的回响则更具昭示。三年一次的世界石油大会,是触摸国际石油脉搏的重要窗口。首次在中国举行的第15届世界石油大会上,"技术和全球化引导石油工业进入21世纪"成为主题。第16届大会聚焦"石油行业全球化",地球村的概念被引入到石油行业。第17届大会首次增设卓越业绩和社会责任奖,"社会责任""企业公民"引发业界深思。第18届大会提出一个重要命题:石油公司要向能源公司转变。第20届大会将关注的目光投向了天然气。当我们收回视线,瞭望前方。在世界石油工业160多年时代洪流中把握历史方位,在人类文明进步与全球能源演进的发展逻辑中洞察大势,方能做出审慎独到的判断:"没有任何油气企业能自绝于全球市场获得发展""建立'全球能源安全链'""树立相互依存的能源安全观"。波浪式前进，螺旋式上升，历史的车轮永远向前。

全球视野，历史坐标。正是这样的维度下，科学回答"中国石油工业给世界带来了什么；世界石油大会给中国带来了什么"这一时代之问、历史之问，就有了充分且信服的答案。

树立大能源观、大历史观，方能有大思路、大眼光、大手笔，记录书写时代变革中的石油力量、能源治理竞合中的中国方案，做历史洪流中的引领者、时代风云的记录者、行业发展的瞭望者、社会进步的推动者。

案例2：能源市场观察

案例作品

国际油价震荡，国内市场受压。受国际油价攀升影响，国内成品油油价此前随之上调；随后一个时期，国际油价大幅回落，国内油价却并未下调。是国家行为还是企业价格"垄断"，消费者不约而同地锁定视线——

国内油品价格是如何形成的？

4月15日，在安定门加油站，王先生一边抱怨，一边将208.5元钱递给收费员。自3月23日成品油零售价上调以来，仅20多天时间，就比以前多花去70多元。可令王先生不解的是，国际油价涨的时候国内油价跟着涨，可近期国际油价大幅下跌，国内油价为何不跟着下调呢？国内油价与国际油价是怎样接轨的，国内油价又是如何形成的？

受国际油价大幅攀升影响，国家发改委于3月23日上调成品油零售中准价，此后，中石油、中石化旗下加油站汽油的零售价随之上调。在北京，90号汽油价格由原先的3.42元/升调至3.67元/升；93号汽油从3.66元/升涨至3.92元/升。这是继去年8月以来的第二次上调。但自4月4日以来，国际油价高位回落，连续两周走低。国际油价波动，引发了人们对国内油价是否跟进下跌的疑问。

某大型门户网站此前的一次调查结果显示，在投票网友中有超过一半的人将目光锁定目前的油品定价机制。

政府指导价下的价格形成机制

我国目前现行的石油价格形成机制是沿用2001年制定的标准，汽、柴油零售价实行政府指导价：即国内汽、柴油价格与新加坡、鹿特丹和纽约三地市场价格挂钩，当三地市场价格平均涨跌幅超过一定程度，由发改委（原国家计委）制定并公布零售中准价；具体零售价由中石油、中石化集团公司在规定浮动幅度内确定，浮动幅度为上下8%。

让我们沿着时间脉络梳理一下国内原油、成品油价格管理体制变迁的轨迹。概括说，大致经历了三个阶段：早在1998年6月，国家计委出台了《原油成品油价格改革方案》，规定国内原油、成品油价格按照新加坡市场油价相应确定；两年后，随着我国成为石油净进口国以及适应成品油市场发展的要求，国内成品油价格进入与国际市场的接轨阶段，即国内成品油价格随国际市场价格变化相应调整；2001年国内成品油价格接轨机制进一步完善，主要内容是由单纯依照新加坡市场油价确定国内成品油价格改为参照新加坡、鹿特丹、纽约三地市场价格调整国内成品油价格，并一直沿用至今。

应该说，经过三次改革，成品油价格机制发生了质的飞跃，为我国石油工业发展创造了更为宽松的环境。

高油价暴露"定价机制"尴尬

然而，随着全球化进程的加快和能源供需情况的日趋复杂，现行的"定价机制"已不能适应我国油品市场发展的需要。特别是在当前高油价"暖"潮中，机械、滞后的油价形成机制则一定程度地扭曲了市场参与各方的行为。表现在：

首先是不能反映生产商的成本。高油价时代迫近，中国40%左右的原油依靠进口，此种情况下，原油依据国际市场价格每月一调，而成品油则不定期。数据显示，自国家发改委于今年3月23日上调成品油零售中准价后，由于受多种因素制约，成品油的国内价格仍然比国际市场价格每吨低1000元左右，炼厂进口高价国际原油生产，而出售的成品油价格却低于国际价格，无法从根本上缓解国际原油价格上涨对炼油厂造成的成本压力。

面对舆论的所谓"垄断"之说和对成品油价格上调的质疑，作为主要生产商和供应商的两大集团有口难言。近年来，两大集团克服困难，顾全大局，通过一系列措施，将国际油价高位震荡的风险自身消化大部分，来减缓对消费者的冲击。依照我国油价调整机制，两大集团即便在8%内相应上调，但调完价后，市场价格与企业生产成本相比仍不匹配。

其次是不能反映国内真实供需关系。比如柴油需求量大但价格低，从一些加油站了解到，目前柴油资源仍然比较紧张，但批零价差很小。以汽油为例，虽然近一年来油价"只涨不落"，甚至供不应求，但由于政府在权衡各方利益特别是照顾消费者的情况下制定中准价，因此，高油价虽让普通消费者犯难，但目前呈现出的已经是在一定程度上被压抑的价格了。如真正实现市场化，像王先生一样的用户对高油价的承受力则令人担忧。此外，定价机制误导消费行为、助长投机行为等弊端凸显。

一直从事油品价格研究的中国石油炼油与销售公司价格管理处处长吕东悦指出，主要是国内油价没有真正与国际接轨，对国际油价反应滞后，定价离市场化太远。业内人士对此进行了剖析：

——调价时间滞后，未能及时灵敏地反映市场变化。现行国家确定的成品油零售中准价，是要在国际市场三地价格加权平均变动超过一定幅度时才作调整，每次调整至少一个月，有时则更长，所调价格时过境迁。

——机械接轨，忽视世界各地成品油销售消费结构、习惯、季节变化及需求与国内市场不尽相同的事实，造成产品比价不尽合理。目前除石油、石化两大集团外，全国成品油社会批发经营单位两千多家，也很难全面地对市场状况作出判断。

——原油价格与成品油价格接轨不对称。原油完全按照国际油价变动情况，而成品油价格调整则有一个稳定的区间，致使生产企业原油进价与成品油销价不匹配，不利于产销衔接。

呼唤价格发现机制

近年来，呼唤改革现行油价形成机制的声音越来越高涨。专家指出，国家在成品油管理体制上存在政府定价行为，在流通体制不做出改革的情况下，根本无法做到成品油定价市场化。

发改委价格司相关人士不久前表示，目前石油定价机制改革方案的重要内容之一，就是改变现行滞后的石油定价机制（主要指成品油），建立一个即时的、市场化的石油价格发现机制。这就意味着，今后发改委可能要将参照国际价格制定指导价改为直接与国际价格接轨的即时调整。

国务院发展研究中心研究员邓郁松认为,"直接接轨"的好处在于可以避免价格形成的滞后,杜绝囤积居奇的炒作行为,保证市场正常的供应。然而,持不同意见者则表示担忧,我国各种市场主体发育尚未十分成熟,全国统一的成品油交易市场(期货和现货)没有建立起来,在竞争不充分的情况下不宜放开价格管制,今后国际油价上涨,缺少了政府指导价的调控,完全依靠分散市场自发地形成价格,不利于市场的稳定。

不管是直接与国际接轨还是在定价基础上渐进式"改良",然而,有一点是毋庸置疑的,建立市场化的价格发现机制,将是成品油价格改革的大势所趋。业内人士指出,无论如何改革,都必须遵循宜稳不宜乱的原则。

(2005年4月27日)

案例作品

油价上涨　谁来埋单

成品油价格再一次上涨,一些"喝油"行业惴惴不安。汽车业、航空业和下游制品行业等与原油最直接相关的行业面临考验。记者日前对这些行业的业内人士和专家进行了采访。

汽车消费将面临考验

早在3月31日,国内汽油价格全面上涨,其中北京市的93号汽油从每升3.20元调整为3.46元,涨幅超过8%,攀上了2000年国家实行汽油浮动价格以来的最高价位。这是成品油价格第三次上调。

对销售持续低迷的车市来说,此次成品油价格上涨对汽车市场会产生哪些影响?是否让满目愁容的汽车经销商雪上加霜?汽车厂商认为,油价上涨对车市影响不大。虽然有消费者可能因为油价上涨考虑推迟购车计划,一个月油费多花百十元,还不至于影响整体购车计划。

调查结果表明,大多数汽车制造商和经销商并不太在意油价上涨可能给汽车市场带来的影响。这是因为自国家实行汽油浮动价格以来,市场已经适应了油价的这种变动。此外,燃油费用在整个养车支出中所占的比例有限,油价上涨给车主增加的开支一年也就是千元左右。这对于购买私家车,特别是购买中高档私家车的消费群体来说无足轻重。

一国产厂家市场部负责人认为,油价上涨增加的支出与全部养车费来比较,完全可以忽略不计;但从长远来看,油价上涨对消费者还是会有一些影响,今后汽车生产企业应该更加关注油耗指标。

某汽车专卖店的一位销售人员说,与轿车相比,SUV 耗油量大,其销售可能受到油价上涨的影响,但不会很大。他认为,油价上涨对 SUV 销售影响的大小与产品的档次直接相关,低价 SUV 受到的冲击会更大。但对于中档次的 SUV 来说,购买者是一个特定的消费群体,主要是一些集团或收入较高的消费者购买,油价的上涨基本上不会影响到这个消费群体的购买。

不过,一项调查显示,油价上涨打乱了人们的购车计划。某著名门户网站的一项调查显示,接近八成消费者的购车计划因汽油涨价而调整。超过一半的消费者表示"汽油费用不能不考虑";而有买车意向的人当中,有一半以上的人表示"要再看看油价情况"。

交通运输业利润降低

北京出租车李师傅算了一笔账:每辆车平均每天耗油 30 升,一个月就是 900 升;每升涨 0.4 元,一个月就多了 360 元,这还是保守的估算。

油价上涨已给交通运输行业带来较大影响,企业经营成本上升,部分企业经营效益明显下降,有的甚至出现亏损。深圳一巴士公司负责人告诉记者,自去年年底以来,深圳柴油价格已经两次上涨,每升涨价 0.5 元以上,该公司每月用油量约 100 万吨,现在每月光油费增加的成本就有 50 万元。深圳经营公交大中小巴的公司达数十家,粗略估算,每月增加的运营成本相当惊人。

国际油价持续"高烧",汽、柴油零售价上调,影响最大的莫过于出租车行业。北京出租车李师傅给记者算了一笔账,每辆车平均每天耗油 30 升,一个月就是 900 升;每升涨 0.4 元,一个月就多了 360 元,这还是保守的估算。其实,这是全国出租车行业的普遍现象。由于多数出租公司没有补贴,增加的成本只能由出租车司机承担。加之,这几年油价只涨不落,可出租车每千米的价格却没跟着涨,公司每月向司机收的份儿钱一分不少。对于出租车司机来说,唯一的办法就是多拉活,多加班,争取把损失弥补回来。

为应对高油价带来的不利影响,不少原来使用 97 号油的车主,正考虑降低用油标号,改用 93 号油。记者从北京市运输管理局获悉,针对此次燃油价格上调对出租汽车行业的影响,市运输管理局已向政府有关部门提出了"拟在租价外加收燃油加价"的应对方案,现有关部门正在加紧研究制定相关措施。

燃油电力业压力增加

深圳一发电厂负责人说：油价上涨后，每发 1 千瓦·时电亏损 0.2 元，也就是说满负荷发电每天就要亏损 60 多万元。油价上涨在增加原油生产企业利润的同时，也加大了对制造业的压力及相关行业的生产成本，进一步挤压其利润空间，从而最终反映到消费品价格上。

油价上涨对重工业冲击最大。黑色金属冶炼及压延加工业、化学原料及制品业、非金属矿物制品业、电力蒸汽热水生产供应业、石油加工及炼焦业、石油天然气开采业、煤炭采选业及有色金属冶炼及压延加工业消耗的能源占了工业用能源的大部分。

其次，依赖自备发电机组发电来维持生产的，柴油一涨价，发电成本进一步拉高生产成本，对于本来经营就困难重重的地方燃油电厂可谓"雪上加霜"。一家深圳发电企业负责人说："我们厂一天满负荷发电可以达到 336 万千瓦·时，油价上涨后，每发一千瓦·时电亏损 0.2 元，也就是说满负荷发电每天就要亏损 60 多万元。"另外，运用补贴政策鼓励企业自己发电应对"电荒"的地方政府，发电成本变高，迫使地方政府支付更多的补贴款。

业内人士分析认为，油价上升对燃油发电等行业造成不利影响，尤其石油涨价还会造成大量工业品的成本上升，因为石油和石油产品已成为众多行业和产品的原材料，如房地产中需要的玻璃、窗框，家用电器的主要器件、电线，甚至衣服、工艺品等。

民航业遭遇"冷冬"

在国际油价高涨的情况下，作为用油大户的航空公司受到沉重打击。

航空油料的价格和国际市场原油的价格是挂钩的。由于油料费用是航空业中仅次于人员费用的第二大费用支出，按国际航空运输协会的估计，航空公司的一般油料支出成本占公司运营成本的 25% 至 30%，当油价走高时，这一比例将高达 30% 或 40%。所以，油价一上涨，航空公司的开支就会大幅增加。今年中国国际航空公司预计，公司的油料成本将突破 30%，达到总成本的 35%。据中国国际航空公司此前的航空油料价格统计数据显示，航空油料价格一直在攀升，而且涨幅不小，7 月份比 6 月份上涨了 11%，8 月份前 20 天又比 7 月份上涨了 9%。8 月 23 日，每桶航油的价格更达到了 55.9 美元。根据国航的测算，按照燃油每上涨 1 美元，国航的成本将增加 1.1 亿元人民币计算。由于原油价格的大幅上涨，国航今年的油料成本将增长 18 个亿到 20 个亿。如果原油突破每桶50美元大关，国航的成本将达到120亿元，比预算多出53亿元。

而国内外的众多航空公司，都面临着和国航同样的难题。根据国际航空运输协会的预计，即使今年的原油价格能保持在平均每桶39美元的价格，全球航空业今年的亏损将高达100亿美元。

为尽量减少燃油涨价带来的损失，转嫁成本，国内外航空公司不得不采取提高运价的方式，把成本分摊到每位乘客身上。自4月20日以来，国内航空公司机票价格整体上浮了10%以上。7月初，中国国际航空公司对亚洲的国际航班收取8美元燃油附加费，对欧美航班增收14美元燃油附加费。8月10日，上海航空公司开始收取国际航线燃油附加费。8月24日，德国汉莎航空公司的所有航线提价。8月9日，英国航空公司远程航线的燃油附加费从2.5英镑调至6英镑。5月中旬，法国航空公司的远程航线每张机票上调了12欧元。今年9月1日起，荷兰皇家航空公司机票价格将上涨3欧元。

收取燃油附加费这一举措却抑制了航空需求，尤其是经济客位和短途航线的客运需求。事实表明，我国休闲乘客的比例已经减少，航空公司也相应减少了航班数量。影响还不止于此。对于正强劲复苏的民航业，受不断攀升的高航油价格以及未来航油价格不确定的影响，油价正触动其敏感的神经。

国际航空运输协会发言人安东尼说，油价上涨对航空业而言是一场灾难。面对无法预测的原油市场，对消费者来说，这只是一个开始。

（2004年9月1日，王晓晖　谭萍）

延伸思考

剖析偏激共振源头，有理大声讲出来

面对由大数据、移动化带来的舆论传播变局，能否在众声喧哗中发声定调，解疑释惑，在大流量与碎片化交织中引领主流价值，是媒体舆论引导能力的"试金石"。媒体必须直面新形势，适应舆论新生态，创新性地研究并遵循融媒时代的舆论法则，主动回应热点和公众关切，把客观新闻和正面宣传做实做巧，让正面报道胜过负面炒作，有理更要大声讲出来。

一个时期来，社会上对于国内油价走势的调整高度关注，对国内与国际油市接轨有诸多的误解误读。原本市场作用下的"油价上涨"，但在舆论场上，竟喧嚣起一种杂音，指责"央企暴利、价格垄断"，煽动市场上的一些负面情绪，进而"黑化"国企央企，对石油企业的声誉造成了很大影响。旨在直面社会关注热点焦点，正面发声，释疑解惑，通过对相关部委、机构和石油企业等的充分调查、采访后，笔者先后撰写了《国内油品价格是如何形成的？》《油价上涨谁来埋单》等稿件，对当时国内成品油的价格体系做了客观分析，从政府指导价下的价格形成机制、高油价暴露"定价机制"尴尬、呼唤价格发现机制等层面，有理有据，科学发声，回应社会关切，积极引领正面舆论。

同时，树立问题意识，及时捕捉舆论场中偏激共振的源头，发现问题、剖析问题。通过针对性的信息披露和权威的释疑解惑，引导公众破除成见，让理性判断胜过情绪宣泄。曾经有一段时期，因社会上对二甲苯（PX）项目等化工项目的误解误读，加之一些声音和力量别有用心地推波助澜，进而引发了不少反对PX项目建设的"邻避效应"，一度让人们对PX"谈虎色变"。为此，《中国石油报》精心策划推出了"七嘴八舌话PX"等专题报道，围绕大众关注"焦点"和认识"误区"，通过科学严谨的知识科普、专业权威的解读阐释，"理直气壮"地为PX项目正名。该系列科普微博被人民网、新华网、中新网等媒体微博转发。本报记者在参加全国两会报道时，提前设置议题，结合相关提案议案和对相关代表委员的采访，采写了《化工项目，正名必先正视听》等报道，这些理性客观声音，产生了很好的引导效果。

案例作品

天然气汽车为何"叫好不叫座"

在5月10日结束的第十三届中国国际天然气汽车、加气站设备展览会上，从参观者到参展商，从专家到业内人士，都传递出一个共同的声音：在交通运输领域"以气代油"大有可为，天然气汽车市场前景广阔。

按照所使用燃料状态的不同，天然气汽车主要分为压缩天然气（CNG）汽车和液化天然气（LNG）汽车。数据显示，与传统的汽油和柴油燃料相比，LNG汽车尾气污染物排放低，PM2.5的排放可以降低96%。不仅如此，目前用气较用油还可以节省成本达20%以上。正缘于此，天然气汽车受到市场的青睐。截至去年，我国天然气汽车保有量从2000年的1万辆猛增到2011年的100余万辆，中国已经成为亚洲第四大、世界第六大天然气汽车市场。

然而，一个颇为尴尬的事实是：一方面，近两年，我国LNG汽车在以年均20%以上的速度增长，CNG汽车销量年均增长更在30%以上，但截至目前，天然气汽车的市场占有率仅为5%，与市场需求相比还有较大距离；另一方面，天然气汽车市场正面临着加气站不足、天然气汽车的采购成本过高等诸多瓶颈，将不少消费者挡在了门外。

天然气汽车市场"叫好不叫座"的背后，是政府、社会和企业亟待解决的一个课题。

"以气代油"离不开汽车和加气站设备的配套发展。作为天然气汽车的唯一终端设施，现阶段建设加气站远比建设加油站复杂，加气站网络基础配套设施建设也远赶不上燃气汽车增长速度。以LNG重卡为例，尽管它被视为"救市"的新增长极，但由于缺乏加气站以及维修站等基础设施的配套，仍难以大规模推广。目前来看，推进天然气市场发展，谁来推远比怎么推更为迫切。

目前，国内LNG加注站建设相关制度规范亟待健全，特别是在消防、安全、规划等方面，在向政府报批、报建、验收等环节规范尚不完善，给LNG汽车产业发展带来诸多不便。

"酒香还得巷子浅"。无疑，天然气汽车市场发展，尤其是基础设施的配套建设，单靠企业和社会很难做大，必须靠政策去推动，离不开政府在政策和资金等方面的支持。当然，在我们对总体形势抱以乐观态度的同时，还应该加快天然气汽车关键技术的研究。

（2012年5月15日）

案例作品

国内成品油零售市场开放临近，加油站特许经营成为石油供应商扩大经营规模和争夺市场的重要手段。然而，一些加盟站违背特许经营协议，严重损害了特许企业的品牌形象——

特许经营，缘何许而不特

2003年9月，国内成品油市场经过近一年时间的整顿，取缔了违法违规经营的加油站，许多社会加油站被纳入中石油、中石化两大集团特许经营行列。北京市96%的社会加油站换上了中石油、中石化的统一标识，挂上了特许经营的牌匾。北京市115家社会加油站成为中石油的特许经营站，中石化将北京300多家社会加油站"收编"麾下。

一年时间过去了，特许经营成功与否？日前，记者在中油北京销售分公司采访了解到，由于加盟站良莠不齐，实行特许经营后，有的加盟站利用两大集团的品牌规范经营，日销量比加盟前大幅度增加；也有的特许经营站打着中石油、中石化的牌子却违规经营，上了执法部门的黑名单。两种截然不同的结果，引起我们对特许经营加油站管理的审视。

油品零售业发展的必然

作为一种零售连锁经营模式，加油站特许经营是指特许人通过签订合同将注册商标、专有技术、经营模式、服务标准等授予其他加油站使用，被授权的加油站按照合同约定在统一特许经营体系下从事成品油零售经营及相关服务，并向授权企业支付相应费用，继而实现"双赢"。这是油品零售业发展的必然。

许多国外石油公司将特许经营作为市场扩张的手段，取得了很大的成功。在我国，随着国家规范成品油流通秩序和加油站专项整治的不断深入，特许经营成为中石油、中石化两大集团扩大经营规模和市场份额的重要手段。谁拥有了终端市场，谁就掌握了竞争的主动权。在成品油市场竞争日益激烈的形势下，社会加油站成为石油供应商争夺的热点。

对于石油供应商来说，通过特许经营"收编"符合条件的社会加油站，可以增强企业的影响力，扩大市场占有份额，发挥规模经营优势，增强市场竞争力。作为特许经营加油站，可以依托大公司高质量的油品供应以及在消费者心目中良好的品牌形象，借鉴其先进的管理经验和规范的服务，赢得市场和客户，实现效益最大化。

正是借助中石油、中石化过硬的品牌、良好的信誉和规范的运作，严格遵守加盟协议的社会加油站尝到了特许经营的甜头。位于天通苑的立水桥加油站，实行特许经营后日销量从加盟前的4吨提高到10多吨。

特许经营缘何"许而不特"

特许经营在带来"一荣俱荣"的同时,也产生了"一损俱损"的效应。一些社会加油站打着特许经营的旗号,违背特许经营的协议,甚至违规违法经营。今年5月,北京科学城东路一特许经营加油站违反协议私购劣质油品销售,造成70余客户车辆打不着火、怠速不稳被投诉;另一家特许经营加油站因违规建设,存在安全隐患,被执法部门下令停业整改……这给特许企业的品牌形象造成了严重的损害。另外,特许经营加盟成员的接连流失更使特许经营雪上加霜。原本作为一种能够让加盟双方、油品消费者都受益的"三赢"模式,缘何出现"许而不特"的局面呢?

特许企业有自己的无奈。

无奈之一:与中石油、中石化两大集团一样,这些加盟站都是独立的法人实体,产权独立、经营独立、人事独立,除去一纸加盟协议外,和"盟主"平起平坐。

无奈之二:两大集团对社会加油站"收编"的意义主要体现在地缘战略上。因此,即使特许站问题很多,但将辛苦"圈"来的地盘拱手让人则又不舍,要管理却又鞭长莫及。

是什么原因造成特许经营今天的窘况,业内人士对此进行了解读:

其一,当初为了市场扩张,吸引更多的社会加油站加盟,特许方将加盟的门槛一降再降,甚至以免交保证金方式展开竞争。因保证金难以实现,特许方和加盟站之间就没有实质性的联结纽带,因此难以对加盟站的经营行为进行有效的监督和制约。

其二,社会加油站加盟的目的不同,特许双方难以形成凝聚力。由于国家加大油品市场的整治力度,明文规定只有特许站才能给予年检,部分加油站只是出于这方面才考虑加盟,当然"身在曹营心在汉"。另有一些加油站既想享受特许经营的权利,又不想履行义务,甚至利用特许企业之间的竞争讨价还价。加之特许企业加盟费用和进油价格的差异,更让社会加油站的加盟左右摇摆。

其三,油品供应的多渠道,给部分加盟站的违规经营提供了可乘之机。北京目前有82家油品供应商,中石油、中石化两大集团与社会批发企业之间油品差异化尚未完全建立,前者的资源优势往往被后者的价格优势所替代。按照2002年国家经贸委下达的文件精神,特许加盟条件之一就是社会加油站必须将两大集团作为唯一的油源供应方。然而一些加盟站仅从自己的利益出发选择供油渠道，以低价从别处购买一些低质量油品，然后与正规渠道购进的高标号油品混在一起销售，一旦出现质量问题和纠纷，受到"伤害"的是两大集团。

其四，在管理体制上，中石油、中石化缺乏相应的制约机制，也缺乏易于加盟站复制的、对市场具有吸引力的成功样板站，这是加盟站管理水平在短期内难以提升的原因。

由量的扩张转向质的提升

面对特许经营的诸多问题，两大集团结合现实，认真对待，逐步从量的扩张向质的提升上转变，加强对特许经营加油站的管理。

如何规范加盟站特许经营，专家指出，应遵循规范、统一、互利、渐进的原则，加强对加盟站的管理、服务、协调，加大督导力度，采取"淘汰一批、规范一批、发展一批"的办法，实现特许加油站数量和质量的同步提高。

针对目前的状况，专家开出了几剂良方：

——加强站点管理。特许者对加盟站的管理不能只维持在资源的供应和优惠的价格上，还应对特许加油站提供定期培训，提高特许加油站的管理水平。在经营中要一视同仁，增加计算机设备，站站联网，扩大IC卡的使用范围，为客户提供便利；同时通过联网动态掌握特许加油站的油品进销存数据，及时配送，更好地控制特许加油站的进油渠道。

——规范进油渠道。加盟站油品质量的好坏直接影响特许企业的品牌形象，因此，特许企业要对加盟站的进油渠道进行监督，对一味追求利益、从其他渠道进油并由此引发油品质量问题的取消其加盟资格。

——重视资金纽带。加大对特许加油站的收购、租赁和参股力度，通过资金纽带加大对特许加油站的管理力度。通过注入资金，改变这些特许加油站的管理模式，建立共担市场风险、共享成果的利益同盟，使双方关系由松散变得更加紧密。

此外，业内人士呼吁，政府应尽快制定相关法律制度，建立"退出机制"，以促进加油站特许经营在中国的发展。

无论如何，作为一种被实践证明有效、可行的经营模式，特许经营必将为我国油品零售业发展带来新的活力。

（2004年9月1日，王晓晖　陈莹　范明姬）

案例作品

作为国家战略性新兴产业之一，新能源产业在逐渐"升温"的同时，诸多隐忧逐渐浮现。这条路该怎么走，今天的态度和行动决定着人们该拥有一个怎样的"低碳"明天——

新能源"热"的冷思考

最近有两则消息吸引着人们的眼球。一拖再拖的新能源个人购车补贴政策终于出台；受新能源话题的影响，在二级市场上，多只新能源领域的股票近来的走势也趋于上涨态势。新能源产业在逐渐"升温"的同时，诸多隐忧也逐渐浮现出来。

繁荣背后有隐忧

2005年《中华人民共和国可再生能源法》颁布后，中国进入开发新能源的快车道。数据显示，过去五年，国家在新能源方面的投资增长率为年均144.3%，2009年投资达346亿美元，占世界第一。从时下看，新能源的发展，可谓形势喜人。

以其中发展最快的风电为例，连续三年实现翻倍增长，仅2009年风电装机容量达到约2200万千瓦。太阳能光伏发电建设已迈出重要步伐，仅西部地区就已经建了622座，我国已是世界第一大太阳能光伏电池生产国。随着节能或新能源车补贴政策的实施，在相关部门公布的《节能与新能源汽车示范推广应用工程推荐车型目录》中，国内几乎所有的主要汽车厂商都有新能源汽车上榜，列入目录的新能源汽车产品超过了100个。

但是，这种"繁荣"之下却有隐忧：一些地方政府和企业盲目上马新能源项目，或者重复建设产业链，致使某些产业刚刚起步，就已出现发展失衡或盲目跟风的前兆。以风电为例，截至2008年，我国风电装机总容量为1220万千瓦，相比并网总容量的894万千瓦，意味着至少有近28%的已建风电设备被闲置。而大型风电场建设与土地占用的矛盾也日益突出。

与遍地开花的新能源项目形成反差的是，新能源产品存在企业和政府热、用户冷的状况。就新能源汽车开发和推广来说，虽然厂家的热情有增无减，但市场一直冷清。据了解，思域hybrid曾经降价近2万元促销依然卖不动。充电式和纯电动车的补贴虽然颇高，但面临着电池成本高、充电标准不统一、充电设施配套亟缺的状况。人们担忧的是,"繁荣"背后是否存在"虚火"现象。据不完全统计,目前国内宣称获得纯电动轿车技术的整车企业已超过40家,数量远远超过日本和美国。

有专家直言,中国目前对于整个新能源发展缺乏周密、细致规划,产业规模不断扩大,发展速度加快,但普遍存在产业链尚不完整或上下游产业链无法对接的问题,一些行业的发展让人依稀看到了钢铁、水泥、煤炭等传统行业盲目扩张,然后艰难调整产能结构的影子。

低碳旗帜下的高成本困局

需要直面的是,以新能源和低碳经济为主要内容的生态经济的兴起,再一次将中国推到了历史选择的十字路口。新能源发展,面临严峻挑战。

当前,市场有种现象是,但凡贴上新能源标签的,多以低排放推介,高价格面市。发改委能源研究所副所长李俊峰此前直言,目前所有的新能源汽车没有一辆是低碳的,在社会上引发持续热议。

与发达国家相比,我国新能源平均技术水平偏低、利用成本较高,产品竞争力弱。中国风能发电的成本比火力发电高一倍;太阳能发电成本是火力发电的4倍。成本太高,影响了大规模推广。仍以汽车行业为例,业内人士指出,目前电池充放电的次数国际先进水平仅能达到3500次,国内所有厂商普遍不超过2000次。在成本方面,商用化标准把"每千瓦小时"电池的价格定格在了1200元,而国内普遍水平在4500元到5000元。

在低碳旗帜下,新能源是否能达到节能减排目的,业内莫衷一是。太阳能发电也并非绝对的低碳产业。太阳能发电过程环保,但是多晶硅的生产耗能很大。从动力汽车来看,发电本身会造成对整个资源环境的消耗,特别是现在70%至80%的电来自煤炭,充电式和纯电动车还是在消耗传统能源。

专家指出,中国新能源的推进必须破解高成本的困局。毫无疑问,对于新生事物新能源产品来讲,接受市场检验是第一位的。

传统能源清洁化任重道远

从中国中长期能源规划研究中可以看到,到2020年非化石能源的比重将达到15%。也就是说,煤炭等传统能源还将在很长的时间担当中国能源的主角。

发展生态经济的"着力点"在哪里,如何实现传统能源和新能源的协调发展，是摆在政府、企业和社会面前的重要课题。

专家认为，就当前而言，在加快新能源发展的同时，加大对传统能源清洁化改造，在中国经济快速增长、常规能源需求日益增加的情况下，是最为现实和迫切的，也是大有可为的。最现实的路径就是加快煤炭等的高效、清洁生产和利用。在大力发展新能源汽车的同时，也应重视传统的汽、柴油车新技术的研发，因为电动汽车是在传统汽车基础上更换了新的动力总成。如果传统汽车搞不好，将来新能源汽车也会落后于汽车发达国家。

新能源，如何才能走出一条新路？一个共识是，我国新能源发展应长远规划，科学规划和布局，避免追求短期利益，摆脱粗放发展的"老路子"，切忌一哄而上，重复开发。要在提高关键技术研发和自主知识产权上下功夫，国家应加大鼓励、支持力度，贯彻产学研结合、联合攻关的方针。国家的补贴资金，也应补贴给自主开发的产品。

诚然，大力发展新能源，不是为了赶时髦。就目前我国国情，如何让新能源真正成为经济发展的新增长点或者最重要的增长点，成为推进生态经济、实现清洁发展的新引擎，还有很长的路要走，还需要付出更大的努力。

（2010年6月21日）

延伸思考

新闻，回望之镜，瞭望之眼

有种说法，新闻是易碎品。但如果换个角度来看，今天的新闻是明天的历史，没有新闻的历史只能是故事。因此，新闻在记录、见证、书写时代的同时，必须经得起历史和时间的检验。如果将这种记录、见证的时间维度充分拉长，会更具意义。

新闻，不仅是历史的回望之镜，更是未来的瞭望之眼。记者，不仅是时代的见证者，也是社会变革的积极参与者。

沿着时间的逻辑线，从关注资源市场到聚焦管网建设、终端布局，从关注油气为主到油气热电氢等综合能源结构的转型，洞察与追踪国内外产业发展大势。在新闻的脉络里，我们见证行业的变革发展，鼓励和欢迎新能源加快成长的同时，也警惕繁荣背后的隐忧，谨慎地泼点"冷水"，未尝不是一件好事。比如我们在国内销售市场面临批发零售"双放开"的竞争新起点,既乐观迎接开放,也要用新闻报道方式呼吁避免网络无序扩张的"跑马圈地",以及"羊群效应"导致的盲目投资。在新闻的枝丫里,我们寄希望梳理出一些经验性、规律性的认知,为未来的发展提供借鉴,也给时代留下可资镜鉴的信史。这就是新闻的力量。

案例作品

日前,一则关于我国将提高天然气价格并逐步与国际接轨的消息,激起各界反应,价格机制改革再次成为关注焦点——

理顺价格:"福气"更"顺气"

消费市场:天然气,牛气?

近年来,国民经济快速发展,为天然气开发利用提供了良好的经济环境。一批批输气管线的相继建成投产,气区周边局域输气管线不断延伸和完善,为天然气加快发展创造了条件。我国天然气生产正进入快速增长时期。

随着国家能源消费结构的优化调整和环保标准的不断提高,人民生活质量的提高对使用清洁能源的要求,推动天然气产业加快发展以提高在能源结构中的比重。各地区普遍加快走城市气化道路和改变工业燃料和原料,天然气的消费领域正在逐步扩大,由过去以化工为主的单一消费结构逐步向多元化转变。

作为一种新型清洁能源,天然气在能源市场愈发"牛气"。

2003年,全国的天然气消费结构为:化工35.4%,工业燃料27.5%,城市燃气24%,发电13.1%,以天然气为城市燃气的气化率为15%。1998年至2005年期间,我国天然气消费量年平均增长20多亿立方米,增长率接近10%,2005年我国天然气消费量达到479亿立方米。与1998年相比,2004年城市燃气增长超过30%,工业燃气也呈现大幅增长态势。

然而,一个不容回避的问题是,天然气需求迅速增加的同时,供应则持续紧缺。统计数据显示,天然气的生产增长远低于需求增长,年增长率仅为7.5%,供应缺口逐年加大。发展改革委能源局油气处预测,今后20年将是我国天然气市场发展最为迅速的时期,国内天然气需求年均增长率将超过15%。

预计2020年国内天然气需求将达到2000亿立方米，国内生产1100亿立方米，对外依存度将超过45%。

消费者和企业：天然气，怨气？

又是一年寒冬时。相信不少人对前两年发生在北京、上海的天然气供应趋紧仍记忆犹新。据统计，我国今年将有600万千瓦的新建天然气发电机组因燃气供应不足而无法投入生产运行。交通行业的用气状况日益紧张，城市生活用气也不容乐观。

此中折射出的则是我国天然气价格改革的无奈与尴尬。专家表示，现行天然气出厂价格偏低，按热值当量测算，目前天然气价格仅为原油价格的三成左右。而成熟市场经济国家天然气与原油比价通常在0.84至1.21之间。长期偏低的气价，不利于促进天然气资源节约和提高天然气利用效率，不利于节约型社会和环境友好型社会的建立。

正是在这种大背景下，国家发改委于去年12月26日起在全国范围内适当提高天然气出厂价格。此举标志着我国对天然气价格形成机制的改革正式启动。从目前来看，国内的天然气供需环境和定价机制远未完全市场化。

一方面，能源企业有着自己的苦衷。长期偏低的气价，对资源的有效配置和经济增长方式的转变都不利。价格不能真实反映其价值和生产成本，亏损生产或者超低价运营，作为市场行为，只是权宜之策，从长远考量，必将大大降低天然气企业的生产积极性，最终导致国内天然气市场供需失衡。进口天然气价格与国内消费价格倒挂的现象，不利于我国天然气工业的发展。据悉，中国天然气国际谈判艰难，根源就是价格问题。国内能源企业越来越难以承受价格倒挂带来的压力，但又面对保障国内天然气供应的责任。

另一方面，是民众和广大消费者的"怨气"。目前我国天然气的使用规模快速扩大，天然气价格的上涨，对化肥、居民生活燃气、出租车等均有影响。尤其是工业企业中的用气大户，将为此损失上亿元，而我国的居民消费水平决定了消费者对价格的承受能力较弱，因此简单地把天然气价格与国际接轨很容易给相关方面带来冲击。

完善定价机制：天然气，顺气！

针对天然气价格水平不合理的状况，完善价格形成机制，理顺天然气价格与可替代能源的价格关系，就成为促进天然气行业健康快速发展的必然。

发改委相关负责人曾表示，考虑到一些经济欠发达地区承受能力相对较低,中国在天然气价格改革方案中将采取"小步走"的方式,适当延缓改革到位的时限。去年年底,中国将天然气出厂价格由政府定价、政府指导价并存,统一改为实行政府指导价。与此同时,天然气出厂基准价格将根据原油等可替代能源价格变化情况每年调整一次,不过相邻年度的调整幅度最大不超过8%。

事实上,自去年年底调整天然气价格后,发改委等国家有关部门一直在做各方面的调研。在今年4月份在河北廊坊召开的一次全国天然气开发利用战略专题研讨会上,来自国内天然气行业的专家在分析国内外天然气开发与利用现状,探讨天然气上游资源、中游运输与下游销售之间的平衡关系后指出,我国天然气的发展,需要形成完善的气田—输气干线—用户产业体系,并由此产生良性互动,促进上中下游共同发展。

专家指出,在我国加快建设节约型社会的征程中,对不可再生资源天然气的开发利用,相关决策部门应在综合考虑国内天然气资源和消费状况、国内天然气企业和消费者对价格的承受能力、全球天然气供需远景、国际天然气定价经验的基础上,以保持国内长期天然气供需平衡、保证国内能源安全为目的,建立能够真正反映天然气市场供求状况和资源稀缺程度的价格形成机制。

目前比较集中并具可操作性的建议有:一是优化调整消费结构。在天然气供应中应当优先保证大城市和大气状况差城市的居民用气和工业锅炉、窑炉用气等,提高利用率。在供应能力相对过剩的情况下,可向中小城市辐射并考虑发电使用。二是由于电力、石油和天然气相互的替代能力很强,尽快按经济规律理顺各种能源的比价,运用价格杠杆调升价格水平。三是在鼓励使用天然气的同时,广泛开展天然气利用方面的教育,在全社会形成节约用气的好风气。

无论是小幅上调,还是直接接轨,抑或是市场化定价,还是差别化定价,政府需要解决的是,深化改革,理顺关系,在市场资源配置机制上实现突破性转变;从公共政策的角度全面考虑,维护公平。

(2006年11月29日)

案例3:产业趋势分析

案例作品

航空生物燃料的"石油机遇"

2011年10月28日,无疑是中国航空和清洁能源发展史上历史性的一天。

9时30分，加载由中国石油研发生产的生物燃料的一架国航波音747客机，在空中完成包括高度、速度等多项技术指标验证，航行一小时后，平稳降落在首都国际机场。标志着中国航空生物燃料首次用于客机验证试飞取得成功，中国航空生物燃料产业链已被打通，中国石油已具备提供航空生物燃料的技术条件。

这是中国航空业向绿色、低碳发展转型的重要标志。这是中国石油推动清洁能源发展的重大跨越。这是航空生物燃料在我国商业化应用的前奏——

绿色天空——航空运输业必然选择

万里航程，从油开始。

一架架航机一飞冲天，翱翔碧空，拉出道道现代工业文明的绚丽弧线，同时，也留下了深深的"高碳"印迹。

人类社会从来没有像今天这样，给予了作为"高碳"俱乐部重要成员之一的航空业如此的关注，也发出了发展航空替代燃料的迫切呼唤。

全球都在紧盯生物燃料的背后，是航空业的"不堪承受之重"。

一方面，随着航空业的不断发展，对燃料的需求与日俱增。统计数据显示，全球航空运输业每年消耗15亿到17亿桶航空煤油，呈高速增长态势。随着燃油资源的日益紧缺，不断上升的燃料成本，成为航空公司的最大成本支出。近两年来，由于原油价格一直在每桶100美元左右徘徊，国际航空运输协会2011年6月下调了航空业盈利预测。目前，燃油成本占航空公司总成本的比例已经接近40%。

另一方面，航空业正面临日益苛刻的环保约束。尽管航空煤油产生的二氧化碳仅占人类排放量的3%，但其产生温室效应危害较大。

为应对温室气体对气候变化的影响，国际航协代表整个航空业向国际民航组织提出了2050年碳排放量比2005年减少50%等三大承诺目标。2009年8月欧盟也公布了"绿色天空"计划。2010年10月国际民航组织（ICAO）第37次会议上，所有成员国承诺了一个框架性减排目标：到2020年全球燃油效率平均每年提高2%，到2050年航空业实现碳中和。碳中和的实现方式包括生物燃油、空管技术改进、飞机和发动机技术的创新等。

不过，当下国际社会的共识是，面对能源危机和气候变化的双重挑战，仅凭飞机燃烧效率和航空公司营运效率的提高，无法确保能源的可持续，也无法从根本上实现碳减排。由于飞行器自身原因和安全因素，风能、水力、核燃料和太阳能等可替代能源目前均不能满足航空业的需要。

无疑，寻找新的替代能源，发展航空生物燃料，成为"绿色航空"的必由之路，也是促进节能减排和实现航空运输业可持续发展的必由之路。

不与民争——小桐子"托起"大飞机

10月28日9时50分，当执行本次试飞任务的机组成员面带微笑缓缓走下飞机舷梯的时候，中国航空生物燃料的发展从此驶上快车道。

"生物燃料飞行与正常航空燃料没有区别，加速性能良好"。机长郑为民铿锵的话语让人们鼓舞和回味，由中国石油为此次试飞任务提供的航空生物燃料的原料——一种叫作小桐子的林木果油，也一时间被更多的人所熟悉。

人们想知道的是，中国石油的小桐子，是如何"托起"了波音747大飞机。以小桐子等为原料的生物燃料，又有着怎样的优越性和经济性？

让我们将目光回转。

6月29日，在一架从荷兰阿姆斯特丹史基浦机场出发，飞往巴黎戴高乐机场的航班上，荷兰皇家航空公司就首次采用了生物燃料进行飞行。荷航也因此成为全球首家使用生物燃料进行商业飞行的航空公司。据悉，目前全球已有6家航空公司和飞机制造商进行了十多次生物燃料试飞。生物燃料飞行，成为未来航空公司竞争的制高点。

事实上，起初生物燃料并不被看好。有专家指出，以玉米、甘蔗、大豆和蓖麻等粮食作物和油料作物为原料的第一代生物燃料，因其"与民争食"而饱受非议，同时还面临原料供给的瓶颈。正因此，人们将目光投向了以麦秆、草和木材等农林废弃物和贫瘠土地上生长的木本植物作为原料的第二代生物燃料。

本次试飞的航空燃料，是由传统的航空煤油与航空生物燃料按照50比50的比例调和。所需航空生物燃料的原料就来自中国石油碳汇林基地结出的小桐子果实。

波音公司中国区总裁马爱伦认为，航空生物燃料的原料具有不与民争粮、不与粮争地的显著优势，在生长过程中从大气中吸收大量的二氧化碳。与传统航空煤油相比，航空生物燃料在生命周期内可帮助环境减少60%到80%的温室气体排放量，还可以减少航空业对石油的依赖，对降低航空公司的运行成本和风险具有重要意义。

专家介绍，航空生物燃料采用植物油脂如小桐子等非粮原料，采用加氢法工艺生产。一个特别优势是，使用过程中不需要重新设计发动机，也不需要投资新建单独的燃料运输与加注系统，可直接与传统化石燃料调配使用。

航空生物燃料的经济性是目前全社会最关注的问题。本次试飞燃料研发与生产项目负责人、中国石油石油化工研究院副院长认为，生物燃料产业链涉及农业、物流、化工、能源和航空等多个行业，范围十分广泛，具有极大的发展空间。从这次试飞用油的准备过程看，现阶段航空生物燃料的成本确实要高于常规化石航空燃料，从原料的采收、加工、储运和炼制均以行业最高标准实施，并且只生产了 15 吨，并不是规模化生产。可以预见，随着技术进步、工艺优化和生产规模不断扩大，成本肯定会降下来。航空生物燃料会越来越具有竞争力。

专家指出，生物燃料发展要与国际接轨，加快制定相关法规、技术标准及认证制度，争取在生物能源领域的话语权、裁量权。

一飞冲天——助推生物燃料"展翅"

发展生物燃料，向绿色低碳转型，对于中国航空业来说，既是挑战，更是机遇。

我国作为世界第二航空大国和全球最大的飞机消费市场，2010 年，航煤消费量约 1600 万吨，预计 2015 年将达到 2800 万吨。航煤成本已占总成本的 36% 至 40%。

我国政府非常重视发展航空生物燃料，早在 2010 年，在中美两国清洁能源领域合作协议的框架内，国家能源局就牵头成立了航空生物燃料指导委员会及清洁交通工作小组。

根据国家能源局的统一安排，2010 年 5 月 26 日，中国石油与中国国航、波音公司等联合签署了《关于中国可持续航空生物燃料验证试飞的合作备忘录》，计划于 2011 年在中国进行首次航空生物燃料的飞行演示。通过试飞，将验证航空生物燃油产业链在我国的可行性以及可持续性。

"立即组织航空生物燃料开发，中国石油一定要拿下这个任务。"集团公司和股份公司高度重视，作出重要部署。

试飞油料的关键技术开发和生产组织落实重担，就落在了中国石油石油化工研究院的肩头。以非粮小桐子油脂为原料的航空生物燃料关键技术研究，在我国还是全新课题。为了能按时保质提供试飞用的 3 号航煤，受命承担任务的石化院立刻组建骨干科研攻关团队，与中国航油、波音公司和霍尼韦尔、环球油品公司（UOP）等通力协作，在无先例可循的情况下，大胆探索，共同攻关。

且看中国石油的脚步。

2010 年 10 月，完成小桐子种子收集、毛油压榨；2011 年 1 月，完成精炼油制备；美国合作方在化验精炼油后评价说：中国石油提供的小桐子精炼油，是他们见过的最洁净的精炼油。4月，完成15吨航空生物燃料加工任务；5月完成分析检测，质量完全符合试飞标准；6月24日与中国航油完成了15吨航空生物燃料的交接；10月16日，验证飞行所需试飞油料在中国航油完成掺调和分析检验，各项指标均符合国标及适航审定有关要求。

10月28日，无疑是中国航空生物燃料发展史上具有纪念意义的一天。

这一天，来之不易。

为了控制和保证毛油精炼质量，在云南边陲艰苦的自然环境中，科研人员以高度的使命感，克服种种困难：道路狭窄，崎岖不平，院科研人员每天坐交通车往返20多千米，每天工作9小时以上；地处高原，做出的米饭不好下咽，科研人员用菜汤泡一泡；样品分析检测，分析室里没有通风设备，虽然戴着口罩，难闻的气味仍然呛得喘不过气来，每天仍坚持在试验台前一站就是六七个小时……

试飞工作的圆满完成，标志着我国已掌握航空生物燃料加工关键技术，开发出一条以非粮小桐子油脂为原料、符合我国实际、具有行业竞争力的航空生物燃料全新产业链条，也标志着中国石油清洁发展又迈出了扎实一步。

低碳使者——生物燃料任重道远

选择低碳经济路线，是人类可持续发展意志下的"中国选择"，更是国际各国共生、共栖、共济下的"中国立场"。

中国石油作为国内最大的油气生产商和供应商之一，始终秉承"奉献能源、创造和谐"宗旨，致力于清洁能源、可再生能源的开发和利用。10年来，努力推动煤层气、页岩气、油砂、生物燃料等新能源业务的发展，取得了积极效果。作为清洁能源发展的积极倡导者和先行者，发展航空生物燃料，更是"中国选择"下的石油担当。

早在2007年，为推动我国林业生物质原料基地建设，中国石油和国家林业局签署合作协议启动"林油一体化"项目，利用四川、云南的荒坡林地种植小桐子，已建成小桐子能源林120万亩，远期将建成350万亩，年生产小桐子毛油20万吨。与国家林业局、中国绿化基金会等单位共同发起，设立中国绿色碳基金，并开展了以碳汇为目的的造林及森林经营活动。目前，中国石油碳汇林分布在全国15个省（区）市。

据统计，我国木本油料树种的种植面积为400多万公顷，种子含油量40%以上的有154种，现在产量能达到500万吨。同时，有5700万公顷宜林荒山荒地和盐碱地、沙化土地可种植生物质能源树种，发展生物质能源潜力巨大。

几年来，中国石油与有关科研机构、原料基地公司合作，掌握了小桐子规模化集约化种植的成套技术体系，通过无性繁殖育苗、树型修剪及矮化、高位换头嫁接、雌雄花调控、催花壮果等系列技术，大幅度提高亩产量。

可喜的是，原料林基地的建设，以及高科技技术的运用，不仅绿化了荒山荒坡，还增加农民收入、带动农村经济发展。农民通过种植小桐子，三年后每亩可实现收入500至800元，林下种植黑木耳，当年每亩还可收入千元以上，极大地调动了农民的种植积极性。

据悉，中国石油近期将在西南地区建设一套年产6万吨的航空生物燃料示范装置，每年可提供航空生物燃料3万吨，实现航空生物燃料的规模化生产，同时制定相关的标准及规范，并在国际航线上实现载客飞行。预计2015年，我国航空生物燃料所占比例将达到1%。

为绿色航空加油助力，为发展低碳经济率先垂范，中国石油仍在努力，中国石油正在路上。

（2011年11月11日）

· 旧闻新貌 ·

厨余油，从餐桌到蓝天

想象一下，我们涮完火锅的油，成了您乘坐飞机的燃料，这听起来是不是很神奇？

据《央视新闻》报道，2024年6月5日，加注由中国石化自主研发生产的生物航空燃油的国产商用飞机（包括一架C919大型客机），在上海浦东机场和山东东营机场成功完成首次试飞，验证了国产生物航空燃料与国产商用飞机的兼容性、安全性。

而这次试飞所使用的航空燃料，则主要由餐饮废油，也就是人们常说的"地沟油"提炼而成，并以40%的比例与普通航空燃料调和。要算经济账，也要算生态账。据报道，从地沟油变成为生物航空燃油，虽然生产成本是普通航空燃油的3倍多，但是碳排放量却可以减少一半以上。以目前我国每年3000多万吨航空燃油消费量计算，如果全部用生物航空燃油替代，预计每年可以减排5500万吨，这相当于植树近5亿棵。

> 从以小桐子等植物油为原料，到以餐饮废油为主要能源动力，十多年的技术攻坚背后，是石油石化央企践行绿色低碳理念、推进高水平科技自立自强的坚定意志和不懈努力。

案例作品

被视为缓解我国能源紧缺状况的一大突破口，煤层气产业受到社会广泛关注。然而，如何引导、规范这个新型产业健康发展，参加2007年国际矿业大会的代表和学者展开了研讨——

煤层气发展的中国机遇

经过20多年的酝酿、开发，以2004年沁水地区开发试验成功为标志，煤层气开发迅速在晋东铺开，并被视为缓解我国能源紧缺状况的一大突破口。为支持国内煤层气开采，相关部门制定了一系列优惠政策。今年以来，资本界对煤层气的热情更是陡然升温。

今年11月13日到15日在北京召开的主题为"落实科学发展，推进绿色矿业"的"2007年国际矿业大会"上，"中国煤层气开发与利用"受到中外与会代表和学者的关注。正逢"中国机遇"的煤层气产业，该走出一条什么样的中国之路呢？

新型产业的新前景

我国拥有丰富的煤层气资源，地质资源总量相当于国内目前常规天然气的地质资源量。

我国对煤层气的勘探开发利用，始于20世纪90年代初。我国煤炭、地矿、石油系统和部分地方单位，受国外煤层气勘探的启示，相继进入煤层气勘探领域，许多国外公司也纷纷介入，煤层气勘探日渐活跃。

中国石油于1994年成立煤层气勘探项目经理部，着眼全国，优选目标，勘探试验。1997年"煤层气勘探技术研究与试验"项目列为中国石油油气勘探科技工程项目，目的是加强煤层气选区综合研究，开辟煤层气勘探试验区，尽快总结出一套适用于我国煤层气勘探开发的成功经验，使煤层气开发尽快见到效益，促进我国煤层气工业的发展。有关数据显示，目前已探明煤层气地质储量为1180亿立方米，是天然气比较现实的后备资源，开发潜力巨大。已陆续在四川、鄂尔多斯、准噶尔和塔里木盆地以及东海、南海等地发现了煤层气田和含煤层气构造。

煤层气是一种以吸附状态赋存于煤层中的非常规天然气，也称"煤矿瓦斯"，其主要成分是甲烷。有煤矿"第一杀手"之称，作为一种危险气体，当其空气浓度达到5%至16%时，遇明火就会爆炸，这是煤矿瓦斯爆炸事故的根源。数据显示，在国内煤矿重大恶性事故中，瓦斯爆炸引起的事故约占70%至80%。从安全环保的角度来看，直接排放到大气中，其温室效应约为二氧化碳的21倍，对生态环境破坏性极强。资料显示，对于浅层煤层气，全国平均每开采一吨煤将造成1至1.1立方米的甲烷排放。

由此可见，因采煤每年排放到大气中的甲烷量是十分可观的。而如果把它"驯服"利用起来，则是一种品质优良的气体资源，可用于发电、民用及汽车燃料、化工等领域，就能成为一种热值高的洁净能源和重要原料。因此，煤层气利用产业化前景看好。不仅潜力巨大，而且对煤矿安全生产、节约资源、保护环境都具有深远意义

在本次论坛上，专家一致认为，我国煤层气开发与利用将进入快速发展期，预计2008年我国煤层气利用将出现大幅增长。随着我国经济发展对天然气需求的增加，煤层气这一巨大潜在资源在能源结构中的比例势将逐步提高。

借鉴经验走自己的路

全球已进入能源紧缺时代，煤层气作为气体能源家族三大成员之一，与天然气、天然气水合物的勘探开发一样，日益受到世界各国的重视。英国BP公司预测显示，2020年至2030年前后，天然气在世界能源结构中的比重将赶上和超过煤炭、石油，世界能源结构逐步向气体能源为主的趋势发展。

目前，国外开展煤层气勘探开发的主要有美国、澳大利亚、加拿大、俄罗斯、英国、法国、印度、南非等国家，其中美国已在多个盆地投入大规模开发，并形成工业产能。

以美国为例，20世纪70年代，美国煤层气工业刚刚起步，当时只有零星的探井。到70年代末，美国煤层气年生产水平不足一亿立方米，但到90年代末，年生产水平达到350亿立方米。在短短的20年中取得了令世界瞩目的成就，首先在于美国研究开发出一套适合煤层气勘探开发的工艺技术，为经济有效地开发煤层气起到了巨大的促进作用。美国的成功经验证实，煤层气勘探开发可获得明显的经济效益。一是勘探费用低，获利大，风险小。二是生产成本低，生产周期长。三是煤层气井经济效益好。国外对煤层气的成功勘探开发给

我们带来了许多启示。

煤层气回收增强技术被视为一种有广阔商业前景的新兴环保技术。一些美国专家认为，煤层气可成为一种稳定和比较干净的廉价能源。在煤气供应吃紧、天然气价格上升的背景下，煤层气回收增强技术将在能源工业中扮演重要角色。

俄罗斯煤田正加大对煤层气进行回收利用。俄专家认为，除了能够改善地区生态环境外，还可减缓全球气候变暖的趋势。据悉，俄罗斯各煤矿今后将会更加重视使用煤层气的回收技术，以控制本国温室气体的排放。几年前，德国企业界一直不采用煤层气。但是近些年来，在一系列政策法规的推动下，煤层气开发及相关设备的研制均取得了很大进展。法国绿色煤气公司董事长克赖斯在谈到煤层气回收时表示，对于煤矿企业而言，抽取煤层气发电在技术上并非难事，关键在资金，或者说融资方式。

追热投资的"羊群效应"

我国政府重视煤层气开发利用，经过长时间的研究与勘探实践，煤层气勘探项目取得了令人瞩目的成果。

应该说，2006年是煤层气产业发展具有重要意义的一年。在洁净能源和环保的双重要求下，我国出台了多项支持煤层气产业发展的优惠政策，如对煤层气抽采企业的增值税实行先征后退等。国内煤层气自营勘探轰轰烈烈，成效显著。现在，我国煤层气钻井数大幅增加，煤层气资源勘探开发方向逐步明确，对外合作成效显著，新技术尤其是水平井技术应用取得突破。中国煤层气开发利用，已成为世界煤层气工业关注的焦点，面临着发展的历史机遇。从当前来看，煤层气开采的最大拦路虎依然是技术难题。我国虽然基本掌握煤层气开发的主要工程技术，但远不够完善，存在技术创新能力和基础设施较为薄弱等问题。目前的技术只能解决一小部分煤层气资源的开采，利用率很低。正是当前能源的紧张状况，让人们对煤层气寄予厚望，反倒是掩盖了技术本身的弱势。

尽管目前市场对煤层气的需求远远大于供给，但产业化发展仍面临挑战。一个不容忽视的问题是，新型产业所带来的投资的羊群效应，在某种程度上使得行业发展变得更加困难和复杂。

有专家指出，该行业已过早地出现了虚热虚高现象。在本次会议专门举办的"中国煤层气开发与利用"主题论坛上，代表们回顾了中外煤层气勘探开发历史，交流经验，展望未来。当然，也少不了对产业发展的担忧。"外界对其前景过于乐观，出现虚假繁荣迹象。"奥瑞安能源国际有限公司总裁表示，虽然刚刚起步，但对该行业盲目投资、重复建设正充斥其中。中联煤层气有限责任公司负责人指出，煤层气产业整体有些过热，实际上问题还很多，并不是遍地是黄金。"目前过于悲观、乐观的情绪都不利于产业良性发展。"她举例说，"虚热"的一个明显特征是抢地盘现象突出——煤炭和煤层气公司争夺煤层气资源时有发生，因为协调开采的模式尚未确立。

年轻的煤层气产业除了面临技术、矿权归属等迫切需要解决的难题外，还由于目前我国对煤层气开发与煤炭开采间的协调发展模式也尚未建立，投资渠道不畅。一方面各种资金蜂拥而至，另一方面资金与产业链的对接却不通畅。专家建议，我国的煤层气产业政策应加快逐步到位，尽快促使其步入产业化轨道，应未雨绸缪，将煤层气长输管网建设纳入国家中、长期发展规划考虑。

（2007 年 12 月 7 日）

延伸思考

勇立行业"风口"，善发时代之问

新闻报道既是文化软实力，也是生产力。不仅要有料、有趣，更要有感、有用。能源行业媒体需要善用舆论场的水波效应，加强与社会的互动交流，提升传播力和引领力。产业趋势分析类报道，聚焦新近的产业动向、热点经济现象的发展走向等，进行观察分析和前瞻性预测。在洞察趋势、把握规律的同时，提出建设性的策略。

21 世纪的第一个 10 年前后，能源行业经历着发展转型期、动能转化期、市场接轨期的考验，航空燃料、煤层气、煤变油等各种能源新业态百花齐放，各种能源新势力竞相迸发。大家都在讨论，这些新事物、新动向、新进展，到底"好不好"，传统石油企业到底"要不要"顺势跟进，究竟"能不能"借势发展。产业变局的"风口"，是企业转型发展的机遇"窗口"，或更是变革图强"关口"？

与时代同频，发时代之问。这也是媒体人的神圣使命。媒体记者要勇做"风口"上的观察家，在观察和研究国情、行情、民情等基础上，为产业发展瞭望航向。

如航空生物燃料的报道，正是立足未来全球"绿色航空"竞争的制高点，以及航空业实现碳中和的必由趋势，探讨我国航空业生物燃料替代新途径，传统油企的优势、机遇和挑战等。作为缓解能源供应紧张局面一个突破口,煤层气产业的报道重点探讨如何把握"中国机遇"、实现科学发展,建设性提出"应未雨绸缪,将煤层气长输管网建设纳入国家中长期发展规划考虑"等建议。针对我国石油资源短缺、煤炭相对过剩的现状,人们在思考能否通过"煤变油"途径,改变我国能源结构困境,我们采写刊发了《煤变油,能源结构优化新战略》,从资源靠实性、技术可行性、效益可比性等方面,分析这一新产业的发展前景和趋势,为我国优化能源结构、积极寻求能源替代探讨科学路径。

从全球宏观环境看,如聚焦能源结构由煤、石油、天然气、新能源从"一大三小"到"三大一小",再到"三小一大"的变化,深入透视国家能源安全新战略的贯彻落实,前瞻分析能源结构的重塑与能源安全的保障等。如聚焦世界油气乃至能源格局的演进,从"一域两中心"到现在"两带三中心"的变迁,剖析全球能源治理变化带给能源企业的影响和挑战等。这些产业变革趋势和改革发展过程中的新情况、新动向,正是新闻报道中十分宝贵的选题,是公众和社会关切了解的资讯信息。

对媒体来说,在某种意义上,产业发展"风口",是新闻报道"窗口"。行业媒体通过调查研究,向决策部门提供前瞻性、预见性的意见建议,在行业产业变革调整中发挥自身独特价值,这也是媒体发挥辅政作用的具体体现。这也是媒体提升传播力、影响力需要攻克的转型"关口",更是媒体制胜的关键。

案例4:《记者看油价》专栏

为及时跟踪国际及国内油市变化情况,把握市场脉搏,2007年,《中国石油报·市场导刊》策划推出《记者看油价》专栏,从记者的视角,围绕各关口、重点时期等节点,加强对油价震荡分析、走势预测和动态追踪,力求让报道不停留于表面,为读者提供一个了解、观察油市的新窗口。笔者主笔期间,保证一周一篇的报道节奏,每期稿件千八百字。稿件多被转载,读者反响积极。后来由于个人工作外派驻站,这个栏目也阴差阳错停更,留下了遗憾。从以下作品中,可一窥该专栏报道油价的切口和视角。

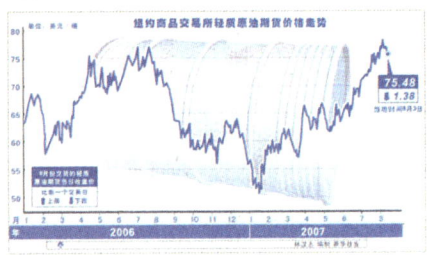

《中国石油报·市场导刊》首次推出《记者看油价》专栏的版面图

案例作品

从价格构成分析油价震荡动因

适逢"牛市",国际油价一次次冲破人们心理预期。

国际油价自去年7月创下每桶78.4美元的历史高点后,开始回落,到今年1月跌到每桶55美元。人们的庆幸并没有维持多久,国际油价以强劲态势上扬。

上周以来,纽约市场原油期货价格连创盘中价和收盘价新高。10月26日,纽约商品交易所12月份交货的轻质原油价格每桶比前一个交易日上涨1.40美元,收于91.86美元,再创历史新高。当天早些时候,该原油期货价格曾在电子交易中创下每桶92.22美元的最高盘中价,超过前一个交易日创下的90.60美元的最高盘中价。布伦特石油价格上涨1.21美元至每桶88.69美元。

数据显示,自8月份以来,国际油价已经上涨了近30%。让我们作粗略的回顾,在一年多的运行周期中,油价划出了棱角分明的"V"形轨迹。这道划痕也深深刺痛了国际石油市场脆弱的神经。

油价上涨究竟有哪些原因?从油价的构成分析,或许能够帮助我们理顺油价震荡的动因。

众所周知,石油作为一种特殊商品,它的自然属性决定了石油的价值体现——石油价格。在市场交换中,其价格高低取决于市场供求关系。供大于求,价格低开;供小于求,价格高走。

从供给看,目前,世界石油剩余产能不足,尤其是石油输出国组织(欧佩克)调节国际油价的能力下降。其次,世界炼油产能不足。从需求看,近年来,世界经济增速加快,石油能源需求随之增大。美国石油消费量占全球消费量的25%,进口量占27%,而完全依靠进口原料维持经济发展的日本对石油消费也在增加。

从这个角度分析,就可以作出一个推论,当前市场供求失衡恐慌,推动了当前油价的强劲攀升。体现在以下几个方面:美国原油库存减少、国际市场对原油供应紧张担心加剧。美国能源部24日公布的油品库存报告显示,在截至10月19日的一周里,美国原油商业库存猛降530万桶,大大超出市场预期;美国宣布对伊朗实施新的制裁措施和大批土耳其军队在伊拉克边境集结等消息导致投资者对原油供应的担心增加。另外,市场担心北半球冬季石油供应量不足也是导致油价短期上涨的一个重要因素。

同时,石油作为一种特殊商品,更体现在期货市场中所形成的期货炒作价格。这个价格则在一定程度上脱离了供求本身。可以说,投机炒作在一定程度上为高油价"煽风点火"。

有分析人士指出,目前导致油价持续上涨的根本因素还是来自供需失衡,即指石油作为商品的价格,而实际上往往这部分价格的波动并不大。而引起油价震荡走势的是原油期货市场中的投机者所赋予的浮动价格。有数据显示,去年以来,有8500多家基金的9000亿美元资金利用各种题材炒作油价。在新一轮油价飙升中,对冲基金的参与加剧了市场波动。

(2007年10月29日)

案例作品

世界石油市场看欧佩克"脸色"?

47年前的9月14日,一个自愿结成的政府间组织——石油输出国组织欧佩克(OPEC)宣布成立。47年后的今天,世界石油市场已不由自主地受欧佩克的左右。

欧佩克增产未抑制连续攀升的国际油价

为了稳定全球经济发展同时减少人们对原油库存减少的担心，两年多以来，控制着全球原油总产量40%的OPEC首次决定增产。9月11日，欧佩克决定，从今年11月1日起将该组织原油日产量提高50万桶。但出乎意料的是，国际市场油价不仅没有走低，反而继续上涨。12日，纽约市场油价盘中首次突破每桶80美元大关，盘中价格一度达到每桶80.18美元，分别创下历史最高盘中价和历史最高收盘价。13日，纽约市场油价首度收于80美元之上，连续三天创出历史收盘新高。

除了强劲的投机性买盘、飓风等推动原油价格上涨因素外，国际分析机构认为，市场判断OPEC从11月份开始的每天50万桶的增产"太少、太迟"，是导致油价上涨的重要因素。

国际石油市场看欧佩克的"脸色"，缘于西方工业化国家对石油的高度依赖，更在于欧佩克在国际石油市场的"分量"。目前，欧佩克成员国的原油、天然气产量分别只占世界原油、天然气总产量的40%和14%，但欧佩克成员国出口的石油占世界石油贸易量的60%，对国际石油市场具有很强的影响力，特别是当其决定减少或增加石油产量时。

欧佩克对增产缘何如此犹豫？

自1962年11月6日，欧佩克在联合国秘书处备案，成为正式国际组织以来，其旨在保持石油市场的稳定与繁荣，并致力于向消费者提供价格合理的稳定的石油供应，兼顾石油生产国与消费国双方的利益，欧佩克通过自愿减少石油产量，或在市场供应不足时增加石油产量的方法来达成上述目标。

在这一点上，充分体现了供应和需求这对矛盾体的辨证和统一。作为石油输出国组织的欧佩克，往往陷入两难，更是被置于全球舆论的风口浪尖。

在今年3月份的部长级会议上，欧佩克决定将其原油产量水平保持在每天2580万桶。由于油价不断飙升，近来欧佩克一直面临要求增产的压力。此前，欧佩克官员不止一次表明立场，认为全球原油供应并不短缺，也表达了反对关于欧佩克增加产量的立场。

科威特和阿联酋9日均表示，在欧佩克将于11日召开的会议上，成员国没有理由作出进一步增加原油产量的决定。科威特代理石油大臣穆罕默德·欧莱姆表示："目前还看不到任何站得住脚的理由来改变欧佩克的原油产量。"他重申，国际油价的上涨是地缘政治紧张和消费国炼油能力短缺所造成的，而不是供不应求的结果。欧佩克轮值主席、阿联酋能源部长哈米利也曾表示，目前的国际原油供应是充足的。

因此，欧佩克的增产决定让市场颇感意外。分析认为，欧佩克增产决定可以说是它对美国等用油大户妥协的结果。

在许多人看来，标榜保持石油市场的稳定与繁荣，并致力于向消费者提供价格合理且稳定的石油供应的欧佩克为何在增产问题上如此犹豫呢？

欧佩克秘书长巴德里的表态或许能让人们理解他们的些许无奈。他表示，欧佩克担心，一旦美国次级债危机得不到控制，将拖累美国和全球经济，导致原油需求下降。巴德里表示，"我们不希望加剧问题，我们给消费者的信号是，我们感到担忧。这正是增产的原因。"他补充称，欧佩克希望将明年的全球经济增长率保持在国际货币基金组织（IMF）所预测的5%的水平。

欧佩克明年轮值主席国阿尔及利亚的石油部长沙基卜·哈利勒在会后则公开表示了对增产决定的不满。他甚至把当天的增产决定与1997年的雅加达增产决定相提并论。1997年欧佩克在雅加达会议上决定增产，随后的亚洲金融危机导致需求大降，国际油价一度跌破每桶10美元。

当然，有一点是可以肯定的，世界石油市场的稳定并不仅仅取决于欧佩克的决定，许多"非欧佩克"因素同样影响着石油价格的变化。同时，我们也乐观地相信并期望，欧佩克增产的努力对稳定世界油价能起到一定的促进作用。

（2007年9月17日）

案例作品

"市场恐慌"揪住高油价神经

有人说，预测油价就像是"赌博"。因为没有人可以预测世界会发生什么，以及这种变化对油价的影响到底有多大。

从2005年始的最新一轮油价高位震荡仍在持续。2007年年初，纽约商品交易所轻质原油期货一度徘徊在每桶55美元左右。此后开始一路攀升，7月最高至每桶78美元，目前仍高于70美元，比年初上涨30%至40%。

人们不禁要问，谁搅动了国际原油市场，到底缘于哪些深层次因素呢？

让我们将视野放得更广阔一些。历史上，国际石油价格曾有过三次大涨，也就是人们所说的三次石油危机。

第一次石油危机（1973年—1974年）。国际市场上的石油价格从每桶3美元上涨到12美元。石油价格暴涨引起了西方国家的经济衰退。美国经济学家估计，这次危机使美国国内生产总值增长下降了 4.7%，欧洲的增长下降了 2.5%，日本则下降了 7%。

第二次石油危机（1979 年—1980 年）。伊朗爆发革命，随之伊朗和伊拉克开战，使石油日产量锐减，国际石油市场价格骤升，石油价格从每桶 14 美元上涨到 35 美元。此次危机也引起了西方主要工业国的经济衰退。美国政府估计，美国国内生产总值在第二次石油危机中大概下降了 3%。

第三次石油危机（1990 年）。当时海湾战争的爆发被专家形容是一场石油战争。对美国而言，海湾石油是其"国家利益"。3 个月的时间油价从每桶 14 美元一路飞涨，一度突破 40 美元。

不难发现，人们的恐慌心理笼罩了市场。国际油价犹如"惊弓之鸟"，稍有风吹草动，就可能引发新一轮油价的波动。

从近期的油价震荡中也可以得到印证。

由于投资者担心形成于大西洋的热带风暴"迪安"将袭击墨西哥湾中部地区，这对当地的石油生产设施会造成威胁，将影响到石油供应，国际市场原油期货价格反弹上扬。以 17 日为例，美国联邦储备委员会当天宣布将贴现率下调 0.5 个百分点，从 6.25% 降至 5.75%，纽约股市因此大幅反弹，从而缓解了投资者对美国经济走缓的担心，在一定程度上也促使当天油价上涨。

进一步分析，造成市场恐慌的无外乎以下几个因素。

一方面，从物质的自然属性看，石油只是一种商品而已，与其他商品没有区别，无论如何是离不开供求关系的。从供求方面看，因为经济强劲增长，需求会增加，一旦市场供应满足不了全球经济对原油的需求，就会引起油价上升。当市场预期供应不足长时间得不到缓解，无疑将造成市场恐慌，高油价将成为市场未来的长期走势。

（2007 年 8 月 20 日）

延伸思考

治水先"知水"，既看热闹更看门道

草蛇灰线，伏脉千里。

任何事物的运行发展，总有一定的底层逻辑，总有一定的规律可循。新闻工作就是要透过现象看本质，洞察经济生活运行中事物的相

互关联，捕捉蕴藏其中的规律。

石油，作为一种特殊商品，其自然属性决定了石油的价值体现——石油价格。理论上看，价格高低取决于市场供求关系这个基本面，供大于求，价格下行；供小于求，价格上行。当然，地缘政治、气候变化、供求平衡程度等因素相互交织，也推动着国际石油市场的走向，有时候是一种因素作用，有时候是多种因素相互作用，或凝聚合力，或削减力量。因此，透过瞬息万变的油价看其背后的主导因素，并非易事。对油价走势的观察和判断，要么静态地看，要么动态地看，后者无疑更为科学。

事必有法，然后可成。这让我们联想到大禹治水。大禹认识到，水的特性是流动的而非静止的，无法通过堵塞河道达到从根本上解决水患，必须"因水之性"采取"疏川导滞"的方法，最终成功治理黄河流域的洪水。

治水先"知水"。分析油价远比预测油价更为重要。科学应对油价，必先科学理性认识油价。正是基于此，《记者看油价》专栏，如同一方聊天室，一期一个话题、一种观点，从新闻传播的视角，与读者一起"把脉"油市，坚持以动态的方法，围绕国际及国内油市变化情况，加强对油价震荡分析、走势预测和动态追踪，为读者提供一个全新的观察窗口。

专栏努力尝试在供求关系中寻求油价震荡根源，从价格构成分析油价震荡动因，分析"市场恐慌"何来、国际油价缘何闻"风"上扬、市场投机如何"煽风点火"等。同时，通过"为"与"不为"的背后，分析世界石油市场缘何看欧佩克"脸色"，区域石油组织如何影响国际石油市场等，强调稳定油市需在供需对话中找出路。

理性认识油价，方能科学应对油价。栏目力求让报道不停留于表面，跳出油价看油价，跳出石油看油价，关联式看油价，如与股价、金价、菜价等的发散式联系。既看油价震荡的"热闹"，更要看油价背后行业发展的"门道"。这是新闻报道的价值所在。

案例 5："油价十问"系列

2016 年，《中国石油报》紧扣社会热点和大众关注点，策划推出"油价十问"系列，严格意义上应该是"油市十问"，旨在与社会公众一起，带着问题去拨开油价迷雾，透视油市迷局。

此系列由油价报道组集体创作。油价报道组：王晓晖、周问雪、刘宁洁、薛梅、王源、李妍楠。

系列报道标题如下：

油价十问① 中国原油期货缘何一推再推

看国际原油价格体系是如何养成的

油价十问② 国际油价为何欲振乏力

本轮油价波动与前三次有何不同

油价十问③ 本轮油价预测：权威机构为何集体失准

抵御市场风险：石油公司如何有效应对

油价十问④ 全球经济为何难从低油价中受益

油价的理性边界在哪里

油价十问⑤ 欧佩克控产提价为何屡屡难达成

石油市场话语权到底谁说了算

油价十问⑥ 石油消费峰值已渐行渐近？

石油企业应如何未雨绸缪

油价十问⑦ 石油对外依存度走高拉响能源安全警报？

如何筑牢稳固的供应保障体系

油价十问⑧ 低油价催生油气并购潮？

如何在市场调整中谋篇布局

油价十问⑨ 50 美元/桶是油市新的平衡点吗？

低油价下企业成本运行底线在哪里

油价十问⑩ 产油国捉襟见肘谋求经济转型

石油行业如何驶向新的蓝海

> **案例作品**

油价十问⑦
石油对外依存度走高拉响能源安全警报？
如何筑牢稳固的供应保障体系

上个月，BP 在北京发布了《世界能源展望（2016 年版）》（下称《展望》）。《展望》对中国的能源供需变化给予了高度关注，预计中国的石油对外依存度将从 2014 年的 59% 升至 2035 年的 76%——高于美国 2005 年的峰值。

中国的石油对外依存度，似乎成了自 1993 年以来，人们谈及能源问题时，必定直面的关键词，是一个年年绕不过、说不清、解不开的沉重话题。

对外依存度超高警戒线的背后，中国的能源保障脆弱了吗？

理论上讲，石油对外依存度反映着一个国家石油净进口量占本国石油消费量的比例，是衡量一个国家和地区石油供应安全的重要指标。

数字的背后，是人们对于能源发展和保障一连串的追问。对于中国来说，高依存度有怎样的潜在风险和机遇？中国超越美国，成为世界最大石油消费国，对于国际油价将有怎样的影响？不断攀升的石油对外依存度是利还是弊？

让我们先来了解下近年来原油对外依存度变化轨迹。

20 世纪 90 年代以来，随着我国经济体制改革的纵深发展，经济发展的潜力被极大地释放出来，由此拉动了石油消费需求的急剧增长。

1993 年，是中国油气工业发展史上一个具有标志性意义的年份。当年，中国首次成为石油净进口国，石油净进口量达 988 万吨，对外石油依存度仅为 6.7%。此后，随着消费需求的升温，我国的石油对外依存度也屡创新高。2011 年，首次超过了美国，达到 55.2%。2015 年，石油对外依存度达到 60.6%，首次突破 60% 关口。20 多年时间里，这一数字增长了近 10 倍。

那么，我们该如何理性看待高企的石油对外依存度？

从各国经验看，国际上一般将石油对外依存度达到 50% 看作是条 "安全警戒线"。那么，近年来对外依存度超越警戒线不断上扬，是否意味着中国能源环境已经从 "比较安全" 向 "比较不安全" 转移？意味着能源保障体系变得脆弱了吗？

目前有两种代表性的声音。一种观点认为，突破这个数字意味着一个国家的能源供应进入极度不稳定状态，随时可能因为外部环境的变化而导致石油供应的中断。不仅与美国的原油对外依存度逐年下降形成鲜明对比，而且也为国际上"中国能源威胁论"话题提供了借口。随着石油对外依存度的升高，中国在国际油价的话语权将会越来越低，只能跟随国际油价，作为需求增长最快的国家，肯定会付出越来越大的代价。另一种声音则认为，石油供应与需求是动态变化的，不应该存在所谓的绝对化的"警戒线"，静态地、绝对地强调对外依存度警戒线，并不科学。对于石油对外依存度的过分强调，是一种行业焦虑。

回顾历史，我国石油对外依存度持续攀升的这20年，也是国民经济快速发展的阶段，我国的能源战略坚持"两种资源、两个市场"，国内油气企业大打勘探开发攻坚仗，在上产增储的同时，拓展供应渠道，开展石油进口，保障了经济发展对能源的需求。

我们看到，石油对外依存度的加速高企，一定程度上也加剧人们对未来国家石油供应安全的脆弱性的担忧。然而，在当前能源供求格局不断变化的背景下，这些或许都不是问题的焦点。数字之争的背后，关键在于我国油气供应多元化的保障体系是否进一步巩固，能源结构是否逐步改善，防范风险的能力是否得到进一步增强。

可资借鉴的是，一些发达国家石油对外依存度普遍高于50%。美国石油对外依存度曾经多年保持60%以上，最高达到80%。韩国、日本的石油对外依存度接近100%。同处亚太市场的印度，石油对外依存度近70%，但能源运行依然较平稳。

因此，对于石油对外依存度的审视，理应根据各国的国情差异、发展阶段和自身需求不同，具体问题具体分析。50%的国际警戒线也并非一条不可逾越的红线。

中国的石油对外依存度会一路攀高吗？

石油关系着国民经济发展，关系国家战略安全。我国石油对外依存度为何快速攀升？是否就意味石油对外依存度一路走高？

理性看待中国石油对外依存度的上升，需要从国内和国际两个维度来分析。

从国内产业结构角度来看，我国目前处于工业化阶段的中后期，第二产业在我国国民经济的比重依然较大,以制造业为主并向高端制造业演进的经济结构仍将导致更多能源消耗。权威数据显示,近年来,国内原油产量一直稳定在1.9亿吨到2亿吨,但依然满足不了日益增长的巨大需求,每年需要进口原油量约2亿吨。BP集团首席经济学家戴思攀表示,中国的石油需求增长与交通行业的需求增长有关。预计2035年,中国的汽车保有量将从目前的1.5亿辆增长至5亿辆,石油需求量也将从1050万桶/日上升到1700万桶/日。美国的石油对外依存度在2005年达到66.37%的峰值。BP认为,中国在2035年的石油对外依存度要高于这一数值。

从国际能源格局走向看,世界油气逐渐向"中东—中亚—俄罗斯"和美洲两个供给、出口中心地带,美国、欧洲和亚太三大消费中心位移,并与"一带一路"中的能源丝路在"中东—中亚—俄罗斯"供给、出口带和亚太、欧洲两大消费中心区域叠合。亚太市场,特别是中国市场作为全球能源消费中心的地位将进一步凸显。无疑,中国的深度参与,促进了全球油气治理的多元化,为全球能源业提供机遇,注入强劲活力。这种共融共享式的合作发展,也将极大地推动油气行业的全面进步和繁荣。

可以预见,在今后一个时期内,中国原油需求仍将继续保持较快增长,而国内产量将保持稳定或小幅增长,能源供应问题或将更加突出,石油对外依存度还可能有所上升。

如何破解对外依存度持续高企的"石油魔咒"?

尽管我们认识到,一个国家的能源安全受多种因素影响,并不完全取决于其石油对外依存度的高低。但作为一种战略属性极强的商品,务必要对石油对外依存度持续走高的现实,给予足够重视。

特别是美国"能源独立"战略的实施,给了我们深刻的启示和借鉴。该国过去保留国内的油气资源不开采,而依赖从国外进口。近年来,随着技术进步,美国对天然气特别是非常规天然气页岩气大规模开发和利用。在世界天然气管网版图中,美国三分天下有其一。以"气"代"油"稳步推进,目前我国已经成为世界上最大的天然气消费国和第二大天然气生产国,逐步摆脱对中东地区的石油依赖,石油对外依存度大大下降。

回归我们讨论的出发点,对处于全球油气消费中心的中国市场来说,如何破解对外依存度持续高企的"石油魔咒"?

让我们站在更为宽广的视野看,经济全球化下石油消费国与生产国是利益共同体的关系,相互依赖。在开放的全球市场之中,世界并不缺油,石油安全的关键在于，一是能不能买得到石油，二是能不能买得起石油。

对于中国而言，这取决于我国对全球油气资源的控制能力、在世界石油定价机制中的话语权，以及在国际贸易体系中的市场影响力。

一个共识是，在大打勘探开发进攻仗，促进油气资源更进一步有效自主供给的同时，抓住有利机遇走出去互利合作，有效利用外部资源，拓展我国油气保障的多元化发展。进一步完善国内石油价格定价机制，并加快石油期货市场的发展，以应对国际油价剧烈波动对石油进口的冲击。同时，加快完善我国的战略石油储备体系，积极推动替代能源的发展。

我们相信，随着能源合作创新进步，以及我国在全球油气市场话语权的提升，石油对外依存度将必然大为降低。

（2016年5月25日，油价报道组集体写作，王晓晖执笔）

延伸思考

偏见与正见的普遍联系中探寻规律性

在经济社会生活中，总会有那么一些看不清楚、说不透彻的困惑，一个个亟待拉直的问号。对于从事能源行业的人来说，只有看清产业发展的大棋局，读懂行业运行的逻辑规律，才能更有方向、更具创造性地投入工作。

那么如何透过纷杂表象，探寻事物本真呢？

国际油价巨幅震荡，深刻影响着能源产业的当下及未来，并通过石油产业链、生态圈等将油市冲击波传递到经济社会和群众生活的每个角落。越来越多的人开始像关注天气一样关注油价，关注油气市场。每个人心中都有很多"为什么"：这次油价波动和以往有什么不同？石油安全保障体系如何稳固？普遍焦虑的对外依存度到底有什么内涵？谁在左右国际油市价格？如何增强中国在国际石油市场的话语权和议价能力？石油产业的明天会怎样？我们需要怎样适应这种新变化……

从策划该系列报道伊始，报道组就达成了几项共识：一是从问题破题，现象切入，思辨讲理，答案收官；二是统一标题风格，采用两句话结构，上句摆出代表性的热点经济现象，下句提出需要解答的普遍性、规律性的行业或经济问题；三是注重国内外实践案例、权威专家观点和读者大众关注点，将大众兴趣点与专业理论有机结合，实现既通俗易懂又不隔靴搔痒。四是在谋篇布局中，处理好个别与一般、共性与个性、特殊性和普遍性的关系，层层深入，释疑解惑。

盲人摸象的故事大家耳熟能详。每个人都从各自触摸方位得出各不相同的答案，此为偏见。但如果将这些偏见放在一起整体来看，那就会得出趋近真相和原貌的答案，即为正见。偏见与正见，二者的区别就在于是否用普遍联系的观点和全局的视野看事物，可谓"会当凌绝顶，一览众山'妙'"。在普遍联系中，通过剥笋式层层深入，逐渐会找到事物的本源，进而实现从"提出问题"到"分析问题""回答问题"的转变。

孤阳不生，独阴不长。任何现象和问题的产生都不是孤立的，而是相依相生、互相作用的。事必有法，然后可成。解答问题的关键，就在于坚持发展而非静态、全面而非片面、普遍联系而非单一孤立的观点和方法，跳出一隅察大局，透过表象明大势，揭示蕴藏在日常经济现象中的运行逻辑和发展规律，进一步认清历史方位，为企业发展提供一些科学的认识论和方法论。如讨论石油对外依存度，就要注重分析其变化动因，及对石油安全保障体系的指标性意义，进而提出方向性思考。如通过中国原油期货市场的酝酿培育，剖析国际原油价格体系形成机制，提出创新金融手段，择机推动石油人民币体系的建立，提升市场话语权等。

站稳人民立场，立足经济实践，回应社会关切，服务产业发展，做到从传递信息到传递价值，从释疑解惑到建言辅政，产经新闻才会有更大发展空间。从这个意义说，读者思维也是问题思维，问题导向就是读者导向。

五、资政建言类报道：做思想的"搬运工"，做价值的"淘金者"

有人说，未来的世界，不是石油驱动，而是数据驱动。随着移动互联、人工智能等飞速发展，推进主流媒体系统性变革愈发迫切。未来的媒体发展，不只靠信息传递驱动，更多要靠"不可替代"的思想和价值引领驱动。这就要求我们尽快找回这些年传统媒体发展中遗失的、缺失的那部分。作为媒体人，要顺应并且驾驭好媒体融合大潮，了解它的脾性个性。在办报办网办刊中，强化用户导向和读者意识，重视价值传递，通过深入采访调研，提供"治理方案"资政建言，做思想的"搬运工"，做价值的"淘金者"。

案例作品

破局低油价的理性之辨
——如何认识当前石油形势

油价一降再降，油市雪上加霜。

一年半来，油价断崖式下滑，一路跌进"十三五"。新年第7个交易日，国际油价即跌破30美元，创下12年来新低，拉响了整个石油产业发展的红色警报。

利润跳水、成本挤压、投资收窄、风险高企……全球油企共同面对低油价"大考"。

对国内石油企业来说，此轮低油价寒意更浓。1998年7月重组改制以来，除了2008年低油价突袭外，国内大型油企第一次集体和低油价打正面遭遇战。目前看还需做好打持久战的准备。从2015年前三季度报表看，国内三大石油公司利润创近年来最大降幅。

低油价考验着企业的内力和智慧。国内油企低油价"赶考",迫切需要拨开眼前迷雾,以积极平和的心态适应低油价,以发展的智慧谋略战胜低油价,奋力拥抱发展的春天。

(一)应对低油价首要之策就是以积极平和心态正确认识低油价,掌握发力方向和力度,集中主要精力扩大生存空间、增强减震能力、提高生存本领,从而适应低油价、战胜低油价

此轮油价震荡下行,颇具看点。一年半的时间里,油价一次次跌破各方权威预测。在押宝式解读中,油价底线从每桶90美元变成80美元、70美元、60美元、40美元……当前的30美元显然超出各方预想。

油价的"一意孤行"再次给我们启示,油价变化莫测,寄希望于油价逆转显然弄错了解决问题的发力方向。

高油价不一定盈利能力强,低油价不一定低效益。换个角度思考,低油价本身并不是不可破解的难题,甚至不是战胜不了的困难。

根据高盛研究,近年来油价不断升高,各油企自由现金流和投资回报率不升反降。2012年,欧美大型一体化石油公司现金流只有2005年的一半左右,投资回报率也呈下降态势。而相反的例子是,20世纪90年代油价暴跌,石油巨头利润大幅下滑,唯有雪佛龙通过积极调整战略逆势突围,利润同比增长20.9%,一枝独秀傲立寒冬。

能源战略学者陆如泉认为,长时间高油价,石油已经脱离了自身发展的正常轨道。如今,油价回归低位,是在理性和合理区间的选择,对于世界石油工业和石油公司可以说是一种拯救行为,不失为一种自我救赎。

应对低油价当务之急是正确认识低油价。从历史周期规律来看,油市如海,油价好比波浪,有高峰就有低谷。石油企业发展宛如水中行舟,在潮起潮落中掌握好航向才是企业生存之道。正确认识低油价,就要排除畏难心理、悲观情绪,以积极平和的心态看待低油价,积极投身低油价时期的企业发展。

我们要以发展眼光,掌握好发力力度。任何的发展行为都必须放在更长的经济周期中去思考,避免权宜之计。

我们要以辩证思维,掌握好发力方向。影响企业可持续发展的主要矛盾并非油价,而是影响石油企业发展质量的问题和挑战。

高油价下,企业顺水赶潮,发展的问题和矛盾被掩盖,在低油价下则"水落石出"。成本硬性增长、管理粗放低效、管控风险高企、发展后劲不足等问题吞噬了企业效益，大大削弱了企业应对市场冲击波的减震能力。

逆境中，力挽狂澜使强者更强，随波逐流使弱者更弱。正确应对低油价，就要立足于这些问题，立足于企业自身的工作，集中主要精力扩大生存空间、增强减震能力、提高生存本领，从而适应低油价、战胜低油价。

正确应对低油价，还要借势发力。中国投资协会能源研究中心副理事长曾兴球指出，低油价给我国石油石化企业的生产经营，造成前所未有的困难；同时，也为石油石化企业调结构、转方式，带来千载难逢的机会。

纵观石油发展史，低油价往往是大石油公司展开竞争的历史弯道。当前的页岩油气革命、北海油气发展、技术革新等均孕育在昔日油价剧烈变动之中。

当前，国内油企更应该冷静分析，认清机遇、化危为机，从而在高油价到来时实现跨越发展。

（二）低油价面前，企业要有繁荣时期的"和平谋略"，也要有应对市场风险的"战时策略"，更要有着眼未来大棋局的"长远方略"

此次低油价持续时间长、震荡幅度大，全球油企同度"严寒"。但透过低油价下的众生相，不难发现，企业应对低油价的"内力"迥异。

有的提前预判并启动应对，哈里伯顿收购贝克休斯，优势互补、抱团过冬。壳牌在2014年年初即发出了盈利预警，迅速启动应急策略。有的应对灵活，一些北美页岩油气公司通过技术革新、加强管理，页岩油成本仅一年就从60美元降到40美元，抗压能力陡增；有的则应对乏力，一年多低油价大考下，WBH Energy等中小石油公司陆续破产……

"内力"深浅反映出谋略高低。在20世纪80年代开始的长周期油价下行中，埃克森、BP等石油公司纷纷对经营战略到策略进行大调整，重构了日后发展格局。BP在1988年年初首先提出了"最优选择"和"最低规模"的原则。雪佛龙此间根据市场变化先后推出多轮应对策略，经营的灵活性让其得以傲立寒冬。

此轮低油价中，国际石油公司也表现出策略灵活性，自2014年甚至更早就启动应对策略。埃克森美孚实行平衡投资组合战略，上下游和化工三分天下；雪佛龙则采取提高下游收益和剥离资产来应对油价下跌，道达尔、BP、壳牌等采取裁员、削减资本支出等策略。

国内油企应对低油价同样有诸多亮点，但总体看，发展规划以五年为长，经营策略对接市场的开放性和灵活性不够，更多发挥了生产计划安排的功能，应对低油价难以做到"先知先觉先行"。

这也给我们深刻启示，市场变化莫测，石油企业发展需未雨绸缪，及时调整经营战略和策略，要有繁荣时期的"和平谋略"，也要有低油价下的"战时策略"，引导企业摆脱危机。

应对低油价，我们更要跳出战术层面，着眼于未来发展大棋局谋划长远方略，抓住发展机遇，实现常胜。

拨开低油价的迷雾，是能源供需格局的深刻变革。石油市场正从卖方市场转向买方市场，石油供应新旧力量加速博弈，新的石油开采技术集群正在形成，能源消费结构正在深刻变革……

从国内发展环境来看，国企改革、油气体制改革、能源革命、供给侧结构性改革对油企提出更高要求，新产业、新业态和新的商业模式不断涌现也为油企提供了机遇。

发展格局深刻调整，当前或是石油工业发展历史上又一个重要机遇期。历史上，低油价时期，埃克森、BP 等国际公司跟随潮流、着眼未来，纷纷加快天然气产业发展，投资可再生能源风能、太阳能、生物能等开发，占领了技术制高点，从而实现从石油公司向能源公司的转变。而这对于当下国内油企依然有深刻启示。

（三）无上不稳，无下不富，石油企业需从"价值创造"角度重塑油气产业链，巩固优势、补齐短板，发挥整体效应，深挖链条创效潜力，激发链条创效活力

油价下行重创上游油气生产，但"东方不亮西方亮"，原料成本降低推动油气下游效益向好。埃克森美孚、壳牌、BP 三家公司 2015 年前三季度下游利润大幅反超上游。2015 年，中国石油炼化业务自 2011 年以来首次全面盈利。

从洛克菲勒标准石油公司开始追求的一体化，再次显示出抗风险优势。也正因为如此，一体化也是石油巨头们在百余年优胜劣汰法则下始终坚持的基本方针。

但此次抗风险能力悬殊，也揭示出问题，不同特点和结构的一体化链条，价值能力却大为不同。

从价值创造角度来看，石油本质是商品，只有以更有市场竞争力的价格提供更优质的产品，才能为企业和社会创造更大价值。各链条的定位都应服从价值原则。

无上不稳。从发展地位来看，油企是资源型企业，掌握资源是生存之基，国际石油公司历经多次油价波动始终强化上游，这也给当下国内油企决策提供借鉴。从价值创造来看，上游油气生产是构成成本的主要环节。成本不降低，效益就会被吞噬。产品更具竞争力也就意味着油气公司要更低成本地获得资源、生产资源。

近些年，资源劣质化以及管理成本的增加，国内油企上游成本"天花板"不断被抬升。2014年，中国石油、中国石化、中国海洋石油的单位油气产量折旧、折耗和摊销分别为14.46、17.35、21.3美元/桶，相比国际石油公司，对高油价更有依赖性。低油价下，上游必须转变思路，坚持低成本发展，依靠优质储量、效益产量，挤出成本泡沫，扩大效益空间。

炼油化工环节，是提升油气附加值的主要环节。油气资源是生产"大路货"还是"高精尖"，效益迥异。曾兴球提出，提升价值就需要这一环节具有吃粗粮产精品的能力。当前，必须尽快调整产业结构，改以生产燃料油品为主，向以生产燃料油品与化工原料并重转移。提升炼油技术工艺，朝着节能、高效、绿色、环保，低碳健康的方向发展。此外，建立市场联动响应机制，根据市场效益确定油气产品结构，也显得尤为迫切。

无下不富。油气销售环节，是油气资源变现环节，企业获得效益的临门一脚。长期以来，国内油气供不应求，油气产品是"皇帝的女儿不愁嫁"，石油企业发展的第一目标就是增加生产。但目前，供过于求，去年前10个月，我国成品油产量2.79704亿吨，表观消费量仅2.63867亿吨。因此，油企发展重点也要调整，提升终端市场销售能力意义重大。

产业链增值，链条的结构性是首要问题。世界石油巨头百余年来对产炼销结构不断"塑形"，基本形成了炼油能力大于原油产量，油品销售量大于炼油能力的结构。这也从一个侧面证明了这一结构的优势和合理性。根据2015年世界最大50家石油公司排名数据，埃克森美孚、壳牌、BP、道达尔油品销售量与原油产量比分别是2.78、4.29、2.76、3.65，而中国石油这一比例仅为0.84。这将导致企业的产量优势在低油价下无法发挥，陷入效益困局。

重塑产业链结构，国内油企需着眼于整个产业链条价值，积极推进供给侧结构性调整，对资源能力、炼油能力、销售能力进行科学布局，补齐短板，堵上效益出血点。

以此思考国内油企海外油气业务链条发展，同样要从价值创造角度改造培育海外产业链条，加大对下游投入。20世纪80年代低油价，美孚逆势大幅盈利的主要原因就是其在海外下游的利润创造。而当前国内油企海外油气产业链的结构，尚不能担此重任。

此外，世界范围内，天然气在能源消费中的比例正快速提升，国内天然气消费"十三五"仍将保持8%的增速，这将是石油公司效益的重要增长极。国内油企天然气产业链条正在成长，如何塑形也决定企业下一步价值创造能力。

（四）加快实施创新驱动，推动跨越创新，立足务实创新，抓住高效创新，以技术降成本、增效益、化风险、蓄后劲，真正实现从资源驱动向创新驱动转变

回顾世界石油工业发展史，每一次大的变革都离不开科技因素。此轮低油价，一定意义上就是"祸"起技术进步。一方面，非常规技术释放了大量沉睡产能，降低了油气生产成本。另一方面，风电、生物质能源、煤化工清洁技术、石墨烯技术等新能源技术进步，打破原有技术瓶颈，对油气资源形成强大的替代压力。

能源产业的竞争归根结底是技术的竞争，能源产业正加快从"资源为王"向"技术为王"过渡。根据中国石油经济技术研究院最近披露的数据，在过去20多年里，世界范围内14家大型石油公司、4家大型石油工程技术服务公司研发投入总体保持大幅增长态势，绝对值增长了近2倍。

应对低油价，创新驱动发展的需求更加紧迫。2013年至2014年期间，国际大石油公司由于对油价下跌的预期加剧，进一步加大对技术研发的投入，积极储备技术和实力，以应对低油价的挑战。

对国内油企来说，比起大规模裁员、资产运作等手段，技术创新也是最现实最长效的做法。和国际大石油公司相比，国内油企在老油田开发、陆上物探等方面居于世界先进水平，但引领创新能力不足。国内油企要抓住低油价机遇，加速培育技术优势，从而降成本、增效益、化风险、蓄后劲，真正实现从资源驱动向创新驱动转变。

谁拥有突破性技术，谁就占领发展制高点。当前，BP高度重视地震双向技术，壳牌突出打造浮式LNG技术，埃克森美孚持续推动深海油气勘探技术……石油产业科技成果呈集体突破态势，国内油企需突出跨越创新，加强战略性新领域、新技术研究，突破关系发展全局的重大技术，提升核心竞争力。

低油价下，务实创新的意义凸显。剑桥能源公司对24家大型石油公司上游技术研发重点的调查分析显示，当前石油公司更关注提高效率、降低成本的实用技术。中国工程院院士王德民认为，当前企业过度强调技术特殊性，忽视共性，造成科研高投入低产出。这也就要求，国内油企着眼于资源特点和既有技术优势，追求更加标准化、更适用的技术，整合创新、集成创新，加大对适用配套技术的研发应用。

此次低油价，高效创新也成为关注焦点。从科研投入来看，国内石油产业科研投入强度高于其他行业。从人员规模来说，国内油企的科研队伍也在世界石油公司中最为庞大，但科研创新效率并不高。这暴露了国内企业普遍存在的低水平重复研发、技术推广产业化难、科研管理效率低等问题。国内油企需正视问题，加快科技体制机制改革，促进创新要素高效互动，同时采取开放式科研等方式，真正实现高效科研。

（五）单打独斗的时代已经过去，企业要打造更加多元、灵活、坚固的利益共同体，在风险面前共同分担风险、借势发展，提高可持续发展能力

大风大浪里，联合舰队比小舢板更有机会化险为夷。当前，全球化和市场化浪潮汹涌，没有独善其身的企业，竞争日趋呈现出利益共同体之间的竞争。华为就依靠利益共同体的特色管理理论，将供应商、员工、客户等打造成公司创效源。

在百年石油风云中，油企、资源国、技服公司等优势互补、强强合作同样是一条不变的生存法则。当前，在低油价冲击下，油企更需要和合作方、竞争对象、供应商、政府、员工、客户、社区等构建紧密利益共同体，化解风险，掌握主动。

波士顿咨询大中华区能源行业负责人认为，低油价时期，油公司加强行业内合作在当前环境下意义显著。

从国际合作来看。走出国门20多年来，国内油企和资源国、国际石油公司、国家石油公司等形成了良好的合作共赢关系，创造了"苏丹模式"等。但客观来看，国内油企国际化程度仍然相对较低，海外资源、收入、利润的贡献比例与国际大石油公司差距很大，商务能力、风险防控等方面还是短板。当前石油产业格局深刻调整，投资风险高企、发展环境严苛，这就要求国内油企创新商务模式，扩大国际合作，提升合作质量，加快追赶和成长脚步。

以创新商务模式为例，国内油企以往更热衷于作为大股东的油气分成合同模式，但此轮低油价使技术服务合同模式成为效益的稳定来源，显示出模式优越性。此外，海外合作还可从集中在上游领域，向下游、技术管理合作、人才

合作等领域延伸。

曾兴球认为,面对新形势,中国油气企业要抓住"一带一路"建设的良好机遇,及时调整海外投资方向和投资策略,树立新的义利观,坚持互惠互利的原则,创新合作模式,经营好周边国家,就近建立利益共同体,开创国际合作新局面。

从国内来看,改革正进入深水区和攻坚期,创新、协调、绿色、开放、共享的新发展理念将引领中国深刻变革。国内油企资源、市场、技术、品牌等优势突出,如何和民营资本、社会资源、关联产业等形成合作团队,借势发展,考验着企业智慧。比如,在上游环节,二氧化碳驱油使高排碳企业和石油企业互利共赢,打造新的效益领域。炼化领域,可以和民营企业、地方政府一起加快产能调整优化升级。在下游,油企可输出品牌和管理优势,利用社会力量、信息平台快速提升终端销售能力。

从产业链条来看,油企如何和供应商、技术服务商等实现高效协作、价值共享也直接影响企业竞争力。北美页岩油气公司成本一降再降,其中一大因素就是通过供应链分担了成本压力。当前,国内油企和供应商、服务商的价值共享体系尚未完善,共同致力于降低成本、提升效益的机制还不成熟。这就需要油企转变理念、创新管理,通过价值共享提升对方创效激情,以对方的技术进步、成本下降、模式创新来推动自身发展,从而结成创效统一战线。

从企业内部分析,油企如何真正和员工成为利益共同体从而全员创效尤为迫切。雪佛龙在其上几次油价低迷期推出的"雪佛龙共同成功计划"(即将总公司目标转化为每个员工的岗位目标)和"最佳实践图"等措施,充分调动员工创造性,为公司走出困境立下汗马功劳。国内油企员工规模庞大,此时更需开动脑筋,推出切实惠及员工、真正调动员工积极性的举措,改变"等靠要"思想和消极悲观情绪,营造全员创效氛围,实现逆境突围。

信心比黄金更重要,低油价并不可怕,只要我们在低潮时勠力同心,在逆境中力挽狂澜,在困局中全力以赴,低油价就能成为发展的又一个崭新起点。

(2016年01月20日,薛梅　王晓晖)

延伸思考

见微知著，让思想跑在变革前面

新闻报道最能影响人、启发人的永远是思想。英国文豪萧伯纳有句名言，两个人交换了苹果，每个人手中还只是一个苹果，但两个人交换了思想，每个人就同时拥有了两个人的思想。

由于互联网技术的迅猛发展，以即时传播为特征的移动传媒平台具有了无可比拟的优势，以往那种只进行信息搬运与事实判断的报道远不能满足受众的需要。有一种普遍共识：媒体未来的输赢，关键在观点、思想上。这就从客观上决定了以报纸为代表的传统媒体，要在思想观点上进一步夯实"内容为王"的独特优势，打造思想纸、观点纸、深度纸。如果没有了一定的思想和价值内核，再丰富多样的传播形态也是苍白无力的。

我们常讲舆论引导，那么何为引导？顾名思义，就是你必须走在"前面"，才能引领，走在后面那就是跟风了；何为导向，就是你必须站在"高处"，看得"辽远"，让大家看得到，听得到，有旗帜，有方向，使人信服，大家才能跟着走。因此，对于观察类报道来说，就要有"春江水暖鸭先知"的洞察，见微知著，未雨绸缪，传递的观点思想跑在变革前面，增强舆论引导的前瞻性和科学性。

思想纸的"思想"从何而来？

著名新闻记者、经济日报社原总编辑艾丰同志有一句名言："记者要想总理想的事"。艾老在自己的新闻作品集《思考的笔》的序言中，勉励记者应努力成为"一笔两家"，即"笔杆子"+"社会活动家"+"思想家"。他曾赋诗有云，"笔下风云追分秒，版面方寸纳五洲，船行险滩须放胆，高歌猛进呈风流"。对于行业媒体记者来说，至少要做到想管理层之所想，站在时代的高度和行业产业的全局，全方位透视新闻事件的本质和内涵，善于从政治高度看待经济问题，从社会视角看待行业变局，从当下视角前瞻未来走势，不流于表面，不就事论事，能够对客观现实及其发展规律、必然趋势有深刻的认识，做出有思想、有深度、有见地的剖析，而且还能将其通俗易懂地传达给群众。

如关注国内油气市场体制机制的变革调整，从批发零售的"双放开",到油价与国际接轨的形成机制等,《新能源"热"的冷思考》《理顺价格,"福气"更顺气》等报道,对当时具有倾向性、有普遍意义的观念认识和思想状态进行分析,帮助读者提高认识。如关注油价报道,《破局低油价的理性之辨》等报道,旨在通过新闻报道,向广大读者传递一个声音:既然油价无法控制,那么必须专注能够控制的东西,投资管理和运营降本是一个持续的过程;不管是低油价还是高油价,企业要有繁荣时期的"和平谋略",也要有应对市场风险的"战时策略",更要有着眼未来大棋局的"长远方略"。从油价入手,写价格,更思考价值;讨论价值,更思考价值观、发展观、政绩观、历史观。

新闻报道更多的是从广阔的生产生活实践中,深入挖掘和采集鲜活生动的好做法、好经验、新认识、新突破等,通过归纳提炼,分析研究,升华凝练成可借鉴的思想,用思想传递力量。这样的思想,来自一线,却能启发全局;源自实践,却能高于实践、指导实践。把思想装进读者脑袋里,体现建设性。记者应勇当主流思想舆论的引领者,努力成为观察家、思想者。

案例作品

管道安全,我们该如何应对

目前,我国已建成油气管道5万余千米,承担着繁重的油气运输任务。然而,近年来,政府和企业不得不面对的是,打孔盗油犯罪活动的甚嚣尘上,成为管道安全不堪承受之痛;打击打孔盗油、保护管道安全之难,成为企业和社会不堪承受之重。

打孔盗油:管道不堪承受之痛

在涉油犯罪活动中,最普遍、最突出、危害最大的打孔盗油,占涉油案件70%之多。统计数据显示,破坏油气管道等犯罪活动,导致国家每年高达数十亿甚至上百亿元的损失。目前,打孔盗油的"黑手"已伸向我国22个省区。

7月27日，随着两名主犯因破坏易燃易爆设备罪被判处死刑并立即执行，震惊全国的兰成渝输油管道"12·19"打孔盗油案尘埃落定，涉案的8名"油耗子"受到了法律的正义宣判。同时也暴露出一个严峻的现实：甚嚣尘上的管道打孔盗油等犯罪活动，成为管道安全不堪承受之痛。

目前，我国已建成油气管道5万余千米。随着我国工业化进程的加快和能源结构优化的推进，我国油气管道建设正迎来大发展的机遇期，管道里程数和覆盖率较快增长。预计到2010年，我国各地计划建造的成品油管道将达上万千米，占一次运输总量的30%以上；天然气管道将达5万余千米。

然而，一些不和谐的音符不断响起。自20世纪90年代以来，一些不法分子受暴利驱动，将目光瞄向了国家输油气管线和石油天然气资源，疯狂窃取国家财产，给国民经济的发展和社会生活带来极大威胁，主要表现在：部分地区非法收购、贩运原油及非法炼油问题仍较严重；一些地区非法开采油气资源问题尚未得到有效整治，个别地方侵权打井有恃无恐；一些地方违章占压输油气管道问题十分突出，存在很大安全隐患。据不完全统计，兰成渝输油管道自建成投产以来，管道沿线已先后发生192处管道被占压事件，至今仅有65处得到较好解决，还有127处久拖未决；在涉油犯罪活动中，最普遍、最突出、危害最大的就是在输油气管道上打孔盗油，占涉油案件70%之多。有关部门统计数据显示，破坏油气管道等犯罪活动，导致国家每年高达数十亿甚至上百亿元的损失。

资料可见，打孔盗油最早出现在20世纪90年代的河南濮阳油田，最初每年发生1至2起，进入21世纪以来，打孔盗油现象逐渐猖獗并在全国蔓延。据不完全统计，仅河南省境内长距离大口径输油管线中洛管道，十年间已发生打孔盗油事件900多起，平均不到1千米就有3个"盗孔"。公安部治安管理局副局长在今年3月31日举行的油气田及输油气管道治安专项整治新闻发布会上指出，由于我国各地方不平衡，在局部地区，在一些地方涉及油气田的犯罪违法现象还比较突出。

打击犯罪活动之难，主要体现在：

——"盗窃——运输——销售"流水化作业的盗油产业链正在逐步形成。"油耗子"由过去的一两个单干户发展到如今具有先进设备的机械性强、专业分工明确、善于伪装、异地联手共同作案的犯罪团伙，昔日的"游击队"变成了"集团军"。

——盗油科技含量越来越高。不法分子作案越来越专业化、隐蔽化、高科技化，盗油分子装备有油罐车、钻孔等专业设备，具有先进的作案工具和娴熟的操作技术，由过去的挖沟、打卡子安装阀门的简单形式，发展到用仪器查到管道后，用电焊机直接将阀门焊到管道上，从打孔到抽满一车约20吨的原油，也就几十分钟。

——跨地域作案增多。据了解，目前打孔盗油分子的"黑手"已伸向我国22个省区。"12·19"打孔盗油案中的几名犯罪分子都是从外省区流窜到四川境内作案的。

管道保护：公共安全呼唤企地共治

打孔盗油的发生，使企业管理重心不得不从运行管理转到管道保护上，但还远远不够。专家指出，管道保护已经超越了企业安全生产范畴，成为公共安全的一部分。一方面，管道运输蓬勃发展，另一方面，打孔盗油屡禁不止。管道犯罪活动的打击之难，成为企业和政府不堪承受之重。

管道专家认为，影响管道安全最大的不可控因素主要有以下两个方面：

一是管道沿线的一些单位和个人对输油管道的重要性认识不足，缺乏输油管道安全保护常识。目前，在输油管道安全保护范围内修建公路、搭建房屋、扩建围墙、开挖鱼塘、开山放炮、植树等严重影响管道设施安全的行为屡见不鲜，这些问题对管道和公共安全都构成了极大威胁。

二是由于管道沿线多为无人或人烟稀少地带，管线长，人员少，联防力量不足，使管线的巡护、联防存在"盲区"。为了确保所辖管道运行的长治久安，几年来，中国石油建立并完善管道保护的长效机制，基本形成了"三体一网"的管道保卫体系，即企业与政府、企业与公安、企业自保体系和庞大的宣传网，并不断完善体系的运行程序，加大体系的执行力度，利用各种活动促进体系的实施。以体系为基础，中国石油制定了周密的反打孔盗油方案，在管道沿线重要路口、地段展开了"严防死守"式的专项管道保卫行动，在沿线设关卡、布控点，24小时严密监视，对可疑车辆、人员进行盘查，增加夜间管道巡视等，有效地遏制了打孔盗油分子的破坏活动。

以兰成渝输油公司为例，为防止在管道上滥挖乱建和打孔盗油事件的发生，该公司在管道沿线聘请了211名巡视员，对管道实施管理。在管道沿线放电影，发放印有管道保护条例的年画、扑克牌；公布举报热线，重奖举报人等。据悉，公司为此每年多支付100多万元。此外，中国石油还积极引进先进的科技设施进行技术防范，目前正在进行多种管道泄漏仪器的试验工作。

从 2002 年开始，公安部会同综治办、国土资源部等十几个部门，联合开展油气田及输油气管道生产治安专项整治活动，取得了明显成效。在连续 4 年的整治行动中，共破获涉油刑事案件 1.1 万多起，抓获犯罪嫌疑人 9000 多人，清理输油气管道违章占压物 6700 余处。

据公安部统计，中国石油和中国石化所属企业 2003 年打孔盗油次数比 2002 年下降了 37.4%，2004 年比 2003 年又下降了 34.9%，2005 年打孔盗油、开井盗油次数分别比 2004 年下降了 11.2% 和 49.5%。

中国石油管道公司负责人坦言，打孔盗油的发生，使企业管理重心不得不从管道运行管理转到管道保卫上，投入大量的人力、物力和精力，但这些保护措施还远远不够。专家指出，尽管管道生产经营单位负有监督、管理管道安全生产，防止和减少安全事故的责任和义务，但管道保护已经超越了企业安全生产范畴，成为公共安全的一部分。保证管道的安全，也应是地方政府义不容辞的义务。要从根本上保护油气田的安全，还要靠全社会。只有企业和地方政府、企业和群众齐抓共管，自觉地维护油气田和输油气管道的安全，自觉和违法犯罪分子作斗争，方能确保管道运输的安全。

立法：亟待为管道绑上法律"止血带"

专家指出，要解决管道安全问题，必须通过立法构建科学的管理机制，运用法律手段，依法打击和震慑破坏管道的犯罪行为，调整涉及石油、天然气管道的各方利益，使我国管道发展走上法治化轨道。

7 月 27 日，"12·19"兰成渝输油管道打孔盗油案尘埃落定，留给人们和社会的却是沉痛的思考。从 1994 年胜利油田外运管道的被钻孔泄漏，到 2003 年年底兰成渝管道打孔盗油，犯罪分子竟都是初中甚至小学文化程度，对法律知识的无知和对公共安全肆无忌惮的挑衅，让人震惊。

"如果铤而走险得逞，仅 8 分钟就可以盗油 5 吨，一个晚上可轻松获取十几万元收入。"从犯罪分子的供词中，我们可以发现，正是由于巨大利益诱惑和铤而走险的侥幸心理，才使得打孔盗油愈演愈烈。

专家指出，在利益驱使的背后，一个深层的原因是，现行的法律尺度不足以震慑犯罪行为的发生。专家呼吁，是该对管道运输进行立法的时候了！如果不及早采取有效的整治措施，等盗油产业链蔓延开来、形成气候，将后患无穷。2001 年，国务院颁布实施的《石油天然气管道保护条例》，明确规定了管道企业和管道设施沿线地方政府均负有保护管道设施安全的义务和责任，并对破坏油气管道的行为规定了处罚依据。但没有对打孔盗油等行为规定有力的制裁措施，由于缺乏有力的制裁手段，使犯罪处在空白地带。比如，现在对打孔盗油等涉油气犯罪活动，多是作为盗窃罪进行处罚。而盗窃罪有一个数额的限制，而且起刑点也比较低，这样在涉油犯罪比较猖獗的地区，不足以遏制住犯罪行为。

在打击涉油犯罪方面，现有的法律、法规不仅严重滞后，而且还出现了相互冲突的现象。如《石油天然气管道保护条例》规定，在管道两侧5米以内，严禁搭违章建筑；严禁挖砂取土，造成穿越河流的管道裸露、悬空等。但在实际生活中，有些农民则搬出《土地承包法》等法律来说理，使得《条例》遭遇了许多尴尬。2002年4月10日，最高人民法院发布了《关于对采用破坏性手段盗窃正在使用的油田输油管道中油品的行为如何适用法律问题的批复》规定："行为人采用破坏性手段盗窃正在使用的油田输油管道中的油品，构成破坏易燃易爆设备罪、盗窃罪等犯罪的，依照处罚较重的规定定罪处罚。"但从目前执行情况来看，这一批复明显存在着一定的局限性，量刑尺度难以把握。《刑法》第118条规定，破坏电力、燃气或者其他易燃易爆设备，危害公共安全，尚未造成严重后果的，处三年以上十年以下有期徒刑。第119条第一款规定，破坏交通工具、交通设施、电力设备、燃气设备、易燃易爆设备，造成严重后果的，处十年以上有期徒刑、无期徒刑或者死刑。"12·19"兰成渝输油管道8名涉案罪犯的获刑，成为我国首例以破坏易燃易爆管道设备罪被定刑的案例。

石油天然气管道法的出台已势在必行。专家指出，要解决管道安全问题，必须从立法上构建科学的管理机制。加强对法律知识的普及，尤其是管道沿线群众的法律知识普及和宣传；运用法律手段，依法有力打击和震慑破坏管道的犯罪行为，调整涉及石油、天然气管道中的各方利益，使我国管道发展走上法治化轨道。

近期，一场声势浩大的全国范围内油气田及输油气管道生产治安专项治理活动再次启动。由公安部、国土资源部等十余部委联合行动，重拳出击，矛头直指打孔盗油和管道非法占压等"毒瘤"，一张法网已经撒开。

（2006年8月9日）

旧闻新貌

依法用能，依法治能

我国能源消费增长快、能耗高、利用率低的问题凸显，资源利用和环境保护失衡，能源利用中制度约束和监管缺失亟待加强。一直以来，媒体和社会呼吁加快立法进程，为能源利用和节约困局破冰。

早在 2005 年，原国家能源领导小组办公室就成立了由 15 个部委和机构组成的《能源法》起草组，开始起草第一版能源法草案。2010 年 10 月 1 日起，《中华人民共和国石油天然气管道保护法》正式实施，标志着承担我国 70% 石油和 99% 天然气输送任务的油气管道保护终于有法可依。2025 年 1 月 1 日起，我国能源领域首部基础性、统领性法律《中华人民共和国能源法》实施。通过新闻媒体等多种形式的宣传，进一步在全社会营造了普法、学法、守法的良好氛围。

截至目前，中国已制定能源法、电力法、煤炭法、节约能源法、可再生能源法、矿产资源法、城镇燃气管理条例等多部能源法律法规。权威人士指出，在单行能源法律法规基础上制定能源法，是加强重点领域立法的重要举措，对保障国家能源安全具有重大意义，标志着我国能源法制化建设进入新阶段。

延伸思考

"类因法果"追问：新闻深一度，提升能见度

行业报道，经济新闻，必须跳出行业圈层、专业围栏，解决离生活太远、离百姓太远的问题。为什么写？为谁写？这是新闻人必须时刻牢记的职业要求。

既要满足社会大众对信息资讯、精神文化等"知其然"的广泛需求，更要满足大众对"知其所以然"的深层需要。因此，当面对诸多亟待拉直的问号时，就需要新闻人从"跑新闻"到"想新闻"，带着思考进行追问报道，积极回应公众关切，有效引导舆论。

问什么？紧盯社会关注的热点焦点和行业发展中的痛点难点等，通过细致调查采访，答疑解惑。曾经一个时期，如油价上涨谁来买单、天然气汽车为何"叫好不叫座"、管道安全该如何应对等这些与国计民生、百姓生活息息相关的话题引发极大热议。直面问题并回答问题，是媒体的责任和勇气所在。因此，分析释疑性报道就在于以正视听，解疑释惑。

怎么问？追问过程，也是一个思考过程。这就需要记者由表及里，由果溯因，由因探法。挖掘问题的来龙去脉，剖析问题的是非曲直，展示事物的真实原委，并依据原因找到办法。业内将其概括为"类因法果"，即问题的性质、原因、方法和结果。就是问明白讲清楚"是什么，为什么，怎么办，会怎样"，即是什么？分析类别和现象方面的问题；为什么？分析原因和目的方面的问题；怎么办？分析方法和途径方面的问题；会怎样？分析结果和效能方面的问题。

记者要提升追问的能力。在采访写作中，上述追问的四个方面会根据选题实际有不同"排列组合"，但无论如何，都要问得准，只有在复杂舆论生态中瞄准靶心，才能击中读者关切。问得深，才能挖掘出现象背后厚重的价值。答得准，才能让报道更具建设性，解疑释惑引领舆论。如此方能让新闻深一度，提高传播效力。

案例作品

2005年12月11日，我国成品油零售市场放开周年。按照入世承诺，一年后，批发市场放开大限将至。新一轮"洗牌"在即，竞争正实质性展开——

销售，理一理思路

油市如海，在即将过去的2005年，波涛汹涌。成品油市场也不曾风平浪静。

按照入世承诺，原来只能依托两大集团新建加油站的规定被取消，外资大量涌入，国际市场过剩的油品以其成本优势登陆，更多有实力的国内外经营单位加入国内成品油市场的竞争中来。

资源多元化和竞争主体多元化加剧。中石油、中石化、合资公司和民营企业"四足鼎立"的竞争格局初现。国际化经营大格局下的我国成品油市场,竞争正实质性展开。

作为中国石油股份公司整个价值链增值重要环节的销售业务,"十一五"期间,如何扩大销售规模,提高销售质量,提高经济效益,形势严峻。

销售专家进言,用市场经济观念审视当前的形势,用市场经济的规律应对未来的挑战。销售,理一理思路。

思路之一:坚定不移地实施战略零售,从"多卖油"到"卖好油"

经过六年多的大规模扩张和跨越式发展,中国石油销售网络规模不断扩大,物质基础进一步增强。目前,已经形成了覆盖全国的销售网络,国内加油站总数已近1.8万座,市场营销能力显著提高,终端市场份额不断扩大。

但与国内外同行企业相比,存在不少差距。主要表现在:一是销售质量亟待提高,零售比例偏低,零售市场份额相对不高,平均单站日销量只有6吨;产品盈利水平还有较大提升空间。二是大中城市、交通要道、高速公路沿线等地段的加油站比例低。北方油库整体过剩,年均周转次数仅7次,效率较低,南方油库库容又显得不足。

国内外企业的实践表明,成品油营销关键体现在对零售市场的控制上,零售量越大,零售比率越高,企业核心竞争力就越强。

反观我国,成品油销售工作的内涵正从"多卖油"到"卖好油"的深度延伸,从以批发为主的销售结构向以提高销售质量为中心迈进。如何实现真正意义上从"量"到"质"的转变。业内人士指出,要坚持"批发"为"零售"让路。不仅体现在数量的增加和规模的扩大上,更重要的是体现在质量的提高和效益的增长。

股份公司管理层指出,要把加强零售网络建设作为当前销售工作的一个主攻方向。在"做好销售"上下功夫,努力转变经济增长方式,着力提高销售质量和运营效率,使销售结构不断得到优化,营销成本持续降低。

思路之二:从"圈地"到"圈车""圈效益",推进网络扩张

拥有了终端,就掌握了竞争的主动权。

近年来,中国石油各销售企业坚持以市场为导向,加快终端网络建设,销售业务的盈利能力、竞争能力和抗御市场风险的能力显著增强。以2004年的

统计数据为例，开发性市场加油站实现了从无到有的跨越式发展，国内零售市场份额增加了20多个百分点。

但与日益增长的市场需求相比，中国石油的销售网络则不相匹配。目前BP、TOTAL、SHELL等与国内单位合资经营的加油站已达2800座。国内现有的8.1万多座加油站中，中石化占37%，44%的社会加油站获得了更大的发展空间。中国石油集团仅占19%；

两年前，一场被外界誉为的"圈地"运动，拉开了国内成品油市场竞争的序幕。中国石油和中国石化两大集团从企业发展战略考虑，在零售市场和批发市场放开之前，布点建站，收购特许，合资控股，全力打造销售黄金终端。

毕竟，加油站的数量不等于销售质量，数量不等于市场。

随着国家规范成品油流通秩序和加油站专项整治的不断深入，特许经营成为中石油、中石化两大集团扩大经营规模和市场份额的重要手段。然而，特许经营在带来"一荣俱荣"的同时，也产生了"一损俱损"的效应。收购加油站和新建站，片面追求数量，良莠不齐……

如何抓住国内市场需求快速增长的历史性机遇，实现快速扩张，增强规模实力，提高市场份额，中国石油销售网络建设更趋理性，从"圈地"逐步向"圈车""圈效益"转变。

在2005年5月底召开的成品油销售座谈会上，中国石油营销网络建设的指导思想更加明确：加油站的开发必须明确重点，追求开发质量和投资回报，不盲目追求数量。在投资上，给予大力支持。加大对主要目标市场的投入。开发的重点是开发性市场，特别是沿海、沿线中心城市以及大中城市的城区、新规划城区、高速公路、交通干道的加油站。在开发方式上，以收购和新建为主，参股、租赁、特许经营等其他形式为辅，通过资产重组、资本运营等多种手段，实现加油站的高质量、有效、快速扩张。

目的只有一个，通过加油站的开发，提升销售业务的核心竞争力，实现从"量变"到"质变"。

思路之三：准确定位，凸显服务职能，最大便利给客户

"入世"让中国成品油市场变得更加秩序和规范。"中国石油"的金字招牌也一天天深入人心。

酒好不怕巷子深的年代早已远去。资源多元化和营销主体多元化，使得商品同质同价的情况尤甚。竞争的加剧，客观上使得消费者对加油站服务功能的需求更为多样，要求更为严格。服务质量的优劣则成为加油站扩销增销的关键。

BP 等大公司市场开发的经验表明，加油站要以顾客为中心处理各种客服关系，为顾客提供最大的服务空间，最规范和优质的服务，让加油站成为顾客的舒心点，城市的亮点，反过来，加油站也会成为企业的效益增长点和形象窗口。

销售专家指出，在今后销售工作中，企业必须摒弃以前一些旧思维和官本位作风，凸显服务职能。服务取胜的关键就是要树立顾客至上意识：

从空间上，就是服务手段的变化，延伸"油枪"服务。从迎顾客上门到送油上门，从被动到主动，加强配送管理，将油品配送到各个用油角落。

从方式上，体现在从"关爱车"到"关爱人"的转变。如便利店的开设，公共厕所的全天候开放，设置便民服务箱，从热水、常用汽修工具到医药箱、针线包，细致入微处凸显中国石油加油站的关爱理念。让顾客体验家的温暖，从而感动客户，占领市场。

再者，更要引导消费。营销工作中，主要体现在从简单的油品提供到用油服务的转变，如加强对油品相关知识、用油常识、车辆的保养和防护、油品的选择等的宣传，召开用户座谈会，听取用户对加油站建设和管理的意见和建议，形成加油站与消费者之间的良性互动，推动营销工作。

思路之四：向市场营销转变，体制创新亟待推进

从国内成品油销售业发展情况来看，随着我国市场经济体制的建立和不断完善，其内涵也从传统的市场供给向市场营销转变。体制创新势在必行。

几年来，中国石油积极探索新的营销体制和运行机制。

——打破以行政区划为界限的营销机构设置，推行配送中心和销售代表制，减少流通环节和管理层次。

——实行多元化用工、一体化管理，市场化用工比例由 1998 年的 17% 提高到 62%，开发性市场的比例超过 97%。

——全面推行公开招聘、择优竞聘上岗，积极采用吨油含量工资、吨油费用包干等新的分配激励办法，有效地调动了广大员工的积极性。

但是，与中国石油提出的"大市场、大流通、大营销"的战略要求相比，现行的体制机制仍制约着销售业务的快速发展：集约化、扁平化程度不高，管理层次还需要优化和规范；统一的物流优化配送体系尚未完全建立，营销信息化建设亟待提升，用工管理还需要进一步规范，建立与现代营销相适应的激励和监督约束机制的任务还十分艰巨。

目前，中国石油正按照"四化一高"和"四加一业务流程"为主要内容的组织体制建设的总体思路，加快推进适应现代营销体制的建设。

无疑，这是一个不断探索和实践的过程。

思路之五：多元化经营，非油业务推动销售业态升级

加油站除了围绕油品零售业务加强竞争之外，引入便利店的经营模式正日益受到业内重视。

据悉，欧美各国加油站非油品业务已发展到一个较高阶段。有资料表明：2002年，美国、英国、澳大利亚三国的石油公司的零售总利润中，非油品业务正在成为销售企业的"半壁江山"。美国、日本大约60%的便利店都开在加油站附近，包括24小时便利店、汽车美容、汽车装潢等构成的辅营业范围已占加油站赢利的50%。

专家认为，相对发达国家加油站非油品业务的发展情况，我国目前正处于从提供油品服务的加油站向有油品业务的便利店过渡的阶段，非油品业务发展虽然缓慢，但发展空间很大。

从油品零售商到油品、商品零售商的转化是当今世界的一种强劲趋势。加油站正在进行着一场由传统单一经营模式向多元化、便利化模式发展的变革。多元化将是企业提高盈利能力和服务水平，获得利润更大增长的有效途径。业态升级将为中国成品油零售市场竞争带来新的气象。

可以预见的是，作为国内最大的油品供应商，多元经营必将带来中国石油销售工作的全新局面。

（2005年12月21日）

延伸思考

发现新问题，研究新情况

旧闻新貌，反观历史，映照当下。

20年前，伴随着中国经济的飞速发展，以汽柴油为代表的成品油业务迎来了快速增长的历史性机遇，市场主体、竞争主体分化多元。拥有了终端，就掌握了竞争的主动权。为增强规模实力，提高市场份额，销售企业经历了"跑马圈地"的网络扩张，为后期的经营管

理留下了隐忧。随后趋于理性，从"圈地"逐步向"圈车""圈效益"转变。

20多年过去了，销售业务发生了翻天覆地的变化。成品油需求已然达峰，以电动车、氢能车为代表的"消费革命"兴起并引发巨变。各企业积极落实"双碳"战略，着眼新型补能需求推动能源供给革命，加快打造"油气氢电非"综合服务商，推动能源供应体系新变革。

然而，可喜的背后，也难免生出一丝丝隐忧来。

某种意义上，油气销售市场可谓中国能源结构转型的风向标。了解20多年成品油市场发展的人们或许会有一种判断：当下充换电等新型补能终端的扩张，暴露出的一些端倪，或与当年"跑马圈地"场景何其相似。

因此，有必要从早先的探索中得到镜鉴。从油到电（氢），无论是市场主体，还是地方政府，各方在加速市场竞争终端的布局中，新能源需要"跑马圈地"，但要立足长远，进一步对新能源、新产业项目进行评价，算效益账、算生态账，避免过热投资带来的"羊群效应"和"野蛮生长"可能引发的供给侧过剩。这些都有悖于高质量发展的要义，务必提前修正。

对于媒体来说，就是要针对工作中出现的新情况、新问题，进行深入的分析研究，提出新的意见和建议。为了能使读者清楚地认识这些新闻事件的本质，一方面要还原事实，分析事件产生的原因和背景，另一方面，要有理有据地指出事件的性质、特点和意义，以帮助有关单位发现问题、制定策略、采取措施，从而促进工作。

案例作品

日前，国家发展改革委副主任张国宝在国务院新闻办公室举行的发布会上的一句"燃油税的问题已经提上了议事日程"，让谈论十年之久的燃油税再次成为关注焦点——

燃油税：何时开闸放行

燃油税，即在油价上加一笔税，用于交付交通建设、道路的养护管理等。这是目前国际上比较通用的税种。

1994年1月，海南省开始试行"燃油附加费"改革，取消了养路费、过路费、过桥费、运输管理费等，开征占油价60%的燃油附加税，统一由石油销售部门在售油时收取。这项制度实施以来，海南燃油附加费年增加50%，公路建设年增长率达85%；而且简化了收费环节，方便了车主，尤其是公路"三乱"现象得到了根治。

势在必行——助推我国税费改革

业内人士指出，我国现行车辆收费方式中存在着亟待解决的四个问题：一是收费过多过乱，越权设立及重复设立收费项目较为普遍。早在1998年年底，时任财政部部长的项怀诚就在公开场合说过：眼下汽车车辆费、公路管理费加起来有217项之多。企业和百姓早已怨声载道；二是收费征稽部门重叠设置以费养人，征收成本居高不下；三是收费负担不公平，不能体现"多用路者多付费，少用路者少付费"；四是资金管理不规范，使用缺乏监督。

从总体上看，费改税是中国加入世贸组织后微观经济制度与国际接轨的必由之路。据了解，目前国外发达国家在道路交通征费管理上基本都采用燃油税模式。在欧美发达国家，高速公路作为基础设施，是一种准公共产品，主要由政府免费提供。目前一些国家为了增加政府的财政收入和环保与能源可持续发展的需要，对汽柴油燃油税的征收额已占价格的70%，油品消费者支付油的费用已达原油成本的6倍多。

权威人士认为，燃油税应该是一项专项税，是专门用在车上的，用来改善汽车使用环境，如修路、建停车场等，这样车辆才能动起来、道路才能畅通。我国运用税收手段来治理乱收费，推动费改税工作，选择燃油税为突破口，符合国际上对油品消费的通行做法。

在我国的各类收费项目中，交通和车辆的收费占有相当大的比重。据不完全统计，交通和车辆收费约占全国各种收费总额的40%。如果征收燃油税，根据我国2000年汽柴油产量的预测，可增加税收1300亿到1500亿元，这对促进经济发展将具有积极的作用，同时减轻了汽车购买者费用负担，对启动汽车消费市场也具有推动作用。

前不久，中央电视台在对 30 个城市 2000 人所作的一项调查表明，有 69% 的人表示赞成尽快出台燃油税。在调查最期待燃油税起到哪种作用时，有 55% 的人期待燃油税的出台能降低能源消耗。

首先，开征燃油税体现了公平原则，可以抑制公路乱收费，有利于交通部门精简机构，解决以"路养人"的现象，甚至可以解决货运严重超载问题。同时，燃油税更体现了"多用路多付费"的公平原则。

循着这种思路，未来国家将加大财政资金的投入，以减少收费高速公路的总量，而用于公路建设的财政资金将主要来源于车辆购置税、燃油税以及维修税等税收。燃油税的开征既可以缓解政府财政压力，也可以弥补减少收费高速公路总量所造成的资金缺口。

其次，燃油税的开征也体现了效率原则。分析人士指出，燃油税改革后有利于节约用油，符合建设节约型社会的发展方向。

燃油税被视为最有效的财政调节手段。按照国际惯例，它是一项以提高油品价格、控制消费总量、提升能源使用效率的财政政策，并非仅仅是"税费之间的转换"。从 1970 年开始，欧洲各国相继推行燃油税，目的在于控制汽车能源消耗，筹措资金进行道路交通系统维护。作为全球汽车制造中心——德国的燃油税为油品价的 260%，法国更高达 300%，与我国一样依赖原油进口的日本，其燃油税税率亦达 120%。

燃油税矛头直指汽车产业。反观我国，目前我国的汽车消费形态是，轿车价格很贵，而燃油价格却很便宜，消费者对汽车价格、维修、品牌、车型、性能甚至颜色的关心远远超过对油价的考虑。加之中国大城市轿车的平均尺寸、重量、排气量不仅比日本大众汽车消费起步时大了许多，而且比今天欧洲大城市的平均水平还要高。人们对于石油的消费则缺乏理性，不合理用油和高油耗的问题突出，光是汽车的燃油消耗，已经在我国石油总消费中占有 1/4 的比例。同时也削弱了厂家对节油小型车的研发。

而燃油税的推出，将推动节约消费的汽车社会。业内人士分析，从目前情况来看，在汽车库存持续增加、利润持续减少和销售普遍低迷的情况下，今年年初以来微型车一枝独秀，表明燃油价格对汽车制造业的规范力量增大。燃油税及其配套税种，将使市场规范力量制度化，从而推动更加节能的中国汽车工业。同时也会对汽车消费产生影响，鼓励汽车生产厂家更积极采纳节油技术来提高市场竞争力，从而推动汽车技术进步。

此外，目前发改委因为成品油价格体制原因背负着巨大的舆论压力，如果改革现行的政府出面直接定价的体制，变为由税收杠杆调节价格，将更容易被社会和市场接受，同时还可以带动其他行业的发展。

千呼万唤——诸多难题亟待破解

燃油税为何"只闻楼梯响，不见人下来"？专家和学者有着一致的看法，利益的重新分配是关键。税务部门、公路部门的利益分配，中央和地方的利益分配，农用车、工程用车，部队用车等诸多问题亟待破解。

难题一：利益如何分割

征收燃油税就要停止养路费等费用的收取，这将面对打破部门垄断利益的挑战。养路费属于地方政府收入，税收则归于中央，再由中央分配。在这种情况下，燃油税的开征就需在中央和地方的利益上进行协调。

业内人士指出，如果实施燃油税后，进口燃油税全归中央，地方燃油税中40%归中央，60%归地方。目前，我国50%的燃油靠进口，地方可得到的燃油税仅为30%。这将影响地方政府的利益，对于地方基础交通建设不利。从养路费到燃油税的转变，意味着征收管理单位将从目前的各地政府管辖的公路局转移到各地的税务局，两种利益的博弈也是燃油税难产的原因之一。

此外，停止征收养路费后，各地稽查单位及相关工作人员如何安排，也是一个较难解决的问题。

对此，专家建议，政府可以明确燃油税是共享税，由各地国税部门征收，并确定中央与地方的分成比例。同时，确定不同地区的征收额度。

难题二：税率多少合适

据透露，我国汽车燃油税方案已经制定，经人大常委会讨论原则上同意，之所以尚未出台，主要是考虑油价较高，出台后影响太大。目前就开征燃油税而言，有低、中、高三种方案供商榷与讨论。根据这三种方案，燃油税的征收标准分别为30%、50%和100%。

从已经实施燃油税的国家看，美国的燃油税税率是30%，日本为120%，德国为260%，法国为300%，最高和最低的税率差了大约10倍。

从已经实行了燃油附加费的海南省来看，实施燃油附加费前，汽油价格是每升1.6元左右；实行后，燃油税按油价的60%征收，含税的汽油价格为每升2.6元左右，其中税金为1元左右。

权威人士指出，已经制定的燃油税政策，是把现有每辆汽车需交的养路费转换成燃油税，没有增加消费者的负担，不足以用来抑制对燃油的过度消费。

所以，燃油税征收标准应该设为30%以上，甚至是100%。

难题三：在哪个环节征收

尽管燃油税尚未开征，但社会上对于燃油税在工业生产环节还是销售环节征收的争论，一直没有停息过。

从目前形势看，如果在生产环节开征燃油税，就存在如何对航空、铁路等非公路部门、商业部门和农民进行利益补偿的问题。同时可能导致加油站通过走私购进汽油，在油价高涨的今天，这个问题更显得突出。巨大的套利空间，将诱惑非法分子走私。因为偷漏税的增加将导致实际税基的缩小，燃油税的征收总额有可能因此大大小于预期，使得公路基建资金难以得到有效保障。

如果在零售环节收取，又有可能产生偷税行为，则必须在各加油站安装税控机，这需投入大量资金。面对众多的加油站，包括国营、民营和外资的加油站，管理起来相当困难。

难题四：非公路用户利益如何保证

燃油税主要是对道路交通而言。开征燃油税后，农业、船舶、航空、建筑工地车辆、发电及其他非公路运输车辆用油与一般车辆用油如何进行平衡？特别是，对于广大农民来说，燃油税的出台很难说是减轻还是增加了他们的负担。

有资料显示，我国车用燃油主要是汽油和柴油，车用油约占汽油总销量的95%以上，而柴油车的比例不足30%。对于柴油征收燃油税必然带来管理上的难题。

不过，这不表示这些问题没有适当的解决方案。海南省对柴油车实行养路费、过路费、过桥费和运输管理费四费合一收取的方式，每月300元；对汽油车，则按每吨1500元收取燃油费。燃油费收取方式是先由加油站预付，再在加油时向车主收取。值得借鉴。

专家建议，对于农业，尤其是粮食生产在国计民生中的重要地位以及用油成本转嫁对农民可能造成的伤害，建议从农业用油燃油税收入中提取一定比例给予农民作为燃油补贴。

渐行渐近——燃油税何时开闸放行

俗话说，好事多磨。1994年，中国首次动议开征燃油税。十年又一载，我国燃油税在艰难中前行，形势逐渐明朗。

…………

权威人士认为，燃油税应该是一项专项税，是专门用在车上的，用来改善汽车使用环境，如修路、建停车场等，这样车辆才能动起来、道路才能畅通。

专家建议，为了兼顾各方利益，同时体现出台程序的公正性，燃油税是否可以考虑采取听证会的形式？不但身为制定者的国家部门、专家能够在公众面前阐述其观点，普通车主、一般市民也应该有机会参与其中。同时，在当前国际油价如此大幅度波动的情况下，我国燃油税应该考虑像个人所得税那样实行浮动税率，在原油价格升至一定高度时，燃油税率可适当调低，以财税补贴形式平抑国内市场价格；在原油价格下降到一定范围时，再适当调高燃油税率。

牵一发而动全身。"怀胎"十年，从燃油税的难产足以证明这一举措的实施将对社会产生的影响。不管怎样，"费改税"改革的序幕即将由燃油税拉开。可以预见的是，燃油税的开征必将带来经济领域的又一次变革，变革的最终结果将会使中国的经济消耗，尤其是能源消耗更加理智。

是喜是忧——燃油税牵动大众神经

燃油税一旦实施，不仅将改变我国财税和汽车产业的产业结构，也将对有车族的生活产生重要影响。对于汽车消费者来说，燃油税带来的最大变化就是油价上涨，人们最关心的就是实施燃油税后油价到底是多少。

开征燃油税之后，车辆的使用成本结构将发生比较大的变化，原来基本固定的养路费、车船使用税等将被燃油税所取代。其结果是小排量、低油耗、使用频率低的车主，付出的燃油税将低于过去的固定支出；反之，大排量、高油耗、使用频率高的车主，其燃油税支出将增加。

对于燃油税的认识，不同社会角色有着不尽相同的声音，大致可分为以下三类。

1. 私家车 低排放量、行驶里程少的私家车受影响不大……
2. 营运车 行驶里程多，多数人对开征燃油税表示担心……
3. 公务车 使用成本增加，将有利于推进公车改革进程……

值得欣慰的是，尽管燃油税的征收会给包括私家车在内的所有消费者，特别是出租车带来一定的压力，但车主们普遍对燃油税所体现的"多用路多付费"的"公平原则"表示认同。

总体而言，开征燃油税被很多消费者认为是一件利国利民的好事。

（2005年9月28日）

案例作品

在"成长代价"中再塑"成长魅力"
——高油价下石油石化行业节能减排工作的思考

"落实节能减排工作责任制",这是党的十七大提出的增强可持续发展能力的新要求。的确,在工业化发展道路上,中国正经历着几乎每个工业化国家都遭遇过的经济发展、资源利用和环境保护之间的失衡,付出着"增长的代价"。

一段时间以来,国际油价涨势强劲,国内节能减排形势依旧严峻。中国经济如何较好地补偿"增长的代价",走上可持续发展的道路?石油石化行业如何摆脱"成长的烦恼",再塑成长的魅力?节能减排,既是挑战,更是机遇。

治愈"三高"顽疾

历史从不厚此薄彼。当我国的经济发展乘着改革开放东风阔步前行时,一个几乎每个工业化国家都遭遇过的问题随之而来。

巨大的能源与环境负载之下,中国能源行业正经历一个不同寻常的发展阶段。今年3月底,被誉为中国能源蓝皮书的《2007中国能源发展报告》指出,由于经济结构与能源结构、经济效益与能源效益的双重关联性和联动性的显著增强,当前的总量扩张与经济发展,正在面临着能源与环境的双重约束,以能源消费低效益和环境高污染指数为突出表现。

这是一个严峻的现实。主要体现在:一是能源稀缺性与需求的高增长。二是能源消费的低效益与环境的高污染。当前我国经济发展进入工业化加速阶段,重化工业的快速发展使能耗快速上升,节能工作难度非常大。三是消费结构不合理。汽车油耗太大,油田和石化企业自用油比例偏高,同时,不合理用油没有受到严格控制,重质燃料油用量过大,发电用油未能得到有效控制。

长期形成的"高投入、高消耗、高污染、低效益"的增长方式,让经济发展付出了代价。专家指出,中国能源经济目前仍处于粗放型状态,处于传统向可持续发展过渡阶段。如果中国能源经济不能很好转型,将对社会发展形成一定影响。

掀起"节能减排风暴"

自去年以来,一场被媒体称为"节能减排风暴"的活动在全国各地轰轰烈烈展开，但情况不容乐观。2006年，中国单位GDP能耗仅下降了1.2%，没有完成年初确定的4%的目标。

也正是在此背景下，2007年4月25日，国务院节能减排工作领导小组成立，负责部署节能减排工作，协调解决工作中的重大问题，温家宝总理任组长，旨在进一步改革和完善节能监管体制，提高节能减排工作的权威性和有效性。

可以说，从中央到地方，从政府到企业，对节能减排工作十分重视。半年来，重拳频出：

5月下旬到6月下旬，在发改委等部门的组织下，清理高耗能高排放行业专项大检查在全国范围展开。7月，国家环保总局成立30年来首次启动"区域限批"政策，环境准入逐步成为优化产业结构的重要手段。国家进一步理顺监管体系，设立华南、华东、东北、西北和西南五大督察中心负责监督地方对国家环境政策、法规、标准执行情况，让环保这个约束指标进一步硬起来。国家标准化管理委员会制定22项高耗能产品能耗限额标准，抬高主要耗能行业新建项目门槛，淘汰行业落后生产能力，强令高耗能行业节能减排。9月，由中央17个部门联合举办"节能减排全民行动"启动，旨在调动全社会参与节能减排的积极性，使节能减排成为每个企业、每个单位、每个社区、每个家庭、每个社会成员的自觉行动。

在这场遍及全国、自上而下掀起的节能减排风暴中，中央采取的宏观调控和节能减排的各项政策措施正在逐渐发挥作用。有资料显示，2006年及2007年上半年，节能减排出现了新的进展，万元GDP能耗和二氧化硫排放均实现了降低，化学需氧量排放量增幅也明显减缓。

不过，这样的"成绩"并不令人乐观。有数据显示，二季度一些地区和行业的能耗和排放指标甚至出现反弹。一项项政策措施如此密集出台的背后，反映的正是我国严峻的节能形势，也反映出节能减排工作仍存在一些认识不到位、责任不明确、措施不配套、政策不完善、投入不落实、协调不得力的问题。

一道道"令牌"，一记记重拳，对于"三高"顽疾收效如何，人们的期待与追问仍在继续。

咀嚼"通则不痛"

中国能源经济怎么转型？石油石化行业节能减排的突破口在哪里？

古语云，通则不痛，痛则不通。这是中医诊疗的理论基础。

寻求医治的良策，就必须得找到"痛"的根源。能源利用方式的粗放，能源消费结构的不合理，能源消费监管的缺失，能源利用的市场引导和激励的不足等，已成为社会的共识。

在发改委能源研究所原所长、国家能源领导小组专家组成员周大地看来，当前结构调整缓慢是节能减排效果不佳的主要原因，正是重化工业增长过快直接导致了能源消费增速不减。从今年上半年的数据来看，重化工业增长速度超过了19%，钢铁、水泥等高耗能产业增长在20%以上。

具体到石油石化行业来说，主要体现在：受历史原因和客观条件制约所形成的布局之困，规模之惑、结构之痛、效益之忧。地域布局的不合理，使得资源与市场未能有机衔接；小规模、低效、落后生产装置造成了能源的高消耗和高排放，也增加了风险隐患。

世界炼化工业发展的轨迹显示，从20世纪80年代以来，发达国家炼化工业结构调整步伐加快，在产能增加的同时，企业数量逐渐减少，装置规模不断扩大，竞争实力和市场抗风险能力显著增强。可见，我国石油石化行业要实现节能减排目标需在结构调整上下功夫。

这就意味着整个业务链要经历一场弃旧图新的嬗变：规划高效布局，必然要打破不合理结构；建设先进装置，必然要淘汰规模小、落后工艺，追求长远、整体利益，必然要牺牲眼前、局部利益；"阵痛"是难免的，但局部的"阵痛"是为了避免整体业务链的"长痛"。

无论政府还是企业，个中压力，个中滋味，自在不言中。弥补为增长付出的代价，进一步塑造石油石化企业"成长的魅力"，节能减排，挑战中孕育着机遇。

从"增长"到"发展"

令人鼓舞的是，十七大报告中以往的"转变经济增长方式"变为"转变经济发展方式"。

一词之差，内涵深刻。"增长"注重的是速度的提高、总量的扩张，而"发展"更看重各种关系的协调，突出了"好"字当头的总要求。

确切地说，节能减排已成为一种发展模式。建设真正的资源节约型、环境友好型社会，前途光明，道路曲折。

"十一五"规划对节能减排设定了具体的约束性指标，即到2010年单位GDP能耗降低20%左右，单位工业增加值用水量降低30%，主要污染物排放总量减少10%。

从此前国家出台的《节能减排综合性工作方案》,可以看出,无论是对节能减排的执行力度,还是对节能减排的资金投入,中央决策层强化节能减排工作的决心与意志都表露无遗。

当然,有一点是务必清醒的。节能减排不仅是长跑比赛,更是接力赛。不可能一蹴而就,立竿见影,而是需要年年抓,时时抓,常抓不懈;必须要求干部抓,群众抓,齐抓共管。

正如业内人士所指出的,随着节能减排意识的深化,结构调整战略的实施,必将为中国石油石化工业蹚出一条又好又快的发展之路。

无论是"药物治疗"还是"刮骨疗伤",人们关注的是,几年后,天是不是更蓝了,河流是不是更清了。一句话,既看手段,更看疗效!

（2007年11月1日）

延伸思考

"靶向"研究"打深井",提高资政"含金量"

作为一种典型的媒介表达形式,资政建言类报道应该说是产经新闻里最具指导功能的题材,通常聚焦重大经济议题和产业动向,在深入调查研究的基础上,理性分析,专业阐释,提出意见,或给出方案,具有"靶向性"强、"含金量"高的特点。

增强"靶向性",关键在于坚持国家站位、企业定位、人民立场,坚持目标导向,秉持"有解思维",出发点和落脚点始终锚定促进问题解决、服务社会关切、推动产业发展上来。

提高"含金量",关键在于强化政策性、专业性。如同油气钻探"深地工程"一样。要形成权威专业的"一家之言",且言之有物,言之有据,言之有用,不仅要对行业、专业有深入的了解,更要对相关政策法规等有充分研究,以坚实的调研采访为基础,围绕政策指向、产业导向、专业方向"打深井",将政策与实践有机结合,专业性的事实判断与建设性的策略判断相结合,提出合理建议。

围绕能源行业、油气产业的变革,透视低碳转型和绿色发展路径,燃油税的推进、节能减排、油气立法等举措,都立足于产业可持续发展和竞争力提升。通过对重大问题的了解与把握,以翔实的数据、典型的案例、生动的故事为基础,注重方案导向、积极面向未来,提出相应的解决方案。

党的十八大,明确提出"两个翻番"目标,对我国能源供应提出了刚性要求。在这一背景下,能源企业特别是石油石化企业如何算好"能源账",一系列问题摆在面前:GDP 翻番拉动下的能源行业走向如何?未来能源增长速度和需求总量有多大?节能的潜力有多大?油气巨大需求增量如何保障?有什么路径?围绕这一问题,《中国石油报》充分利用"外脑",发挥专业智库作用,走访了相关从事宏观经济研究和能源领域的专家及研究机构,采写呈递了《如何迈过 GDP 翻番的能源槛》的内参报道,引起高层的关注。

六、调查探访：
望闻问切，既找"病症"，又开"药方"

深度调查报道是行业媒体充分履行耳目喉舌、智囊监督职责功能的重要抓手，是打造思想纸、观点纸、深度纸的重要体现。这也是行业类媒体的优势所在。

习近平总书记深刻指出，在老乡家拉家常与在办公室接待群众来访不一样，睡在农家硬板床上考虑问题与坐在办公室沙发上考虑问题不一样，能够发现平时在办公室看不到、听不到的问题，学到在办公室学不到的新思想、新话语，拿出在办公室想不到的新思路、新举措。

思想和办法从哪里来？只能从调查研究中来，从群众的实践和创造中来。新闻工作就是要在实际生活中"望闻问切"，深入浅出，用朴实的语言讲述生动的故事，阐述深刻的道理，以调查研究提升媒体引导力。

近年来，行业类媒体在调查性报道中可谓异军突起，在中国新闻奖评选中屡获大奖，如《经济参考报》的《拿什么拯救你，一"号"难求》《中国自然资源报》的《甘肃祁连山：问责风暴下的生态突围》等。关键就在于发挥好自身优势，强化议题设置，扬长避短，出奇制胜。如《中国石油报》针对成品油市场转型发展和竞争格局演进，策划采写的《销售业务环渤海亏损调查》内参报道就得到管理层的高度关注，提出的意见建议为后续政策完善提供了决策支持。笔者综合能源类媒体近些年的探索，就如何做好深度调查报道积累了一些认识：

从指导思想看，着眼苗头性、倾向性、趋势性等问题。坚持把主题宣传作为融入中心的重要抓手，与行业发展同频共振，不局限于一人一事、一时一地的简单报道，不停留在对企业片段式、局部式的展现，而是要重点瞄准行业产业全局性、普遍性的问题和现象，着眼苗头性、倾向性、趋势性等深层次议题深入调查剖析。

从采写方法看，牵藤摘瓜，寻根究底，使矛盾的各个侧面充分暴露出来。人民日报 1961 年的《先摸情况后作结论》评论中有过精辟的论述："调查研究不是为了给已有的结论找例证，而是为了从调查的材料中，经过科学分析，作出正确的结论，使我们的思想更接近客观实际，从而更好地改造客观事物。"在实际采访工作中，记者要坚持做讨论式的调查，既要倾听多数人的意见，又要倾听少数人的意见；既要倾听干部的意见，又要倾听群众的意见；既要倾听老年人的意见，又要倾听青年人的意见；既要倾听正面的意见，也要倾听反面的意见。这样记者才能对事物的认识、对矛盾的分析更趋准确、全面、客观。

从报道效果来看，揭示矛盾，解决问题，提供借鉴，纾解情绪，回应关切，推动发展。要通过走访调查，从单一企业个案中能够挖掘出推而广之的经验借鉴来，从基层生产实践的"本来面目"中能够揭示出企业科学发展的规律真谛来，从一时的发展探索中能够敏锐洞见行业企业今后的发展方向和走势。在实际生活中"望闻问切"，在充分占有和分析第一手材料的基础上概括出新思想、新观点、新论断、新举措。

案例作品

"磨刀石"上崛起大油田
——长庆油田油气当量突破 2000 万吨特别报道

神奇的鄂尔多斯再一次凝聚了世人的目光。

2007 年 12 月 20 日，长庆油田年产油气当量第一次突破 2000 万吨，一跃成为我国陆上第三大油气田。

会战 37 年，长庆油田给予共和国不同寻常的感动。仅在刚刚过去的 4 年里，油气当量翻了一番，每年新提交原油储量超亿吨、天然气储量千万立方米，创出享誉全国的"长庆速度"。

这一跨越正当其时。持续科学发展的长庆，让我国能源工业西部快发展战略的基础更加牢固。

地层有"裂缝"，思想不"断层"，三叠系勘探敲开特低渗透油藏之门

面积 37 万平方千米的鄂尔多斯盆地，享有"半盆油、满盆气"的美誉。

20 世纪 70 年代，以庆 1 井、岭 9 井的发现为标志，鄂尔多斯盆地石油勘探开发拉开序幕。在老一代长庆石油人的记忆里,那是"峥嵘岁月稠"的日子,数万石油会战大军跑步上陇东,战马岭,走华池,进元城,上吴旗,钻塔升起处,一批批小而肥的油田相继诞生,油田年产量达到100万吨,并首次实现外输。

然而,长庆石油人的脚步并不一路顺风。自马岭等油田发现以来,此后近10年,长庆人转战盆地东西南北数千里,先后多次展开侏罗系勘探攻坚,但多次无功而返。严峻的事实是:盆地南部黄土高原地貌,厚达数百米的黄土层将地震波吸收得无影无踪,北部广袤沙漠下低丰度的天然气储层,深藏在3000米以下的古生界,属于传统意义上的勘探禁区。

没有新提交储量,产能接替紧张,产量递减严重,迷茫、悲观如阴云般沉沉罩在长庆石油人心头。对地质规律的认识不到位,一些人的信心开始动摇,导致思想和认识的"断层"。

失败、挫折并没有让长庆人放弃这块希望的土地。当改革开放的春风拂过鄂尔多斯辽阔的土地,这里的面貌便焕然一新。

长庆人说,地层有"裂缝",思想和认识不能有"断层"。在不断调整思路的基础上,长庆人解放思想,作出一项重要决策,不再恋战侏罗系,目光转向三叠系,开始"由中生界侏罗系找油转向古生界三叠系找油和单纯找油向油气兼探"转变。

战略转移的实现,让鄂尔多斯盆地勘探形势峰回路转。1983年塞一井首喷工业油流,诞生安塞油田,标志着三叠系勘探时期的到来,也使得长庆油田迎来第二次储量增长的高峰。

在这一思想的指导下,全国最大的低渗透油田靖安油田成功发现,同时,陕参1井取得重大勘探突破,拉开了长庆天然气大发现的序幕。关键的是,拨去笼罩石油人眼前的迷雾,大家看到大发展的光明。

破解"三低",压裂攻坚结束"井井有油、口口不流"历史

安塞油田的发现将石油人带到三叠系低渗透勘探开发时代,然而,严峻的挑战也迎面而来。

数据表明,探明的石油储量呈现典型的低压、低渗、低丰度特征,70%以上的油藏渗透率在1毫达西以下,这是国际上界定超低渗透的红线。石油人不得不面对现实:没有自然产能,常规手段很难将油采出来;产量递减严重,单井甚至降到2吨以下;油气层致密坚固,被称为"磨刀石"。用通俗的话讲,

就是看得见够不着，干着急。按照国际惯例，这种油藏没有任何开采价值。

超低渗透，成为长庆发展路上的一道关口。要让储层和油井"活"起来，唯有给地层注入能量和地层改造。

应该说，压裂攻坚，让长庆人获取了攻克超低渗透难题的利器。经过技术团队的潜心探索，1984年，以"深穿透、饱填砂"水力压裂为代表的特色压裂技术在应用中取得成功，安塞油田实现经济有效开发，成为我国低渗透油田开发革命性的转折。

压裂，让鄂尔多斯盆地开发形势豁然开朗。随着中国石油加快鄂尔多斯盆地油气勘探战略的加快推进，长庆油田按照先肥后瘦、先易后难、先评价后方案、先试验后开发的指导思想，推广成熟工艺，采用优选井网、优化压裂、优质注水等配套技术，实现靖安油田的成功开发。同时靖边大气田亦走出"深闺"，从而结束"井井有油、口口不流"的历史，油气开发"满盆开花"。

吃压裂饭，唱压裂歌！经过十多年的探索实践，长庆人逐步完善形成地震地质结合精细刻画砂体、浅油层压裂工艺技术和超前注水等一整套国际一流的配套技术，在世界上率先实现0.5毫达西油藏的效益开发，压裂周期比以前缩短一半，为油田跨越式发展提供了重要技术保障。

"三个重新认识"，"磨刀石"上崛起大油田

面对成绩，长庆人并没有沉醉其中，而是乘势而上，扩大战果。

实现油气资源的可持续发展，"东部硬稳定，西部快发展"，决定了以大庆为代表的东部老油区要在"长"字上做文章，实现持续稳产；也注定了作为西部能源生产基地的长庆油田要在"大"字上有大手笔，发展大油田，建设大气田，这是新时期石油工业赋予长庆义不容辞的神圣使命。

然而，随着勘探程度的提高，勘探开发难度越来越大，"磨刀石"上能建成大油田吗？

回过头来看，"三个重新认识"奠定了长庆大发展的思想基础。重新认识鄂尔多斯盆地，厘清了勘探前景与主攻方向的问题；重新认识低渗透，突出解决了面对现实挑战极限打进攻仗的思想认识问题；重新认识自己，坚信勘探开发有一时之难，无永久之困。

世纪之交的长庆，一场深刻的思想变革在千里油区展开。年油气当量由500万吨到1000万吨，由1000万吨到2000万吨，这是一个不断突破认识、超越自我的过程。

长庆人按照"甩出去,打下去"的勘探思路,不拘泥于一城一池之得失,瞄准新探区,突破新领域,发展新层系,开拓油气勘探大场面。每一次的发现和储量的增长,都闪耀着思想解放的火花。水下扇难以形成大型岩性油藏认识的突破,在辫状河三角洲理论的指导下,西17井钻探获得重大突破,储量超6亿吨的西峰油田诞生。油龙腾飞气虎啸。2000年苏6井的钻探成功,全国最大整装气田苏里格气田横空出世,相继发现榆林、子洲等气田。11月26日,"大器晚成"的苏里格气田日产量突破1000万立方米大关,达到年40亿立方米生产能力。截至目前,油田累计探明石油储量15亿吨,累计探明天然气储量达到1.5万亿立方米。

"三个重新认识",不仅解放了深埋地下的低渗透储层,更重要的是解放了多年来深受低渗透困扰的几代人的思想。

"蚂蚁啃骨头","好汉坡"上激扬"长庆魂"

位于陕北高原腹地、连牧羊人都不敢走的阎王沟里,长庆油田王三采油站年轻的计量工愣是在海拔1300米、近70度的坡上,踏出一条创业之路——好汉坡。

好汉坡上好汉多,风似钢刀雨如梭,让那青春来拼搏,不愿岁月空蹉跎。正是这种"攻坚啃硬、拼搏进取"的"长庆魂",撑起长庆油田大发展的脊梁。鄂尔多斯盆地37年的勘探开发之路,是一条波浪式前进、螺旋式上升的历程。的确,苏里格气田在经历"三上两下"后浮出水面,西峰大发现是在第五次挺进董志塬后获得突破,姬塬油田勘探更是七上六下。

哲人云,只有蹲下去,才能跳得更高。每一次蹲下,都预示着一次更昂扬的"上"。长庆人不气馁,不放弃,求知求证,如痴如醉。在"磨刀石"上,蚂蚁啃骨头般"啃"出2000万吨的油气当量生产能力,"啃"出享誉全国的"长庆速度",让我国能源工业西部快发展战略的基础更加牢固。

悠悠的情感缺失,界定着奉献者的价值准则。"见个面面容易拉话话难",在遍布陕、甘、宁、内蒙古、晋5省(区)的万里油区,终年与荒山为伴、以井站为家的长庆人,把尽职岗位视为强国富民的一个源泉,将个人价值的实现融入祖国的石油事业。

长庆人的血液里流淌着"三顶帐篷搭个窝""跑步上陇东"的乐观与豪情,激荡着延安精神、大庆铁人精神的坚韧与执着。

这是长庆的魂!这是长庆"长""大"的不竭动力。

(2008年1月3日,王晓晖 第广龙)

扎根黄土塬上的长庆绿色油区鸟瞰（吕殿杰 摄）

案例作品

大长庆是怎样长大的
——长庆油田转变发展方式加快大油气田建设透视

"磨刀石"上能建成大油田吗？我们说能，请看长庆！

被国际石油界认为"无开发价值"的超低渗透油田能实现高效开发吗？我们说能，请看长庆！

············

"地下有油不可少，思想有油最重要"。长庆油田干部员工直面鄂尔多斯盆地"三低"，正是坚持以解决思想问题为着眼点，依靠技术进步和管理创新，加快转变发展方式，实现勘探开发的高水平和高效益。仅在过去4年里，长庆油田每年新提交原油储量亿吨，油气当量以每年500万吨的幅度递增，2009年油气当量突破了3000万吨，成为仅次于大庆油田的我国第二大油气田，创出享誉全国的"长庆速度"，探索出一条中国陆上成功开发"三低"油田的新路。

让数字说话，听数字指挥

"见个面面容易拉话话难"。用信天游的这句歌词描述长庆采油人曾经的工作环境,最贴切不过。

在陕、甘、宁、内蒙古、晋5省(区)的万里油区,数万口油气井、上千座井站和数千米输油管线,遍布在大山深沟和戈壁荒滩。长期以来,油水气井看护、井口数据录入、油样采集、井口启停等工作都需要大量人员现场才能完成,员工工作负荷重,劳动效率低,管理难度大。工人终年与荒山为伴、以井站为家,可谓"晴天一身土,雨天一身泥;出门看山头,进门是床头",重重大山封闭着员工的心灵,时间长了,连交流都变得困难。

··········

迈入新世纪,加快发展的长庆年油气当量从1000万吨增长到3000万吨,产量增长了3倍,而员工人数一直保持在7万人。传统的管理模式显然已经无法满足"大油田管理、大规模建设"的需要。如何更好地体现以人为本,彻底转变不适应的生产方式,进一步改善员工的工作生活环境,降低工作强度,提高生产管理效率,考验着油田决策层的智慧。

"长庆油田的数字化建设是形势逼出来的。"唯有革新传统管理模式和生产组织方式,才能适应长庆大发展的需要。而集生产指挥、综合分析决策、措施方案自动生成于一身的数字化建设,成为长庆油田实现大发展的必由之路。

员工曾经的奢望,今天变成了现实。让数字说话,听数字指挥,数字化建设成为长庆油田推动可持续发展最大的民生工程。

——看井房"退役",点火棍"下岗"……
——鼠标轻点"一指禅",管理有了"千里眼、顺风耳"……
——近千名单兵解孤忧,万余名"蓝领"转"白领"……

正是数字化管理的推进,带来了劳动组织构架的革命性变革。通过作业区与联合站共建、井站合建、多站合建、取消井区部和倒班点等措施,"剪"短管理链,为企业发展提供了源源不断的内生动力。

借市场之手,聚发展之力

走进长庆,深入苏里格,在这场全国瞩目的大油气田建设中,传统石油会战那些充满激情的元素仍然闪耀,所不同的是看不到千军万马的石油大军,看不到物资集中调运的壮观场景。静悄悄的背后,涌动着一股神奇的会战力量。

··········

根据长庆油田加快建设5000万吨级大油气田的发展目标,近几年每年都要保证500万吨左右的油气当量上产量,相当于一年建成一座中型油田。据专家保守估算，要踏上如此大规模的上产步伐，每年就钻井工程而言，最少需要新开井 8000 口左右。如此大的工作量，不要说仅靠油田自身的队伍，就是在集团公司系统内组织，难度也非常大。大规模上产对资源的需求与队伍、装备、技术等资源上的匮乏，成为长庆油田大油气田建设进程中不可回避的矛盾。而"三低"油藏实际也加大了实现规模效益开发的难度。

为破解发展难题，长庆油田解放思想，创新体制机制，将目光投向了更广阔的社会市场。2005 年以来，在全社会范围内遴选优势资源，在转变发展方式的考验面前，探索了一条符合油区实际的新路。

…………

正是市场竞争机制的引入，油田没有新增人员，没有新购一台钻机，却汇集了数倍于自身的优势资源，展开了一场场夺油夺气、增储上产的大会战。目前，在这里已汇集 800 余部钻机、500 多套试油（气）机组和 300 余支地面建设队伍，参建人员达到 20 多万。75% 钻机实现社会化，每年节省投资 10 多亿元。钻井、试油、地面建设工程质量和效率却不断提高，目前，建成一口油井、气井的投资，分别降低到 300 万元、800 万元，较 2006 年以前下降了 1/3。

…………

擎科技之剑，破三低困局

…………

令世人惊叹的"长庆速度"背后，是长庆油田勇于挑战禁区，突破认识、超越自我的过程。"磨刀石"上磨砺了高科技，科技进步解放了低渗透。

有专家形象地比喻，如果把中东油藏储层比作高等级公路，那么长庆油藏储层就好比羊肠小道，油藏没有自然产能。要实现规模有效开采，就必须让油层"活"起来。没有动力，那就通过措施，外部注入能量。多年来，正是压裂攻坚，结束了"井井有油、口口不流"的历史，成为低渗透油藏开发革命性的举措。针对地层能量不足的难题，长庆油田的科技人员又不断解放思想，独创出"超前注水"技术，一举解决了油田的稳产难题。

…………

一条主线清晰可见。长庆石油人勇于创新，一切注重实效，不墨守成规，因时因事制宜，将许多原来认为"不可能"的变成了"可能"。摸索出从简、从省、从快，使用新技术的"三从一新"地面建设原则，为低渗透油藏开发积累了经验。从简,追求简约而不简陋;从省,节省费用而不欠质量;从快,加快节奏而不盲目冒进。油田结合山大沟深的黄土塬地貌,采用丛式井组开发,减少征地,降低钻前工程量,简化地面输油流程,降低产能建设投入。大力推行标准化,统一油气田开发工艺、流程布局,统一井组、井站建设规格标准,使油气田建设按照"组装""复制"的模式低成本扩展,目前,建成1个联合站不超3个月,建成1座大型天然气处理厂仅用半年时间。

面对"三低"世界级难题,长庆石油人正以"敢想、敢干、敢破、敢立"的非凡气魄,努力建设"西部大庆",实现规模效益开发,一低一高,让人赞叹,引人深思。

(2010年7月2日,王晓晖 杨文礼)

案例作品

低渗透上夯实厚家底
——长庆油气当量5000万吨"上得去、稳得住、管得好、可持续"的调查
(资源篇)

8月初,我国原油对外依存度首超美国,创出55.2%的新高之时,长庆油田生产报表也刷新出一个新的数据:前9个月实现油气当量3016.18万吨,攀上了全年4000万吨水平,具备了4500万吨的生产能力,正向着2013年实现油气当量5000万吨目标迈进。

这一消息,意义非凡;这一跨越,正当其时。

近年来,中国经济发展引擎的飞转,迫切需要大油气田作能源保障。中国原油对外依存度不断攀升的事实引发着国人对于石油工业的思考。

实现东部硬稳定,推进西部快发展。这是石油工业摆在今天乃至将来的重大使命。在中华大地上多建设几个"大庆",无疑成为全体国民的强国梦想。

奋进中的长庆油田,在新时期新形势下,自觉担当起党和国家赋予的历史重任。当下,"西部大庆"的建设,正是一项着眼于改善中国油气供应、保障国家能源安全的重大决策。

"4000万吨在握,5000万吨在望",如何保证"上得去、稳得住、管得好、可持续",长庆油田,准备好了吗?

算一算资源账——离"西部大庆"还有多远？上得去，稳得住，需要多少储量？多少产量？

8月的西安，酷暑难耐，而长庆油田2011年务虚会议上，从领导到参加会议的代表，却保持着更多的冷静与清醒。会议专题研讨油气当量5000万吨如何"上得去、稳得住、管得好、可持续"的思路、途径和方法。

3年前的2008年，同样是在8月，一场关于开展"3000万吨在握，5000万吨在望，我们准备好了吗"大讨论活动在长庆油田上下迅速展开。

这一年，长庆油田第一次系统提出到2015年实现油气当量5000万吨的目标、思路和措施。集团公司党组高度重视，在进行专题调研后，10月7日，集团公司召开党组扩大会，听取了长庆油田5000万吨油气当量规划方案的专题汇报，同意并全力支持长庆油田实现油气当量5000万吨。国务院领导对长庆油田上产5000万吨也做出了重要批示。

自此，改变西部能源历史命运的"世纪风暴"在鄂尔多斯盆地刮起，"西部大庆"建设拉开序幕。

从大油气田向特大型油气田的迈进，不仅是产量的跨越，更是本质上的飞跃。3年过去了，人们关注和关心的是，以特低渗、超低渗透油藏为主的长庆油田，实现5000万吨油气当量的资源基础如今是否已经靠实，技术保障体系是否完备，建设条件是否具备。社会期待着长庆油田的回答。

能否"上得去"，答案清晰而肯定。

3年来，长庆油田掀起了"发展大油田、建设大气田"的新时期油气大会战：形成了陕北、姬塬、华庆、西峰及周边四个整装含油富集区，整体预计可形成探明储量50到60亿吨，确保了5000万吨上产对石油资源的需求。形成了苏里格、靖边—高桥及盆地东部三大整装含气区带，整体储量规模可达到5万亿到6万亿立方米，确保了5000万吨上产对天然气资源的需求。原油产量年均增长200万吨，天然气产量年均增长35亿立方米以上，四年时间油气当量净增长2000万吨。今年将具备4500万吨的能力，踏上了2013年提前实现5000万吨油气当量的步子；配套建成了惠安堡、咸阳、油房庄等大型商业储备库，形成了横跨东西、贯通南北、内部相济、区域协调的油气田地面系统，油气田基础设施基本适应5000万吨生产运行的需要。

从一个名不见经传的中小油田迅速崛起，至此，"西部大庆"建设的布局基本完成。

祖国建设需要石油，需要持续稳产的大油田。油气当量实现5000万吨，不仅要上得去，更要稳得住，管得好，可持续。这是建成西部大庆的关键。体现在数字上，就是必须要求在2014到2033年的20年或更长时间里，保持年产原油2500万吨、天然气350亿立方米，油气当量持续稳产在5000万吨以上水平。

那么，长庆油田目前的资源家底，离"西部大庆"建设还有多远？站在5000万吨能够实现、必然实现的新起点上，如何"稳得住"，成为长庆油田必须提早谋划并坚决完成的重要课题。务虚会上，代表们出实招，谋实效。

长庆油田负责人算了一笔账，按照油气当量5000万吨以上稳产20年或更长时间的储量需求，共需原油探明地质储量57.6亿吨，共需天然气探明地质储量5.95万亿立方米，因此，油田还需新增原油探明地质储量33.6亿吨，还需新增天然气探明地质储量2.1万亿立方米。

国家重托，人民期待。那么，建成"西部大庆"的资源缺口如何接替？"稳得住"的"底气"从哪里来？

亮一亮家底——手中有粮，心中不慌，建设"西部大庆"的资源基础何在？

大庆要"长"，长庆要"大"。集团公司一位老领导在长庆油田调研时，用这个既形象又有交错感的比喻，来阐释我国东西部油气资源开发的战略方针。

无疑，在东部地区老油田勘探开发程度已经相对较高的情况下，长庆作为西部上产油田，加快建设"西部大庆"，对于石油工业"稳定东部、发展西部"战略，意义非凡。

让我们将目光聚焦中国西部这片神奇的土地。最新的研究资料显示，长庆油田所在的鄂尔多斯盆地石油总资源量达128.5亿吨，天然气资源量达15.16万亿立方米。截至目前，长庆油田已探明石油地质储量24亿吨，占盆地石油总资源量的18.68%，天然气探明加基本探明储量已达到3.85万亿立方米，占盆地天然气总资源量的25.40%。长庆油田的石油、天然气探明率与东部油田平均高达50%的探明率相比，勘探前景还十分广阔。

正是基于此，长庆油田按照辩证唯物思维方式认识油田的内外部环境、地质条件和自身特点，认识到了低渗透也有优势，比如埋藏适中、面积大，储层分布稳定、原油黏度低，流动性好、利于水驱开发、稳产能力强等等，倡导"此低渗透非彼低渗透"，认为低渗透上能够建设大油田，提出了5000万吨发展规划，探索适合低渗透油气田的发展模式。

手中有粮，心中不慌。人们疑惑的是，鄂尔多斯复杂的地质构造和地形环境，丰富的油气资源散落其中，犹如勘探迷宫。长庆勘探，向何处去？"稳得住"的资源基础何在？"西部大庆"建设，会不会陷入"等米下锅"的境地。

辩证唯物主义观认为，任何事物的发展，总是波浪式前进，螺旋式上升，从来不会一帆风顺，总是在认识、实践、再认识、再实践的反复中走向胜利。鄂尔多斯盆地的油气勘探工作更是如此。

扑鼻梅香，总在彻骨风霜之后。2008年6月，经过艰苦攻关，位于华庆地区的石油勘探评价和产能建设取得突破性进展，获得超亿吨级储量规模，当年建设近百万吨产能。从而揭开了华庆大油田的面纱，也标志着长庆油区湖盆中部成藏这一勘探理论禁区获得突破。

一次次思想的解放和地质理论认识的不断深化，引领了勘探方向的三大转变：即勘探领域从三角洲拓展到深湖区，勘探层系从延长组中上部拓展到下部，勘探类型由常规油藏发展到页岩油藏，引领了勘探的大突破和大发现，盆地资源量大幅度增加。

一场场油气勘探进攻仗先后打响。一是坚持"四新"勘探。寻找新的勘探接替领域，落实新的勘探接替目标，实现勘探新发现，获得新增储量。二是坚持勘探开发一体化，并将之作为解决储量快速增长的"杀手锏"，石油预探、油藏评价与油田开发紧密结合，天然气勘探与气田开发有序衔接，相互渗透，不断加快勘探开发进程，缩短规模建产周期，提高勘探开发整体效益。三是加强勘探技术攻关，注重适用技术应用。通过二次高分辨率地震、欠平衡钻井、成像测井、体积压裂、分压、分试、分采等先进工艺，大幅度提高油气层预测、保护、检测、改造的精度及水平，提高油气产量及勘探成功率。

喜讯不断传出。多层系复合成藏理论的提出，实现了姬塬地区储量的快速增长；大型致密岩性气藏理论的创立，使苏里格气田成为我国首个探明储量超万亿立方米大气田；碳酸盐岩成藏理论的发展和完善，拓展了下古生界勘探新领域。

值得一提的是，油田调整勘探战略部署，放手找"长8"，重点针对陇东地区延长组长8油层展开勘探，在马岭、镇北、合水地区获得了重要发现，成为今后提交整装规模储量的有力目标。

将长庆现在的勘探形势图与几年前作比较，会欣喜地发现，探区资源量从过去的"三角形"发展到现在的"纺锤形"。近年来，长庆提交的储量都是可开发的储量。在过去认为没有油气的地方找到了油气，在过去认为开发不了的油藏中拿出来了油气，储量产量就增加了。

长庆人的信心和底气还来自油田展现出的良好成长性和蓬勃的生命力。

长庆油田油气当量上产第一个1000万吨用了33年；第二个1000万吨仅用了4年；第三个1000万吨仅用了2年。第四个1000万吨将在今年年底实现。长庆油田也成为中国石油增储上产的领跑者。如今，长庆油田已初步形成了安塞、靖安、西峰、姬塬、白豹、合水等储量超亿吨的原油资源梯队，形成了靖边、榆林、乌审旗、苏里格、子洲–清涧等特大天然气资源接替梯队。

正是创新，让长庆人在"低渗透"上夯实了储量的"厚家底"。

看一看"长庆攻略"——从地下到地上，把储量变产量，靠什么办法，有哪些保障？

一个崛起在鄂尔多斯盆地的特大型油气田已徐徐揭开面纱！

然而，直面鄂尔多斯盆地"超低渗透""磨刀石"的致密油气藏，直面黄土塬和茫茫大沙漠的现实，从地下到地上，如何把资源优势转换为现实的产量胜势，长庆面临的困难和挑战是空前的。

根据论证，长庆实现5000万吨油气发展目标，石油产能建设60%以上将集中在"超低渗"区域，天然气产能80%以上在苏里格建设。据专家介绍：长庆探明的石油储量70%以上的油藏渗透率在1毫达西以下，这是国际上界定超低渗透的界线。渗透率小于0.5毫达西的超低渗油藏，由于比低渗、特低渗油藏压力更低、岩性更加致密，其开发难度远大于低渗、特低渗油气田。如果能够掌握长庆致密油藏有效开发的主体技术，就赢得了"稳得住"的主动权。长庆油田凝聚着统一的力量和共识。

通往5000万吨的新征程，困难和挑战并存，信心和力量同在。长庆人用高远的目光丈量着长庆的"大"与"长"，依靠科技创新和技术进步，解放储层。

据介绍，长庆油田稳产的基本思路是：稳产前期，继续把勘探放在首位，着力扩大储量规模，夯实稳得住的资源基础；稳产中后期，继续精细勘探和评价，寻找新的领域。开发上着力提高采收率，增加可采储量；在稳产的全过程，精细油气藏研究，突破关键技术，确保"稳得住"。

有数据表明，按照目前的开发实际，采收率每提高一个点，产量将大幅增加。作为远期攻关目标，将采收率从现在的25%提高到40%，既是潜力，更是挑战。因此，努力提高采收率，也成为油田实现 5000 万吨"稳得住"的"长庆攻略"。

当下，长庆油田正在积极推进旨在提高采收率的"212"工程，即两调、一分、两驱，两调为加密调整和堵水调剖调驱，一分为精细分层注水，两驱为表面活性剂驱和气驱，及多种驱替方式。可喜的是，这项工程已在多个先导性试验区取得良好效果。

记者从油田研究院了解到，长庆致密油藏、致密气藏开发技术已取得了重要进展，钻完井技术、提高单井产量技术、采油采气工艺技术、地面工艺优化技术和数字化管理技术等 5 大系列 22 项降低成本的工艺技术取得突破。

值得一提的是，压裂改造技术的进步，使致密油气层的单井产量得到大幅度提升。华庆超低渗透油田和苏里格致密气田等规模有效开发，使难动用储量有效开发，解放了一大批储层。

正在加快建设"西部大庆"的长庆油田，曾经怀揣着"半盆油、满盆气"却举步维艰的惆怅，都已化成发展大油田、建设大气田的凛凛雄风。

我们坚信：长庆油田以敢为人先的首创精神，用强健有力的步伐诠释着"我为祖国献石油"的深刻内涵。不但将再造一个"大庆"，而且还将书写出一卷现代化工业科学发展的"范本"。

（2011 年 9 月，王晓晖　彭旭峰）

延伸思考

树立新闻"长期主义"，多点新闻"耐心资本"

但有回望，就会发现，许多领域的惊艳绽放，多源自几十年如一日"长期主义"的坚守。

长期主义作为一个战略管理层面的概念，由霍尼韦尔公司前董事长高德威先生提出并倡导。在《长期主义——关注短期业绩，更要投资长期增长》这本被誉为企业管理指南的书中，他强调企业要克服有损长期发展的短期行为，努力解决短期业绩和长期发展的矛盾，既赢得现在又赢得未来。

如果将此概念引申至新闻传播领域，无疑是对追踪调查类新闻内核的凝练注解。长期专注于某一方向或领域具有延展性的重要议题或问题的研究，不拘泥于一时一地的判断和呈现，更注重时空坐标下长期的观察思考。

这里探讨的"长期"，不仅是时间跨度的概念，更是一种看待事物的态度和角度。以长庆报道为例，不仅要关注长庆油田传统能源的发展，还关注新能源的成长；不仅关注当下的经济贡献，还关注长期的生态效益和社会效益；不仅关注长庆的昨天和今天，还关注长庆的明天和未来。

上面是从过往报道中选取三篇不同时期的作品，撷取几个代表性节点进行交流。2007 年，长庆油气当量首次突破 2000 万吨，成为陆上第三大油气田。对于长庆发展来说，它意味着向建设大油气田迈出了关键一步。对于油气行业来说，则是里程碑的事件。长庆油田以少人高效、市场化、数字化等为特点的崭新方式奋力发展，并展现出了良好的前景。于是以此立意采写了《"磨刀石"上崛起大油田》《"好"字当头的大发展之路》等系列报道；2010 年，在长庆油田步入第二大油气田行列、油气当量加快迈向 4000 万吨之际，调查采写了《大长庆是如何长大的》报道，及时回应行业和社会关切，即"磨刀石"上能建成大油田吗？被国际石油界认为"无开发价值"的超低渗透油田能实现高效开发吗？2011 年，聚焦长庆油田锚定 5000 万吨，加快"西部大庆"建设这一战略目标的实现，就如何"上得去、稳得住、管得好、可持续"展开系列调查报道。

正是基于长期主义的理念，循着石油工业发展脉络，在国家"稳定东部，发展西部"战略背景下，我们敏锐地捕捉长庆油田加快迈向中国第一大油气田这一行业大事件，和企业宣传部门同志一道，连续多年的追踪采访，重点发稿二十余篇，连点成线，连线成面，以跨时空的连续性报道，展示并思考长庆的发展路径、意义和社会影响等，旨在从企业个案中挖掘出推而广之的经验借鉴，从基层实践的"本来面目"中揭示企业科学发展的规律，从持续发展探索中洞见行业企业未来走势。这些新闻作品的脉络中，长庆实践清晰展现出其"样本"和标志意义：以长庆为代表的西部展现出的良好成长性和蓬勃的生命力，将更加坚定"西部快发展"的信心和底气。

而新闻"长期主义"的践行，贵在于"蹲点"和"追踪"。

这里强调的"点"，不能简单理解为只是某个单位、站队等物理概念，而应是某方面、某领域、某链条有着重要新闻价值和延展性的议题。因此，所谓蹲点，更重要的是"蹲议题"。只有"蹲"下去，方能更全面、深入地开掘主题深度，解剖麻雀，挖掘先进经验或启示借鉴等，吃透现象背后的本质，让重大主题报道"站"起来。

《大众时报》对于蹲点有硬性要求，要求记者"行文五千，必蹲七天"。如对长庆的持续追踪采访，持续报道，时空融合，透过其"三个石头一口锅"一路走来，筚路蓝缕，实现跨越发展的不凡历程，展示了极具信服力的宝贵经验：勇于解放思想，敢于挑战固有传统思维，敢于打破陈规，甚至敢于想别人所不敢想，干别人所不敢干，好字当头推进跨越发展，进而将新闻思考的价值变得深刻、绵长。

《大长庆是怎样长大的》报道，精心选材，抓住数字化、市场化、科技创新等革命性因素进行拟题写作，长庆油田开先河，勇于"吃螃蟹"，"让数字说话，听数字指挥"，放在今天来看，可以说为后来数智石油工业建设进行了有益探索。"借市场之手，聚发展之力"，分析如何充分发挥市场在资源配置中的决定性作用。与历史上的油气大会战不同，"市场配置资源"成为成功开发苏里格的制胜法宝；"擎科技之剑，破三低困局"，则探讨如何依靠创新推动发展转型。围绕油田核心矛盾之问，回答了备受社会各界关注的问题："被国际石油界认为"无开发价值"的超低渗透油田，也能实现高效开发！长庆油田的经验和做法，对于中国石油各企业有很好的借鉴意义。

最有深度是故事。没有真正的蹲点采访打成一片就难以发掘到真实鲜活的故事。蹲点报道可以说是对记者"眼力、脚力"的检阅。沉下去，深进去，从多侧面、多角度采集挖掘素材，素材越是丰富、具体，写作越能纵横捭阖、运用自如。《大长庆是怎样长大的》一文，正是通过看井房"退役"、点火棍"下岗"、近千名单兵解孤忧、万余名"蓝领"转"白领"等生动的事例，有悬念，有起伏，极大地增强了文章的可读性和故事感。

可喜的是，在2020年油气当量攀上6000万吨高位后，长庆油田当前正朝着7000万吨油气当量的目标迈进。2023年开启了"能源超级盆地"建设的新征程。中国"页岩革命"也在长庆油田曙光初现。我们的关注仍在持续。新闻"长期主义"的理念生生不息。

案例作品

感受"西太经验"
——大连西太平洋石化公司生产受控管理启示录

蔚蓝是大海的原色。

大连西太平洋石化公司投产10年，从建厂初期的经营管理基础薄弱到实现跨越式发展，在效益大幅攀升的同时，连续8年安全生产无上报事故，实现了安、稳、长、满、优运行。10年来，大连西太石化探索完善了"工作有计划，行动有方案，步步有确认，事后有总结"的"四有工作法"，并贯穿和渗透到企业每位员工生活工作的各个环节，使企业生产全员、全过程、全方位受控，为安全和发展提供了强有力的保证。

在5月17日召开的大连西太石化生产受控管理现场会上，对西太石化生产受控管理经验作了精辟的概括，即"理念先进、以人为本、科学规范、严格精细、程序受控、持续改进"。

"西太经验"的背后，承载的是企业落实科学发展观，不断加强对安全生产工作规律性的认识，追求本质安全，实现有效发展的不凡历程。

启示一：从要我安全到我要安全，上下同欲者胜

"没有窍门，就是认真，工作时多留神。"刘万里想了半天，用这样一句话回答了记者的提问。这位说自己"胆小"的公司巡检标兵、大连市劳模，和同事一起，通过"四勤六字"巡检法及科学手段的运用，几年间排查隐患近百起。

"抓安全，促发展，就是要用科学态度和科学手段，首要是解决思想和认识上的问题。"这是公司总经理的感言。公司投产以来，如何实现生产各装置的受控，实现生产各环节可控，成为管理层思考的焦点，探索从未停歇。

"没有安全，就没有发展；安全是企业长期行为，不计较一时得失；强化对生产各要素的源头管理和过程控制,从安全管理的本质抓安全。"在不断认识和深化中,企业生产受控管理工作的思路更加清晰。

思想上的一小步,行动上的一大步,是以先进的管理理念为指导的。2000年,"工作有计划,行动有方案,步步有确认,事后有总结"的"四有工作法"的完善、推广和深化,开创了大连西太石化生产受控管理工作新局面。

几年来,大连西太石化各级领导干部重视生产受控管理并带头抓好,从不懈怠,放眼长远发展,致力于有效发展,在处理安全与发展关系时毫不含糊。今年1月,一装置压缩机密封部件松动,当时正值公司创效高峰期,可以采取措施监护运行。但为了将隐患彻底排除,公司果断决定关停压缩机,并从头对设备进行确认。本来依照惯例停工1个小时的维修,却延长到半天完成。领导认为,这样做很值。

安全是一项系统工程,不仅体现在对人、机、料、法、环等环节的源头和过程控制,实现系统安全,更是全员行为。古语云:道者,令民与上同意也;上下同欲者胜。

正是恪守这一理念,公司严格制度建设,重视加强对员工的安全教育和安全技能培训,使之明辨道理,增强安全意识和主动性。同时,努力架起"上下同欲"的桥梁,营造全员抓安全的良好氛围。在大连西太石化,创造条件让员工学习绝不是一句空话。公司实行"五班三倒一培训"制度,确保对全体员工的培训和教育,一批批像刘万里一样的安全生产"呵护者"涌现出来。

"胆子越来越小,事故越来越少,效率越来越高,效果越来越好。"员工用生动的语言,表达着对安全生产工作的深刻认知和理解。

无论干部还是员工,从被动接受到主动参与,只要全身心地投入到安全发展工作中来,企业就一定能够抵达本质安全的"彼岸"。公司相关负责人如是说。

启示二:从遍撒保护网到高筑防火墙,精细之举,精工之路

8年前,当第一次走出国门参观学习的大连西太石化人走进道达尔公司时,他们被深深触动了。

道达尔公司的运行计划不仅明确告诉员工,今天该做什么,也清晰地提醒员工,明天甚至以后必须做什么,达到什么程度。国外企业严谨的计划、细致入微的方案、不折不扣的落实,给正努力寻求企业长远良性发展的大连西太石化人上了深刻的一课。

兵法云：上兵伐谋；兵未出而计先定于内。企业发展也是如此。

近年来，大连西太石化积极借鉴国外知名企业的先进管理理念，博采众长。以计划管理为龙头，突出一个"谋"字，核心是"准"和"量"，着力构建企业安全与发展的长效机制。

定期工作"台历化"，可谓公司计划管理的一项创新。4月22日8时，记者在生产一区观察到，交接班完毕，三班班长丛立宙走进车间的第一件事就是浏览桌上的工作台历，上面详细记录了他和全班在以后8个小时内要完成的工作：10时完成机体充压；11时油罐加油，巡检、调整操作……管理的量化和细化，可见一斑。

为了能使工作一目了然，公司在探索和总结的基础上，把工艺、设备、安全环保3个方面的工作以周为准，细分到每日，落实到班组。当工作完成，则由检查人确认后签字。同时，公司创造性地制定"管理、计划课题表"和"管理工作纪实表"，如实填写当月所要完成的主要工作以及上月工作完成情况，并由网络自动提交主管领导审核批准，使各项工作的领导、决策、执行情况得到快速有效的沟通，做到短期工作一目了然，长期工作有序推动。

公司还率先成功引进和应用美国ASPEN公司先进的软件系统，并与员工行为习惯和企业实际相融合，与国际炼厂通行做法接轨，为计划的科学制定和实施提供了强有力的工具。

以计划管理为龙头的"四有工作法"，从计划、运行方案、监督检查、总结分析、调整优化再到计划，使生产管理工作形成了一个完整的闭路循环。公司安全运行部部长朱卫东这样说。

这个公司抓生产受控管理的另一项重要举措就是对管理的细化。公司制定完善细致的行动方案，突出一个"章"字，核心是一个"细"字，特别是工艺技术规程、操作规程和岗位工艺操作卡片化的编制实施，使员工的每一步操作都能够进行自我确认，能够有法可依，有章可依，有章必依。

虽已过去两年时间，但有件事让保运公司员工王佳辉记忆犹新。当初，公司通知要求对一法兰作业。尽管当时装置没有开工，但设备管线里有氮气。按照维修方案，必须在得到设备工程师签字确认达到施工条件后方能作业。但自己当时凭经验就违规开启法兰，结果全身被喷淋得成了落汤鸡。幸亏是残留保护气，否则后果不堪设想。

"一项项细致入微的作业方案，就如同一堵密不透风的防火墙，让我们远离危险，让危险远离企业。"王佳辉深有感触。

正是经过一次次切身的体会和观念碰撞后，员工的安全意识逐步得到增强。现在，在公司，如果没有作业方案，员工拒绝执行任何操作，即便是领导指令也无济于事，同时也杜绝了"乱指挥"现象。

做"细"才能做"实"。为了使每一个管理行为、每一个作业环节、每一个监督过程都做到有章可依，公司制定完善了"用火安全管理标准""有限空间作业安全管理标准""施工作业票管理标准"等制度。如一个简单的缓蚀剂配制、注入，就有近20个步骤。公司认真做好风险源辨识，共辨识出危险源4000多处，对每一危险源都进行了风险评价，并分别采取了有效的控制措施。

精细之举，夯实安全发展之基。

启示三：从强化执行力到形成保障力，落实成为科学管理的试金石

熟悉的人都说大连西太石化人爱较真，其实，较真的背后是抓生产受控管理的科学精神和不懈追求。

4月21日8时许，记者在公司办公平台上见证了动力场班组轮班交接过程。交班班长关正豪将凌晨1点到早上8点当班期间的情况作了总结，具体到工艺生产、设备运行、劳动纪律、环保卫生等，在通报并得到接班班长的确认后，双方交接班完成。不是走过场，而是一种责权利的划分和工作界面的厘清，在日积月累中，培养员工良好的行为习惯和风险意识。

公司高层认为，如果说严密准确的计划告诉员工要做什么，量化和细化的工作方案教员工怎么做，那么，落实就成为科学管理的关键。

作为"四有工作法"的重要一环，强化执行力，做到步步确认，始终贯穿这个公司安全生产工作的始终，主要体现在不折不扣的过程管理中。

公司在工艺卡片的编制、实施，操作规程、检修作业规程的执行，作业票、动火票、用电票等票证的签发等环节，每一步都有确认。以重油加氢装置操作规程执行为例，步骤分为工质化、开工、停工、退工质4个部分，每个部分又设定若干个稳态，相邻稳态之间有若干个操作步骤。开停工过程中，副操、主操、班长分工明确，责任清晰，每执行一次操作，都由相关责任人在规程的相应位置做好标记，步步进行确认，杜绝了漏操作和误操作。

让生产各装置受控，让生产每个环节可控，几年来，这个公司的探索从未间断。2003年，公司在炼化企业率先设立安全监督工程师和运行工程师岗，每个生产单位设一位安全监督工程师，协助主任做好安全运行监督管理的各项工作。每班组设一位运行工程师，从产品质量、运行分析、工艺指标、生产调整

到能耗优化等，展开对生产全天候的监督指导，将生产过程控制进一步推向深入。

公司建立了周环保分析、周质量分析、周设备运行分析等完善的运行技术总结分析体系，始终倡导事前有方案，事后有总结的良好习惯，给公司专业部门和领导提供非常好的信息资源和决策依据，取得了明显成效。

正如外资"东家"法国道达尔公司炼油与销售亚洲区总裁琼斯先生在视察后感言，作为新建炼厂，大连西太石化起点标准之高，进步之快，业绩之突出，令人敬佩，人们看到了一个正在向国际一流炼化企业迈进的身姿。

10年来，大连西太石化持续深化对安全工作规律性认识，完善安全与生产受控管理的长效机制，夯实发展的基石。10年，是一个新起点。大连西太石化将又一次扬帆，驶向蔚蓝的大海。

（2006年5月18日，王晓晖　王巧然）

延伸思考

典型经验报道，看"广告"，更看"疗效"

典型经验报道，不仅要展示成绩，还要对事实升华提炼、总结经验，更要在此基础上形成一些规律认识和启示借鉴。

大连西太平洋石化公司是由中法合资建设，集先进管理理念和技术于一体的现代石化企业。它孕育的"四有工作法""四有一卡"操作制度，蕴含着国际先进管理理念，是干部员工在具体生产实践中，提炼总结的宝贵经验智慧。曾风靡一时。

2006年，为加快推进炼化企业生产受控管理体系的建立，从源头遏制"三违"行为的发生，促进企业实现本质安全，中国石油决定在全系统全面学习推广大连西太平洋石化公司生产受控管理的典型经验。为做好"西太经验"的深入挖掘、典型选树和宣传推广工作，根据报社安排，我和同事深入企业蹲点调研两周，将现场访谈和体验作为问题收集、案例挖掘的主要方式，面对面访谈50多人，包括不同部门、岗位、装置、年龄和学历等层次，组织了五六场座谈。遗憾的是，当时没有采访到系统外相关领域的专家学者，以及相关企业管理者，缺少了从他们视角的看法和解读。采访中，注重挖掘经验形成过程中的教训、运用效果和成果转化等，让经验可学可鉴，让新闻有用管用。

如何挖掘报道好这一宝贵经验，能够让经验可学可鉴，推而广之，推动行业本质安全和科学管理，有如下思考。

首要是注重时代性。这是典型经验报道的鲜明特点。把工作放在炼化行业贯彻落实科学发展观的全局中进行评价，在企业狠抓"反三违"、构建本质安全的形势任务背景下，进而提炼总结这一经验的现实价值和时代内涵。没有时代性，典型也就失去光彩。

其次是挖掘实用性。经验的萃取和推广，其核心目的在于解决问题。没有效果，就没有说服力；没有突出的效果，就"撑"起不了典型。因此，在写作中，注重通过实际案例和业务场景再现，用事实说话，用数据说话，让经验分享更有效。

再者是揭示规律性。如果只重视讲做法、摆效果，那至多是一份扎实的工作总结。而如何让经验从一域走向全局，从一时影响长远，从孤例变成普遍，进一步增强指导性和实用性，让经验的"种子"在更多的土地生根发芽、枝繁叶茂，那就必须在具体实践中找规律，揭示事物发展的偶然和必然，让人从中悟出"道道"来，形成规律性认识。通过采访调研，深刻感受到"西太经验"的宝贵之处，正是抓住了人、机、料、法、环这些关键因素，特别是从"人"的思想认识和主观能动性上破题。

今天回过头来看，"西太经验"也暗含了"不敢违、不能违、不想违"的安全文化意象。不敢违，通过制度、规定，甚至法律的震慑，让"三违"行为无处遁藏；不能违，通过"四有工作法"等流程体系的严格约束监督，"从遍撒保护网到高筑防火墙"，堵塞漏洞，全程受控；不想违，通过深化思想认识，深刻认识"三违"的严重危害性和加强生产受控管理的极端重要性，"从要我安全到我要安全，上下同欲者胜"，绷紧安全生产弦，杜绝侥幸心理，这是筑牢本质安全的根基。这篇经验报道也正是围绕以上思路架构，摆事实，讲道理，令人信服，给人启迪。

事实表明，以"四有工作法"为主要内容的"西太经验"，具有很强的科学性、指导性、实用性，有力推动了石油石化企业生产受控和科学管理水平的提升。今天，这些管理方式仍在很多石化企业和工业领域被发扬传承和创新运用。

案例作品

小胜靠智　大胜靠德
——昆仑润滑油的民族品牌培育之路透析

11月11日，立冬后的第一个周末。谭纯岩在店里忙了大半晌，将新上架的昆仑润滑油摆放停当，甩了一把汗笑了。从这天起，他的头衔换成了昆仑润滑油广西河池经销代理。

5年前经营"洋"品牌获得第一桶金时，他还为本土品牌的市场缺席而怅然。如今，他毅然加盟"昆仑"经销军团，并在"昆仑"的大旗下，迎接事业的又一个春天。

在被业内称为润滑油行业"冷冬"的2006年，昆仑品牌的力量穿透了产品流通的全过程，实现着由资源供应向品牌营销的转变。前三季度，大类散油销量较去年同期下降45%，包装油则同比增加2倍。

源于高品质、"车人合一"的关爱和强烈的民族情怀，以此积累的消费者很强的品牌忠诚度和消费信心，成就着昆仑的品牌之路。

卓越品质："天"字昆仑托举"天"字品牌

谭纯岩是这样被征服的。在不久前举办的"中国石油杯"中国—东盟国际汽车拉力赛上，作为赛手的他真切感受了赛事指定用油昆仑的高品质和"车人合一"的关爱。

除了行驶中马力输出平稳顺畅，声音悦耳外，发动机油泥很少，换油时几乎没有积碳现象，燃油经济性显著提高。还有人性化的包装和使用说明，这些都让经营洋品牌多年的他欣喜异常。由接触到认同，大多消费者也经历了同样的体验并聚集到"昆仑"麾下。

这是一段艰辛的历程。2000年前后的国内润滑油市场并不太平。消费需求增长，逾千个品牌充斥其中，品质参差不齐，多头分散经营造成无序竞争甚至恶性竞争。仅中国石油旗下就有十多个品牌。因此，业务整合成为润滑油行业发展的必然。

东方欲晓，莫道君行早。在被称为润滑油元年的2000年，中国石油大刀阔斧整合旗下的润滑油业务，"昆仑"横空出世。几年间，"昆仑"收拢五指成拳头，出击高端市场，在满足中国润滑油市场需求快速增长的同时，也迅速改变着市场格局：全国6个营销中心，1万多个销售网点，近百个驻外网点，知名度在行业中已达到90%以上。

源自中国石油的昆仑，拥有成长为著名品牌的基础。中国石油拥有全国60%的基础油资源、先进的润滑油生产工艺和强大的研发实力，以及旗下一万多座遍布全国的加油站。

为在全球化竞争中获得高附加值，在品牌整合过程中，"昆仑"首先关注品牌的高端形象和在高端市场的竞争力，走出了一条"单品牌、多品系"之路，使一个品牌同时覆盖高、中、低档产品。2005年1月，主打高端市场的昆仑天元、天润、天籁、天骄等"天"字军团正式亮相，600多种产品迅速覆盖市场的几乎每一个角落。

以高科技磨砺的"天"字昆仑，争攀润滑油行业"中国制造"的顶级水平。产品质量不仅达到美国API石油协会的各级标准，还通过了奔驰、宝马、沃尔沃等著名汽车生产厂家的质量认证。2004年，昆仑润滑油被一汽大众、力帆、建设等厂商选为指定用油。2005年获国家免检产品称号。让人称道的是，从南极冰盖的低温极限，到戈壁荒漠的高温极限，从赞助第21次南极科考到中国—东盟国际汽车拉力赛等重大事件，"昆仑"经历了"冰"与"火"的考验。

"天"字昆仑托举起"天"字品牌。作为核心竞争力的外在体现，昆仑的品牌战略正在变得清晰。

"车人合一"：润滑之心关爱灵动之行

对车的润滑和对车主与司机的关爱，作为企业生产营销的理念，贯穿了昆仑润滑油的发展历程。

"车人合一"的关爱，成为"昆仑"品牌推进的巨大推动力。

"昆仑"人这样诠释他们积极倡导和严格遵循的关爱理念：卓越品质，提供最佳润滑状态——对机器的关爱；个性化服务，独特换油体验——对客户的关爱；倡导亲情营销，热心公益事业——对社会的关爱；低能耗，低污染，可再生包装——对环境的关爱；营造发展空间和宜人工作氛围——对员工的关爱。

这是"昆仑"的庄严承诺。

在国际市场上，出口产品在生产环节所创造的增加值只占30%，而70%的增加值来自以品牌为标志的研发和营销环节。"昆仑"采用本土化"专用性"研制准则，从高端产品到特种专业用油，从大宗散油到包装油，以其多元化、多层次的产品满足不同客户的需求。

在终端网络建设上，积极进入城市汽修、汽配厂，开发高端市场大客户；在全国各地建立了俱乐部性质的"换油工人之家"，在出租车司机中发展"昆仑会员"，并定期将同一城市的会员组织起来，参加公益活动。最典型的莫过于2002年安徽润滑油市场大变局，已成为经典营销案例被业界分析借鉴。关爱理念的推广，使市场占有率在不到一年内从零上升到40%以上。"昆仑"以战略性眼光，适时开发针对环保燃料的发动机机油"昆仑天籁"等产品，体现了对自然的关爱。

润滑之心，灵动之行，关爱无处不在。2005年参加中国石油越野锦标赛的河南车手冯强至今还清晰记得，9月4日晚当队伍到达第一站正镶白旗时，天气突变，"昆仑"及时向选手发放了紧急订购的羽绒背心抵御寒冷。

实践证明，这样蕴含深厚人文关怀的市场开拓战略，为"昆仑"的强势崛起奠定了基础。而消费者的这种体验，也增强了对"昆仑"品牌的认同感和忠诚度。"昆仑"也当之无愧地当选"2005TV我最喜爱的中国品牌"。

大胜靠德：本土品牌承载民族情怀

品牌的考量，不是用来自我欣赏，而是社会对产品的美誉，对企业的认同。古人曰：以诚待民，以德治众。个人如此，一个走向成熟的企业和品牌更应如此。

"昆仑"十分看重企业形象，是因为看重自己的社会责任。中国石油润滑油公司一位高层这样阐释对品牌战略的理解。不仅关爱车，关爱人，而且积极投身社会公益事业。2004年以来，"昆仑"独家赞助表彰"全国十大见义勇为好司机"，弘扬了社会正气；2005年，冠名第九届全国大学生羽毛球锦标赛、赞助全国青少年艺术人才电视评选活动等；提倡关爱生命健康，关注教育事业；大力支持体育事业，在2005年中国汽车越野赛、2006年中国—东盟国际汽车拉力赛等重大赛事中，与体育健儿一起挑战运动极限。

"昆仑"用行动诠释着民族品牌的道德示范。通过力助"神五"上天、冠名奥运金牌榜与亿万观众共赏雅典风云、伴随南极科考，不但提升了"昆仑"品牌知名度和美誉度，向国际社会展示出中国润滑油民族品牌的强大实力，而且传达了中国石油"奉献能源、创造和谐"的理念。

业内人士指出，植根于中国石油的肥沃土壤，拥有先进的生产工艺和强大的科研实力，从诞生之日起，"昆仑"就承载了振兴民族品牌的重任，烙上深厚的民族情怀，具备成长为国际化大品牌的非凡资质。

早在2004年，中国石油润滑油公司就跻身于全球五大润滑油公司之列，开始在国际市场崭露头角。"昆仑"的目标是要成为国际级的润滑油公司，为全球汽车提供润滑服务，一个专门致力于全球市场开拓的海外业务组正在运转。

"昆仑"的品牌之路，正向远方延伸。这是一条光明之路。

（2006年11月15日）

延伸思考

挖掘新闻特质，提升品位价值

这是一篇大家熟悉的企业通讯报道。此类工作通讯，多是梳理总结成绩，挖掘提炼经验，或是揭示和讨论工作中存在的问题。其特点在于指导性强，通过精炼生动的事实叙述，能够为同类单位和企业工作提供可借鉴的方法和经验。在强调新闻性的同时，更在于探讨和思考规律性的哲学认识。

取巧与守拙下的企业选择，正是本文所讨论"新闻特质"的题中之义。

自20世纪90年代以来，我国润滑油工业逐步对外开放，市场更加透明和开放，竞争趋于激烈。放眼全球，润滑油行业尤其是高端润滑油，因其高技术门槛、高利润收益、高品牌知名度，成为油气流通市场竞争最激烈的领域。国外大石油公司往往也把润滑油品牌形象作为其公司的品牌形象推向市场。

2000年，被业界称为中国润滑油元年。适值中国加入世界贸易组织（WTO）前夜，人们对于中国经济及石油石化行业能否经受住全球化浪潮冲击还心怀忐忑。一方面，随着汽车、装备等产业迅猛发展，市场需求增长，品牌林立。如中石化的"长城"、台湾的"统一"等傲视群雄。仅中国石油旗下，兰州有"飞天"，大连有"七星"，克拉玛依有"翼龙"，独山子有"天山"，大庆有"庆路""科萌"，玉门有"祁连"，辽河有"欢喜岭"，抚顺有"双菱"等。这些品牌中，大多知名度不高，但也有为石油工业的发展立下过汗马功劳的老牌子。在市场效应驱动下，地方小型调和厂如雨后春笋，逾千个品牌充斥市场。另一方面，跨国大公司凭借其雄厚的资金、技术实力及品牌优势纷纷抢滩，如壳牌、美孚、BP等势头强劲。三足鼎立之势日渐凸显。

正是在此背景下，中国石油大刀阔斧整合润滑油业务，于2000年12月成立润滑油公司。2001年底，驭"飞天""七星""翼龙"之翼，矗"天山""祁连"之巅，中国石油润滑油新商标——"昆仑"横空出世，锚定行业标杆。

2006年，恰逢昆仑润滑油品牌问世5周年。人们关注的是，经过全球化浪潮的磨砺，昆仑品牌有怎样的表现，又有哪些发展启示呢？

也是在当年，笔者有机会参加"中国石油杯"中国—东盟国际汽车拉力赛的随团采访，一路上与来自全国各地的车主、相关从业者交流探讨。欣喜的是，大家通过切身感受，普遍对昆仑品牌表现出信任和赞誉，尤其是对昆仑在环保理念和公益道德方面高度自觉的表现印象深刻。文中提到的老谭就是其中代表。

企业做大难，做强更难，做强做久做成品牌更是难上加难。一家企业如果能够敏锐把握市场机遇，于短期内实现投资收益最大化，这无疑是成功的。但如能洞察行业发展大势，坚持长期主义的持续创新，坚持服务社会的责任担当，立足长远、行稳致远，则更难能可贵。前者看似"巧"，后者貌似"拙"，但取巧与守拙之间，决定了企业发展的高度。

在采访中，笔者深切体会到，植根于中国石油的丰沃土壤，"昆仑润滑"从诞生之日起，就承载着振兴民族品牌的责任、使命，有着锚定高水平科技自立自强的永续创新，有着"关爱车更关爱人"的道德示范，展露出本土品牌比肩国际一流的雄心和志向，这不得不说是令人侧目和钦佩的。最有意义的新闻价值，就蕴含在文章标题"小胜靠智，大胜靠德"中。

这也在此后20多年中得到检验。

从装配新中国第一辆解放车开始，到齿轮油、高铁用油，昆仑润滑经历"冰与火"考验，经受"上天入地"洗礼，应时而生，亦应时而为，胸怀"国之大者"，谨记时代和人民的需要，中国石油润滑之心，承载着几代人沉甸甸的民族情怀。

建国初期，美西方对我国实行石油禁运，国内军用成品油、高级油料无法自给，严重威胁国防安全。周恩来总理曾对"兰炼飞天"谆谆期望："力争石油生产的量多、质好和品种齐全，以逐步满足国家和人民的需要"。国产品牌独立自主、艰难起步。

新时代，昆仑润滑正在打造产品巨人的征程上奔跑。中国高铁润滑油第一人、荣膺第六届"央企楷模"称号的中国石油润滑油公司首席科学家伏喜胜，带领团队从追赶国外同行的脚步，到打破国外技术垄断，助力中国高铁成为走向世界的"中国名片"。他说："这辈子就干这件事，要把国家的润滑油技术解决了。"

企业如何把握守拙与取巧的关系？怎样的品牌，才能真正代表民族企业？什么样的企业，才能成为百年老店？国家和社会呼唤更多"胜在大德"的民族品牌、产品巨人蓬勃而出。

这是报道最想留给读者的思考。

案例作品

管道不欠生态账
——来自西气东输水土保持和环境保护工作的报道

在中国版图上，与长江、黄河、长城比肩，被称为"第四条彩带"的西气东输管道，绵延神州八千里，贯通华夏十省市，将西部"绿色"天然气源源不断地输送到东部沿海城市，造福沿线百姓。沿途经过极端干旱的沙漠、戈壁，翻越水土流失严重的湿陷性黄土塬地带，穿过母亲河黄河、长江，越过生态极其脆弱的江南水网，有四大国家级自然保护区和众多名胜古迹分布其间，如何保证沿线生态免受破坏，工程自建设伊始，就吸引了世界的"眼球"。

中国石油秉承"创造能源与环境和谐发展"的理念，向社会庄严承诺，"建造一流管道工程，建设绿色长廊"。自工程建设以来，建设队伍严格实施HSE管理，统筹管道施工和环境保护各项工作，铸造精品工程。2004年1月1日东段如期实现供气的同时，东段植被恢复率达100%，中部和西部宜林宜草植被恢复率达95%以上。5月27日，管道成功穿越我国最大的内陆河——塔里木河，河两岸现存目前世界上最大的一片天然胡杨林"毫发无损"，更为西气东输工程环保工作书写了浓重的一笔。

西段：丝路无恙，胡杨挺拔

绵延4000千米的西气东输管道工程建设，有近2/3路线穿过新疆、甘肃、宁夏等西部地区。这里，有世界濒危的珍稀动物野骆驼保护区——阿尔金山保护区，据悉，目前世界仅存的只有800至1000峰；有被誉为"生千年不死、死千年不倒、倒千年不朽"的物种、塔里木河两岸目前世界上最大的胡杨林带，是阻挡塔克拉玛干沙漠侵袭塔里木盆地北缘诸多重要城镇和绿洲的天然屏障。还有零星分布在沿线的红柳树、骆驼刺等耐旱植物，都是防风抗沙的关键因素。

脆弱的生态状况，能否经得起大型机械化施工的考验，在生态环境成为考量文明水平重要标志的今天，管道建设经受了一次严峻的挑战！

早在一百多年前，恩格斯就在《自然辩证法》中告诫人们"我们不要过分陶醉于对自然界的胜利。""对于每一次这样的胜利，自然界都对我们进行报复。"西气东输工程建设的环保意义不言而喻。

为了实现对生态环境的保护和管理，中国石油西气东输管道分公司及时制定并发布了《西部环境与社会管理要点》《文物管理办法》《自然保护区保护与管理方案》等规定，从制度上规范了建设单位的行为与准则。并与国家环境保护总局监督司建立了定期沟通和汇报制度，主动接受监督，避免因工程建设影响或破坏国家珍贵自然动植物资源。

沙漠戈壁表层有一薄薄盐碱硬壳，像皮肤一样保护着地层，有明显的固沙和防止地层沙漠化的作用。为了让沙漠免受"切肤之痛"，建设单位划定施工作业带，合理调整工序，降低施工机械行走频率，放弃了取直原则，宁可车辆绕行，也不随意碾压施工带以外的盐碱硬壳和植被。

为了保护野骆驼自然保护区，施工单位经过反复勘察和论证，将原本取直的管线向北平移200千米，减少了施工建设对野骆驼生存环境的不利影响，管道长度因此增加10千米，增加了两亿元人民币投资。

为了减少植被破坏，建设决策者决定将作业带从原先的28米减少到20米甚至更窄，虽然增加了施工难度和工作量，但尽最大可能减少和降低了对生态的破坏。塔里木河穿越中，施工单位科学施工，没有砍伐和损害一棵胡杨，仅合理设置钻机作业平台一项就节省占地面积2300平方米。据不完全统计，因缩减作业带，仅在西段工程建设中就少碾压土地面积近20平方千米之大，这不能不说是西气东输的一个亮点。

中段：黄河安然，太行葱郁

西气东输工程"锁定"绿色管道，这是可持续发展的要求，也是中油集团兑现"能源与环境和谐发展"社会承诺的积极努力。

管道从荒芜干旱的沙漠戈壁窜出，穿黄河，上太行，过吕梁，径直向东，跨入生态环境最为多样性的东段地区。从地质情况看，陕西、山西段属沟壑纵横的湿陷性黄土塬地带，水土流失严重，豫皖大地山势险峻，阡陌纵横，生态环境十分脆弱，一经破坏很难恢复。尤其是作为西气东输管道标志性工程的黄河穿越，更牵动了社会的"神经"。自古以来，黄河之安澜，是中原百姓福祸之所系。由于黄河沿线生态环境恶化，水土流失严重，河床抬升。资料显示，仅陕西省每年排入黄河的泥沙就高达8.3亿吨。如何保证黄河和管道这两条"巨龙"的安全、亲密接触，管道建设者经受了一次严峻考验。

作为业主，西气东输管道分公司专门设立机构负责沿线的水土保护工作，主要采取四大措施，即预防措施、治理措施、临时措施和水土保护措施，通过修建分洪渠、护坡工程、种草种树恢复耕地等手段，为西气东输工程沿线筑起一道道防止水土流失的安全屏障。

在宁夏中卫、陕西延水关、河南郑州三次黄河穿越中，建设者会同黄河水利委员会专家，周密研究，精心部署，采取多种措施，都以黄河的安全为前提，论证选取穿越黄河的最佳方案，一次性穿越成功，母亲河涛声依旧。

施工中，各标段管理处要求各施工单位要做到施工、水土保护、植被恢复"三同时"，坚持"能不扫尽量不扫"的扫线原则，对挡道植被坚持"能绕就绕，不能绕就移"的原则，尽量减少对沿线植被的碾压。

在陕北靖边县，流传着"九棵树"的动人故事。处于毛乌素沙漠边缘的14

标段管道，必须经过一片林子，这是当地最为珍贵的绿色。如何保护管道线上的九棵树，让建设者犯了难。经过研究，决定移栽。工人们小心翼翼地将挡道的树连根带土移栽到精选的地方，又从老远的山坳里拉来水，每天悉心看护。几个月过去了，管道向前延伸并渐渐远去，这些树也成活了下来，稚嫩的新树芽展示了顽强的生命力。

在管道的延伸中，管道人对生态理念的重新认知变得更加深刻。为了保护沿线动植物，西气东输管道分公司专门制作印制了《西气东输管道工程沿线国家重点保护动植物图谱》，人手一册，指导施工人员加以重点识别和保护。2003年7月20日，在西气东输一施工现场，一名职工在施工中发现了一只因伤濒临死亡的国家一级保护野生动物——黑鹳，立即用专车送往当地县环保局。由于救护及时，黑鹳很快康复，在经专家确认受伤黑鹳已经恢复野外生存能力后，将其送回大自然怀抱。这样的例子不胜枚举。

建设中，管道建设分公司还充分发挥社会资源优势，建立有环保、水保专家担岗的技术监督体系，首次引入环境监理试点工作，这一中外合作监理模式的开展，对工程建设起到了良好的促进作用。截至目前，中段地区已完成宜林宜草地区植被覆盖95%以上。

东段：水乡江南，秀色依然

西气东输管道一路蜿蜒东进，穿越江苏、浙江，抵达终点上海。这里，为古之吴越要地，纵横发达的水系，星罗棋布的鱼塘，纵横交织的公路网络，造就了今天富庶的鱼米之乡，生态环境极为"娇贵"。加之这一地区降雨量大而且集中，管道施工极易造成大量土石方开挖，破坏植被。民以食为天，如何让江南粮仓在管道穿越中免受"伤害"，西气东输管道分公司严格实施HSE管理，保护江南水乡。

阴雨连绵的天气，使得施工多数在泥水中进行，这对环保工作提出了更高的要求。早在建设之初，管理处就将水保、环保工作超前考虑，超前安排，预防环境污染和生态破坏事故的发生，并绘制了生态环境保护和恢复的具体技术图表加以指导。

为防止设备渗油滴落地面造成环境污染，施工人员在爬行设备和吊装设备下面铺了接油布；焊接作业时，每道焊口下面都铺有一块防火布，防止焊接和打磨过程中产生的焊渣和碎屑直接落到地面，每个电焊工都有一个回收桶，将焊条头、废砂轮片等全部回收，统一处理；禁止在沿线河流、沟渠中清洗设备，严禁乱倒废油；经过农田管沟的土壤被分层堆放，按层回填；管线试压中，建设单位从水源的引进、废水的排放处理、排放的流速等环节认真部署，严细施工……HSE的管理理念，已深深烙刻在石油人的心头，点点滴滴，见证着广大工程建设者为祖国打造绿色能源动脉所做的努力。

植被恢复方面，中国石油根据东段年均降雨较多、耕地集中的实际，以自然恢复为主，个别地段以人工干预为主，由环境监督专家个别指导进行。今天，在这里已看不到之前管道建设的丝毫印迹，池鱼嬉戏，禾苗青青，蓝天白云，诉说着对燃气时代的憧憬与展望。

HSE走进八千里管道建设中。如果说"H""S"体现了"以人为本"的理念，那么"E"环境保护则更体现了可持续的发展观思想，实现了"天"与"人"交融，实现了能源与环境和谐发展，石油人高擎生态的大旗，奏响新时代绿色福音。

（2004年8月6日，王晓晖　姜昌亮）

延伸思考

捕捉时代价值，发好时代先声

这是一篇报道我国首条长距离、大口径管道工程——西气东输管道HSE工作的稿件。在中国版图上，西气东输被称为与长江、黄河、长城比肩的"第四条彩带"，与西电东送、青藏铁路、长江三峡工程一起被誉为"中国新世纪四大工程"。

对一件新闻作品的解读，离不开事件所处的时代背景。21世纪初，HSE管理体系对于国人来说还是新生事物。它起源于20世纪90年代，随着世人对健康、安全和环境问题的日益关注和不断探索而渐成体系，逐渐成为国际共同遵循的文化理念和行为准则。中国油气行业也率先引入HSE管理体系。在西气东输这项世纪工程中，健康安全、水土保持和环境保护等成为衡量建设水平的重要标志。

生态文明源于对发展的反思，也是对发展的提升与工业文明的超越。基层采访中听到过这样一件真实故事：20世纪90年代初，国内一家石油企业成功中标国外某陆上油气勘探项目，这在当时可是勇闯海外市场的重大突破。于是企业优选各门类业务骨干集结开拔，准备大干一场，大展身手。可谁知项目刚动工，甲方就来了个下马威，开出"停工令"。原因很简单，甲方认为队伍采用机械爆破导致噪音扰民，有违当地民俗习惯和 HSE 管理要求。没办法，队伍只好在冰天雪地中人工用凿子钻进施工。正是在阵阵铁与冰的敲击碰撞声中，他们接受了全球化背景下跨文化融合"教训深刻"的一课。当然，也由此植根繁茂了对标接轨国际化标准体系的枝丫。

该篇文章通过采访中的所见所闻，比较系统全面地展示了这项重大工程生态环境保护工作，讲述了"九棵树"的故事、让路野骆驼自然保护区、救护黑鹳等多个鲜活生动、或长或短的温情故事，让中国石油人践行 HSE 理念的努力跃然纸上。客观地说，深入践行 HSE 理念，与以往大干快上、经济利益优先的模式相比，这种协调人与自然、人与人、人与社会关系，努力实现经济与生态"双赢"的建设模式，不管是在行业还是社会，无论是从观念还是实践上，变化都是巨大的。新事物，新实践，新理念，新表达。正因为此，报道从题材到叙述都给人以耳目一新之感，也得到了不少读者的反馈：油气管道工程也是生态工程；冷冰冰的钢铁巨龙背后，也饱含温情。

今天，随着习近平生态文明思想的深入践行，生态文明的理念深深植根于人们心中。或许在黑色石油中浸润得太久，石油人都更珍视绿色。恰逢西气东输投产 20 周年，在时代奔流的长河里，在工业文明与生态文明碰撞交融的背景下，从新闻视角回望，筑起的不仅仅是一条钢铁大动脉。"管道不欠生态账"代表着一种全新的工程建设模式，一种崭新的经济发展理念，是一次生态文明的大觉醒、大变革、大发展。这是时代的进步，行业的进步，国家的进步。新闻宣传工作就是要捕捉时代价值，引领风气之先。

案例作品

一实胜千言
——探索企业基层科学管理的"管道样本"

企业基层队站建设有没有诀窍可依？

点多线长、复杂多样的山区油气管道运营有没有规律可循？

有。西南管道公司用实践给出回答。

5年前，为优化管道业务整体布局和区域管理，集团公司对国内油气管道运行体制进行调整重组，西南管道公司顺势而生。

几年来，公司瞄准建设集约、规范、务实、高效管道企业的目标，牢牢抓住科学队站建设这项基层管理的"牛鼻子"，固本培元，提升服务保障能力，在成长故事中塑造成长的魅力。

"萝卜快了更洗泥"，5年不换频道，牢抓科学站队建设

透过一升一降两组数据，可一窥西南管道抓基层工作的态度。

公司组建以来，"五项费用"公务支出每年缩减20%左右，但基层培训、巡线车辆保障等费用呈平稳增长趋势，仅教育培训投入就近2000万元。

今年年初，一份被撤销的先进名单，引发了西南管道上下热议。缘起是青年技术能手初评结果网上公示时，被领导班子研究后叫停，理由是名单中基层队站的名额比例偏低。暴露问题不遮掩，发现问题及时纠偏，管理层的导向就是进一步唤起全员对基层建设的重视并落到实处。

站在国家西南油气通道安全保障和集团公司战略布局优化的高度，或能更深刻理解西南管道狠抓基层站队建设的执着和坚决。

从所辖地域来看，业务涵盖甘、陕、川、渝、滇、黔、桂7省区，点多线长。近5年间，仅川渝地区成品油年供应就增加了100万吨左右，天然气年供应量最高70多亿立方米；从路线看，"六多一差"难题凸显，即山多、河流多、降水多、隧道多、地质灾害多、少数民族多和社会依托差。与之对应的是，运营管道里程逐年增加，队伍结构年轻，管理基础相对薄弱。

对年轻的西南管道来说，既要抓新建管道投产，又要保证在役管道平稳，千头万绪如何协同推进，无疑是全新课题。如果照搬同类管道企业的管理理念和架构，可尽快搭建起管理模式，省时省力，但公司领导班子对此有着清晰认

知：管理创新不能"穿皮鞋，走泥路"，必须从西南的实际出发，按管道运营规律开展工作。在总经理常延魁看来，业务规模持续扩张，任务量加重，"萝卜快了更洗泥"，必须把心用在基层，将眼睛盯在基层，抓科学管理站队建设就是企业发展的牛鼻子和突破口。

组建伊始，一场为期 3 年的"打基础、练内功、利长远"专项治理活动有序展开，"实"字当先，察实情、务实功、求实效。

——为基础管理"培土"。健全各项规章制度和体系流程，强调针对性、适用性，避免水土不服，实现了同类业务、同类介质、同类设备操作管理标准、程序、方法的统一，体系文件厚度只有同类公司的 1/3。

——为基层台账"手术"。针对基层反映各种记录台账杂、考核办法烦琐等实际，公司通过"简洁、务实、重点突出"的软件建设等，删繁就简，形成生产运行"两卡一册"，线路管理"三卡一册"，基层对线路管理方式方法更加清晰。

——为员工充电。采取请进来、走出去、以干代练等方式，加强一线操作员工、专业技术干部、管理人员"三支队伍"建设，努力实现常态化，全覆盖，目前轮训率达到 90% 以上。

——让服务更贴近。打造"小机关、大服务"格局，推进人员向基层流动，机关人员维持在 80 人左右，近 100 个基层站队的管理人员却一直在加强，尤其是重点站队确保按编制配齐。与传统管理运营模式相比，减少用工总数 30%。这在目前企业普遍冗员、机关超员的背景下尤显可贵。

这是一场狠抓基层站队建设的接力。5 年不换频道，标准逐年升级。作为前 3 年专项治理活动的"升级版"，2014 年，以"安全、清洁、规范、和谐"为主题的"创建科学管理站队"活动启幕，在经过半年试点后在公司近百个基层站队全面推开。

"哪壶不开提哪壶"抓安全，向问题开刀

在西南管道流传这样一件事：老总管起了站队晾衣架的事，还为此发了脾气。

事情得从头说起。2015 年 4 月的一次调研中，站场负责人向总经理抱怨，个别员工素质不高，浴室里开着浴霸晾衣服，既耗电，又有隐患。尽管只是小事，却引起了管理层的重视。细究后发现，这不是个案，也不是简单的素质问题，根源是大多数基层站队地处潮湿的山区，站场设计施工时没有预留晾衣服

的地方，员工外出巡线一身汗一身泥，洗的衣服一时半会儿干不了。

晾衣架现象引发了公司上下关于队站建设更深的思考：类似的问题还有多少？认识的误区还有哪些？员工利益无小事，站队安全无小事。随着业务规模扩张，各种风险因素增多，不从细出发，不从实出发，安全从何而来？

用常延魁的话讲，抓安全管理就要"哪壶不开提哪壶"，向问题开刀。几年来，公司抓新线整改和老线隐患治理齐头并进，成立主要领导任组长的管道隐患整治领导小组，较大及以上隐患由班子成员一对一督办，每半个月召开专题协调会推进实施。

基于"六多一差"现状，公司创新思路，从"重站轻线"向"站线合一"转变，在风险管理、内检测、完整性评价等方面下功夫。目前，所辖管线风险评价覆盖率达100%，高后果区识别率达100%。加大第三方施工监管力度，大力推广实施"三色预警"机制，明确各级管理人员在不同预警下的职责任务。5年来，有效监控近3000起第三方施工事件，未发生一起不安全事故。

随着城市化进程加快，管道占压现象频发。曾有违章占压的村民甚至放狠话："就是坐牢也要建房子"。为了啃下这些"硬骨头"，公司建立管道违章占压月报制度和新增占压责任追究制度，在重点采取拆除、改线等方式进行清除的同时，严禁形成新的占压。

问题总是一个接一个。公司坚持"治早治小"，将线路安全压力层层传递。各基层单位结合自身实际，开展了全员包段徒步巡线、与巡线工结对子等活动。值得一提的是，2000多名农民巡线工队伍的加强，正让绵延的管线变得"可视"起来。每天徒步10千米、两年穿坏8双解放鞋的云南楚雄南华县于栖么村村民罗建东，就是这个群体的代表。

种庄稼要"懂庄稼脾气"，顺着规律使劲，管理才有后劲

油管道与气管道如何统筹，站场管理和线路管理如何兼顾？如何探索一条山区管道运营本质安全的路径来？

西南管道的实践表明，油气管道运营就如同种庄稼，得"懂庄稼脾气"。既要尊重业务规律，又要尊重自然规律，顺着规律使劲，管理才有后劲。

——站线管理标准化。编制实施《站场可视化标准管理手册》，细化科学巡线、预警等重点工作标准。如"三色"预警机制规定，管道5米范围内属红色预警，24小时监护；5米至50米的属黄色预警，事前进行控制；50米至200米属蓝色预警，事前进行预防。以巡检路线设置为例，以前多是平均设置，现

在则根据地形地貌和风险评估,科学增减频次和调整距离。

——企地联动机制化。公司创新企、地、警"三位一体"联动的管道保护模式。在贵州,与省公安厅、能源局建立月交流联系机制,并派专人定期入驻担任联络员。与重庆市公安局共同制定管道保护方案,市公安局专门成立两支管道巡逻队,把管道保护工作纳入其联网平台,打造管道保护的"兰成渝模式"。

——保护宣传网格化。由"喷灌"改为"滴灌",即由以往县区、村镇集中宣传逐步调整为"精准式"入户宣传。同时,精心设计宣传品,增加了实用性强的水杯、手电筒、铁锹、围裙等,上面都印有管道宣传标语和举报电话,成为老百姓最乐于接受的媒介。贵阳都匀站站长杨其彬感慨,最大的感受就是反映隐患的电话多了,管道纠纷少了。

——预警研究社会化。借力借脑,联合全国多所知名院校、单位,研究西南地区管道防灾减灾的课题。此外,还积极探索场站安防制度化、汛期安防模式化、车辆派遣规范化等措施,持续提升运营管理水平。

数据为证。5年来,管道里程增加了5倍,成品油、天然气输量分别增加近3倍和8倍,成功应对了芦山大地震、石亭江百年洪水等重大灾害的考验,让西南大动脉强劲脉动的同时,也为油气行业山区管道运营提供了有益的借鉴。

(2016年12月6日,记者王晓晖 李建 张晗)

延伸思考

老妪能解,朴素中见深刻

历史有记载,唐朝诗人白居易每写出一首诗,都会念给街边的老婆婆听。如果老婆婆说听不懂,他就会进行修改,直到老婆婆都能明白,才会将诗抄录出去,供大家传唱。这便是成语"老妪能解"的典故。

记者应是大众语言的艺术家。重视语言修养,既要向人民群众学习语言,也应从古人语言中汲取富有生命张力和生活智慧的营养,还应从世界文化海洋中汲取养分,丰富自己的语言宝库。

> 管理创新是企业治理永恒的主题。作为一篇企业工作经验的调研报道,如何将企业一段时期科学管理的探索实践,用朴实生动的语言提炼总结,让读者听得明白,听着亲切,更重要的是能够理解、借鉴和学习呢?因此,《一实胜千言》报道精心提炼了三个小标题并以此构架:"萝卜快了更洗泥",5年不换频道,牢抓科学站队建设;"哪壶不开提哪壶"抓安全,向问题开刀;种庄稼要"懂庄稼脾气",顺着规律使劲,管理才有后劲。分别从持续基础建设、推进本质安全等角度,提炼总结出"一切从实际出发,遵从事物发展规律,实字胜千言"的基层科学管理的经验来,深刻回答了文章开头所提出的问题:企业基层队站建设有没有诀窍可依?点多线长、复杂多样的山区油气管道运营有没有规律可循?三个小标题都是老百姓耳边常听到的语言,生动朴实,又富有哲理,让人豁然开朗。

案例:"新疆油气发展透视"系列报道

2015年,为了努力探寻油气田企业在转方式、调结构、应对低油价方面的新思路、好做法及有益探索,我们以新疆地区油气产业链发展为典型案例,进行样本对比分析,从点看面,从企业看行业、从区域看系统、从当下看未来,以期为兄弟企业和行业发展提供借鉴。考虑到中国石油驻疆业务涵盖了从油气开发、工程技术、炼油化工、管道运维、物流运输、油品销售到金融服务等上下游全产业链,我提出了"访面、跑片、走线、蹲点"的采访思路,组织记者奔赴塔里木、伊犁、独山子、克拉玛依、塔城、阿勒泰、吐鲁番、乌鲁木齐等地,采访了新疆地区11家局级单位及驻疆分公司、基层队站,并走访了自治区相关部门。一方面,短平快采写出不少鲜活的一线报道;另一方面,深入调查驻疆企业产业链区域性发展情况,系统分析,延展思考,推出"新疆油气发展透视"系列报道。

现将报道策划及写作思路遴选部分原始呈现。

1. 从新疆三大盆地上产看油气增效新探索

(1)从"麦麸里的谷粒"看战略调整:"油气非"排队,优化开发结构

(2)从"模型中的公式"看管理路径:全链条"精采",抵御低效风暴

(3)从"市场上的鲇鱼"看内驱动力:多形式总包,激发"效益活泉"

2. 从新疆炼化企业环保升级看新两法应对新挑战

（1）严苛新法提出挑战

（2）门槛抬升提供契机

（3）倒逼升级需要绝招

3. 从新疆成品油配送看物流优化新路径

（1）舍近求远为哪般？

（2）物流不畅堵在哪？

（3）资源串换为啥难？

4. 从克石化年持续盈利看炼化企业扭亏新通道

（1）大亏小盈为哪般？

（2）稀优稠劣如何看？

（3）供大于求怎么办？

5. 五年"亏损帽"，何以摘下来？

——从西部钻探扭亏看工程技术效益发展新方向

（1）规模不一定要大，关键在强

（2）业务不一定要全，关键在专

（3）市场不一定要多，关键在盈

延伸思考 ❶

处理好树木和森林的关系，既见树木，又见森林

应该说，这是开展建设性调查报道的有益探索。从见报作品可以看到，针对每一项问题、难题，都要深入到代表性企业中去探求，立足产业链和行业全局视野去观察，条分缕析，顺藤摸瓜，带着疑问找原因，带着问题找答案。

在系列报道第一篇《直面成本之重，上游从何发力》，从新疆三大盆地增储上产看效益开发新探索。新疆油气田企业面临的挑战，也是国内上游企业普遍面临的难题，且更具典型性。因此，通过深入采访思考，提出了以下思路："筛糠拣谷"优化开发结构——效益排队比收益；"效益公式"打通管理经络——立体"精采"提质量；"鲇鱼效应"用好市场之手——多样总包激活力。

销售市场的物流优化是一项不断变化着的挑战，因为新疆地域广袤、配送路线复杂等，更具有分析样本的价值。如报道所述：在新疆可以捡到"狗头金"的阿勒泰，有个喀木斯特加油站。奇怪的是，这里的油没从相距278千米的乌鲁木齐拉运，而是来自646千米的克拉玛依。缘何有近路不走非要绕远路？记者通过跟随运油车队，走访驻疆炼油、销售、管道、运输企业，从成品油配送流程探寻物流优化新路径，采写《产供销，如何奏出和谐音符——从新疆成品油配送看物流优化新路径》，至为关键的是找出矛盾、找准问题，于是就有了"舍近求远为哪般？物流不畅堵在哪儿？资源转换难在哪儿？"的追问，用通俗易懂的描述，让读者理解"油品配送有近路不走非要绕远路"背后的门道，弄懂"油来油去"的密码。

搞好深度报道，关键是处理好树木和森林的关系，既要见森林，也要见树木，但又不能一叶障目、不见森林。既要参天大树，也要万木竞秀。实践表明，但凡有争论和对立、需要辨真伪、论对错的观点，背后往往蕴藏着尚未被大家看见的新事物、新动向，更需要通过深入调查来抽丝剥茧。这就要求记者在采写中能钻进去，更能跳出来，巧于微观剖析，更善于宏观思考。报道要把准脉、找准穴，问题具不具有普遍性，原因具不具有规律性，认识具不具有启迪性，探索具不具有借鉴性，新闻事实与理性思考相渗透，提升报道思想的深刻性、内容的丰富性、文风的多样性，使新闻更具深度和影响力。

延伸思考❷ 建设性报道须厘清的几个误区

建设性报道可广义理解为新闻报道的建设性，对涉及重大题材和舆论关注的重点、热点、难点、疑点问题进行专题报道和深度解析，引导舆论，引领发展，服务大局。具体实践中，应在以下几方面厘清和深化：

可以是简短的消息，但不是简单的动态传递，而是传递思考；

可以是成果报道，但不是简单展示，而是要总结提炼；

可以是一情一事，但不是简单就事论事，而是要跳将出来。

"问题类"的建设性报道，也是正面宣传。它不只在于批评监督，更多在于反映困难，揭示矛盾，"开好药方"，替企业发声，帮行业解困。

七、典型事迹报道：
细节和有料至为关键

先进典型报道作为意识形态工作的重要载体，往往被赋予思想引领、政治动员、道德示范、精神激励和价值传递等社会功能，强调时代性、真实性、贴近性、独特性、示范性等。通过人格化、具象化的方式，展现人物内在精神与时代需求的共振，更注重挖掘"平凡中的伟大"，跳出"模式化"叙事的禁锢，透视一代人的价值取向，进一步激发社会内生动力，增强公众情感共鸣与行动自觉。先进典型事迹报道因其可推广、可学习的价值，成为弘扬和践行社会主义核心价值观的"活教材"。

> **案例作品**

矢志创新的科技带头人
——记集团公司高级技术专家、兰州化工研究中心副主任高雄厚[①]

早春的金城兰州，寒意未尽，但丝毫没有削弱人们心底的欣喜。

2000年2月28日，一个中国石油炼油催化剂研究史上值得铭记的日子。我国新一代降烯烃催化剂在兰州化工研究中心（原兰州石化研究院）研制成功，填补了中国石油在这一研究领域的空白，与国际上催化剂研发5到8年的周期相比，用时仅半年，创造了催化剂研究领域的"神话"。

这项科技成果的带头人和他的团队，在短短5年时间里，创造性地开发形成5大系列14个牌号催化剂工业化产品。2004年，降烯烃系列催化剂获得国家科学技术进步奖二等奖。这个产品的市场占有率、产能、质量性能均居国

[①] 高雄厚，现为中国工程院院士。

内第一。他，就是集团公司高级技术专家、兰州化工研究中心副主任高雄厚博士。

成功，在 11 次失败之后

1999 年，国家大力实施燃油清洁化战略，加快与国际燃料标准接轨，要求车用汽油的烯烃含量在 2003 年前必须降到 35% 以下。作为国内最大的油品供应商，中国石油义不容辞。

当时，国内炼厂的汽油烯烃含量在 55% 左右，迫切需要在不影响收率和稳定操作的基础上，大幅度降低汽油烯烃含量的催化裂化催化剂。否则，几十家炼油企业将面临停产的危机。中国石油要求科研机构必须在 2000 年 5 月前开发出新催化剂，并实现产业化。原兰州石化研究院勇挑重担，时任石油炼制研究所所长的高雄厚受命担任这一攻关课题的第一负责人。

深秋的金城兰州，已是一片萧瑟。高雄厚率领他的团队，开始向炼油催化技术高峰的登攀。设备简陋、信息来源渠道少、时间紧、任务重，这些在别人看来很难逾越的困难，反倒激发了高雄厚的斗志。研制开发一开始，他就"严"字当头，把目光瞄准国际先进水平。刚开始的半个月时间，他搜索、查阅了国际上关于催化剂研究的专利、文献上千篇，反复琢磨，研究别人的创新规律，完善自己的思路。白天，他与课题组成员一起泡在实验室，所有试验都坚守现场，认真观察；晚上回到家，则对所收集的各种数据进行仔细分析，并将过去几年的实验台账抱回家去研究。他和课题组成员一道，先后提出 11 种开发思路，然而经过实验室小试验均告失败。转眼 3 个月过去了，高雄厚和他的团队遇到了前所未有的困难。

这是一段难忘的日子。

院长赵旭涛深有感触。那些天，晚上只要电话响起，不用问，准是老高打来的。两个人，两瓶啤酒，找个僻静的地方，交换思路，探讨实验机理，释放压力。

妻子现在还在嗔怪：那段日子，雄厚整个人像中了邪似的，本来催他早点儿躺下，可半夜睁开眼时，却发现他还在聚精会神想问题。有时，说梦话也在嘀咕催化剂。失败没有让高雄厚气馁，困难没有吓倒高雄厚。现在回想起来，高雄厚说正是有了来自中国石油科技发展部、石油化工研究院的关心和支持，以及兰州石化公司营造的"宽容失败"的环境和氛围，才让他愈挫愈勇。他相信，起点到终点之间总能找到一条捷径。

执着，终于捅破了真理的"窗户纸"。

实验从深秋做到第二年初春。大地还未解冻，课题研究进入攻坚阶段。高雄厚独辟蹊径，提出"减少烯烃生成的反应模式"，成为指导实验取得成功的全新而又独具匠心的理论。以此理论为基础，课题组深入研究烯烃生成的反应环境，开发出改性分子筛技术，从源头上降低了汽油中的烯烃含量。

课题攻关柳暗花明。2000年2月28日，第12次试验取得理想数据，新一代降烯烃催化剂——LBO-12降烯烃催化剂研制成功，比计划提前近两个月。应用表明，在辛烷值保持不变的情况下，汽油烯烃含量下降13个单位，达到国际先进水平，替代了进口产品。接着，LBO-16.LBO-A相继研发成功，标志着中国石油真正具备独立研发催化裂化催化剂的能力，拥有了完全自主知识产权的催化剂制备技术。

科研之路，总是布满荆棘。

多产丙烯助剂的开发，是一项具有深远意义但又非常繁杂的工作。由于市场对丙烯的需求量很大，产品供不应求。国外早在20世纪70年代中后期就已经出现以硅溶胶作为黏结剂的F催化剂成熟工艺，而此前我国F催化剂大都是以铝溶胶作为黏结剂，国内硅溶胶的工程化技术基本处于空白。

在高雄厚的带领下，课题组向这一技术难题展开攻关。从一组数据可以感受其中的酸甜苦辣：短短一个多月时间，做试验耗费的水玻璃有100多千克，而每次试验的用量只有150克左右；硅溶胶稳定时间增加到近20个小时，而每个小时都是在科研人员的注视下度过的。L-A硅溶胶基质型F催化剂成功开发，填补了国内空白。

没有创新，技术就没有生命力，产品就没有生命力。近5年时间内，高雄厚和他的团队创造性地开发形成5大系列14个牌号催化剂工业化产品。高雄厚先后获得甘肃省"十五"期间"十大杰出科技人才"、中国石油"杰出科技工作者"等10多项荣誉称号，并因成绩卓著享受国务院政府特殊津贴。

正是由于这些新技术的支撑，兰州石化公司催化剂厂成为国内生产规模最大、市场占有率最高的现代化生产企业，至今累计生产销售催化剂约12万吨，实现销售收入20多亿元，产生经济效益6亿元以上。同时，也吸引了世界知名催化剂制造公司的眼球，多次来中国石油进行技术交流，谋求进一步合作。

在强大的竞争对手面前，作了人生最精彩的报告

由于科研压力大、休息饮食没有规律，高雄厚患了神经性胃炎。2002年

"五一"前后，病情越来越严重，菜里稍微有点油，胃里就感到十分难受。

任何一种卓越产品，只有走向市场才能实现价值。高雄厚不仅紧紧围绕生产作科研，更是围绕市场开发作技术服务。为扩大市场份额，他主动请缨，和销售人员一起站到产品推广的第一线，频繁奔走于数十家炼厂之间。降烯烃催化剂向北方市场推广时，就打了一场"遭遇战"。

5月3日，刚从外地出差回来的高雄厚接到市场反馈的信息，西部一石化公司两天后要召开降烯烃催化剂技术招标会。其时，兰州化工研究中心把北方市场的突破点选在炼油规模较大的这家公司，而国外几家著名的催化剂研发企业也早就盯着这家企业。国产催化剂产品能否和世界一流品牌同台竞技，影响到今后市场的拓展和产品的美誉度，这一次竞标意义重大。为了第二天的技术竞标，他当晚与销售人员一道精心准备报告资料，休息时已是东方亮白。

第二天，发着高烧、刚打完点滴的高雄厚第一个走上讲坛，特别是当看到国外公司志在必得的神情时，在身体状况最糟糕的状况下，他作了一生中最精彩的技术报告。

他结合用户的技术需求，用一贯舒缓平和的语调，详细阐述LBO系列降烯烃催化剂的创新思想以及优良的产品性能，仔细分析用户最关心的问题和生产中遇到的各种难题。30分钟的报告，几次被掌声打断。LBO系列产品得到评委一致认可，从而独家中标。

有趣的是，那家国外大公司业务代表会后主动上前与高雄厚握手，伸出大拇指，对他们研发的产品和技术表示由衷的敬佩。这次竞标，不仅在国际舞台上展示了中国催化剂研发的实力，也让LBO系列产品跨出了走向市场的第一步。在随后的市场拓展中，这个产品又成功取代东北某企业长期使用的国外一著名公司的产品，应用结果表明，在汽油中柴汽比保持不变，烯烃含量下降15个百分点。

急国家之所急，急生产之所急，急用户之所急，任何一个产品的研发和推广都倾注了高雄厚无数心血。那是2004年，国内某炼厂装置开不下去，用户认为是催化剂存在问题，兰州化工研究中心先后派去的3拨技术人员都被"送"了回来。于是，高雄厚亲自前往。到了当地，对方将一行人直接送到装置上，并要求第二天拿出合理的解决方案。在观察装置的同时，高雄厚足足盯着烟囱看了个把小时，然后回到房间。第二天一大早，这个企业的老总来了，有关技术人员也来了。高雄厚仍旧不温不火讲了起来，不知什么时候，坐在对面的老总已开始认真作起记录来。对方的"发难"已然成了"取经会"。

正是凭着娴熟的专业技能，高雄厚成了用户的座上客。每年的客户座谈会，成了他的专场技术报告会，用户代表惟恐错过机会。此后，不到两年时间，降烯烃系列产品在国内45套装置得到成功应用，市场占有率达到60%以上。实践证明，中国石油催化剂人有能力站在世界催化剂技术研发的最前沿。国际著名的催化剂制造商Grace公司在给中国石油集团的一封信中说：你们的LBO—16催化剂，给我们留下了很深的印象……

拿得起的事业，放不下的情缘

选择催化剂专业，痴迷于催化剂研究，一路走来，高雄厚用了20年。用他的话说，是"拿得起，却放不下"。

怎么能放得下呢？假期带队旅游，在风景区看到一个"井"字，让他联想到一种实验的反应机理，便拉着伙伴讨论起来；同事去他家里做客，原本说好谈点工作之外的话题，可不知不觉中成了课题研讨会。

脑子跟着市场，眼睛盯在现场。高雄厚除了不停地思考催化剂发展方向外，还对研发中的具体方案和实施过程都直接参与。每次实验中的关键环节，他都守在现场，同组员一起抓细节，找问题，严格控制研究工艺。

半合成组的张海涛至今还清晰地记得，那是2002年的秋天，因为一项研究需要进行一个催化剂原料的制备试验，由于该制备实验已经重复过多次，因此没有始终待在实验现场认真观察试验现象，高雄厚发现后表现出了少见的严肃：任何发明往往缘于一次偶然，对过程的把握是确保结果正确的根本。作为一个研究集体，你的失误就可能使其他人的工作成为无用功，这是对别人工作成果的不尊重。多年以后，张海涛越加深刻地理解了这句话的含义，自己也成长为所里的骨干。

"如果说取得了一些成绩的话，那应该归功于团队的力量。"成名后的高雄厚常常这样对人讲。尊重每个人的意见，利用每个人的优点，打造勇于创新、敢打硬仗的团队，他也是这么做的。

作为课题负责人，在课题攻关中，他优化组合，因势利导，扬其长，避其短，使每一个成员、每一个课题组都通过竞争发挥出自身最大的潜力。现任副所长的张忠东动手能力强，在催化剂制备方面有丰富的经验，高雄厚透彻理解反应机理，善于动脑，于是，两个人互相配合，被誉为"黄金搭档"。

为了让各个专业小组都能充分发挥作用，高雄厚从不厚此薄彼。在他的带动下，以前一直被当作"配角"的分析测试组力量不断加强，在分析测试中充分发挥"眼睛"功能,并朝着打造中国石油一流科研评价基地的目标不断努力。高雄厚注重加强对技术人员的培养和使用,经常组织技术交流会,激发大家创新的激情和勇气,培养他们独立思考的能力;他注重营造允许失败的科研氛围,鼓励大家从失败的实验中获取正确信息;他经常利用业余时间手把手地传授经验,大到报告怎样编写,小到有效数字的合理运用。技术人员的报告,他一一过目,仔细推敲,从不放过每一个疑点。

正是在高雄厚的严格管理下,炼制所逐步由服务型向着攻关型转变,由技术分散型向着技术密集型发展,由给企业创效型向着市场竞争型开拓,形成了独特的"炼制所现象"。连续3年,有3项成果获得国家专利,这个所也被集团公司授予"百面红旗"单位荣誉称号。

20年科研之路,是一条布满荆棘之路。有过迷茫,有过苦闷。从1988年兰州大学催化剂专业研究生毕业进入石油炼制所,最初的10年里,同来的伙伴一个个地离开了,而高雄厚却毅然留了下来。他相信,总有一天,会用自己的所学闯出一片新天地。他提出的采用热平衡计算提升管试验装置剂油比的方法,不但简单易行,而且计算准确,一直沿用至今,成为全国提升管试验装置进行剂油比的通用计算法。

有过痛苦,有过困惑。从1999年受命"突围",开始降烯烃催化剂国产化攻关以来,一次次失败相伴,一个个困难接踵而来,高雄厚总是对伙伴说,越是困难的时候,就是离突破越近的时候,要耐住寂寞,学会坚持,就一定能够成功。

但更多的是喜悦,是动力。对于一位科研工作者来说,高雄厚是幸运的。几年来,他和他的团队累计开发科技成果20余项,并申请国家发明专利,授权8项均已实现产业化。

眼下,他又负责承担起国家973项目中催化剂子课题等系列攻关任务,开始了新一轮的登攀。科研创新之路,路正长。

(2007年9月4日,王晓晖 曹建明 仇国贤)

延伸思考

自己"沉"下去 榜样"立"起来

讲好石油故事、讲好中国故事,最关键的是讲好"人"的故事。

"中国石油·榜样"是中国石油当时每年度新闻宣传工作的一项重要任务。所选树的人物都是在各自系统和岗位上工作成绩优异、事迹突出的典型。本人先后采写了矢志创新的科技带头人——集团公司高级技术专家高雄厚、千万吨蒸馏装置领军人——大连石化年1000万吨蒸馏装置主任邹本泽、让龙头高昂的项目经理——西气东输二线管道新疆项目分部经理杨贵山等,获得了中国石油党组领导的批示。本人也荣获中国石油榜样宣传先进个人。如何挖掘报道好这些榜样人物,对记者来说,不仅是一次业务能力的检验,也是一次学习先进、思想碰撞与精神洗礼的过程。

首要是把握人物的时代特质。原新华社总编辑南振中在《记者的发现力》一书中强调,记者要"善于发现和表现最能体现时代精神、对人们有较大激励和鼓舞作用的典型人物"。这就是说,对典型人物的写作必须把握好能体现时代精神的时代特质,挖掘典型的先进性,以期达到对社会的激励和鼓舞作用。

采访高雄厚,你会深深感受到蕴藏在其身上的职业特质和人格魅力。他扎根西部,痴迷于石化工业科技创新第一线,无怨无悔,耐得住寂寞,经得住诱惑。他胸怀"国之大者",急国家之所急,急生产之所急,急用户之所急,愈挫愈勇。他矢志创新的每一步,都和着行业发展和时代进步的节拍,无不打上人民科学家的光辉烙印,透射出新世纪我国炼化工业跨越发展和高水平科技自立自强的不凡历程。

在邹本泽的采访中,他说:"我只是赶上了好时候,赶上了中国石油炼化工业追赶世界潮流、发展腾飞的历史机遇。"在时代背景中挖掘典型人物身上所蕴藏的时代精神,行文思路逐渐清晰,从三个方面展开:21载岗位奉献,他以忠诚激扬"没有故事"精彩事业;21年蒸馏之恋,他不断提高自己的专业技能,书写"没有传奇"的科技履历;他严而不厉,爱而不溺,凝心聚力,以浓浓关爱诠释"没有招数"的管理之道。文章讲述了一名从司泵工成长为公司一级技术专家，以主人翁精神构筑了人生和事业新台阶的不凡故事。

其次，挖掘榜样的生活质感。写好人物的关键在于一个"活"字。"活"，就是说这个人物是有生命力的，不是一个干巴巴、寓言式的抽象品。要做到这一点，不仅要发掘人物身上的新闻价值，还要留意他们身上体现出的生活质感，使先进人物报道有血有肉、丰富生动，从而引起人们发自内心的共鸣。如报道高雄厚：旅游中在风景区看到一个"井"字，这让他联想到一种实验的反应机理，便拉着伙伴讨论起来；同事去他家里做客，原本说好谈点工作之外的话题，可不知不觉间成了课题研讨会。在科技攻坚关键期，他连梦里都在嘀咕催化剂。没有轰轰烈烈的壮举，没有惊天动地的事迹，但留给人们的是他如痴如醉于催化剂事业的科学家形象。

写好、写活先进人物就要精心选择那些个性鲜明、入情入理、富有生活气息、耐人回味的典型事例，让人物形象更接近真实。例如，同事看着心疼，劝邹本泽回家休息。其实，他家距离厂区步行不过20分钟。而他却说："不是不想回家，而是回家也睡不着啊。"这是多么朴实的话语！不是不累，也不是不想回家，话语的背后，读者能够从中体会到邹本泽作为装置负责人的压力和敬业精神。

注重细节，突出人物个性特性，就是要破解概念化、脸谱化的禁锢。比如说典型人物就不能有缺点或写他的缺点？相反，个别真实缺点的描述，或许更能反衬出人物正面特质来。有同事做过这样一个分享：他采访过的一个工人发明家，坦率地说自己虽然热爱发明，是否有天赋是其次，直接动力则是为了赚钱还贷、靠能力自强。他说，那段时间，讨债的在家门外敲门，自己就躲在家里角落，默默抽着烟，不敢吱一声。其实这样的细节反而更能体现"人性真实"和生活的"温度感"。

用心感受榜样，才可能感动读者。要让采写人物"活"起来，记者必须"沉"下去。只有感动了自己，才能写出感动读者的新闻作品，达到理想的宣传效果。

七分采三分写。采访部主任们有个普遍感受：在修改、审校记者的稿件时发现，但凡后期改动小的稿件，都有一个特点，就是前期采访特别扎实。改动大的稿件，多数是边改边去补充采访，不少基本新闻要素遗失，后期修改起来艰难。当然，不是说记者到基层就算"沉"了下去，"沉"不在于召开几次座谈会或者是否面对面地访谈，贵在真正融进采访对象的工作生活中去，寻求到心灵的碰撞。

对于人物事迹写作，同仁有个共识，那就是能和采访对象"共情"，一起累、一起痛、一起乐。记者采访的时候鼻子酸酸的，感同身受的时候，稿件就成功了一半。可以说，采访邹本泽，并不是一件"容易"的事。在采访中，记者连续几日跟着邹本泽巡检、查岗，往返于"蜘蛛网"般的钢铁管网间，体会"投产日子里，他每天穿梭工地里程达40里地"的辛苦和不易。

在写作中，我们注重通过精选细节展现人物性格和思想。例如，一次，公司工会干事由宝义随口说起自己给邹本泽买袜子的事。言者无意，听者有心。记者根据这个线索采访和确认，就有了文中的感人例子：有一天，他留意到邹本泽抬脚时脚跟的袜子破了个大洞，于是，趁着外出的机会，买来两双新袜子送他。然而换袜子时小由呆住了，邹本泽的双脚全磨起了血泡！

从这个侧面，充分体现了邹本泽高度负责的工作态度和无怨无悔的奉献精神，使典型贴近实际、贴近生活、贴近群众，让群众觉得可信、可敬。

案例作品

掌声献给侯祥麟

这是共和国给予一位93岁高龄世纪老人最崇高的敬意和最诚挚的祝福。

9月16日的人民大会堂小礼堂，掌声一次次回荡。我国科技界的楷模——侯祥麟同志先进事迹报告会在这里隆重举行。

总理带头起立鼓掌，人们一次次将掌声献给侯祥麟，献给这位伴随祖国一起走过20世纪几乎全部历程的红色科学家，献给了这位新中国石油化工技术的开拓者、我国炼油技术的奠基人。

这在共和国历史上还是第一次。

一同为共和国发展耗尽心血的老院士、老同事来了,为老人的成就喝彩;师从于他的弟子、仰慕于大师学术和人品魅力的学子们来了,被老人的事迹折服和感动;国务院总理温家宝同志在百忙中抽出时间来聆听汇报会,带来了党和国家对老人以及所有科学工作者的问候和祝愿。

紧挨着温总理,老人端坐于会场前排,银色的头发映衬着侯老坚毅沉稳的面庞,恬淡而宁静。

他从动荡和落后的半殖民地半封建旧中国走来,他把个人的命运与国家的命运始终紧密相连。今天,他的热血依然沸腾,为祖国奉献的心依旧火热。

人民大会堂,生动感人的报告把人们的思绪带回到了多年以前。

1963年12月3日,在这里,周恩来总理庄严地向全世界宣告:中国人民使用"洋油"的时代,一去不复返了;在这里,他作为全国政协常委先后多次出席会议,参政议政,就我国石油石化工业发展等问题提出了建设性意见和建议;也是在这里,他见证了中国石油走向世界舞台的历史时刻。作为世界石油大会中国国家委员会领导成员,为争取第15届世界石油大会在我国的召开作出了贡献。

今天,所有的祝福和荣誉属于这位"见证了历史并以个人之力参与其中"的世纪老人。

"如果说'我为祖国献石油'的信念,支撑着一代代王铁人式的石油工人艰苦奋斗,那么'我为祖国炼石油'则是侯老科技人生的主旋律。"中国工程院院士、石油化工科学研究院原院长李大东的报告,唤起了听众的阵阵掌声。

与石油和炼油的结缘,源于抗日战争。那时,他28岁,意气风发。

那是1940年,为了中国军队战时最急需短缺的油料,他和同学一起,在重庆一个极为简陋的工棚里第一次开始"炼油"。从就地取材的桐油和菜籽油里,每天为战车炼出一两千千克宝贵的汽油和柴油。

这一搞,就成了一辈子。

为祖国献石油,为祖国炼好油,成了他最大的心愿。

1945年,受党的重托,他远渡重洋,探求科学报国之路。在那些日子,美丽而苦难的祖国,时常越过海洋,沉入他的梦中……

新中国成立后,他放弃麻省理工学院化工系燃料研究室副研究员的职位和优越的科研工作条件,返回他无时无刻不在想念着的祖国,开始了新中国炼油化工的研究。

从航空煤油攻关,高精尖润滑油脂研制,到"五朵金花"开发,以及后来的"四朵金花"的自主创新，我国炼油加工能力居世界第 2 位，比解放初期整整增长了 3000 倍！

作为新中国石油化工技术的开拓者、我国炼油技术的奠基人，侯老当以自慰。

为祖国献石油，为祖国炼好油，是他毕生孜孜不懈地追求。

掌声又一次响起。人们把崇高的敬意献给了这位有着 67 年党龄的老人。

"敢讲真话是党性原则的根本体现！也是心底无私天地宽的真实写照！一辈子都交给了党和国家的人，难道还怕讲真话吗！"老同事、老朋友、两院院士师昌绪的话让老人颇多感触。老人静静地聆听着，如炬目光穿越时空的隧道。

正是把一辈子都交给了党和国家，他无畏无惧。

作为一名燕京大学学生，1931 年他参加南京抗日请愿团；作为一名进步青年，他读着英文版的马克思著作追寻真理。1938 年 4 月，硝烟弥漫的抗日烽火中，他志愿加入中国共产党。从此，他的一生和党的事业、党的需要、党的使命、党的托付融为一体。

为祖国献石油，为祖国炼好油，他无怨无悔。

每当国家处在石油工业发展的关键时刻，侯老总是急国家之所急，想国家之所想，在侯老的人生字典里，"国"字最重，"国"字最大。在 91 岁高龄之际，受温家宝总理的重托，担当起"国家可持续发展油气资源战略研究"课题组组长。

小礼堂掌声回荡。人们把最诚挚的祝福献给了这位可亲可敬的老人。

一路走来，他把所有的光荣与梦想，献给了民族复兴、强国富民的伟业；而把痛苦、哀伤和遗憾，却留给了自己和家人。

当侯老原秘书、中国石油集团公司机关行政事务中心副主任张继光哽咽的声音讲到这里时，不少听众的眼眶湿润了。

14 岁离家异地求学，踏上了寻求真理，立志报国之路。由于战乱及出国留学，未来得及见父亲最后一面；被迫离开家乡，竟成了与母亲永远的诀别；而与他相濡以沫老伴前不久的离世，更让他多了对亲人深深地歉疚。

斯人已去。正如老人自己所言，"人生的风风雨雨都已过去，我的心境一片朗和宁静。"如今，93 岁高龄的他，正带着一批批青年科技工作者，开始了向"国家可持续发展油气资源战略研究"第二阶段的进军。

"作为一名有着 60 多年党龄的中国共产党党员，我对我的政治信仰从不动摇，作为新中国的科学家，我对科学的力量从不怀疑，我为自己一生所从事的科学工作感到欣慰。"报告会上，老人的发言平静而又震撼。这是一位红色科学家的忠诚诤言。

总理带头起立鼓掌，崇高的敬意和真挚的祝福献给这位老人——侯祥麟。

高耸林立的炼塔做证，百万石油人做证，共和国的历史上，将镌刻上这个平凡而又伟大的名字——侯祥麟。他，与祖国风雨同行。

（2005年9月17日）

延伸思考

一咏三叹，余音绕梁

这是国家科技界和石油石化战线的荣耀时刻。

2005年9月16日，人民大会堂，侯祥麟同志先进事迹报告会隆重举行。

他是科技界的大先生。他的身上有着许多光辉的符号：两院院士、红色科学家、世界著名的石油化工科学家、我国石油石化领域的战略科学家、我国炼油技术的奠基人和石油化工技术的开拓者之一。

记者职业生涯第一次走进这座庄严殿堂，第一次参加党和国家领导人出席的高规格报告会，第一次采访这样一位世纪老人和他的传奇人生。成功记录并报道这一荣耀时刻，是责任和使命。

参加完报告会回到单位，心情久久不能平复。"我的一生无不打上深刻的时代烙印。"老人平静的话语还在耳际回响，会场那一次次热烈的掌声还在耳际回响。第二天要见报，版上还在等稿。必须平复心情，梳理写作头绪。好了，那就从掌声写起吧。

"掌声"内涵丰富，人们把感情凝聚在一次次的掌声中。那热烈的掌声，那致敬的掌声，那祝福的掌声，是对老人坚定信仰品格的回响，是对老人激荡人生的回响，是对老人卓越科学成就的回响！以掌声为主线，截取先生传奇人生的经典片段，采撷先生百年人生长河的朵朵浪花，现实钩沉历史，当下映照未来，以时空交错跳跃的形式，虚实结合，情景交融，致敬先生作为红色科学家、人民科学家、战略科学家波澜壮阔的历程。

作为一篇现场特写，为了充分体现现场感、韵律感和感染力，用真实描写真实，用真情讴歌真情。借鉴中国传统词律"赋比兴"的写作手法，一咏三叹。如在每部分的开头逻辑句，"掌声一次次回荡""掌声又一次响起""小礼堂掌声回荡"等的反复咏叹，承上启下，串起了那些看似遥远却又极具历史跨度的光辉片段，使文章结构条理更加清晰。从文章开头"总理带头起立鼓掌，人们一次次将掌声献给侯祥麟"，到"总理带头起立鼓掌，崇高的敬意和真挚的祝福献给这位老人——侯祥麟"结尾，前咏后叹，上呼下应，既强化了感情，又给人言有尽而意无穷之感。

一咏三叹，亦作一唱三叹，是先秦《诗经》中一种常用的艺术手法，原本是一个音乐评论术语。《荀子·礼论》说："清庙之歌，一倡而三叹也。"就是让最能激发感情或最能表示感情发展线索的语句反复出现的一种抒情方法，达到深化主题的效果。写掌声，致大爱，写人生，述大义，从而彰显他把个人的命运与祖国和人民的命运始终紧密相连，对党和人民矢志不渝的坚定信念、自主创新的奋斗精神、严谨务实的科学态度、高瞻远瞩的战略胸怀、无私奉献的崇高品格，先生那浓浓的家国情怀在读者心头激荡升腾。

此篇稿件的采访写作，很大程度上受到《在大海中永生》一文的启发。尝试将纪实和政论相结合，写景和抒情相融合。正如先生所说，"我是一个平凡的人，做的事情也是平凡的""我对我的政治信仰从不动摇""我对科学的力量从不怀疑""我为自己一生所从事的科学工作感到欣慰"。通过对现场情景、人物情绪、语言等的纪实叙述，避免刻意渲染，朴实中的深刻，平静中的震撼，直击心灵。

本文刊发后获得许多读者的反馈，他们认为本文如诗歌一般读来朗朗上口，重章叠句的韵律感极富感染力，感人至深。本文也以全票获中国石油报社当周 A 类稿。

于平凡中见风骨，于奉献中见忠诚。侯祥麟，他用中国共产党人的崇高理想与坚定信念点燃人生的圣火。

一咏三叹，余音绕梁。

旧闻新貌

能源报国 星耀苍穹

2023年，侯祥麟院士诞辰111周年。4月4日，国际编号为236845号小行星被正式命名为"侯祥麟星"。"侯祥麟星"的位置处于火星和木星轨道之间，于2007年9月11日被紫金山天文台发现。这颗具有中国符号、科技特色、石油化工元素的侯祥麟星永载史册。命名体现了国际社会对侯祥麟先生卓越成就、崇高风尚的高度褒扬，激励广大科技工作者在科学探索的道路上砥砺前行。

小行星命名是一项国际性、永久性的崇高荣誉。目前，太空中有120多颗由中国杰出人物、地名和中国著名单位命名的小行星，其中包括钱学森星、陈景润星等。

石油石化领域，星耀苍穹。

2010年9月，第30991号小行星被永久命名为"闵恩泽星"。闵恩泽是两院院士，被誉为"中国催化剂之父"，中国炼油催化应用科学的奠基者。2016年4月，国际编号为210231号小行星被正式命名为"王德民星"。王德民是中国工程院院士，中国分层开采工艺和化学驱油技术的奠基人。2017年6月，国际编号为210292号小行星被正式命名为"马永生星"。马永生是中国工程院院士，沉积学家，石油地质学家，海相碳酸盐岩油气勘探理论研究的开拓者。

能源报国，殚精竭虑，创新超越，星耀油海，一生赤诚映苍穹。仰望星空，向"大先生们"致以崇高的敬意！

案例作品

我们与浪漫只隔一扇窗
——写给中国石油巴西里贝拉深水项目的建设者

如果有注解。

或许有这么一种浪漫，叫辜负：两不厌，两相欠。

里约热内卢，葡萄牙语意为"一月的河"，以闻名于世的著名海滩而享有

"浪漫之都"美誉。

从阿根廷大厦公司驻地,到大西洋大街住宅公寓,5年来,万广锋和他的同事们每天往返其间。

沿着海岸线,长达8千米的科帕卡巴纳海滩,呈新月形逶迤分布,沙白水洁,每年100多万游客慕名而来。

然而,对中国石油人来说,这是一段熟悉又陌生的路程。或难以置信,他们中的绝大多数都没有踩上过沙滩一次。阳光、沙滩、比基尼……一切关于这个国度的浪漫,似乎都离他们十分遥远。

桑巴之乡,见证着中国石油人别样的异国情缘。

"不会做饭的老总不是好厨子"

这是中国石油人的首次"桑巴之约"。

2013年12月,随着里贝拉项目的成功中标,中国石油开启了走向深蓝、筑梦深海的首航,实现了走进全球深海高端油气市场的新突破。

中国石油人来了。

里贝拉项目由中石油、中海油与巴西国油、壳牌、道达尔五家合作伙伴,以及SA组成联合体共同管理,在这些国际"混血"团队的强力推动下,巴西从贫油国向新兴深海石油大国加快成长。

同年年底,在总经理万广锋的带领下,筹备组一行5人开始了巴西公司的草创。

兵马未动,粮草先行。创业的记忆,是从一帮男人一天三顿饭说起。在勘探开发部副经理王童奎的记忆里,那是一段酸楚的日子。

由于临时租住在较便宜的酒店式公寓,工作生活在一处。没有后勤,没有厨师,要么自己做饭,要么打游击一样在外面随便简单凑合。

提起做饭,大家不约而同地提到了老万。"不会做饭的老总不是好厨子",打趣的言语间是满满的敬意。

初来乍到,工作千头万绪,一个萝卜几个坑,繁重的工作之外,每天还要操心生活后勤,更不能生病。这也是老万最为担心的事。

筹备组几个小伙子,都不怎么会做饭。每次回临时驻地都说不太饿,垫点快餐或方便面。老万心里嘀咕,一个个大小伙子怎么能不饿呢,但等他下厨做好了饭招呼,都狼吞虎咽吃得比谁都香。细究之下老万才明白,原来小伙子们自己做不好,又不好意思让领导辛苦下厨,干脆就说不饿不吃。

老万是又气又疼。接下来的那段日子，只要时间宽裕，他都自己下厨，拿手的几道中餐也努力做得味正量足，其他同志会煮面的煮面，能择菜的择菜，各尽所能。时至今日，大家还记得老万炖鱼特别好吃。而那个光着膀子、穿着围裙的形象就定格在大家的记忆里。

公司副总经理李海玮是偶然在电脑上看到老万这张照片，第一感觉就是觉得好玩、好笑，错愕之余就特别想落泪，"别样的浪漫散发着淡淡的酸涩"。

里约的蔬菜比国内价格高。为了节省支出，负责采购的王童奎就周边超市一家家跑，哪里的菜价便宜就去哪里，日常商品的价格都烂熟于心，就连附近超市的店员都熟悉了这个中国面孔。

"为什么忙？因为要补的课太多"

一群男人，住一个公寓，玩命地忙。这是巴西公司留给当地同仁的直观印象。

"来里约四个年头，真正在沙滩散步就那么一次，而且是匆匆掠过。感觉这里所有一切情调不属于石油人。"海洋工程部经理袁玉金把目光投向窗外。

短暂的沉默。远处，蔚蓝与天际衔接，数叶白帆点点，夕照之下，闪烁金色光泽，沙滩上，游人如织，海风轻拂，椰树摇曳。

石油人与所有的浪漫，或许就只隔着这一扇窗。

美丽的海滩、异域的风情，但在海洋工程部副经理潘海滨眼里，"我们离沙滩很近，又离得很远"。

一个字，忙。两个字，太忙。

"为什么忙？""因为不懂的东西太多，要补的课太多。"

大家深知肩头沉甸甸的分量。用老万的话说，能够参与巴西深海项目，是中国石油筑梦深海的难得机遇，标志着在这场新兴的油气合作竞逐中，我们将不再缺席。然而，深水油气开发的难度与浅水相比呈几何指数增加。拥抱海洋，就得观察深海、研究深海，熟悉水性。机遇稍纵即逝，大家都铆着一股子劲，积累深水作业经验，加强"深潜"技术实力。

勘探开发部经理赵俊峰算是项目上的老大哥了，大家都揶揄他是越忙越累越年轻。"为什么不老，因为每天有那么多的任务和工作等着，想老都不敢老。"

和许多人一样，来巴西之前，老赵暗自思量这是小股东项目，工作会单一，工闲时候可以踩沙滩晒太阳。然而理想丰满，现实骨感。踏上里约，那些一厢情愿的憧憬被这里的快节奏高强度冲得七零八落。快五年了，憧憬的浪漫还未曾兑现。

有多忙？潘海滨2017年首次来巴西就感受了一次"下马威"。北京到里约30多个小时行程，原本盘算落地后倒时差，谁知刚到就得到通知，2个小时后开预备会，集思广益，商量下午公司在一场联合项目委员会的发言。

"来不及倒的时差"背后，是时不我待的紧迫感。大家心里明白，深海领域，中国石油是新晋者，意味着要付出比伙伴公司更多的精力和努力，才能实现同一起跑线的竞逐。

累倒是其次，老万最焦心的是时差因素影响工作。由于与国内有11个小时的时差，国内的晚间正好是巴西的白天，因此好多需要与国内沟通的事情就必须利用晚上，工作到凌晨两三点是家常便饭。

有多忙？里贝拉项目的治理结构不仅有作业委员会，还有很多分委会。生产运行部副经理郝强升列了一组数字，仅2018年就有120多场会议。作为一种创新的管理模式，全年股东参与表决的表决书就达114个。

在巴西公司，有一套近乎严苛的生活纪律和安全十大禁令。下班回公寓，每天晚上7时后到次日早上6点半之前，无工作等特殊情况，不能私自离开公寓。

起初，很多同志不理解，说这么好的地方，严格外出，是否有点小题大做，但随着时间推移，大家深刻理解了公司的良苦用心。无奈的背后，是当地令人担忧的社会治安问题困扰。在联合项目担任HSSE副总监的王博讲，联合公司每周都要做安全经验分享，一位当地同事的经历让大家吃了一惊，一年内被抢了五次，有一次被枪顶住了脑袋。

为此，集团公司根据实际，运用最新的社会安全风险评级标准，将巴西公司从高风险三级提到了高风险二级。

因此，如何让大家在紧张忙碌工作之余得到有效减压放松，学习成了最好的良药。在公寓驻地，有一份时间表：周二四晚上葡语课，周五下午开周例会，周六日主题学习和足球比赛。

"不是在开会，就是在去开会的路上"

里贝拉联合委员会，相当于小"联合国"，联合管理体现在各种会议中，无论是伙伴会议、委员会会议等，几乎所有项目运营事项都在这里讨论研究做决策。会议的专业跨度和信息量也都巨大，参会的也都是各伙伴方的资深专家。

在生产运行部经理王言峰看来，每一次会议，某种程度上是各合作伙伴间的一次次过招。不仅是听会，关键作为股东方要发言、表决，中国石油人的发言会不会被重视，意见能不能被采纳，发言水平高低一定程度上考验着参与程度和水平。

随着参与程度的不断深化，中国石油人在合作中的话语权愈加得到重视。在1月份召开的4个专业的同业者会上，整体汇总100多个问题，中国石油提了33个问题，被接受采纳了11个。

巴西公司用努力和作为赢得尊重。

作为一种创新性的合作模式，联合项目首次由非作业伙伴方派员参与项目管理，中石油巴西公司有五名代表担任联合项目部管理职务。担任联合项目HSSE副总监的王博讲了一个故事。

项目起初，联合委员会的同仁或多或少对中国同行还是持观望态度，然而在不断的沟通交流中，他们逐渐觉得中国代表的专业和见解值得重视和借鉴，于是工作交流配合也就变得更加顺畅。今年1月初，中国玉兔号月背着陆，巴西同事纷纷跑过来祝贺，一个劲地竖大拇指。也正是在一次次交流碰撞中，情感也在加深。每次回国，总有巴西同仁委托代购华为手机。

在里贝拉联合项目的新型合作机制下，对于中国石油人来说，是一种倒逼式的成长。

郝强升至今还记得自己在伙伴会议上的首秀。会场满满四五十人，自己丝毫不敢懈怠，每一句话、每一层意思都严谨表达，各合作伙伴代表和专家们也都听得认真，当了解到是新人后，更是给予了他极大的肯定和鼓励。

这是一次与桑巴之乡的"深"情相拥。在这里，中国石油人开启了筑梦深蓝的首航。公司有了新驻地，配备了餐厅和后勤等。短短5年，在经历了创业阶段、基础发展阶段后，在加快向建设中国石油深海合作示范区迈进，展现了中国石油良好的国际合作运作水平和全球资源整合能力。

悠悠的情感失落，界定奉献者的价值准则。聊工作，大家侃侃而谈；一旦说起家庭，大家更多的是沉默，因为亏欠家庭太多。听大家讲，一次，综合管理部经理张跃雷边吃饭时突然就哭了起来。由于正是一项工作关键阶段，休假一拖再拖，4岁的女儿电话里一直问爸爸什么时候回来，4个多月没有回家的他再也绷不住泪水。

里约人自诩，"上帝花了六天时间创造世界，第七天创造了里约热内卢"。

山海交融的优美自然风光与人文景观巧妙和谐地描摹着这座城市的浪漫。而中国石油的桑巴之恋，还在倾情上演。

他们用行动诠释着：有一种创业，叫跨国；有一种梦想，叫深蓝；有一种浪漫，叫两不厌，两相欠。

（2019年3月22日）

延伸思考

选材求新求特，叙述求实求活

对于代表国家队"走出去"海外创业的石油人的工作生活，国内广大读者朋友可能是较为陌生的。

这是一个特殊的群体。他们是国际经贸合作开拓者，是中外文化交流的使者，是"一带一路"倡议的践行者，也是"去国万里"的游子。

这是一种特别的生活。身处异国他乡，人文风情迥然，气候环境各异，创业多艰，风险时伴，听着光鲜，苦乐参半。

该怎样刻画这样一个鲜活而又了不起的群体。这些年，走了一些海外国家和项目参会采访，都是来去匆匆，但凡有机会面对面交流，总是想尽可能多地了解他们的创业历程，倾听他们的"出海"故事，咂摸他们的一日三餐、风云竞技、苦乐酸甜。也断断续续地记录、讲述过"沙漠玫瑰莫秀兰""海外老黄牛黄世忠""铁壁阿童木吴文峰"等故事，但时至今日，也没有写出一篇"全览式"的"出海"人物故事报道来，总觉得欠海外石油人一个完整真实的呈现。

这篇聚焦中国石油巴西深水项目建设者的人物群像通讯，努力在选材上求新求特，在叙述中求真求实，为读者讲述鲜为人知的"出海"故事。

一是展示熟悉中的陌生。老话常说，在家千日好，出门时时难，何况是跨出国门、漂洋过海。小到一日三餐、日常采购，大到项目运行、业务开展，都是创业路上的拦路虎，这些构成了海外石油人独特的生活。其实在我们采访的时候，巴西项目驻地，这个一群男人扎堆的地方已经有模有样，有了食堂、后勤，可以吃到饺子，坚持光盘行动，勤俭持家过日子的氛围依然浓厚。

二是凸显平凡中的非凡。"我们离沙滩很近，又离得很远。"石油人与所有的浪漫，或许就只隔着这一扇窗。"为什么忙？""因为不懂的东西太多，要补的课太多。"在全球深海油气领域，中国石油是新晋者，意味着要付出比合作伙伴更多的努力才能平等参与继而有更大作为。异域的浪漫风情，来不及倒的时差，美丽的海滩和忙碌的石油人之间，到底是谁辜负了谁！艰辛自知，句句动心。

三是探讨生活中的取舍。每个远行的脚步，都藏着不为人知的辛劳。有一种感受愈加清晰，写海外建设者，及至写石油人，必须写"取舍"。在家与国、忠与孝、爱与责、得与失之间，差不多每位将士都有一本"欠账单"。世上安得两全法，不负如来不负卿。这样的爱与哀愁、忠孝难全在更多时候鲜为人知，又不知从何说起。悠悠的情感心路背后，"取舍"二字，可谓石油人一直的思索与解答。

八、政论述评：
述为本，评为脉，理服人，情感人

在近些年的媒体实践中，以人民日报"任仲平"体为代表的述评类报道作品不断涌现。其介于新闻和评论之间，权且称为政论述评。紧扣重大新闻事件，在报道新闻事实的同时，多以散文化的笔触，以述为本，以评为脉，边叙边评，夹叙夹议，帮助读者对新闻事实的性质、特点、发展脉络等作出分析解释和评价判断，阐明立场和主张，发挥舆论导向的作用。

政论述评仍属于新闻评论范畴，有着鲜明的理论风格，重在说理，亮明观点，分析透彻，说出来的道理还要让人信服。有着浓郁的抒情特色，视界广阔、气魄宏大、大开大合、情感充盈，吸引人的阅读兴趣。从立意内容大致有以下几种形式：形势类、事件类、工作类、思想类等。

案例作品

从"大庆要长，长庆要大"说起
——中国石油"东部硬稳定、西部快发展"战略评析

大庆要"长"，长庆要"大"。集团公司一位领导在长庆油田调研时，用这个既形象又有交错感的比喻，来阐释我国东西部油气资源开发的战略方针。这句话虽然是个比喻，但如果站在可持续发展的总体布局来看，是很有见地和气势的。

石油天然气资源的不可再生性决定了它在能源供应中的战略地位。愈加凸显的能源供需矛盾，正成为制约经济和社会发展的瓶颈。

实现东部硬稳定，推进西部快发展。这是摆在石油工业面前的重大使命。

早在20世纪80年代，当我国经济建设乘着改革开放东风加快推进时，能

源紧张的状况逐步显现,党和国家及时提出了石油工业"稳定东部,发展西部"的战略方针。在尊重自然递减规律的同时,人们期望的是,在东部老油田原油产量增长减缓甚至递减的同时,能够通过西部和海上的发展接替东部的递减,构建东西接替的战略格局。

20年来,我国石油工业实现了伟大的战略转移。东部作为我国最重要的石油工业基地傲然挺立,西部作为重要战略接替区日渐崛起。

东部是基础,西部是后劲。20年来的发展表明,东部稳定是全国油气稳定供应的基础,东部不稳,全局难稳,西部油气上产的优势难以体现。只有以大庆、辽河为代表的老油区稳住了,才可以集中力量加快西部发展,全国油气生产持续增长才有可靠的基础。同样,只有抓紧发展西部,使新疆、长庆、塔里木等西部油气田成规模,增储上产,东部油气田的稳产和增产才能有更好的条件,整个石油工业才有后劲。

"十五"期间,全国油气生产保持了稳定增长,在渤海湾盆地冀东滩海地区取得重大突破,在鄂尔多斯盆地姬塬—西峰地区、松辽盆地大庆徐家围子地区、四川川中地区、塔里木盆地等地区分别取得了重要成果。这些业绩背后,不仅包含了大庆、辽河等稳产油田的功劳,也包含了塔里木、长庆、大港、冀东等上产油田的功绩。

但是,我国石油工业战略接替的形势依然严峻。进入21世纪,集团公司"东部硬稳定、西部快发展"战略的提出,成为贯彻国家"稳定东部、发展西部"战略方针的智慧谋划。

东部要实现硬稳定,必须要稳中有升;西部要谋求快发展,必须注重规模效益。这是由我国能源安全和国民经济发展大局决定的,从中折射出的是我国油气勘探工作的长期性、艰巨性。

东部油区随着勘探开发程度的不断提高,勘探对象变得日益复杂,勘探难度越来越大。资料显示,经过近50年的开采,大庆、胜利等主力油田综合含水率已超过88%,采出程度达到75%以上,总体进入产量递减阶段;低品位资源利用率低,低渗透储量约占难动用储量的74%;地质理论和勘探开发技术亟待突破。

西部油区和大多数新区不仅地表条件恶劣,施工环境差、难度大,而且地下构造复杂,逆冲断层发育,目的层埋深大,油气聚焦规律复杂,面临一系列世界级的难题,勘探成本高;虽然西部是天然气藏的富集区,但开发难度大、风险高。

此外，包括煤层气、页岩气等非常规油气资源，在我国还未被很好地利用。加之日益严峻的安全环保形势，使得企业的政治、经济、社会责任担子更重。

实现我国油气资源的可持续发展，决定了以大庆为代表的东部老油区要在"长"字上做文章，要"青春长驻"必将"慢"递减，实现持续稳产；也注定了长庆、塔里木等西部油区要在"大"字上下大手笔，要"大"必须"加快"，增储量，上产量，见规模。东部与西部，快与慢，长与大，是辩证的统一，各自相辅相成，不可偏废。

根据最新石油资源评价结果，全国石油可采资源量为150亿吨左右，截至目前已累计探明可采储量65亿吨，可采资源探明率为43%。即便是东部的老油区，勘探程度也低，勘探领域还十分广阔，都有求稳求长的基础。作为我国原油增产的西部，可采资源量47亿吨，可采资源探明率仅22%。从总体上看，石油勘探尚处于中等成熟期，资源上还有较大潜力。

办法总比困难多。地质认识的不断深化以及科学技术的不断进步，为勘探开发工作提供了广阔的空间。结论越来越清晰，那就是东部是可以实现稳产、西部是有信心加快的。

中国可持续发展油气资源战略研究指出：实现我国油气生产的可持续发展，应突出新区勘探、老区挖潜和难动用储量开发三个方面的工作，坚持油气并举，加大科技攻关和投入。

东部的稳定，要以寻找可动用优质储量为目标，采用新理论、新技术、新方法寻找新的含油区块、含油层系，重点搞好滚动勘探和二次勘探工作；提高原油采收率，以已开发油田的综合调整和改善二次采油为手段，积极探索和采用三次采油技术，增加经济可采储量，提高难采储量的动用率，延长油田稳产周期。

西部的发展，特别要将三大盆地的勘探与开发提高到战略高度考虑，以鄂尔多斯、准噶尔、塔里木、四川、柴达木等盆地为勘探主攻目标，力争有大突破、大发现。新区要整体部署，规模实施，抓好重点区块产能建设；天然气开发要抓好重点产能项目建设，切实提高天然气开发水平。

此外，积极推进煤层气规模开发，发展生物质能等新能源，加强油页岩、油砂等非常规资源评价。

最新统计资料显示，随着勘探重点逐步西移，目前中国石油在西部探明的石油储量，已从以往占全国的28%逐步上升到53%。做"大"长庆，做"长"大庆，实现东部硬稳定、西部快发展，理所当然成为中国油气资源可持续发展的伟大实践。

东部老油田，稳产路正长。西部新探区，上产风正劲。

（2007年1月25日，王晓晖　第广龙）

延伸思考

树立大事思维、大局意识

形势观察分析类述评，主要是针对经济和社会形势、产业变革趋势、行业发展态势等展开分析说理，就读者普遍关心的事物明辨方向、洞察形势、评析趋势演变等，体现一定的前瞻性和指导性。

这篇文章写作时，国内石油供需矛盾凸显，原油对外依存度逐年攀升，石油工业战略接替形势严峻。业内的目光在东西部扫视，从哪里破题？如何破题？当年8月在长庆油田采访，笔者无意间听油田的同志转述了这样一句话，"大庆要长，长庆要大"，顿觉得深刻而高远。要知道，当时的长庆油田油气当量刚刚突破2000万吨，尽管坚持油气并举，已经展露出大油气田的潜力，但距离后来规划的5000万吨远大目标的实现还有遥远距离。而大庆油田在持续多年原油4000万吨稳产的负重下"顽强"攻坚。今天回头看，不能不为那些石油战略谋划者的高瞻远瞩和深刻洞察而深深折服。大庆要长，长庆要大。这句充满智慧和哲理的话，既是破题，也是立题。既破又立，破立结合。

采访回来后，我将其作为重点选题上报。随后经过进一步补充采访和沉淀完善，稿件在隔年初的中国石油工作会议期间刊发。这个命题一经提出，在当时的环境下可谓扔了个"震撼弹"，引起不小的热议。提法妥不妥？有没有科学依据？企业乃至高层认不认可？此篇述评正是围绕这些疑惑展开。

立论新颖，见解独特，吸引读者。记得在当日上版时，时任社长肖平同志亲自在大样上修改，着重对第一段润色，用文学修辞手法，将"大庆要长，长庆要大"描述为"既形象又有交错感的比喻"，并特别修订了下面一处："这句话虽然是个比喻，但如果站在可持续发展的总体布局来看，是很有见地和气势的。"新表述，新见解，增强新鲜感和注意力。

注重分析，析事明理，让读者跟着文章一起思考。文章讨论的是一个事关我国石油工业长远发展的战略命题，大庆油田和长庆油田分别代表的是东部老油田和西部新区，评述由个别到一般、由局部到全局、由具体到抽象、由现象到本质的认识规律，引导人们深入思考"稳定东部、发展西部"战略实施的方法路径。如何将其讲透彻、说服人，必须站在读者立场上，结合当时形势和发展实际，入情入理地分析，事理交融。"东部是基础，西部是后劲。""东部要实现硬稳定，必须稳中有升，西部要谋求快发展，必须注重规模效益。""东部老油区要在'长'字上做文章，要'青春长驻'必将'慢'递减；西部油区要在'大'字上下大手笔，要'大'必须'加快'，增储量，上产量，见规模。"

事实证明，大庆油田顶住压力负重前行，稳住了基本盘，开辟了成长"第二曲线"；长庆油田终究没有辜负期望，继续常青常新，再攀高峰。一东一西，做长做大，一稳一增，有快有慢。正是以大庆油田、长庆油田为代表的"石油力量"的托举，在过去十多年里，共同夯实了国家能源安全"压舱石"的坚实底座。

案例作品

责任，挺起共和国的脊梁[①]

这个金秋，世界将目光再次聚焦中国。

年轻的共和国，穿越了60年山河巨变的岁月，迎来华诞时刻，再一次立于新的历史起点。

盛世盛典，百万石油人与全国人民一起，共享共和国腾飞崛起之辉煌，同沐中华民族复兴之荣光。

六十载，在时间空间的坐标里，回首一个古老民族追赶世界潮流的步伐。

---

① 此文为《中国石油报》庆祝中华人民共和国成立60周年特稿。

世界上没有哪一个民族，像中华民族这样，既创造了五千年的悠久文化，也承受着百余年山河破碎、丧权辱国的巨大痛楚，但从未松懈那坚定的复兴意志。从贫穷走向富庶，从封闭走向开放，从落后走向进步，60年，在中国共产党的带领下，演绎了自强不息的传奇，在深刻地改变着中国人民、中华民族的命运的同时，也悄悄改变着全球发展的格局和世界历史的走向。

一甲子，在祖国腾飞的曲线里，聆听中国石油工业奋进的足音。

很少有哪些产品，像石油一样，与国家的振兴、人民的生活息息相关。石油兴，则国兴；石油安全，则国民经济安全。60年，中国石油工业在艰难中创业，在拼搏中奋进，在荒原上崛起，喷涌的"黑金"，铺就了一条金灿灿的石油强国之路，勾勒出共和国民族工业一个甲子最耀眼的轮廓。

世界听到了中国腾飞的声音，惊叹中国跨越的速度，感慨中国广阔的发展前景，希望"读懂中国"。

这里，无疑是一个最具代表的窗口。

筚路蓝缕，以启山林。为新中国崛起加油，为民族复兴加油，石油人60载的豪情挥洒，60载的奉献付出，是那么的激情满怀又酣畅淋漓。

甲子回望。大庆油田、辽河油田、长庆油田等大油田的横空出世和高产稳产，挺起了共和国的脊梁，树起了一面面工业战线的光辉旗帜；兰州石化、抚顺石化等共和国长子的奋进，大连石化、独山子石化等千万吨级"新星"的崛起，坚定了民族产业报国的信心；西气东输一线、二线及中哈管道等能源大通道的建设，奏响了一曲曲"争气歌"，加快了中国石油工程业务从追赶一流到领先国际的脚步……

甲子回望。塔克拉玛干大漠篝火旁勘探者的爽朗笑语，松辽荒原响彻云霄的夺油号子，准噶尔戈壁中找油人的相思泪水，黄土塬上采油人坚守单井的残月无眠，见证着石油人"为国家分忧、为民族争气"的如山承诺和不懈追求，用智慧和汗水铺下了民族复兴之路的块块基石。

这是怎样的底气和自信，这是怎样的速度和力量，这是怎样的承诺与担当。

向祖国报告。新生的共和国，百废待兴，国家缺油，石油人听从祖国召唤，"宁可少活二十年，拼命也要拿下大油田"，一举将"中国贫油"的帽子扔进太平洋，开启了石油自给新时代；30年前，"春天的故事"拉开序幕，改革开放、走向世界的中国经济马达"如饥似渴"，石油人义不容辞，唱响了"我为祖国献石油"的嘹亮凯歌，源源不断为共和国前进的列车注入澎湃动力；今天，国家能源安全面临挑战，石油人在新起点上勇挑重担，继续书写石油开发传奇！

向祖国报告。60年来，中国石油工业在一无经验、二无外援、三面临国际社会技术封锁的形势下，独立自主，艰苦创业，探索建立了各种中国自己成功开发大油田的模式和经验，走出了一条有中国特色的社会主义工业化道路。

伟大繁荣的祖国，中国石油因您而自豪。中国石油，永远让祖国母亲为自己的成长奋进而骄傲。

这是石油创造，更是中国创造。当以"三次采油"为代表的"中国技术"享誉国际，当中国石油的万米钻机在国际市场奇货可居，一台难求，当中国石油昆仑品牌的力量穿透产品流通的全过程，逐步进军并占领高端市场，石油科技力量的迸发彰显中国创造的魅力。

这是石油的色调，更是中国的色调。绿色梦想，是人类社会对既往发展模式的自觉矫正，中国石油当为之先。从石油工业起步之日始，一条主线贯穿其中并越来越清晰——奉献能源，创造和谐，从最初思考如何设防、最大限度减少对环境破坏的"浅绿"，到倡导节能减排、循环经济的"中绿"，从致力于工业生态文明的"翠绿"到深化环保意识并凝为价值观的"深绿"，绿色"四重奏"的背后，中国石油融入世界的"绿色名片"更加锃亮。"黑色石油"的绿色情缘，让世界动容。透过历史的尘埃，人们看到的是中国发展低碳经济的不懈追求。

这是石油的精神，更是民族的精神。伴随着一个个油田开发建设而铸就磨砺的大庆精神铁人精神，伴随着一条条油气管道建设而培育的管道精神等，为共和国石油工业的崛起注入了强大的精神动力。"爱国、创业、求实、奉献"和"有条件要上，没有条件创造条件也要上"等为内涵的大庆精神铁人精神，已成为社会主义核心价值体系的生动体现，中国工人阶级的共同精神财富，推动中央企业科学发展的强大精神动力，在赋予民族精神新内涵同时，也提升了民族精神新高度，更加彰显的是中国力量。

这是石油的形象，更是民族的形象。他是压不垮的"铁人"，在钻井出现油气井喷的危急关头，王进喜奋不顾身跳入泥浆池，用身体搅拌水泥浆的故事，是人们关于石油人创业夺油的最深刻的印记。1971年合众国际社这样写道："尼克松之所以要访问北京，多半是由于王进喜以及像他那样的中国人。"铁人"身后，有"新时期铁人"王启民、"当代青年的榜样"秦文贵等一批批石油英模群体，中国石油榜样的力量不断迸发。重组改制，海外上市，引进来、

第三章 文无定法 言之有物——浅谈几种报道题材的架构

《责任,挺起共和国的脊梁》版面图

走出去,在市场风浪中洗礼,在全球化大潮中成长。坚强不屈的石油人,将中国民族工业的形象深深烙刻在国人和世界的视野。

仰望星空,俯观大地,神舟飞船遨游太空,石油万米钻机洞穿地壳,油气管道万里"潜龙"翻越山河,该用什么样的单位衡量60年的距离和步长?

60年的距离,用一个国家的历史和现实来衡量。共和国在复杂多变的世界里逐步找准自己的位置,中国感受到了全球化浪潮的磅礴,世界听到了中国击浪扬帆的号角。

60年的跨越,用一个行业和群体的坚持与执着来印证。中国石油为共和国驶向世界的远航中,源源不断注入不竭动力,那磨钝的钻头,见证了中国民族企业的责任与力量。

句号填满后只得到一个逗点。当60年的辉煌成为记忆,我们该如何沉淀昔日荣光为奋进的动力和底气,历史期待我们的回答。

"不让祖国再为缺油发愁",传递出石油人奉献石油、报效祖国、走向世界的坚定意志。建设综合性国际能源公司,中国石油,正在路上。

2009年的这个秋日,在温暖的阳光中再整行囊。出发吧,路正长,风正扬。

(2009年10月1日)

案例作品

加油中国[①]

回顾与展望，总能引发一个民族和国家的深沉思考，必将带给一个行业和群体的深刻启迪。

《加油中国》版面图

[①] 此文为《中国石油报》"喜迎党的十八大 加油中国"特刊的封面版统领文章。

党的十六大以来的辉煌十年，回首中国追赶世界潮流的步伐，蕴含着怎样的醇厚与绵长？在祖国腾飞的曲线里，聆听石油工业奋进的足音，脉动着怎样的雄浑与铿锵？

伟大旗帜下，"中国道路"愈加宽广。中国共产党带领全国人民，开辟中国特色社会主义道路，创造了举世瞩目的"黄金岁月"，也影响着全球发展的格局和世界历史的走向。

"中国道路"上，"石油脚步"坚实铿锵。10年前，以西气东输管道工程建设为标志，吹响了加快构筑能源安全保障体系的号角。5年前，中国石油集团以科学发展观为统领，确立了建设综合性国际能源公司发展目标，大力实施资源、市场、国际化三大战略，紧紧抓住重要战略机遇期，以大"能源观"书写"大能源战略"，铺就了一条金灿灿的石油强国之路。

"石油脚步"中，传递出的是"为中国崛起加油，为民族复兴加油"的承诺和豪情。

这是在加快科学发展征程中挺起的"石油脊梁"。石油人把党和国家领导人的亲切关怀和殷切希望，化作履行经济、政治、社会三大责任的动力，锐意进取，奋勇开拓，"再造一个中石油"。

这是在低碳社会推进中的"石油色彩"。以"奉献能源，创造和谐"为宗旨，中国石油迅速行动并矢志成为发展低碳经济的先锋，切实转变发展方式，特别是要把天然气作为发展重点，培育绿色发展新优势，融入世界的"绿色名片"更加锃亮。

这是在和谐社会建设中的"石油担当"。中国石油先后启动"母亲水窖""华夏绿洲助学行动"等多项民生工程，定点扶贫与对口支援单位已达8省区、14个县，进一步凝聚起推动科学发展的不竭动力。

这是在全球竞争中的"石油力量"。"三次采油"为代表的"中国技术"享誉国际，自主研发的万米钻机在国际市场奇货可居，管道燃驱压缩机组、大口径干线截断球阀等国产化装备大规模应用，"石油芯"彰显中国创造的魅力。

这是在世界经济大循环中的"石油声音"。重组改制、上市，坚定"走出去"，努力"走上去"，以全球视野、战略思维，融入世界经济大潮。中国石油在《财富》全球500强排名从2006年的第39位跃升至2012年第6位。世界以前所未有的广度、深度、直观度认识中国石油。

"石油脚步"里，激扬着不屈的"精神力量"——伴随着油气田开发建设而铸就磨砺的大庆精神铁人精神，已成为社会主义核心价值体系的生动体现，中国工人阶级的共同精神财富。

思考历史，感受当下，展望未来……

加快建设世界一流的综合性国际能源公司，打造"绿色、国际、可持续"的中石油，建设"忠诚、放心、受尊重"的中石油——这是今日之中国石油向自己提出的命题，也是明日之中国石油必将向世界揭晓的答案。

（2012年11月8日）

案例作品

石油工人心向党，听党话　跟党走[①]

打开时间的闸门，翻阅100年来风雷激荡的红色篇章。

1921年7月，在上海石库门的旭日里、在嘉兴南湖的碧波中，一个马克思主义的红色政党毅然启航。

一百载，在时间空间的坐标里，回望一个民族、一个国家、一个行业的筚路蓝缕，总能引发人们最为深沉的思考。

很少有哪些产品，像石油一样，与国家的振兴、人民的生活息息相关。油脉紧连国脉，油运关乎国运。

也少有哪个民族，像中华民族这样，既创造了五千年悠久文化，也承受着百余年山河破碎、丧权辱国的巨大痛楚，却从未松懈坚定的复兴意志。

也没有哪个政党，能比中国共产党更懂中国的国情，更懂中华民族的渴望，更懂中国人民的呐喊，扛起复兴的使命。

方向决定道路，道路决定命运。

一百年来，中国共产党将自己的命运与国家、民族和亿万人民的命运紧密相连，在深刻地改变着中国人民、中华民族命运的同时，也缔造着世界石油工业史上感天动地、气壮山河的中国奇迹。

穿越历史风云，触摸石油脉动。

石油工业肇始之时，隔着浩瀚的太平洋，西方在洋那头，中国在海这头。1921年，距离世界首口油井"德雷克井"出油过去60余年后，全球石油年产量突破1亿吨，而作为最早发现、命名石油的国家，中国仅在台湾苗栗、陕北延长、新疆独山子等地有零星的石油开采。国际舆论场上，"中国贫油论"甚

---

① 此文为《中国石油报》"百万石油人热烈庆祝中国共产党成立100周年"特刊封面文章。

嚣尘上。

1935年5月30日，历史的转角。

工农红军解放了延长县，延长油矿回到了人民的怀抱，在七里村采油厂建立党支部。尽管当时只能用缴获的日本山炮筒当套管，但红色基因自创业起就融入石油工业血脉。

特别是新中国成立70余年来，在党的领导下，石油工业走完西方160余年走过的现代工业化石油之旅，绘就了共和国民族工业最耀眼的轮廓。

——新中国成立之初，百废待兴。石油人听从党和祖国召唤，"宁肯少活二十年，拼命也要拿下大油田"，一举将贫油国的帽子扔进太平洋。石油工业一度贡献了1/3的国家财政收入。

——40年前，"春天的故事"拉开序幕，中国经济马达"如饥似渴"。石油人锐意进取，勠力攻坚，开启了一场场新时期石油大会战，蹚出了一条有中国特色的社会主义工业化道路。

——世纪交替，经济全球化浪潮席卷，中国石油工业坚定"走出去""走上去"，成功践行党和国家提出的"充分利用国内外两种资源、两个市场"战略决策，跻身世界石油舞台中央。

——新时代，国家能源安全面临挑战，中国石油人牢记党和国家领导人的亲切关怀与殷殷嘱托，以"大能源观"书写"大能源战略"，把中国油气安全的"饭碗"牢牢端在自己手里。

人们禁不住追问，是什么样的信念和力量，让一代代石油人一往无前、义无反顾，挺起了共和国"石油脊梁"？

这是一份1949年国家"石油账单"：石油年产量仅为12万吨，仅够全国1/10的需求；共有钻机8台，全年钻井9口，94%的需求来自洋油倾销。

油之殇，即国之殇。在西方世界看来，新生的共和国，过不了石油这一关。过不了石油关，就过不了经济安全关，也就过不了执政关。

信仰的力量，势不可挡。

为国家分忧，为民族争气！有了目标，再远的航程都在脚下；有了信仰，再艰难的道路都会去闯。在用身体搅拌泥浆的铁人王进喜身后，是一批批勇跳"高科技泥浆池"、劈波斩浪勇立国际化潮头的铁人式队伍。石油工人心向党，坚定不移听党话，矢志不渝跟党走，大力弘扬石油精神和大庆精神铁人精神，书写了"我为祖国献石油"的时代答卷。

信仰的城池，坚不可摧。

石油战线始终坚持党的领导，加强党的建设，坚定正确的政治方向，从

"两论"起家、"两分法"前进,到"宁可少建几个钻井队,也要把党支部书记配齐",再到"三基""两抓""四勤四看"等经验做法,铸牢发展的"根"和"魂"。石油工业的发展壮大更是中国共产党运用马克思主义中国化创新理论成果的生动实践。特别是党的十八大以来,习近平总书记提出了"四个革命、一个合作"的能源安全新战略,强调"两个一以贯之"等,为新时代石油工业的发展指明了方向,提供了遵循。

百年恰是风华正茂。

处在"两个一百年"的历史交汇点,百万石油人在习近平新时代中国特色社会主义思想的指引下,把"石油工人心向党"的共同心声转化为"我为祖国献石油"的生动实践,做党和人民最可信赖的骨干力量,为实现中华民族伟大复兴的中国梦作出更大贡献。

听党话、跟党走。"中国道路"上的"石油脚步",必将更加从容铿锵。

(2021年7月1日)

延伸思考

激情壮写行业和时代"精气神"

此类述评多围绕重要里程碑事件或重大周年节点展开。这样的时间节点,往往是一个富有象征意义的年份,也意味着一个新起点的开跑,有着非同寻常的意义。因此,其政论色彩更加浓厚,抒情意蕴更加浓烈。

以上列举的《责任,挺起共和国的脊梁》《加油中国》《石油工人心向党,听党话 跟党走》,分别是在中华人民共和国成立60周年、党的二十大胜利召开、中国共产党成立100周年等重要节点,《中国石油报》重磅打造的特稿或特刊的主打文章、封面文章,旨在高擎旗帜,统一思想,鼓舞士气,凝聚力量。其中《责任,挺起共和国的脊梁》报道,得到了曾担任中国新闻奖评委、原《中国新闻出版报》总编辑张芬之的充分肯定,认为这篇文章挥洒自如、大气磅礴,写出了精气神,不输中央大报水准。尽管过誉,但这份鼓励让人备受鼓舞,笔者此后更是不敢懈怠。

"回顾与展望,总能引发一个民族和国家的深沉思考,必将带给一个行业和群体的深刻启迪。"在重大的历史节点，目光投向过去，思想面向未来，无疑成为此类述评的理论逻辑和论述架构。

回顾，写出纵深感，体现历史性。 回望来时路，对于成就，不能只是简单罗列和陈述，而是要在历史坐标、全球视野和现实方位中，透视行业和民族企业的跨越变迁，让报道更显蕴悠长。如果脱离历史看现在，就无法科学把握发展前进的脉络和动因。

"穿越历史风云，触摸石油脉动。"《责任，挺起共和国的脊梁》一文，对"石油脚步"的清晰勾勒，为读者呈现石油工业的壮丽轮廓："这是石油创造，更是中国创造。这是石油的色调，更是中国的色调。这是石油的精神，更是民族的精神。这是石油的形象，更是民族的形象。"让读者看到一个奋力奔跑中的中国民族工业的模样。正是在铿锵的"石油脚步"里，更加坚定对愈加宽广的"中国道路"的自信、自豪、自强。

展望，写出时代感，体现思想性。 析事明理，是政论述评的价值所在。成就的背后，究竟有怎样的收获和启示，继而有什么样的方向，重要的是把行业腾飞的"魂"写出来，那也正是时代"精气神"，"做党和人民最可信赖的骨干力量""不让祖国再为缺油发愁"。

寻找时代价值和思想高度。在《石油工人心向党，听党话 跟党走》文章中，从产业、民族、政党三个维度回望中国，引发人们最为深沉的思考。方向决定道路，道路决定命运。"是什么样的信念和力量，让一代代石油人一往无前、义无反顾，挺起了共和国'石油脊梁'？"立足于事实却又不拘泥于事实，这是说理的基础。文章深情回答了这样的追问："信仰的力量，势不可挡。石油工人心向党，坚定不移听党话，矢志不渝跟党走。"从"两论"起家，"两分法"前进，到"宁可少建几个钻井队，也要把党支部书记配齐"，铸牢发展"根"和"魂"。扎实的材料、丰富的内容、深刻的论述，以理服人，既体现新闻的深度，又体现新闻的温度。

奋进，写出力量感，体现抒情性。 情感的无序释放，那只能是散飘的情绪，重要的是让酝酿的情绪呵成一气，用文字传递情感，用思想传递力量。创新叙述方式，上述文章采用短段落、排比式、递进式的论述，体现节奏感，增强逻辑感。运用饱含情感的表述，如"油之殇,即国之殇""历史的转角""高科技泥浆池""大能源观,大能源战略"等,增强感染力,给人以深刻印象。

伟大旗帜下,"中国道路"愈加宽广;道路自信中,"石油脚步"更加铿锵。热爱这个行业,热爱这脚下的土地,拥抱这个伟大的时代。这是以上政论述评旨在与读者一起共情的精神力量。

案例作品

"双百"的力量

有一种人格叫伟大,有一种精神叫崇高,有一种榜样叫力量。

他们就是这个时代的先锋,他们就是民族精神的缩影,他们就是伟大祖国的脊梁。

9月10日,新中国成立60周年前夕,"100位为新中国成立作出突出贡献的英雄模范人物和100位新中国成立以来感动中国人物"(简称"双百")再次清晰地"亮相"我们的视野。

在一串串闪光的名字中,让石油人更加备感亲切的是,"铁人"王进喜、"新时期铁人"王启民、"当代青年的榜样"秦文贵3位中国石油英模人物当选"100位新中国成立以来感动中国人物",这是人民对百万石油员工为国奉献的充分肯定,是对百万石油员工勇担历史重任的最大鼓舞。

伟大的时代,孕育伟大的事业;伟大的事业,造就英雄的群体。和所有"双百"的英模们一样,王进喜、王启民、秦文贵,他们的名字,已然成为一种精神的象征,他们的故事,令人感动,催人奋进。

他,一位从未走远、伴随着中国石油人半个世纪的工业英雄。上个世纪60年代的松辽大地,"铁人"王进喜和他的战友们,在冰天雪地中,用他那洪亮的"秦腔",吼响了千里荒原夺油的号子。在钻井出现油气井喷的危急关头,他奋不顾身跳入泥浆池,用身体搅拌水泥浆的故事,是人们关于石油人创业奉献最深刻的印记。

他,当年挥洒"莫看毛头小伙子,敢笑天下第一流"豪气的"闯将",踏着老"铁人"的脚步,与石油约定一生。在大庆油田面临含水上升、产量递减的困难时期,王启民这位"新时期铁人""纵身一跃",跳进了充满挑战的"科技泥浆池"，研究探索了表外储层开发技术，用科技的力量奠定了稳产的储量基础。

他，立足高原，奉献高原，组织研究和推广、运用的科技项目达十多项，大幅度提高了钻井速度，使2个月打成一口井的梦想变成现实，走出一条当代青年知识分子在苦干、实干中成长锻炼的闪光之路。

他，一个人，和他们，一群人，走近他们，重温一段段感人的事迹，读懂了什么，又理解了什么？

是"宁肯少活20年，拼命也要拿下大油田"的不屈与豪迈！是"宁可把心血熬干，也要让油田稳产再高产"的执着与开拓！是"越是艰苦，越要奋斗，越要奉献"的坚定与追求！

不同的人生轨迹，闪耀着一样的璀璨光华。

人们看到的是，他们身上那汇聚了理想和信仰的爱国主义光辉，看到了个人命运与国家、民族命运的结合，不能不深切地感受到，他们对民族、对祖国深沉的爱。

信念感召信念，精神传承精神。

在"老铁人"战斗过的热土上，大庆油田广大员工正在为4000万吨持续稳产，展开一场新时期的高科技会战。"铁人"带出的1205钻井队，正在萨中实验区加快钻进。这座"熔炉"里，先后涌现出"继承铁人精神的好队长"、第七任队长高金颖、全国劳动模范、第十二任队长申冠等众多榜样人物，输送各类管理干部和技术骨干1200多人。他们把铁人精神传播到各条战线、大江南北。

在"新铁人"的身后，是一批批勇跳"高科技泥浆池"的科技工作者。有"石油神探"苏永地，有世界石油开发高端技术——三元复合驱技术研发的"双子星"杨振宇、伍晓林，有炼油化工催化剂研发领军人高雄厚……他们让"石油创造"的旗帜高高飘扬，他们让石油的"中国品牌"光灿夺目。

在"当代青年的榜样"秦文贵的身边，在青海钻井公司40906队，他昔日的战友们正在抓紧涩4—30井施工，为确保早日建成涩北高原百亿立方米气田而努力着。他们闻油而喜，为油而动，在不懈拼搏中贡献力量。

无论是过去、现在，还是将来，英模熔铸的民族精神和时代精神薪火相传，3位石油英模身上所展现的大庆精神铁人精神，鼓舞着百万石油员工奋勇前进、再创辉煌。

在川中气田深层勘探的钻塔上，在独山子大乙烯高耸的炼塔下，在天山之巅绵延的西气东输二线管道线上，在世界最高海拔的西藏双湖的加油站里，每张面孔上都镌刻着石油人"为国家分忧、为民族争气"的如山承诺和不懈追求。

一位英模"站"起来,就是一本鲜活的教科书;一位英模"亮"起来,就是一面高扬的旗帜。

因为理解而深刻,因为感动而行动。

中国石油榜样的力量不断迸发。石油人耳熟能详:有"让'龙头'高昂的项目经理杨贵山",有在集团公司"走出去"战略中勇当先锋、让铁人旗帜在海外高高飘扬的新一代铁人钻井队队长李新民,有"关注细节,用心去做"的普通加油员张本荷⋯⋯

不一样的年代,一样的奉献。不一样的事迹,一样的传承。传承的是精神,传递的是力量。

"我当个石油工人多荣耀",石油人当以此为豪!石油人更以此明志!与榜样同行,力量无穷;与英模同步,信心百倍。新时代,新机遇,新挑战,石油人的脚步更加迅疾,激情更加澎湃,在崇尚英模、学习英模中,在学、比、赶、超活动中,推动着中国石油的又好又快发展。

"双百",如一面迎风奔跑的旗帜,将崛起的中国形象深深烙刻在世界的视野。

(2009年9月17日)

案例作品

上海的春天[①]

阳光越过地平线,在沉静的江面上投射出万道金辉,一艘艘邮轮鸣笛起锚。清风徐徐,吴淞口码头在温润中洋溢着阵阵暖意。

这是上海的春天,也是世博的春天。

"一切始于世博会",蕴含着人们长久以来对世博会的由衷赞叹。然而,世博会肇始之时,中国却远在世界之外。过去,中国在海这头,世博会在洋那边。今天,当吴淞口这个昔日的小渔村成长为大型国际邮轮码头时,上海和世博会终于走到一头。5月1日,这场被誉为"激发人类活力、进取心和智慧"的文明盛宴,将在"江海之通津,东南之都会"的上海拉开帷幕。

---

① 此文为《中国石油报》上海世博会"石油延伸城市梦想"系列报道开篇。

2010年,世界瞩目中国,世界聚焦上海。

"城市,让生活更美好。"这是世博会诞生159年来第一次出现"城市"主题。举办世博会,成为一个国家综合国力强盛的标志。如果说1933年芝加哥世博会代表着以高碳为特征的电气化时代的启幕,那么70多年后,在城市文明已经成为社会主导文明的今天,世界在期待,上海世博会将给世界和城市发展带来怎样的影响和变化?

2010年,石油助力世博,石油点亮城市。

"石油,延伸城市梦想。"这是由中国石油、中国石化和中国海油联合布展,世博园石油馆的主题。1859年美国宾夕法尼亚的德雷克井出油以来,世界石油工业150多年的发展,极大地推动了人类文明进步和城市发展,让伦敦、纽约和上海等国际著名城市动力十足,"领舞"全球城市化浪潮,石油文明与城市文明相互交融。那么,明天,石油又将怎样装扮和照亮"未来之城"?

发问的背后,是人类审视过往发展的几许无奈。

上海世博会期间,在主题馆,游人将看到一幕这样的场景:蔚蓝色地球,转瞬即变,过度砍伐造成水土流失、河流干涸,工厂排放、温室效应,让地球"烧"成了可怕的红褐色……在石油馆,游人将明白,如果没有石油,地球远不能养活60多亿人,穿衣蔽体也将成为难题,天上飞机、地上汽车和水上船只静止不动,脚下甚至没了平坦的柏油马路。

这绝不是耸人听闻。尽管碍于历史的局限,但人类对工业化大生产的顶礼膜拜所促成的高碳经济,在透支着城市化进程所依赖的有限油气资源的同时,为地球今天的环境灾难埋下巨大伏笔。

作为一个全新而广阔的平台,上海世博会将是一次对未来城市发展标志性和划时代的思考与呈现。

上海欢迎您,请到这里来!

2010年,走进春天吧!全世界都在寻找未来发展模式,试图在现代文明的"高低杠"上,完成一个漂亮的腾跃。

2010年,走到上海吧!在历届世博会托举的工业文明的辉煌背后,人们期望上海世博会能为中国、为世界今后城市文明的提升和重塑打开一扇新窗口。

2010年,走近石油吧!循着去年冬天哥本哈根世界气候大会的余音,一个共识不容置疑,高碳文明已经难以为继,人们期望探索一条能源与环境和谐发展的最佳途径。

从绮春至深秋,240多个国家与国际组织汇聚这里,把对人类未来的瑰丽想象和深刻思考，展现在来自全球的 7000 万观众面前。今年的上海，必将在人类城市化推进中描绘浓墨重彩的一笔。

世博选择了上海，上海有理由让世界自豪，令世界瞩目。

城市依赖着石油，石油更应被人们很好地珍惜和有效利用。

踱步上海街头，蓝天、白云、碧水、欢声笑语在鳞次栉比的楼群间流淌，幸福在每个人的脸庞上洋溢。上海市环保部门最新监测数据显示，去年，申城空气质量为优良的天数达 334 天，优良率为 91.5%。最近开展的"公众对城市环境保护满意状况"专项调查结果表明，城市环保公众满意度达到 90 分。

正是在科学发展观的引领下，上海市注重并提升城市生态意识和文明意识，推进蓝天工程和沪上清洁发展，向世界开启了"绿色世博、科技世博、人文世博"这扇窗，向世界展示着中国城市建设的美丽图景。

正是站在可持续发展的高度，从奥运到世博，从北京到上海，中国石油与地方政府和人民一道，"奉献能源，创造和谐"，引领低碳发展之路，延伸城市梦想。作为上海世博会全球合作伙伴，中国石油助力低碳世博，西气东输管道建设运营 6 年来，已累计向上海供气逾 113 亿立方米，相当于减少 68 万吨有害物质排放，减少二氧化碳酸性气体排放 3720 多万吨。

全球将从世博读懂中国，世界将在上海透视城市，人们将从心底理解石油。

一个科学的明证是：石油及其产品与人类衣、食、住、行、娱的密切联系，无处不在。137 亿年前，物种繁衍生息，石油是亿万血肉的累积，经过漫长的孕育而生；亿万年后，石油和天然气为城市发展注入了强劲的动力，渐渐融入人类的日常起居，推动着人类和社会文明进步。

一道必须直面的难题是：人们该怎样呵护和利用好油气资源？石油，如何延伸城市梦想，装扮城市的美好生活？

这是全球行动中的"中国承诺"。中国政府提出 2020 年单位国内生产总值二氧化碳排放比 2005 年下降 40% 至 45% 的目标。中国自主确立的行动和目标是不附加任何条件的，不以任何其他国家的行动为前提。

这是"中国选择"下的"石油责任"。以"奉献能源，创造和谐"为宗旨的中国企业，正迅速行动并矢志成为发展低碳经济的先锋，延伸城市梦想。中国石油在毫不放松抓好油气主营业务发展的同时，致力于成为清洁能源和清洁技术的领跑者。年初审议通过新能源和生物能源业务发展规划，进一步提高新能源保障能力。中国石化发起"低碳行动"，积极发展地热等清洁能源，采用多种途径降低二氧化碳排放，改善生态环境。中国海洋石油也在积极行动着。

追寻城市"足迹",拷问城市现状,中国石油石化企业正以内敛沉稳的气质和无私奉献的精神,演绎"石油,延伸城市梦想"的世博主题,坚决摆脱高污染、高能耗,致力低碳经济发展方式,为中国城市建设打开新的一页。

牵手石油,"珍惜能源,保护环境;低碳生活,从我做起"。上海世博会,注定将成为人类从高碳文明向低碳文明自觉转型期的一次历史性盛会。

在这个美好的春天,我们期待着。

(2010年4月30日)

延伸思考 ❶

"硬"新闻"软"着陆,形散神不散

在新闻文体中,散文式新闻一直是业内讨论的热门议题,大家有着不同的理解和认知,无论赞同还是反对,都属于学术探讨。

20世纪90年代初,新华出版社出版了一部《散文式新闻选萃》,时任新华社总编辑南振中在序言中指出:"'散文式新闻'以一定的'质'和一定的'量'构成了一种独立的新闻文体。"在他看来,尽管新闻不同于散文,但它们是可以相互影响、相互渗透的。在完全真实的基础上,新闻报道如果能适当地"引进"散文的某些结构形式和表现手法,对于改变沉闷呆板的新闻形式是有益的。

上面列举的《上海的春天》《"双百"的力量》等文章,分别是围绕上海世博会、国家"双百"人物发布等重大主题、重大新闻事件展开评述,因此,政策性强,新闻性强,理论性强。无论叙事还是说理,如果把握不好,文章容易写得呆板、枯燥。如何让政论述评这样的"硬"题材新闻,写得可看、耐读,这就需要我们在写作中,不仅在视角上与受众更加平等,而且语言上也要生动鲜活,最忌板着面孔,要让叙事"软"下来,亲和起来。

因此,我们注重在类似题材报道中,运用"散文笔触",实现"形散而神不散"的独特写作风格。特别强调的是,不管是散文式新闻,还是散文式笔触,依然还是新闻体例。

所谓神不散,就是始终围绕新闻核心主题展开,要遵循基本的新闻"5W"要素,坚守新闻的价值判断。所谓形散,在行文方式上,

通过新颖的文采句，状物与抒情、叙述和议论皆可，在貌似松散的内容之间贯穿着严谨的逻辑关系，更多时候讲求短段落、快节奏。同时，注重文理合一，追求思辨性，从而彰显思想张力和艺术美感。既具有新闻的真，又体现文学的美。

信念感召信念，精神传承精神。

一位英模"站"起来，就是一本鲜活的教科书；一位英模"亮"起来，就是一面高扬的旗帜。

"双百"，如一面迎风奔跑的旗帜，将崛起的中国形象深深烙刻在世界的视野。

融入世界，中国石油感受到了国际化浪潮的磅礴，世界听到了中国石油击浪的号子。

今日，我们用温暖的目光看世界；今天的态度，影响着我们该如何迎接并拥有一个新的全球经济一体化时代。

关于文学与新闻的关系，梁衡先生有过精辟的概括：文学对新闻的补充主要是语言和构思，新闻天生枯燥，文学语言的艺术美可以补其短。就像梅兰芳练剑是为了把它吸收到自己的舞台艺术中去。

新闻是为读者服务的。个人认为，根据新闻事件实际和报道工作需要，创新运用"散文笔触"写作，无疑会让新闻作品变鲜活，让新闻主题更深刻，应该多鼓励多提倡。一句话，新闻工作者应充分体悟新闻"文学"和"文化"属性，让文章多些"书卷气"。

延伸思考 ❷

新闻写作应把握的几个关系

1. 处理好必读性与可读性的关系

如何理解必读性。必读性的核心是内容，要发挥好行业优势和媒介平台优势（独特领域、深阅读），从想报什么向读者想看什么转变，从应该报什么向怎么报道好什么转变。比不了速度，比深度，比建设性、思想性；比不了焦点，比亮点；没有高大上，就比短时新；比不了解惑，比鲜活，比丰富性、综合性、立体性。

如何理解可读性。就是解决好书面表达与口语表达的关系，解决好报道离生活太远、离百姓太远的问题。

（1）让严肃新闻亲切起来：从板着面孔——到躬下身来
（2）让枯燥新闻鲜活起来：从一厢情愿——到互相共情
（3）让专业新闻通俗起来：从专业术语——到百姓话语

2. 处理好"上气"与"下气"的关系

报道行业专业会议，侃侃而谈，看似很热闹，高大上，但也易陷入泛泛而谈；一线见闻、基层观察，往往缺少真正一针见血、触及本质的稿件，原因在于脱离实践。因此，记者务必坚持"访面、跑片、走线、蹲点"的工作作风，让"天气"和"地气"的"两口气"，很好地"呵成一气"。

3. 处理好文字思维与视觉思维的关系

注重文字新闻视觉化（标题、细节、动感、生动语言等）。如采访，选材镜头化；写作，文字可视化；编辑，版面形象化（读图）。巧妙构图，合理选取，有动有静，有张有弛。

4. 处理好客观呈现与情感融入的关系

秉持人本情怀的关注视角，稿件应传递出人性光辉，人情温度，触动读者心底最柔软的部分，引起共鸣。客观呈现，白描手法，让角色说话，去展现，如《解放军报》在2011年国庆前夕刊发的《红山嘴，大雪即将封山》《中国石油报》刊发的《你是我此生最大的骄傲》等。

ined
第四章
关于新闻策划
——找准点、连好线、勾画面

好新闻不只是策划而来，但好新闻必须要有策划。这从中国新闻奖历年获奖作品和媒体同行成功的案例即可知晓。新闻有短期策划，中长期策划；有单一选题策划，也有系列主题策划。策划水平是媒体引导力和传播力的重要体现。因此，新闻工作要强化政治站位，善于策划，长于策划，主动出击，观大势、看走势、明态势，深入研究党和国家大政方针政策，深入分析行业企业的改革发展实际，深入贯彻党委（党组）的精神要求和工作部署，深入研判员工群众的呼声诉求和关心关注，聚焦有价值的新闻主题或事件设置议题，制造良性新闻热点，引导读者关注。

一、单一选题策划

新闻实践中，时常会面临单一或孤立选题的报道任务，这类报道多聚焦于一个独立事件或问题，以"一事一报"为基本原则，即一篇报道仅围绕一个新闻事件或事物发展的某一侧面展开。既有突发新闻、政策发布等时效性强的事件，也有针对复杂事件的某一方面展开的深度挖掘；既有大中取小，从宏观议题中选取微观切口的操作，又有以小见大，通过单一事件的深度剖析反映普遍性现象和问题的做法。

1. 预见性——借风过河

在日常工作实践中，常见可预见性新闻，如前面列举的《我国油气管道里程超过高速公路》《一碗兰州牛肉面的能源账单》，如同一场新闻转角的美丽邂逅，就是提前获取线索——"一定会发生"的有价值的鲜活事实，只"等"一个时间节点，大家形象比喻为"借风过河"，万事俱备，只欠东风。

如获第十三届中国新闻奖二等奖的作品《请过路吧，亲爱的藏羚羊》，讲述的是青藏铁路建设中，为保护藏羚羊等野生动物的季节性自由迁徙，专门设立动物通道，呵护动物，人与自然和谐共生的故事。记者为采访此事，在海拔4800米的可可西里专题调查，掌握大量第一手素材，并预判8月开始的半个月时间里，藏羚羊在完成一年一度北上产崽后将回迁，蹲守现场采访，见证这次"美丽邂逅"。肩题"欢迎'孕妇'来，不舞彩旗；喜送'母子'去，不敲锣鼓；这段青藏铁路又成无人区"。

无独有偶。《中国石油报》2009年获评中国新闻奖的作品《封井284口，只为普氏野马跑得欢》的记者，长期关注这一新闻主题，前期采访收集了大量珍贵素材，报道聚焦中国石油为更好保护这一"活化石"般珍稀野生动物普氏野马，宁可每年减少6.9万吨原油产量，牺牲巨大经济效益，也要永久封存辖区内284口油水井。这一新闻事件意义重大。

2. 创造性——沙里淘金

选题的创造性需要深入开掘，沙里淘金，这就要求织密筛子"网眼"——多想一层，想深一层，由此及彼，由点及面，举一反三。

2016年，我国原油产量为1.98亿吨左右，首次主动调减到2亿吨以下，是新中国成立以来年产量超过千万吨的最大降幅。这次调减发生在世界石油供需宽松、国际油价持续低迷的大背景下。这是中国石油工业史上具有标志性意义的历史事件。如何理性看待这次调减、如何客观评价中国近些年勘探开发成果等业界关注焦点、如何乘势转化变化背后的有利因素，如何把握今后发展主动权，对未来我国油气生产极为重要。

在社党委的统筹谋划下，中国石油报新闻中心牵头组建专题调研组，从历史视角、国家视野展开采访，写作报道，专访了二十多位院士专家学者和企业领导，共同探讨，深入剖析，重磅推出了《我国石油生产跨入理性供给新时代——对国内石油产量首次主动调减到2亿吨以下的思考》，以及相关内参报道。

自产经济 VS 买油经济——2亿吨是我国石油工业的"产能红线"吗？

洪荒之力 VS 绵绵用力——占有世界1.1%资源，撬动4.9%产量的背后是什么？

减产 VS 增产——如何抓住供给侧结构性改革新机遇？

该专题报道对未来我国上游勘探开发也提供了有质量有价值的思考。我们设置的议题成为社会关注的话题，形成舆论强势。特别是一些真知灼见和理性意见建议，如专家呼吁值得关注的3个趋势，"要看到产量大幅降低，既有主动调减的因素，也有一些油田石油产量下滑的惯性。既要对市场保持高度敏感，又不能反应过度。既要看到石油是一个高度市场化的商品，又要看到石油工业生产是一个高度计划性的产业。在技术没有重大突破的前提下，给石油产量过度'施压'或者过度'泄压'，都是一种潜在的伤害。"引起业内广泛关注和讨论。2亿吨也由此成为我国能源领域决策层高度关注的战略课题。

延伸思考

"三结合"，预见性创造性开展策划报道

随着人们对深度阅读的强烈需求，迫切要求媒体加快从"传播者"

本位"向"读者本位"转型升级，开展更有预见性、创造性的工作。针对特定的新闻主题或事件，通过有计划、有组织地策划，制定报道方案和传播策略，可以广义地理解为新闻工作的路线图，在具体实施中不断修正、完善。策划的到位与否，很大程度上决定着新闻报道活动是否成功顺利。

从上述系列报道的具体实践中，对于如何做好选题策划，形成了一些粗浅的认识：创新思维，找准点（报道主题），厘清线（写作主线），勾画面（叙事场景），点线面结合，制作符合现代传播规律的新闻"工笔画"。在内容建设上，要做到"三个结合"，即政治性和时代性相结合、专业性和社会性相结合、思想力和表现力相结合。要坚持高站位，始终把讲政治摆在第一位。没有脱离政治的业务，也没有脱离业务的政治。新闻工作就是要自觉从党和国家全局高度看待问题。要"识天气"，准确把握国家的大政方针政策，坚持正确舆论导向，弘扬时代主旋律。要"接地气"，把强烈的时代责任感、深厚的石油情感贯穿始终，把行业宣传重点与社会关注热点相结合。坚持内容为王，充分考虑新闻传播的价值所在，确保选题立意具有足够的新闻性，有广泛的受众需求，以期产生良好的社会影响。

案例：关于"开源节流降本增效基层实践的调查"策划案

案例作品

中国石油万口井年节电一亿千瓦时
相当于北京市昌平区一个月的城乡居民用电量

1万口油气井，因为采用新的数字化优化系统，每年可节约用电1亿千瓦时，相当于北京市昌平区1个月的城乡居民用电量。这是中国石油大力推进机采优化、节能降耗等重要举措的结果。

截至1月23日，中国石油创新机采理念，使用这套系统已经超过2万井次，累计节电2亿千瓦时以上。

据了解，目前中国石油有 20 余万口油气井，98% 以上靠人工举升，经常出现"供排不协调"情况，导致平均系统效率仅有 24%。据测算，中国石油油气井系统效率存在 4% 的提升空间，只要提升 1 个百分点，就可以年节电 6.7 亿千瓦时。

…………

中国石油早在 2007 年就展开了机采系统优化研究工作，勘探院作为主要研发单位启动了"采油采气工程优化与决策支持系统"项目；2009 年以来，项目选取中国石油的 5 个油田为试验田，经过磨合、调整，逐渐见到实效，不但提高了系统效率，而且延长了检泵周期。

…………

目前的这套优化系统能够覆盖中国石油 80% 的油气井，"十三五"系统升级后可以覆盖 90%。"创新优化机采系统潜力巨大，在当前国际油价低落的背景下更显出其重要性。上游降本增效'压力山大'，如果这套系统能够更快推广，那就会有更多油气井受益。"石油工程专家、中国石油大学（北京）教授吴晓东说。

（2015 年 1 月 25 日，王晓群　杨雯）

延伸思考

一件"半拉子"策划诞生记

之所以说是"半拉子"策划，因为这是一件未彻底执行的选题。源于"万口井机采优化节电 1 亿千瓦时"的线索。

2014 年，在一次部门的选题会上，有记者汇报了一条线索：勘探研究院创新研发的一项机采举措，应用到大庆、吉林、冀东、大港、华北 5 个油田 1 万口井 2.3 万井次，1 年可节约 1 亿千瓦时电，相当于北京市昌平区一个月的城乡居民用电量。

据了解，当时中国石油大部分油气井经过多年开采，工况日趋复杂，间停时间大大延长，检修周期缩短，系统效率走低。正是在这样的背景下，这套机采优化系统方案体现出了独特的比较优势：一是兼容度高，可以覆盖中国石油 80% 以上的油气井，甚至更多；二是综合性强，不仅体现在显著的节能效果上，而且兼顾安全生产、平稳运行等因素；三是系统内部的自主技术，推广便利。如果以当年中国石油 20 余万口油气井全覆盖测算，那节能效果将是惊人的。

这本身就是极具价值含量的成果新闻。以此报道为"引信"，我们决定延展思考做策划。一旦打开思路，将目光投向更广阔深远之处，这一单一新闻事件带给了我们更加多维的启示，也就有了开展"开源节流降本增效基层实践的调查"的策划设想。

如何理解此项策划的价值和意义呢？

从集团工作主基调看。2014 年年初，中国石油号召广大干部员工"树立长期过紧日子的思想"。随后正式下发《关于全面实施开源节流降本增效，确保实现 2014 年奋斗目标的若干意见》。作为媒体，就要加大宣传力度，深入挖掘典型经验和有益做法，营造良好舆论氛围，引领和推动这项集团重点工作取得预期效果。

从管理创新层面看。尽管各企事业单位开源节流、降本增效活动开展得如火如荼，取得了不少成果，但大多是点上的，少见产业链上和专业领域面上的。而诸如机采优化节电这样可以在企业试点成功基础上向全系统推广的生动案例，无疑有着很强的现实意义和长远意义，有必要进一步挖掘。

从观念变革层面看。从机采优化这一案例反观，有着上中下游全产业链的中国石油，蕴藏着巨大的提效空间、节能潜力。只要解放思想，催生更多革命性创新举措，就一定能找到更广阔的节能"蓝海"。因此很有必要通过宣传报道，进一步引导系统上下开展开源节流、降本增效大讨论，进一步激发全员提质提效的热情和信心，汇聚质量效益发展的对策和良方。

于是，围绕如下思路策划延伸报道：

一是聚焦观念的转变。效益在员工的大脑里，需打破创效的认识禁区和盲区。传统思维多是修修补补、零敲碎打，创新思维是革命性举措、颠覆性变化。如上述线索中，仅仅通过对油气井智能机采的创新优化，就带来了巨大的节能效益。那么试想，在油气生产的各个环节，还有多少增效空间未被我们认识，或被我们忽视，又有多少的增效潜力有待挖掘。调研中发现，如"一剂聚合物"的创新运用，就可引发一系列"化学反应"，将极大地拓展节水增油空间。而能量系统优化重大专项、合同能源管理等举措也将促成巨大的节能成效。

二是聚焦技术的落地。 科研成果转化率低，一直是企业发展面临的现实难题。从自主研发产品到将其转化为商品是一个复杂的过程，时常面临着客户不愿用、不敢用的情况，甚至有些成果被束之高阁，也有怕担责、怕失败的思想因素。智能机采优化的案例启示我们，全系统还有不少的技术项目成果"养在深闺人未识"，是什么原因造成的，又该如何"嫁出去"。要实现高质量的技术落地，科研人员要有生产思维，生产人员要有科研思维，让技术接地气。这需要从研发、推广到应用整个链条的体制机制的完善，打通科研正向激励的"最后一千米"。同时，希望围绕如何建立完善容错纠错机制、鼓励大家先行先试等展开讨论。

正是秉持发散思维，举一反三，由点及面，由表及里，我们拟从成果性报道向问题性、分析性报道延伸，力求探寻新闻事件背后的全貌，进而形成若干建设性报道和内参稿件，为集团领导和相关部门提供决策参考。

遗憾的是，这件策划因各种主客观原因未能彻底执行，成了"半拉子"工程。遗憾之余，其策划在形成过程中的发散思维和架构脉络仍值得借鉴。

二、主题新闻行动策划

在当下各媒体的实操案例中，有很多行进式的大型主题新闻采访活动，这类活动很多时候都有一个相对宏大的主题，如《中国石油报》先后开展过的"一带一路·能源丝路万里行""端稳端牢能源饭碗——盆地行"等活动。当然，这与狭义上"带框框下去"、生搬硬套式采访写作是两个截然不同的概念。

主题先行不等于带框框采访。正确的"主题先行"，有助于增强记者的采访主动性，促使记者对主题进行深入的思考。记者有了这种思考以后，边行边访，自然会对相应的题材捕捉得更准、反映得更深，并在采访写作的过程中不断地作出必要的调整、深化和拓展，增强报道的深度。通过丰富多元的报道题材、新颖的报道形态等来反映大主题，凝聚报道合力，形成舆论强势。

在前进的过程中稍作停留，回头看看走过的路，不断思考，深入总结，不失为一个好的方法。2014年，为了让年轻记者，特别是缺乏专业背景的青年记者尽快了解石油、理解石油、报道好石油，结合采访队伍工作实际，我和采访部同仁一起编著了《从身入到深入——浅谈新闻选题及策划工作》，从全年选题中系统梳理出7大系列，即"数读中国石油2012"、新春走基层、扶贫开发项目探访、三低油气田高效开发探访、水平井上看水平、西气东输投产10周年探访等系列报道，将从最初报道草案拟定、到刊发稿件的原始呈现内容汇编成册。本着不遮丑、不粉饰、坦诚真实的原则，开展新闻业务的民主讨论交流。特别是鼓励参与报道的记者"回头看"，对个人稿件进行"采访余思"，让他们能够正视差距和不足，勇于剖析问题与短板。因为只有对问题的认识越深刻，对差距不足的剖析越透彻，才能更有助于工作更上层楼。同时也希望通过实操案例的交流分享，能够为媒体同仁提供一个可资借鉴的交流平台，共同努力提升石油新闻的品位和价值。

"新春走基层"报道，应该说是媒体的"四季歌"。年年"走"，但如何更有新意、更能打动人呢？

2013年，《中国石油报》"新春走基层"的报道，从策划伊始，我们就拟定了"石油人的年"和"年里的石油人"两条交错的主线，进而梳理确定了《回家的路》《点亮的灯》《坚守的心》《油味的年》四个维度，并通过四个专题专版的文图故事来讲述，从写个体到折射群体，以典型人物的"非典型"故事来反映石油人如何过春节的全貌，实现点、线、面的结合与贯通。具体写作中，强调接地气，力求现场感，小中见大，以点带面。文风上注重"白描式"写作，娓娓道来。用读者的反馈来说，就是让人情味可视化——呈现画面感，从而引发强烈共鸣，力求以情动人。如《沙漠里的单身"蜜月"》《最爱那道隔夜菜》《一个人的"双份"祝福》《被原谅的爽约》等稿件颇受好评。但也有需要反思提升的不足之处，每个专题专版中，各故事之间的关联性感觉不足，有点像大拼盘。四期版面编排风格不统一。另外，由于策划了一期图片版，所以本系列前期策划时未充分考虑图片的重点运用。

如策划的"油气惠民生"系列，《京西煤都迎来蓝金时代——从门头沟无煤化之路看"气化京津冀"》《香江西望气贯神州——从万家灯火看管道进入"网时代"》《指间玩转"智慧"加油——从"人·车·生活驿站"看消费新体验》等报道，都是站在日新月异的时代大背景下，寻找行业与社会的契合点，强调小切口、大主题，从与社会大众息息相关的衣食冷暖切入，由点及面，以行业视角透视石油发展步伐，用社会语系解读石油脉动，反映行业之变、时代之变、民生之变，展示石油企业秉持"绿色发展、奉献能源，为客户成长增动力，为人民幸福赋新能"的价值追求。读者来信说"石油报的面容越来越亲切了"。

三、主题特刊策划

从行业媒体的实践来看，除了日常新闻类策划外，占大比例的是主题特刊类策划，具有命题式性质。《中国石油报》在此方面开展了一些有益探索，比如重要节点（"喜迎党的十八大　加油中国"特刊）、重点会议（世界石油大会特刊）、重大活动（海外能源合作项目取得重大进展）、重大主题（纪念铁人王进喜诞辰100周年特刊）等的策划。

案例1：《石油工人心向党》特刊

2021年，为热烈庆祝中国共产党成立100周年，在社党委的高度重视与顶层设计下，《中国石油报》提高政治站位，突出价值引领，通过融媒生产与全媒传播，浓墨重彩、做精做亮庆祝中国共产党成立100周年报道等相关工作。聚焦总书记重要指示批示的贯彻落实，以两个8连版共16个版的规模，精心策划、重磅推出"百万石油人热烈庆祝中国共产党成立100周年"特刊，构筑了建党百年报道的"高原"，受到同行高度称赞。国庆期间，庆祝建党百年特刊中的石油长卷专版，在由中国记协指导、中国新闻摄影学会联合全国主流媒体共同举办的"百年奋斗　百年答卷——庆祝建党100周年新闻摄影展"上精彩亮相，获得热烈反响和好评。

346　思考的力量 ——能源中国视角下的新闻实践

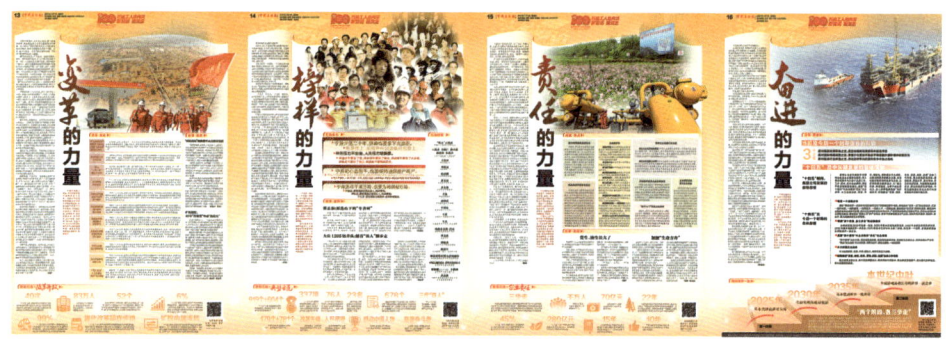

"百万石油人热烈庆祝中国共产党成立100周年"特刊版面图

延伸思考

做精"特刊",流量时代"特"取一瓢饮

这里讨论的特刊,专指纸媒的特刊报道。

顾名思义,特刊是针对正刊而言的,是媒体围绕重大事件、重要节日、重大主题等,精心策划、设计、编辑出版的专题报道。核心在一个"特"字上,具有独一无二的传播价值和独具特色的传播形式。这也是媒体竞争力与专业性优势的体现。

我国报纸产业曾掀起纪念性特刊热。特刊报道往往体现着一家媒体的标志性品牌和独特传播优势。《中国石油报》在长期实践中，探索积累了特刊报道的宝贵经验，形成了"重大活动看特刊"的口碑。如"加油中国""百万石油人热烈庆祝中国共产党成立100周年""纪念铁人王进喜诞辰100周年""世界石油大会""'一带一路'倡议提出10周年""广东石化成功投产""喜迎党的二十大胜利召开"等特刊，一期期特刊承载着一次次深度报道的集中策划和重磅宣传，是抓住重大主题、唱响主旋律、打好主动仗的有力抓手。当然，其中也有不少需要提升改进的地方，这也是审视和研讨的意义所在。

那么，特刊要如何求"特"呢？这里，以"百万石油人热烈庆祝中国共产党成立100周年"特刊为例进行交流。

一是内容求特，聚焦主题，打造强烈的思想冲击力

特刊，就特在报道的广度、深度和厚度，以归核化、规模化、杂志化的形态凸显主题，具有较强的政治性、时代性、历史性和思想性。

特在立意，视角独特。星海横流，风云变幻。热烈庆祝中国共产党成立100周年，是国家政治生活中一件盛事，也是全球瞩目的一件大事，国内外媒体高度聚焦，报道各有千秋。作为能源行业媒体、中国石油集团党组机关报，《中国石油报》如何"标新立异"、精彩出圈呢？在这个重大节点，要传递、传播什么？又从哪里说起呢？

特在立意。在党史中看石油史，在石油史中悟党史，在风雷激荡的百年时空中，一条主色调映照历史、当下和未来，那就是"黑色石油"的"红色基因"。正是基于此立意，以独一无二的石油视角回望百年，独具匠心的石油色调描摹百年，独树一帜的石油表达感悟百年。

特在主题，高度聚焦。特刊的优势就在于主题高度聚焦，一期所有版面都围绕一个主题展开。充足的版面容量，为特刊主题的多维度阐释解读提供了空间，让主题能够扩展开来、深入进去。特刊分为A、B叠，版面安排如下：

A叠部分：1—8版。

封面版：信仰的旗帜。

封底版：主题海报。

2—3版：亲切关怀，巨大鼓舞。党和国家领导人关心关怀石油工业。石油人肩负使命勇向前，牢记嘱托奔一流。

5—8版：设计成4连版，石油工业奋斗百年路。

B叠部分：9—16版。

9—16版：石油工人有力量。分别为统领文章、信仰的力量、精神的力量、创新的力量、变革的力量、榜样的力量、责任的力量、奋进的力量。

5—8版的百年党史和世纪石油恰似两条主脉主线，连点成线，勾线成面。主题的升华和讲述围绕着历史的交汇激荡点徐徐展开：一幅波澜壮阔的风云画卷，一条爱党报国的历史长河，一部激荡百年的红色传奇，一组沧桑巨变的石油史诗。

特在内容，广厚深实。 相比于单期报纸，特刊更具对信息资源的强大整合能力，以规模化、整装化、集纳式的方式，让传播的内容更为厚实，让知识信息增值，让主题凸显，让读者"解渴"。

作为一期纪念性特刊，无论是从标题提炼还是内容的开掘，纸媒充分发挥开源信息"孵化器"的最大优势，坚守"内容为王"的传统，紧扣发展主线，凸显思想性。如围绕"三个突出"，重点回答"是什么、为什么"，即突出党的坚强领导和党的石油事业，展示石油工业一路走来的辉煌历程；突出石油工业的红色基因和优良传统，以及石油人的责任和担当，展示石油工人心向党、永远听党话跟党走的本色；突出中国石油的政治担当，展现其作为党和国家经济部队，保障国家能源安全的不凡历程。重点回答"是什么、为什么"，回顾百年征程中，中国石油工业在党的领导下发生的翻天覆地变化，为党和国家做出的巨大贡献。在回答为什么能、靠什么能的主题时，用了"七个力量"的版面，深刻解读和剖析中国石油为什么能在百年历程中取得巨变，靠的是什么，阐释石油工人有力量的内涵，打造强烈的思想冲击力。

特刊传递出"石油工人心向党，永远听党话跟党走"的铿锵誓言。石油工业的发展壮大是中国共产党创新运用马克思主义理论中国化成果的生动实践，证明了中国共产党不仅能够领导军队团结人民，在军事战线取得胜利，而且能够带领人民在经济战线取得胜利，在领导国有企业改革转型发展中再创辉煌。

二是视觉求特，注重呈现，打造吸睛的视觉冲击力

如何实现"特"？在内容采编及版面设计上精雕细琢。除了高质量的报道内容外，特刊更注重编排方式的创新，强调版面语言的运用，将创新性和艺术性相结合，通过精巧的艺术构思、特有的文化内涵（文化符号）、极具视觉冲击力的表现形式，抓住读者注意力，为读者提供耳目一新的阅读体验。

"百万石油人热烈庆祝中国共产党成立100周年"特刊，属于比较多见的纪念性特刊。正是基于对其历史纵深感的考虑，编排时努力营造出能引发时代共鸣的场景感，进而创造出风格独特的版面形式。在集采访、编辑、视觉、技术等人员组成的特刊报道组的多轮头脑风暴下，确定了比较大胆的呈现形态，那就是以历史为轴，提炼内容，时间轴上方是党史，时间轴下方为相应时期的石油工业里程碑、标志性的红色足迹，以手绘长图、八连版形式实现感官再现，构成了一幅大气磅礴、异彩纷呈的时代画卷。让读者在一百年的光阴里，在石油工业百年演进中，感悟一个政党的奋进治理历程；在百年党史的风云激荡中，回望一个行业的坚韧与执着、忠诚与奉献。

以多叠八连版的形式出版，在《中国石油报》还是首次。从功能来看，特刊图文精良，既可观赏式地泛读，也可逐字逐行地精读。它具有知识信息的文化价值、史料留存的收藏价值、时尚表达的时代价值、视觉创新的美学价值等，天然承载纪念意义。

三是传播求特，用精准定位实现精准传播

流量时代，传播效果至为关键。在媒体融合加速迭代的时代，相较于新媒体即时、密集、爆炸式的信息传播，特刊准确定位版性，在版面元素的运用上，强化图像视觉的创新运用，如今昔对比式图片会让内容更具真实性和可看性。多用数字来解读，如采取图表信息提炼等方式，让内容更有可读性。有力地弥补了纸媒低时效性和信息量单薄的"缺憾"，使主题更为聚焦，信息量更为丰富。特刊在推出纸质报的同时，以数字报、H5、微信公众号等不同形式同步呈现给受众，

> "嫁接"上互联网技术手段,书写一部时代的壮丽史诗。
>
> 在不少同行眼里,特刊报道,恰恰是传统媒体能够于"流量"大潮中独饮"一瓢"的独特一招。特刊,或许是纸质媒体最后最有尊严的坚守。

案例2:"第21届世界石油大会"特刊报道

第21届世界石油大会于2014年6月15日至19日在俄罗斯莫斯科举办,主题是"负责任地提供能源强力支持发展中的世界"。相较以往,这届大会能为中国和中国石油带来什么?而中国和中国石油又能为大会带去什么?立足这两个问题,中国石油报社集思广益,制作推出大会特刊,挖掘世界石油大会价值,展现变迁中的世界油气格局。为了更加方便大家交流,特附上简版的方案

《"第21届世界石油大会"特刊》1版图

讨论稿。

1. 报道主线

围绕两条交错的主线：石油大会给中国带来了什么？中国石油工业给世界石油带去了什么？

从五个方面完善"面"：世界石油大会的前世今生、知名国际石油公司、知名国家石油公司、知名油服公司的"他山之石"、中国石油工业及中国石油的不凡探索。

2. 内容及版面设置

12个版面，分A、B两叠，A叠包括8个版面，B叠包括4个版面。

A叠（1—8版）：变迁中的世界油气格局。

B叠（9—12版）：国际大石油公司的发展之鉴。

延伸思考

国际传播的个性化定制

加快构建多渠道、立体式对外传播格局，以更有效力的国际传播体系、更高水平的国际传播效能，打破西方的话语垄断，改变国际社会对于中国的刻板印象，讲好中国故事，让世界了解真实、立体、全面的中国石油工业，是当前国际传播的重要任务。

国际上比较知名的能源媒体，如挪威英文报纸《油气上游报道》（*Upstream*）等，长期保持着对中国能源产业企业的报道与评论，不仅影响着海外媒体对中国"三桶油"的认知，本身也构成了西方石油界对于中国工业企业的认知和评价体系的一部分。

中国石油企业走出国门，积极投身国际能源治理，展示出良好发展势头，为全球能源治理贡献了中国方案、中国智慧，做出了中国贡献，展示了全球企业公民的道德示范作用。这是做好国际品牌传播的最大本钱。

因此，借助世界石油大会等广阔平台，面向国际能源行业代表和观展人群，针对目标读者群体的独特需求，开展个性化定制服务，制作推出类似大会会刊的报道，不失为一种有益的探索。大会期间，特刊作为"会议伴手礼"，受到了出席会议代表的欢迎。

前提是多语种覆盖。莫斯科石油大会，采用中俄英三种语言对照的特刊形式。伊斯坦布尔石油大会，采用中英双语版特刊。国际传播的个性化内容策划，关键是树立全球视野，结合国际受众需求、行业趋势及媒体融合策略，突出内容呈现的多元化、差异化。围绕全球能源转型、技术创新、环保举措、社会责任履行等设置议题，向全球能源界传递中国声音。在国际话语体系构建方面，十分注重文化契合性，淡化敏感地缘议题，强调"开放合作、互利共赢"核心理念，讲述中国石油人秉持"志合者，不以山海为远"的价值追求，展现多元文化背景下的奋斗与合作，增进跨文化理解。

而融合国际审美、具备全球视野的个性化视觉设计，能让信息和情感传递更加直观、生动。采用简约大气的版式风格，以世界地图作为信息背景，富有创意的图表形式，具有视觉吸引力和地域特色的高质量图片等，进一步弱化"宣传感"，强化纪实性。

受限于当年的技术条件，一些传播活动受到制约，在传播过程中还缺少了交互性和读者参与的个性化体验。现代媒体技术的发展，为个性化定制服务提供了新契机，能够有条件做好长尾内容二次开发，如通过系列短视频、播客节目持续在海外平台推送。同时，应搭乘数字化快车，制作数字特刊，支持社交分享功能，提升科技感与传播趣味性。

四、融媒报道策划

融媒报道是随着信息网络技术发展而兴起的传播方式,通过整合传统媒体与新媒体资源,综合运用多媒体手段,实现纸媒、端媒等多平台联动,以文字、图片、音视频、条漫等多形态呈现,充分满足受众细分需求。相较传统传播形态,融媒报道主题鲜明,内涵丰富,形式新颖,具有实时化、广链接、强互动、裂变快等特点。

案例1:新媒体报道界面
——"盛世龙吟"融媒报道策划案

2019年底,国家管网公司正式成立,这标志着新一轮油气体制改革迈出了关键一步。

组建国家石油天然气管网公司是深入贯彻落实习近平总书记"四个革命、一个合作"能源安全新战略,深化石油天然气体制改革和国资国企改革的重要举措。对于提高油气资源配置效率,促进油气行业高质量发展,保障国家能源安全,更好地为经济社会发展服务,意义重大、影响深远。

这是能源行业产业具有深远意义的新闻事件。此前,我国油气管道基础设施建设与运营工作主要由中石油、中石化、中海油三大石油公司承担。管道事业规模建设高潮发轫于20世纪70年代的"八三"管道建设。作为中国石油集团党组机关报,宣传报道好管道事业和管道企业,始终是《中国石油报》的一项重要工作。在长期的采访调研中,我们的记者编辑和管道战线干部员工结下了深厚的友谊。国家管网公司的成立,也意味着此前的报道方式、报道规模和工作模式也将发生变化,自然会生出许多情愫来。

在重大历史事件节点上,见证并记录历史,不失声不失语,是媒体的责任使命。因此,在做好相关动态时政、事件解读等报道同时,我们从人格化传播切入,创新报道方式,策划了《盛世龙吟——中国油气管网的"前世今生"》

海报条漫式报道，分为悠悠前世、煌煌今生、与时偕行、管亦有道、盛世华年五个章节，以此作为石油媒体人的"长情告白"。

叁

中国梦 我的管道梦
与时偕行

历史车轮滚滚向前
管道改变世界
联通未来
管道诉说时代
运送油气
经历千山万水
不忘清洁环境
造福民生

1. 年幼青涩。霸气一保底版

油龙吟 气龙舞
钢铁长城 地下走廊
从X60到X80
钢管越来越粗
从700多毫米到1422毫米
口径越来越大
承压达到12兆帕
里程攀升至13万公里

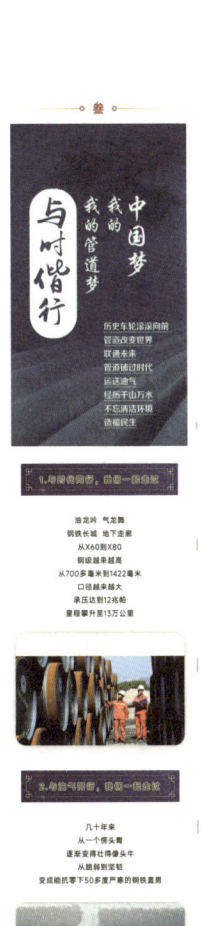

2. 年轻气盛时。霸气二保值版

八十年来
从一个愣头青
蜕变到得让得傻头牛
从脆弱到坚韧
竟成能抗零下50多度严寒的钢铁真男

塔里木严酷气的中俄东线天然气管道，使用X80钢级管材，最大管径1422毫米，设计压力12兆帕

从爱大展粗的智商爆表
以智对专业说话
现在"吹拉弹唱"无一不精
行话叫"智能管道"
量大、连续、迅速、经济、安全、可靠、平稳……
越来越靠谱儿

3. 奔入困惑期。霸气一店底版

我们勇敢前行
戈壁大漠无悲
黄河长江交响
古长城欢跳
复兴号作伴
管道不失生态情
以智不怕出家门
现在的朋友遍天下
红头发白皮肤蓝眼睛
都是铁姐妹

肆

道达人心 气通人和
管亦有道

< 互联互通夸夸群（499） ···

铁路 & 公路 & 水运 & 航空
来啦？兄弟！

北京出租车司机
管道这个"环"，一点儿不堵！

黄河鲤鱼
你从河底过，不欠生态，也不欠我。

库尔勒大叔
天然气烤馕，配上红柳大串儿，就问你香不香？

赛里木湖生态员
[image]

赛里木湖生态员
有了这些红工装，风光更迷人。

一根古油线
躲着我走的，才是最爱。

警察
咱们老管家真是满门忠烈，世代忠良！

波多黎各经济
[image]

波多黎各深港
中亚管道长又长，奔腾到香江，真香！

管道工
[image]

管道工
这个管儿又大又圆，就像这个道又长又远。

宠粉 & 吸粉
因为"钢"好遇见你，留下足迹才美丽~

伍

保障能源安全 守望岁月静好
盛世华年

从无到有
从小到大
从线到网
从国内到连接海外
现在的我
身长已超13万公里
够绕地球赤道3圈多
十年之后的我
长度可能比现在的两倍还要多

全国油气管网规模预测
（单位：万公里）
16.9   24   30
2020年 2025年 2030年

我深埋在地下
但山川河流知道我
人类赞美颂扬我
历史将书写我

万家灯火时
那光亮和温暖中有我
碧水蓝天下
那鸟语和花香中有我
发动机的轰鸣声中有我
饭菜的香气里有我
伟大复兴的中国梦里
有我

今日之我
再出发 踮跳长
未来之我
时代使命不变 奔腾方向不移
赤子之心如初 报国之志坚坚
必将日夜鼎跃不息
见证盛世华年
守望岁月静好

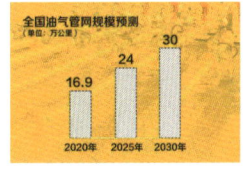

策划 | 王晓晔
编辑 | 张伟健 董云龙 马雪莹 薛梅 李绍平
制图 | 任和 龙烧亚 肖涵
素材 | 普庆 张庆旺

图片来源于中国石油报图片库、微信公众号"管道宝石花"、《中国油气管道》

注：以上为长图部分节选

延伸思考

人格化"塑像","弱编码"叙述

在新技术革命的加持下,新闻传播领域正经历着澎湃嬗变,但无论如何演进,媒体工作终归是人与人之间的沟通,是信息传递者和信息接收者的连接互馈,是一种"人际性"的传播。

新闻人格化,硬新闻"软着陆"。就是将人格特性赋予新闻活动的主体,构建充满人情味的传播场域。在《盛世龙吟——中国油气管网的"前世今生"》制作中,我们对管道进行人格化"塑像",通过拟人化表达,赋予管道以人类的行为特点,以第一人称口吻,讲述"从哪里来、到哪里去"的"前世今生",传递"见证盛世华年,守望岁月静好"的责任使命,使抽象的东西具象化,使文章更加生动形象、活泼亲近,增强可读性。

叙事"弱编码",动之以情引共鸣。"弱编码"是新闻报道中的一种叙事策略,多通过暗示、隐喻、类比等方式间接表达。当下传媒研究中有一个不争的共识,与过往新闻报道多强调标准化叙述的"强编码"相比,充满感性的"弱编码"叙事,更能激发读者共鸣。因此,我们创新话语体系和呈现形态,以新闻故事的形式娓娓道来,如同徐徐打开一幅历史长卷,历史的厚重和时代气息扑面而来。欣慰的是,从众多的后台留言中可以看出,广大读者与我们心有戚戚,产生了"最长情的告白"的共鸣。立场有了温度,新闻更有了人情味。应该说这正是我们策划的初衷。

案例 2:新媒体创意互动 H5
——"石油号"全国两会幸福快车

创意互动类 H5 作品,是近些年来媒体充分借助移动互联网的便利,探索融合传播的一大创新。通常意义上,H5 指的是一种互动形式的多媒体广告页面,可支持丰富的媒体形式,包括文字、图片、音视频、网页、直播、动效、条漫、交互等。在互联网技术的加持下,H5 能够为用户提供更加丰富多元的阅读体验,大大增强信息传播和品牌营销效果。

2019 年全国两会召开之际,为进一步增强宣传报道效果,提升融媒体品牌建设影响力,探索主旋律正能量内容传播的新方式,中国石油报新闻中心创新性地策划制作了《"石油号"全国两会幸福快车》H5产品,取得了良好的传播效果。

1. 创意思路

此款H5,设计为一辆"石油号"高铁列车,从新中国石油工业发源地玉门出发,途经石油河、延1井、好汉坡、双湖、铁人王进喜纪念馆、北极村加油站、塔克拉玛干沙漠公路、中缅管道瑞丽站、雄安新区1号加油站、港珠澳大桥、985钻井平台等与石油关联的著名地标,终点站为北京。读者扫描二维码参与,可根据自己的兴趣选择以上途经的网红打卡地点。每打卡一个地点需要回答关于该站点的相关知识答题,为两道选择题,让读者利用碎片化时间增进对该地的了解。读者最终会凭打卡路线等,在终点站收到相应的"两会大礼包",即从两会政府工作报告中选取与老百姓直接密切关联的相关政策精神,并生成一张特有的"石油号"高铁票。票面正面有首末站、打卡路线图和二维码等信息,背面显示政策红利礼包内容。读者可以将其分享到朋友圈。

 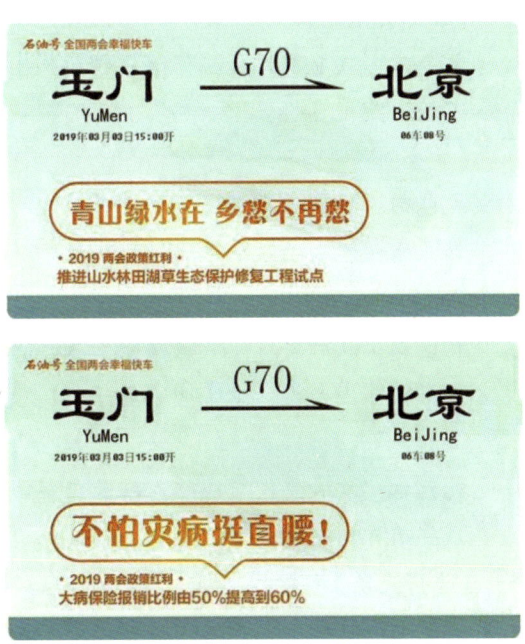

2. 创意特色

一是增加交互性。打卡途经每个站点时,创新地设置了相关石油、历史、文化等喜闻乐见的趣味答题,吸引用户参与体验,增进知识获取。

二是增强趣味性。引入声像元素,进出站时用相应各站点驻地的"方言"

报站,在获取"政策大礼包"后采用大家耳熟能详的经典曲段配乐。

三是增强观赏性。以手绘方式绘制"石油号"行驶的路线图,集山川形胜、风物于一体,二级页面还相应展示大美石油的著名地标,人文艺术气息浓厚。

四是提高便捷性。采用横屏长页面的形式,用户可以通过滑屏、轻叩页面等方式,边欣赏音乐边参与答题,查看定制"大礼包",进而学习全国两会的精神。单手即可参与互动。

政策礼包内容文案

礼包一:政府要"移动网络流量资费再降低20%以上"
视频刷剧不肉疼!
抖音《好嗨哟》

礼包二:政府要"两年内基本取消全国高速公路省界收费站"
一脚油门踩到底!
《带你去兜兜风》

礼包三:政府要"大病保险报销比例由50%提高到60%"
不怕灾病挺直腰!
《牵手》

礼包四:政府要"多渠道扩大学前教育供给"
幼儿园入学由咱挑!
《花儿对我笑》

礼包五:政府要"完成铁路投资8000亿"
乘车就像坐火箭,咱常回家看一看!
《一封家书》

礼包六:政府要"居民收入增长与经济增长基本同步"
只要咱肯干,年薪可翻番!
《飞得更高》

礼包七:政府要"推进山水林田湖草生态保护修复工程试点"
青山绿水在,乡愁不再愁
《故乡的云》

延伸思考

实现政治站位、人民定位、价值品位的有机统一

全国两会这一重大新闻事件，决定了宣传报道的政治性。报道需坚定正确政治方向、舆论导向和价值取向，同时要考虑传播的人民性，既要让社会大众进一步提高对两会的关注度，也要让两会精神从人民大会堂走到百姓中间，走向田间地头、厂矿班组、基层队站，让党和国家的方针政策转化为人民群众看得见、摸得着的幸福感。因此，报道策划成功的关键，就是要实现政治站位、人民定位、价值品位的有机统一。

如何才能碰撞出体现如上"三统一"的新闻创意呢？2019年全国两会报道，在同事们集思广益、头脑风暴后，创新形成了以H5形式打造强交互传播的报道思路。

在构思上，强化政治站位，体现时代价值。当年恰逢新中国成立70周年，也是玉门油矿胜利解放回到人民怀抱70周年。新中国石油工业70年的发展，在党的领导下，犹如一列疾驰的列车，从一穷二白、百废待兴中驶来，从"春天的故事"中走来，从经济全球化浪潮中走来，为新中国崛起加油，为民族复兴加油，为人民幸福生活加油，走完西方160余年走过的现代工业化石油之路，铺就了一条金灿灿的石油强国之路，勾勒出共和国民族工业最耀眼的轮廓。因此选择玉门作为首发站，以北京作为终点站，也暗含了石油工人心向党、永远听党话跟党走的深刻意蕴。

从受众心理角度出发，精准分析读者阅读兴趣，从两会政府工作报告中，选取与社会大众息息相关的衣食住行、教育医疗、养老等方面的方针政策，巧妙嫁接植入，以老百姓耳熟能详的话语体系和喜闻乐见的方式，不断吸引用户参与，增进有效触达。让国家的大政方针政策、行业的品牌文化传播、社会大众的关切关注实现有机结合，让宣传入心入脑，走深走实。

无独有偶。中国政府网2025年全国两会新媒体报道《误发消息到工作群了！》，精心设定两会报道组的选题讨论场景，在写实式的沟通交流中，十分巧妙地将政府工作报告的重要政策精神与人民大众的关心关注结合，让读者的阅读、刷屏变得更加有趣有用，取得了很

好的传播效果。

从用户参与体验出发，策划中强调操作的便捷性和互动的趣味性，极大调动用户的视觉、听觉等感官，特别注重控制体验时长，避免引起审美疲劳。精心打造文字，可以通俗，但拒绝低俗，可以阳春白雪，但反对故作高雅，进而实现有品相、有格调的文化品牌塑造。

好创意就是金点子，催生了可喜的传播亮点。该 H5 产品的阅读及互动参与量逾 10 万人次，也推动中国石油报社官微粉丝大幅增长。我们的创意与同时期一主流媒体同行稍晚推出的 H5 产品有着异曲同工之妙。

注：新闻文化服务类策划，后面做专章进行探讨。

第五章
关于国际传播
——从"四通八达"到"通情达理"

国际舆论场就是一场争夺话语权的无声较量。随着中国企业尤其是能源央企走向世界能源合作舞台中央，国际舆论场一些杂音层出不穷，污名化中国"一带一路"倡议、杜撰和散播中国"新能源殖民"等不实言论，极大地损害了国家声誉。

习近平总书记高度重视我国国际传播能力建设。2014年10月28日，习近平总书记在主持中共中央政治局第十七次集体学习时明确强调："推进国际传播格局重构，创新开展网络外宣，构建多渠道、立体式对外传播格局。"党的二十届三中全会提出："加快构建中国话语和中国叙事体系，全面提升国际传播效能。"

企业形象是国家形象的重要组成部分，企业的国际传播能力不仅影响自身形象和国际化发展进程，更关乎国家的整体形象。在国际形势复杂、对外开放持续深入的当下，央企在高质量发展海外业务上有责任创造更多价值，在传播中国声音上也有责任、有能力担当更多，在塑造大国形象上有能力发挥关键作用、作出突出贡献。能源央企迫切需要打破西方话语霸权，构建适合中国国情、有较强说服力，且与西方话语接轨的话语体系，向国际社会讲好"中国故事"。

一、构建"四通八达"国际传播体系,提升覆盖面和触达率

当前,新技术不断改变着信息的传播渠道与触达方式,国际传播进入以互联网为主平台的新阶段。国际传播的信息流向主要包括两个方面,即由外向内的传播和由内向外的传播,而这些信息的有效传递,要通过畅通的传播渠道和平台,有效触达信息接收者。

从央企国际传播的现状来看,普遍存在传播渠道单一、信息触达有限,传不出去、传不开来的窘境。近年来,中央企业纷纷在国际知名社交网站开设官方账号,2021年在国际三大社交媒体平台(Twitter、Instagram、Facebook[①])入驻率分别为38.5%、22.9%和48.5%。但与央企的业务体量、规模布局、全球贡献,以及国际化传播的迫切需求相比,社交平台入驻率偏低、进展缓慢,已经建设的部分账号一定程度上还存在内容主题单一、自说自话、发文量偏少及整体互动不足等问题。

要想富,先修路。科学的传播矩阵是扩大传播力的基础。为了让中国故事、央企故事出海出圈,突破"壁垒高墙",在集团公司的顶层部署和安排下,《中国石油报》着力构建境内媒体单向传播与国际社交媒体平台互动传播互为促进的传播格局。

1. 加强自有平台建设

健全面向海外、自主可控的国际传播渠道,作为中国石油对外发声的窗口平台,《中国石油报》先后开设《"一带一路"能源合作导刊》,聚焦合作共赢,讲述民心相通的故事;策划制作《能源听闻》栏目,播报一周内发生的国内外

---

① Twitter 更名为 X,Facebook 更名为 Meta。

能源大事，积极拓展国际视野；在做好门户网站外文版的同时，在客户端打造并上线英语新闻平台 CPDnews；量身定制了 CNPCWorldwide 视频号，在世界舞台上讲述中国石油合作共赢的故事。在媒体深度融合背景下，这些自有平台渠道的拓宽与强化，增强了境内媒体的国际传播能力，为海外媒体和受众提供了更加快捷的获知渠道。

2. 强化社交平台建设

2019 年，中国石油在"两微一端"、中外文官网等媒介基础上，加快构建了包括五大海外社交平台（Facebook、Twitter、Youtube、Instagram、Vkontatle）、三种语言（英语、西班牙语、俄语），共 11 个账号的媒体矩阵。这是目前国资委监管央企中账号最多、语种最多的媒体矩阵。与此同时，针对中国石油驻外企业鲜少开设海外社交媒体账号、网站等传播平台的现状，完善驻外企业媒体传播渠道，着力以国际合作项目为主体，在当地开设海外社交媒体账号，构建上（集团层）、中（驻外企业、项目）、下（海外员工）三级融合的中国石油海外传播集群。中国石油在央企海外传播力综合指数排名从 2019 年的第 24 位升至 2024 年第 1 位。

3. 借力商务平台传播

央企在国际化经营过程中，与海外项目驻地国的政府部门、社会公众、大众媒体，以及行业协会、研究机构、意见领袖等利益相关方构成了生态共同体。如中国石油连续 15 年发布多语种企业社会责任报告（定期发布国别报告）、牵头打造"一带一路"油气合作圆桌会议、中俄能源商务论坛等国际交流合作平台，为"主场"的国际化传播提供了广阔舞台。比如制作了《"一带一路"国际合作高峰论坛·油气合作特刊》，采用中英文编排，全方位展现了中国石油积极参与"一带一路"建设的丰硕成果和经验。油气合作圆桌会议期间，还向出席会议的近百名中外嘉宾赠送了特刊。第 21 届、22 届世界石油大会先后在莫斯科和伊斯坦布尔召开期间，围绕"强力支持发展中的世界""架起通向能源未来的桥梁"等主题，先后制作了中英俄文版、中英文版的大会特刊，放置在会场展台供与会各界人士参阅，拓展了对外信息发布的便捷窗口，传递了中国石油业界"致力于持续推动世界油气变革与繁荣"的坚定信心，展示了中国石油企业的形象，一些西方知名石油公司代表在现场还就特刊中的意见和观点与中方与会者展开交流。

4. 拓展人际传播平台

发挥媒体的专业优势，不断扩大国际朋友圈，抓住普通受众和意见领袖两个核心群体，让海外智库学者更多地了解真实、立体、全面的央企形象，为企业发声正名。如由中国石油报社、中国石油哈萨克斯坦公司、哈德大学国际和区域合作科学研究所、"一带一路"专家俱乐部共同举办的"中哈油气合作国际学术会议"，邀请合作国家的专家学者与中方一起进行探讨和交流，并通过当地国家媒体、通讯社，以及其运营的海外社交账号进行了报道。哈萨克斯坦哈德大学和"一带一路"专家俱乐部在其网站上也刊发了相关消息和报道，提升了传播效果和国际影响力。OGCI油气行业气候倡议组织、阿布扎比国家石油展、世界石油大会加纳分会、科索沃能效研究所、玻利维亚大使馆等130多家机构关注了我们的账号，知华友华的国际朋友圈不断扩大。

实践表明，没有强大有效的传播渠道，就没有强大的影响力。只有解决了听得到的问题，才能进一步提升信息扩散过程中的渗透性、交互性和感染力。

二、辩证统筹国际传播"本"与"末",增强精准度和感染力

国际传播不仅要看"在哪说",还要看"说什么"。何为"本"?就是传播的核心内容。何为"末"?就是传播的载体、形态等。切不可本末倒置。如果没有创新,没有内容,单纯"就传播而传播",即便文本再华丽,亦将是无源之水、无本之木,更不会吸引人,不会传开去。

近年来,中央企业的国际传播能力建设取得了长足进步,但在海外影响力、话语说服力、舆论引导力等方面仍面临不少挑战。最大的瓶颈之一,就是信息的发布端和接收端还不能很好地同频共振,即我们"想说的"未必是受众"想听的",或未必能让受众"听得清、听得懂、听得进",信息链无法形成闭环。具体表现在:内容讲述普遍过于生硬,信息构建宏观抽象、小切口讲故事的偏少,缺乏人文关怀等问题,导致受众在信息接收过程中产生感知差异,进而产生距离感。

因此,要进一步提升国际传播的影响力、亲和力和实效性,亟须打破"自说自话"的传播困境。关键在于强化读者思维、受众思维,立足给谁听、听什么的思路,找准受众的"信息兴趣点",扫除"信息盲点",探寻传播议题的"最大公约数"。通过激发受众情感共鸣点的方式,解决说什么、怎么说得更加可亲可感的问题,让受众听得清、听得懂、听得进,增进传播认同,在国际舆论场域上发出更加响亮的"中国声音"。

1. 强化议题设置,破解"说什么"的难题,以正视听

关键是要充分把握国际传播规律,坚持内容为王,强化议题设置,紧扣央企国际化经营的成功实践、互利共赢的生动案例,向世界宣介中国主张、中国

智慧、中国方案，主动讲好中国共产党治国理政的故事，创造共享价值、共享发展成果的故事，构建人类命运共同体的故事。下面，主要以《中国石油报》的实践为例，尝试从三个维度，对央企国际化传播的媒体融合路径进行探析。

一是我们"想说的"，理直气壮主动发声，以理服人

以中国石油为代表的能源央企坚定地"走出去、走上去、走进去"，融入世界经济大循环，不仅带动资金、技术、产品和服务"走出去"，与合作国一道坚持互利共赢，共享发展成果，也为世界经济提供了国际化产品和服务。然而，在国际博弈、能源市场中因信息不对称造成的误解频发，国际舆论场上散播不实言论，甚至污名化中国的声音一度甚嚣尘上，极大地损害了国家声誉。这也是国际舆论场上一场没有硝烟的斗争。因此，必须勇于直面严峻挑战，理直气壮发声，用事实说话，以理服人。

国内层面，强化议题设置，用活泼自然的语言、生动鲜活的故事、喜闻乐见的形式，向海外宣传中国共产党治国理政的故事，宣介中国主张、中国智慧、中国方案。《中国石油报》精心策划，如重点围绕改革开放、脱贫攻坚及接续乡村振兴等备受国际社会瞩目的话题，在海外社交媒体上讲述中国响应联合国千年发展目标达成减贫目标的历程，通过产业帮扶、智力帮扶、绿色帮扶、民生帮扶等方式改善当地生产生活条件、改变当地村容村貌、开展技能培训等举措，打好脱贫攻坚战系列专题报道，向世界展现了开放自信、亲诚惠容、践诺担当的中国企业形象。"中国石油脱贫攻坚接续乡村振兴国际传播主题宣传的探索与实践"案例，获评由国资委等颁发的"2021年度中央企业国际传播优秀案例"。

国际层面，重点聚焦秉持"互利共赢"理念打造油气合作利益共同体，聚焦如何携手全球合作伙伴共同应对能源行业重大变革和挑战，聚焦如何以油气合作为载体探索求同存异、求同尊异的民心相通新路径等，讲好"美美与共"故事，增进理解认同，做到以理服人，有效引导国际社会客观公正地看待这些问题。《中国石油报》先后精心策划、组织开展了"石油跨国万里行""一带一路·能源丝路万里行"等全媒体主题新闻行动，不回避、不绕弯，直面关切，解惑释疑。

案例作品

走进尼日尔——撒哈拉之恋

世间本无沙漠,我每念你一次,上帝就落下一粒沙,所以在我热恋你的土地,有了寂寞,有了沙漠。提起撒哈拉,不由自主地想起三毛。雄浑的大漠,原始的部落,粗犷的舞者,一位女子,一场旅行,一次独特的生命体验。

大漠本没有路,我们每走一步,就将友谊的种子深深播撒。"志合者,不以山海为远。"因为使命在肩,所以义无反顾。走进撒哈拉,走进尼日尔,深深折服于这个群体——海外中国石油人。

灼热的大地,穿行的驼队,零星的绿色,耀眼的"石油红",更是绚烂的"中国红"。一个群体,一种奉献,一条中尼石油合作的坦途。

无路踏路,在浩瀚无垠的大漠里,正是他们,筑起一条两国人民互利共赢的友谊之路。

这条路有多长?在这个"阳光灼热之国",海外石油人用坚实的脚印作答。

11500多千米,是从北京到尼日尔的距离,虽远隔重洋,但共同的命运、共同的目标把双方紧紧连接在一起。2008年6月,作为中国和尼日尔友谊合作的标志性项目——中国石油尼日尔一体化项目正式启动。项目包括建设100万吨产能油田1个、年加工能力100万吨原油炼厂1座,并修建从油田到炼厂的管道1条。

全长462.5千米,是连接尼日尔迪法地区阿加德姆油田和津德尔市下游炼厂原油管道的里程。今天,在中国石油人的脚下,一条能源通道已经铸就。

这条路,牵系和承载着尼日尔人30年的石油强国富民之梦。

中国石油进入尼日尔市场之前,多个国家的公司在相同的地区进行过勘探,但最终结果都不理想。中国石油经过两年多的努力,完成了相当于其他公司过去20年、30年,数倍、数十倍的工程量。今天,在茫茫的撒哈拉大漠上,现代化的油田和炼厂正拔地而起。相信不久的将来,随着油田投产、管道投油、炼厂投运,驱动了全球经济社会一百多年的石油工业,即将在尼日尔发端并发展。尼日尔将跨入产油国和石油输出国的行列。

这条路,传递着中尼友谊,布满了坎坷与艰辛。

位于撒哈拉沙漠南缘的尼日尔,是世界上最穷的国家之一,在联合国经济人文综合发展指数排行榜中排名倒数第二。大风天气频发,沙尘暴肆虐。此外,霍乱、疟疾、毒蛇、毒蝎、毒蚂蚁等,不时威胁着石油人的健康。管道穿越当地匪患出没地带，特别是东北部山区，给安保带来严峻考验。海外石油人，如一峰峰负重致远的"油骆驼"，勇挑重担，默默前行。

黄沙漫漫，大漠无边，路，向前延伸。

"这是点燃尼日尔人民的希望之光！"

耳边回响着尼日尔当地发行量最大的报纸《撒哈拉报》6月17日刊发的热情洋溢的赞誉："自从中国石油来到迪法地区开展石油合作，人们不再像过去那样，背井离乡去寻找'黄金国'。尼日尔石油开发已成为不争的现实，也成为整个尼日尔民族的希望所在……他们的行动，足以证明他们的口号：中国石油，你们亲密的朋友。"

阳光，就让它火辣辣地晒吧！越过一座座沙丘，穿行于无边无际的大漠，走进撒哈拉，记录和见证中国石油"走出去"的坚实步履，感受海外石油人精神的力量。

奔向"石油红"。这是我们的责任和使命。

（2011年7月29日）

案例作品

走进秘鲁——叩问初心

每位共产党人的心中，都有一座井冈山。

对于每位海外石油人来说，心中也有一座精神的高地。

塔拉拉，地处秘鲁西北部，属于安第斯山以西的滨海沙漠区。这里，被誉为中国石油海外创业的"井冈山"。

正是在这西班牙语意为"布满荆棘的地方"，塔拉拉项目如同星星点点的火种，生出燎原的力量，照亮了中国石油国际化油气合作之路。

穿越岁月的长河，历经26年风雨跋涉，站在国际油气合作新的历史起点上，再一次叩问初心：我们为什么出发？从哪里来，要到哪里去？

20世纪90年代初，中国经济进入了跨越式发展的新阶段。经济的腾飞，离不开油气资源的支撑。随着改革步伐的加快，一方面国际资本大规模涌入，与此同时，国内有远见的企业已经开始将目光投向外面的世界。1993年，中国首次成为石油净进口国。这一年，党中央、国务院高瞻远瞩，做出了"利用两种资源，两个市场"和"走出去"的重大决策。正是在这一年，为保障国家能源安全,中国石油积极响应国家"走出去"战略,义无反顾开启跨国之路。同年,随着秘鲁塔拉拉油田七区块的中标,标志着中国石油海外事业自此启航。

筚路蓝缕,以启山林。

塔拉拉油田是世界上开发最早的油田之一,在中国石油接手之前,有着120多年开发历史的塔拉拉已先后"改嫁"了四次。塔拉拉油田七区块有近5000口井,却仅有509口还在生产,单井日产只有3桶左右,年产量从鼎盛期的500万吨跌到不足5万吨。这里构造破碎,地下情况复杂,被称为"地质家的坟墓"。正如中油国际拉美公司总经理所言,之所以接手这个废弃的老油田,缘于中石油最初走向海外的定位:第一,投资小、成本低;第二,作为海外创业的"试验田",学习国际化经验以及锻炼队伍;第三,通俗地讲,对于"肉基本吃完了,骨头缝里还剩点肉丝"的老油田,中国石油人寄希望于依靠过硬的技术与艰苦奋斗的精神获得收益。

古语有云:天下难事,必作于易;天下大事,必作于细。泰山不拒细壤,故能成其高;江海不择细流,故能就其深。其中闪烁着朴素的精细之哲理。

创业之路总是充满了艰辛和酸涩。

这不是笑谈。项目筹备初期,为了节省投资费用,所有生产设备均从国内运来。同时还携带了供3年吃的口粮,包括大米、面粉、黄豆、酱菜以及其他生活必需品。1997年年底,项目刚开始有些起色,十几年不遇的厄尔尼诺现象再现,塔拉拉迎来一场暴雨。塔拉拉的饮用水、蔬菜、水果、粮食供应断档。最困难的时候,中方员工饮用了20天的雨水,交通、通信中断。大多数外国公司撤离,整个塔拉拉只剩下中国公司在坚守。

这是中国石油人创造的奇迹。

仅用3年时间,使濒临废弃的百年老油田起死回生,油气产量从年产8万吨提高到30万吨,被秘鲁媒体称为"秘鲁石油界的最大新闻";仅用6年时间,收回全部投资,打破西方同行"要不了多久中国石油就会卷铺盖走人"的断言。就是在这样一个被称为"地质家的坟墓"的复杂井区,居然打出了4口日产千桶油的井,此事轰动了整个秘鲁石油界。2016年国际油价低位震荡,很多大石油公司亏本,塔拉拉油田仍在赚钱,被业界称为"小而肥的塔拉拉"。塔拉拉油田也成为合作双赢的典范,累计向秘鲁政府上缴各种矿费、税费5.1亿美元,为当地提供各种就业岗位400多个。

塔拉拉油田的成功运作,成为中国石油海外油气经营的瞭望塔、试验田,让中国石油人坚定了自信,坚定了跨国经营的信心,也为中国石油海外业务培养了大量人才。据统计,曾经在塔拉拉工作3个月以上的中方管理技术人员达到280

人之多,他们中的大多数成为了其他海外项目的中高层管理人员或技术骨干。

更为重要的是,塔拉拉油田培育形成的"四精经验",成为海外油气合作的成功法宝,那就是技术上精雕细刻、生产上精益求精、运行上精心管理、经营上精打细算。

这里成为"海外大庆"的起点,是海外石油事业的摇篮和根脉所在。

走进塔拉拉,感悟"四精经验",对于石油人来说,也是一次心灵上的洗礼。在这里,感悟海外创业的筚路蓝缕,汲取继续前行的精神力量。

回首过往,塔拉拉给了我们深刻的启迪:精细之举,精工之路。精为科学,细为作风。三老四严、苦干实干为核心的石油精神永不过时,是石油工业战胜各种困难和挑战、不断发展壮大的传家宝,永远激励石油人阔步前行。

历史是最好的教科书。面向未来,塔拉拉也给我们出了一道新的考题:如何唱响新时代的"我为祖国献石油",让民族复兴的动能昂扬澎湃?

叩问初心!历史期待我们的回答。

(2019年3月18日)

如中国石油工业国际化经营的首个项目秘鲁项目,其58区块所在地位于亚马孙河流域,分布着众多的土著部落,这些部落有着自己特有的传统生活方式,全球化进程在这里步伐缓慢。如何在工业开发和雨林保护中求得平衡、实现可持续发展等问题备受国际社会关注,一些西方媒体戴着"滤镜"说事。我们走进社区和部落,采访当地民众,记录当地变化,推出《挺进雨林》的图、文、短视频等全媒体报道,从当地社区和民众的视角看中国企业、看项目意义、看合作成果,用鲜活的案例回答了"全球化与本土化""工业开发与环境保护"等问题,有效引导国际社会客观公正地看待这些问题。正如项目所在的马纳维纳斯社区领袖西蒙——这位从秘鲁公司雇员一步步成长起来的社区领袖所赞叹:"中石油和社区就是一家"。

二是受众"想听的",回应关切,增进情感认同

从受众心理分析,增进传播认同的关键是找到共同兴趣点和情感共鸣点。中华文化秉持"义利相兼,以义为先"理念。中央企业融入世界经济大循环,履行国际责任,实现合作共赢,这是海外舆论长期关注的重点,也成了我们国际传播的新闻焦点。

从国际层面,要注重全球视野与本土关怀的结合,聚焦"公共议题",可

重点围绕全球共同关心的国际合作、气候与环境等公共话题，寻找"情感共鸣点"，最大限度唤起同理心，以情动人。

如何让受众增进认同？报道围绕"义"字做文章，将视角聚焦本土化人才培养和成长。如报道中国石油土库曼斯坦项目员工米沙，他从阿姆河右岸沙漠腹地的一名农家子弟，成长为铆工队副队长。用他自己的话说："我没有花钱就学了一门手艺，找到了稳定的工作。现在家里盖了新房子、买了车，村里人都很羡慕我。"哈萨克斯坦发行量最大的报纸《哈萨克斯坦真理报》刊文赞扬，中亚管道工程使该国获得可观利税和大量就业机会的"双倍利益"。

中国石油在国际化经营中积极践行绿色发展承诺，在保护生态环境、维护生物多样性、应对气候变化等方面的生动实践，理应通过广泛传播得到国际舆论的肯定和认同。2022年，中国石油海外社交媒体账号结合世界海洋日和公司环境公报发布两个节点，策划推出了《"海洋哺乳动物观察员"主题系列宣传》。从国际雇员视角出发，一位来自拉丁美洲、受过高等教育的巴西籍第三方员工路易莎（Luiza），作为东方物探勘探者号上的海洋哺乳动物观察员，向世界人民讲述亲身参与并见证的生态保护实践。由于其身份和工作内容的特殊性，借助互动传播的叠加效应，一个月时间获得了近700万的全网流量，《"海洋哺乳动物观察员"主题系列宣传》获第九届"国企好新闻"国际传播一等奖。

2. 强化本土关怀，从"主动发声"到"借力发声"

新闻传播心理研究指出，受自我保护心理、社会认同、信息过载等因素影响，读者往往会有逆反心理，"你说百遍千遍好，不如别人说一遍好"。因此，这要求我们不断转变思维方式，从"主动发声"到"借嘴说话""借角唱戏"，力求以海外受众更易接受的话语体系取得更好的传播效果。

2018年全国两会期间，新华网推出的《五大洲20国驻华大使：中国为全球治理贡献方案》等3集系列短视频（"打call"中国系列），就是一次将"自己讲"和"别人讲"有机结合的成功探索。此作品也获得第29届中国新闻奖国际传播二等奖。

中国石油秉承"互利共赢、合作发展"的理念，充分发挥油气产业链一体化优势，助力苏丹、乍得和尼日尔等国建立现代化石油工业体系，并使这些国家从成品油进口国变为出口国，被外界誉为中非合作的典范。中国石油乍得一体化项目建设,加快了乍得经济发展,改变了其能源结构,从而使当地非洲稀树草原环境得到很好保护,砍伐树木当柴火烧的情况逐步减少。

因此,在宣传中我们充分考虑海外受众的关切,着力把央企国际化发展成果、发展理念融入一个个普通海内外员工的经历中,一件件携手共赢的海外故事中。2011年,"海外创业万里行"采访行动走进非洲的尼日尔、乍得,我们聚焦项目建设推动地方经济发展、带来发展机遇的案例,用鲜活事实说话,用翔实数据说话。适值中乍能源合作的首个重大项目——恩贾梅纳炼厂投产,项目公司通过在当地媒体发表介绍文章,采访组对乍得政府的能矿部长等相关官员,以及当地社区、媒体等组织进行访谈,并采访了我国驻乍得大使,通过报纸、网站、新媒体等叠加释放,讲好"中国奇迹"助力"乍得梦想"的故事。这些声音都得到了很好的传播,壮大了主流舆论。

案例作品

乍得各界热议中乍石油合作

乍得总统:CNPC好样的!中乍合作万岁!

乍得民众:我们将不再"抱着金饭碗找饭吃"。

乍得媒体:中国石油是值得信赖的。

"乍得人民终于获得能源独立。"这是中国和乍得石油合作标志性项目、乍得首座炼油厂——恩贾梅纳炼厂投产1个月来,乍得社会各界和各大媒体的共同关键词。

在炼厂投产庆典仪式上,乍得总统题词:"今天,对乍得人民来说,是具有历史意义的一天。我们赢得了能源独立战役的胜利,而这些得益于与中国的合作。CNPC好样的!中乍合作万岁!"

欣喜激动的不只政府官员,广大乍得民众也为中乍石油合作项目的阶段性成果而振奋。"我们将不再'抱着金饭碗找饭吃'。我们可以在本国的工厂里就业,可以使用本国产的石油。我们的国家也会越来越富强。"中文名字叫黄爱国的乍得小伙子这样说。

乍得国家电视台连续播发多期专题报道。炼厂投产当晚,国家电视台就在黄金时段新闻栏目中,用了近1个小时进行重点报道,并对中乍石油合作进行深度解读,称"这个梦想的实现应该归功于乍得与他伟大的朋友中国的合作"。

乍得新闻社在7月1日的报道中，列举恩贾梅纳炼厂为本国带来的机遇：为年轻人提供就业机会并为本国经济实体带来商机，享受本地加工原油的附加值，节省进口成品油的外汇，炼油厂自备发电厂将部分解决供电危机，确保能源独立，使用炼厂生产的天然气将有利于遏制荒漠化，全面助力社会经济发展和复兴。

在乍得首都有影响力的《恩贾梅纳报》给予高度评价："中国了解非洲，非洲也了解中国。可以说两国之间的交流是开诚布公的，没有任何禁忌的。这是有利于非洲的另一合作篇章。"

中国石油积极关心和参与当地社区建设和公益事业的行动，也赢得当地社会的高度赞誉。另一个主要媒体《进步报》也刊文说：中国石油捐建水井、学校和文具，是两国友好关系健康发展的有力证明。中国石油是值得信赖的。

（2011年8月11日）

延伸思考 ❶

从"自说自话"到"他说自话"

在国际传播中，要破解"自说自话"的瓶颈，需重视本土化视角的传播形态，全面塑造融合共赢的价值观，以精准化的内容生产与投放，实现从"自说自话"到"他说自话"，从讲"我的故事"到讲"我们的故事"的转变，在共融中共情，持续增强国际传播的影响力、感染力。

正是站在合作国受众视角看待中非合作的意义和成果，通过合作国政府、媒介和人民的"现身说法"，用鲜活的案例有力地回击了西方舆论场的谬误杂音，有理有据，可信可亲。专访时任中国驻乍得大使，权威解读和评价中乍油气合作，引发外媒点赞转发。尼日尔发行量最大的报纸《撒哈拉报》热情洋溢地赞誉："自从中国石油来到迪法地区开展石油合作，人们不再像过去那样，背井离乡去寻找'黄金国'。"

在回应西方媒体"中国是否在掠夺非洲资源"这一问题时，非洲发展新伙伴计划秘书处首席执行官穆卡韦莱这样说："你们去查一查当年欧美人开采我们的矿产时是什么样的条件，再看看中国与非洲国家签订的合同，你们能找到一个国家做法比中国的做法更有利于非洲国家吗？"

延伸思考❷

强化本土关怀，增强"他说"自觉

中国石油各海外项目坚持海外用工属地化、本土化，海外项目聘用的本地化人才已覆盖 70 多个国家和地区，海外员工平均本土化率达 88%。在传播中强化全球视野的同时，也要重视本土关怀，灵活运用本土化视角的传播形态，加强对外籍员工教育引导和专业培养，全面塑造融合共赢的价值观，不断增强"他说"自觉。

2013 年 9 月 12 日，《中国石油报》"能源新丝路特刊"上发表了中国石油在土库曼斯坦阿姆河天然气公司的当地雇员木拉特的《我的中国梦》文章。文中，他深情讲述了自己从小就对长城、丝绸之路、中国古代油气利用工艺等怀有浓厚兴趣，梦想"能够亲身领略这个伟大又传奇的国家"，到大学毕业后与中国石油结缘并如愿入职，再到受公司选派到中国大学深造、学习汉语，最终圆梦的故事。文章传递出他对中华文化的理解和领悟、对中国企业的赞叹和热爱，真实反映项目员工和驻地国民众对中国道路、中国理念的理解认同，引发了热烈反响。受哥哥的影响，弟弟大学毕业后也积极申请入职中国公司。

3. 强化人文视角，从项目"走出去"到文化"融进去"

国之交在于民相亲，民相亲在于心相通。必须认识到，不同国家在社会制度、宗教信仰、文化传统、开放程度等方面各有差异，由此产生的价值判断、市场规则、行为方式与生活习俗也各有不同。李子柒系列作品在海外广泛传播的成功案例给我们以启示，在国际传播语境下讲好中国故事，需强化人文视角，推动文化融合，既求同存异又求同尊异，追求实现从文化走出去到文化融进去的转变。

木拉特《我的中国梦》手写稿

中华优秀文化为央企海外项目发展提供了最深厚、最持久的力量，坚定了文化自信和道路自信。例如《国际友人迷上中国文化》，讲述了一位名叫 Ahmed 的中国石油长城钻探伊拉克项目部 GW309 队的优秀带班队长，与中方员工朝夕相处，越来越认同企业文化，渐渐爱上了中国文化的故事。他在日记本上写道："我一定要去一次中国，去感受东方古国的魅力！"该帖文总浏览量 27.5 万，总互动量 2197 次。在发布的介绍长城钻探伊拉克项目员工的《诺曼的长城梦》中，诺曼说："我骄傲自己是长城公司的一员，有机会，我想去北京看看，去感受下真正的'Great Wall（长城）'。"

央企海外传播能力的提升不会一蹴而就，只有不断守正创新，从渠道、内容、话语体系等方面加快构建更为高效的传播路径，才能让传播更加可信、可感，实现沟通中外、链接世界、融合传播的新突破。

三、构建融通中外"话语体系"，以"通情达理"增强传播的温度

从当前媒介传播趋势看，以"全程、全息、全员、全效"为特征的"四全"媒体的发展，呈现出移动化、碎片化、个性化特征。从海外受众需求视角看，他们对接受信息的形态更多元，不再简单满足单一文字或文图形式，以H5、直播、动漫、海报等为代表的"全息媒体"产品形态前景广阔。

1. 强化传播载体及形态建设

（1）移动化

移动互联网的发展，突破了传播扁平化的时空限制，新闻传播媒介向"轻""薄""小"转变，移动阅读以其即时性、联通性、自主性、便携性等优势成为信息传播的主渠道。鉴于此，需赋予移动优先战略丰富内涵并强化落实。一方面，加快移动端传播矩阵建设。以《中国石油报》为例，量身定制了CNPCWorldwide视频号，构建了涵盖五大海外社交平台（Facebook、Twitter、Youtube、Instagram、Vkontatle）、三种语言（英语、西班牙语、俄语）的媒体矩阵，强化移动传播的即时性。另一方面，应该认识到，这些自有移动传播平台的建设，只是解决渠道阵地"有没有"的问题，而实现传播效果"好不好"和渗透力"强不强"的问题，更是关键。基于此，应努力创新，生产更多适合移动优先传播的新闻作品，突出"短""微""快"的传播特点。同时，在社交化方面发力，提升交互性，让传播更快更远、更加可亲可感。

（2）轻量化

在内容制作中，凝缩内容体量、优化传播内容，注重打造短小精练、新颖

活泼、浅显易懂的产品，降低受众的阅听门槛，适应移动互联网时代信息碎片化的传播态势，提升信息触达率与传播效果。2023年2月，世界级一体化新石化基地——广东石化正式投产，在海外社交媒体8个官方账号上，用英文、西班牙文、俄文三种语言同步推出"智能炼厂广东石化"报道，以精致文图主题帖文、信息制图方式、提要式海报等形式展现项目智能化水平，受到广泛关注。

（3）可视化

为丰富用户的阅读体验，呈现更为立体的新闻，在传统"文字+图片"传播模式基础上，强调打造直观、形象、立体的可视化产品形态，强化短视频传播意识，遵循视频优先、图片优先的原则，可视和可感兼具，提升传播效果。如连续两年春节推出《回"家"》微纪录片，多维度讲述海外石油人春节前逆行返岗、员工同心互助等关于"家"的感人故事，一经播出就引发了海内外受众的强烈共鸣，新华网、学习强国、西瓜视频、抖音、快手等新媒体矩阵或头部平台纷纷对其进行传播，仅第一集《爸爸又去哪儿了》整体浏览量就达460万。同时，避免陷入"可视化=视频化"的认识误区，增强传播内容的镜头感与形象性。

2. 强化叙述手法和表达方式

习近平总书记指出："讲故事就是讲事实、讲形象、讲情感、讲道理，讲事实才能说服人，讲形象才能打动人，讲情感才能感染人，讲道理才能影响人。"因此，在叙事手法上，挖掘生动案例，以小切口折射大主题；在表达方式上，要结合当地的文化背景、风土人情等，建立与海外受众的普遍联系。

（1）注重人文化、特色化表达

宏大叙事与引人入胜的讲述相结合，以小切口折射大背景。转变传统的新闻发布式的叙事方式，重点围绕全球共同关注的国际合作、气候与环境、社会公益等公共话题挖掘生动案例，围绕共情做文章，通过有温度、有情感、能引发共鸣的表达方式，生动展现与地方经济和民众生活相融合的"美美与共"故事。如专题讲述中国和乍得油气合作项目建设中为保护大漠戈壁作业带上两棵直径十多厘米的树木，毅然采取费时费力、高成本的人工作业工序，挖掘机禁止作业，让自动焊机绕行，只为让树木"毫发无损"。

以心相交，方成其久远。如讲述在象群出没饮水的地方，为了避免大象跌落管沟，采取短平快施工法，赶在大象早晚两次喝水的间隔时段内，"不留痕迹"地完成两千米管道铺设的故事，引发了海外受众的强烈共鸣。乍得当地《声音周报》这样赞叹："我们发表这些选段是为了说明生活在乍得土地上的中国人，是如何积极地投身乍得的经济发展、如何热爱乍得这片土地，从树木到大象，乃至她的人民。"

（2）用事实说话，用数据说话

善于用事实说话、用数据说话，打造受众喜闻乐见的沉浸式、互动式产品。2022年是哈萨克斯坦的"儿童年"。通过海外社交账号发布《开心夏令营》，记录了中国石油曼格什套公司资助近1700名当地员工子女参加夏令营的事情，体现企业的人文关怀和社会公益。该帖文总浏览量30.9万，总互动量2401次，赢得了当地社区和政府的广泛赞誉。

延伸思考

通情达理，"见人下菜碟"

概而言之，受众认知与行为的改变是一切国际传播的落脚点。正如制作一桌大餐，同样的菜肴，选择中式还是西式制作方式，选择桌餐还是自助餐形式，都需"见人下菜碟"。不仅要食材新鲜营养，烹饪方式独特，还需要做得色香味俱全。

因此，在破解"怎么说""用什么方式说"的传播实践中，应积极转变思维，坚持目标导向与受众导向相结合，"通情"与"达理"相结合，创新载体和形态，探索精准传播策略，萃取通人之常情、达普适道理、跨越中外时空的品牌故事，以精准化的内容生产与投放，让海外受众听得进去、听得懂，在共融中共情，持续增强国际传播的影响力、感染力。

第六章
"新闻＋"
——新闻力量深度赋能社会治理

随着传媒行业的深度变革，新闻传播的内涵和外延都在不断拓展深化。这不仅体现在新闻传播满足公众日益增长的精神文化需求的独特价值上，而且体现在其在文化塑造、品牌营销、服务经济社会发展、赋能社会治理等多方面功能的进一步凸显。新闻传播承载了更多文化功能。

早在 2020 年 9 月，中共中央办公厅、国务院办公厅印发了《关于加快推进媒体深度融合发展的意见》，明确提出，要发挥市场机制作用，增强主流媒体的市场竞争意识和能力，探索建立"新闻+政务服务商务"的运营模式，创新媒体投融资政策，增强自我造血机能。

一、怎么加？
新闻为根，文化为魂，服务为本

近年来，新闻行业持续推进供给侧结构性改革，坚持"整合、融合、聚合、竞合"理念，成功探索"新闻+"融合发展新模式。如羊城晚报报业集团创办的"云上岭南"文化博览会，将常态化线下文创活动和线上国际传播平台有机融合，火热推出"老广贺春"全球大联播大联拜大行动，引发海内外受众的热烈反响。如"与辉同行"图书带货直播，让一本原本沉寂的文学读物《青年文学》火爆出圈。

《中国石油报》应该说较早就开始了新闻文化服务的探索。尤其近年来，在商务、公益服务等方面率先开展了一些有益尝试，积累了一些经验，现提供一些案例与大家交流，以期启发思考。

案例1：融合创新项目：

中国石油"百城万站·扶贫助农"百日攻坚活动

2020年是国家脱贫攻坚决战决胜之年。扶贫工作是一项长期系统工程，产业扶贫、消费扶贫是脱贫的有效路径。特别是偏远农村地区，由于交通不便等原因，扶贫基地和农牧民生产的名优土特产购销依然面临较大困境，产品优势难以迅速转化为商品优势。因此，需要持续在市场端发力，帮助农民群众解决扶贫产品销路问题，从根本上解决贫困群众增收问题。

中国石油作为能源央企和国有骨干企业，是积极履行社会责任、助力国家脱贫攻坚的重要力量。作为中国石油集团脱贫攻坚部署的重要责任主体，中国石油销售企业运营加油站22360座，分布在全国400余个地市州盟，实现了全部县级行政区零售网点"全覆盖"，线下日进站客户量1100万人次。销售企业庞大的线上线下营销网络、海量的客户群体、成熟的运作能力等，都为产业扶贫的可持续性开展，创造了良好条件。

因此，2020年，《中国石油报》联合销售公司、相关部门共同策划组织"百城万站·扶贫助农"百日攻坚活动，在全媒体做好助力脱贫攻坚报道的同时，发挥媒体独特的渠道平台优势，选择做精做强与老百姓生活息息相关的垂直领域，推动产业扶贫、消费扶贫，为党和政府分忧，为百姓群众解难，以实际行动助力打赢脱贫攻坚战。

这次活动以"与爱同行、小康油我——中国石油'百城万站·扶贫助农'百日攻坚"为主题，中国石油选取全国具有代表性的100座地市级城市，遴选10000座中国石油加油站，优选100余种特色助农产品，设立销售专区、专柜，进行线上线下同步推介和销售，让农产品资源优势转化为经济效益，努力打造央企扶贫主题特色活动。

活动分三个阶段实施：第一阶段，整合线上线下销售渠道和特色扶贫产品资源，成功举办"百城万站·扶贫助农"百日攻坚活动云启动仪式；第二阶段，各销售公司开展配套营销活动，组织互联网直播带货大赛，利用10月17日"国家扶贫日"这个重要时间节点，通过媒体集中宣传报道，将活动进一步引向深入；第三阶段，主要是总结活动成果。

互联网直播带货大赛赋能消费帮扶（绪一鸣 摄）

主要做法如下：

首先，充分发挥中国石油独特的零售终端网络优势，精心组织好活动"选城""选站""选品"工作。一是本次活动在全国100座城市的中国石油加油站统一开展，选取客流量大、设施好、销量高或地处重点扶贫县市的10000座加油站便利店，数量占中国石油昆仑好客便利店总数的一半。同时，本着"源头好货"原则，主动与有关地方政府对接，安排31家分公司、昆仑好客公司组织好"选站""选品"等各项工作。先后从2020年国务院扶贫推荐产品名录、中国石油消费扶贫推荐产品、昆仑好客自有商品中选取约100种商品参与活动销售。优选了全国832个国家级扶贫县，"三区三州"深度贫困县及52个挂牌督战县和中国石油集团公司定点扶贫县及其对口支援县的100余种特色扶贫产品。

其次，强化互联网思维。紧紧抓住10月17日"国家扶贫日"这个重要时间节点，开展为期一个月的"中国石油互联网直播带货大赛"。各销售企业前期注重策划，探索差异化直播营销方式，提升消费者的线上购物体验。

此外，创新设立"助农优品推荐官"，并向全国发出"与爱同行、小康有我"倡议。为使活动取得实效，让贫困农户的钱袋子鼓起来，这次活动集中开展了宣传推介，有计划地组织系列营销策划：线下便利店配置扶贫助农商品专区专柜；每站至少设立1名员工担任"助农优品推荐官"，负责推介及引导顾客购买扶贫助农商品。

通过上述举措，实施效果主要体现在三个方面。

一是企业品牌传播方面。当年9月15日，主题为"与爱同行、小康有我"的中国石油"百城万站·扶贫助农"百日攻坚活动在京启动后，中央电视台、《经济日报》、人民网、新华网、新浪网、中国扶贫网等40多家媒体集中报道，31个省（区、市）公司联动，同步响应。活动迅速在全国范围内传播，影响力持续扩大，掀起了展示中国石油积极、正面品牌形象的舆论高潮，也为类似活动的宣传报道组织和品牌推广提供了有益借鉴。

二是社会评价积极、客观。网友及客户反馈，"这是个好点子，希望能长期可持续的进行下去""石油的线下店面很有优势，店面多、广、专，是巩固脱贫成效，实现可持续脱贫的重要平台！""这些扶贫产品好走心，我又被种草了。"

三是企业市场拓展和提质增效方面。中国石油助力地方政府，全力打通扶贫助农"最后一千米"，让"加油站""便利店"连起贫困农户钱袋子，有效解决贫困地区特色产品滞销难题，帮助老百姓增收增效，让特色产业转化为经济优势，推动特色扶贫产业可持续发展。作为活动重要一环，历时33天的网络直播带货大赛，31家地区销售企业及润滑油公司、昆仑好客公司共33个代表队参加比赛，取得销售收入2092万元，吸引180多万人次围观，获得4800多万次点赞，成为集团公司正面舆情热点话题。在为期三个月的"百城万站·扶贫助农"百日攻坚活动中，中国石油各销售企业扶贫产品销售额累计突破1.4亿元，得到了国务院扶贫办、国资委、中国石油集团的充分肯定。

延伸思考

胸怀国之大者，"新闻+服务"走好全媒体时代群众路线

国计民生是"新闻+服务"的出发点和落脚点。对于中国石油来说，助力打赢脱贫攻坚战，既是义不容辞的政治责任，也是舍我其谁的历史使命，是一份必得满分的必答题。应该说，这既是一次媒体新闻宣传工作的创新实践，也是一次营销传播的创新实践，更是一次服务国家战略、践行"新闻+商务"理念的创新实践，进一步拓展了新闻文化服务的边界，深化了其内涵。

活动充分依托并发挥新闻媒介在公信力和权威性方面的独特优势，由媒体"搭台"、企业"唱戏"，抓住民生冷暖这一切入点，找到企业与社会共振的话题，将公益活动、企业生产经营和品牌传播有机结合，探索创新新闻产品及开发拓展延伸服务，让全社会"看到""感知到"活动的规模、效果和意义。这是媒体积极履行社会责任的生动实践。

一方面充分发挥中国石油报社网络读者流量和官媒公信力优势，进行全媒体推介，在官方微信、微博设置"百城万站"百日攻坚活动导入窗口，让受众在阅读新闻的同时，也能方便购物，实现"活动宣传是产品推广，产品推广也是品牌宣传"的双赢效果。另一方面，加强与中央和社会媒体的合作，强化了对外传播，全面总结帮扶模式，分享扶贫经验，宣传石油精神，全方位展示集团公司的责任与贡献，在社会公众、能源行业、舆论领域引起良好传播效应，进一步提升公司的社会影响力和品牌美誉度。

作为一次媒体融合发展的创新探索，《中国石油"百城万站·扶贫助农"百日攻坚活动营销传播的创新实践》获2021年度石油石化企业管理现代化创新优秀成果三等奖。

案例2："变革中的石油力量"
——纪念改革开放40周年知识竞赛活动

2018年恰逢改革开放40周年，为展示改革开放伟大成就，展现石油工业的新发展、新变化，引导干部员工深入学习习近平新时代中国特色社会主义思想和党的十九大精神，营造纪念改革开放40周年的浓厚氛围，凝聚百万员工干事创业、续写改革开放新篇章的强大合力，《中国石油报》于2018年7月29日至8月8日组织开展"变革中的石油力量"——纪念改革开放40周年知识竞赛活动。

创新活动定位。活动定位并非简单的答题活动，而是为广大干部员工提供辅导学习的平台，是对习近平新时代中国特色社会主义思想和党的十九大精神的再学习、再教育，对改革开放40周年巨变和石油工业取得成就的再回顾、再认识、再激励。将本次知识竞赛作为庆祝改革开放40周年的一项主题教育活动，营造浓厚氛围，引导干部员工以实际行动落实中央对国企总体要求和集团公司党组决策部署，凝聚百万员工干事创业、续写改革开放新篇章的强大合力。

创新规则制定。活动并没有采用传统的答题比拼模式，而是借助竞赛载体，以扩大传播范围和提升传播效果为出发点制定竞赛规则，加入了答题达到一定成绩后，根据成绩排行获得大众评委随机奖励的环节，既增强了活动的吸引力，又提高了用户参与的积极性，激发用户勇争上游的热情，同时抓住用户渴望通过知识竞赛提升知识储备的诉求，通过巧妙创意和精心设计，引导和鼓励受众参与分享，是利用新媒体手段加强品牌传播的一次有益尝试。

创新运行模式。整个活动抓住内容这个关键，用新颖的试题吸引流量，用全程的热度感染粉丝，打造了有趣、有用、有爱的用户体验。

一是多维度方式植入，让品牌根植于心。在设计知识竞赛题库时，项目组先后编写了700余道考题，并对试题进行分类汇编，不同类型考题按固定比例出现，其中一个试题类别为赞助商的产品知识试题，让多次答题的用户始终保持新鲜感和接受挑战的刺激感。

二是活动全程保持推广热度，有力提升覆盖面。针对用户参与答题过程中存在疑问、实际需求和后台互动等情况，每日推出一篇动态文章，或解答用户疑问、或展示竞赛实况、或进行规则提示等，让用户感受到竞争的火热和激烈氛围，全程热度不减。

三是活动全程安全受控，组织实施得力。从项目前期选择技术合作商，到进行个性化程序开发，尤其是杜绝了机器恶意刷题，基本上保证了活动的高效性、比赛的公平性和传播效果的最大化。利用"油家族"人格化品牌形象，组建客服团队，全程在线即时响应用户需求，成立答题粉丝群，及时释疑解惑、反馈信息、引导舆论；对大奖结果进行三次审核公示，确保了最终结果的公平公正公开。

创新品牌推广。从答题全环节嵌入到活动"贴牌"推广，360度浸入式传播，实现了较好的品牌曝光效果。一是政治站位高，活动主题有高度。坚持活动定位，其中党建、改革开放、传统文化等竞赛题按固定比例设置。专门设置了"我为改革开放立言"的互动分享环节，突出活动的政治意义和站位高度。二是覆盖面广，品牌推广精准有效。活动吸引了石油系统内广大干部员工88.17万人次参与答题互动，9.37万人次转发分享，实现了产业链全覆盖。其中系统内企业参与人数占比最多的业务板块，与独家冠名品牌所属的润滑油公司主营业务关联度较高，达到精准营销预期。除国内受众外，还包括中东、拉美、中亚、非洲等地人群，将品牌推广到了国际受众。三是曝光量大，品牌在系统内强势曝光。通过"活动全过程、答题全流程、平台全覆盖"的品牌植入，加上《中国石油报》在各平台矩阵账号的全面推广，"昆仑润滑"品牌曝光次数达100万次以上。很多人通过这次活动知晓了昆仑润滑品牌，科普到了润滑油的相关知识，并了解到昆仑润滑的相关产品及特性。四是传播效果佳，用户对品牌的接受度和好感度上升。活动规则设计围绕"活动热度维持"和品牌强势植入两个目标，从覆盖的广度和传播的深度两个维度入手，专门设置"英雄榜"等互动方式，最大限度激发粉丝参与度。"昆仑润滑"品牌形象及科普知识点"360度无死角"重复出现，全面强化了受众认知度和接受度。

延伸思考

用户思维，"新闻+服务"实践的破圈路径

本次活动是由中国石油昆仑滑油公司独家冠名，《中国石油报》新媒体平台组织，以线上答题方式开展的一项全媒体品牌推广。

通过引入第三方独家冠名的形式，不靠行政命令，无须报社投资，而是通过活动本身的吸引力和价值黏性，让用户为创意买单，在

答题竞赛中增长知识的同时获得互动体验，促使用户主动转化为传播中介，实现了品牌的裂变式传播。历时10天半的活动吸引了逾88万人次参与互动，中国石油报微信公众号粉丝量翻了一番，取得了很好的传播效果。《中国石油报融媒体品牌传播运营案例简析》获2019年度石油石化企业管理现代化创新优秀论文二等奖。

　　回过头来看，树立用户思维、增强跨界意识无疑是本次活动最大的启示。活动强化互联网思维、坚持用户导向，充分将政治性、知识性、趣味性和商业性有机结合，转发分享近10万次，"昆仑润滑"品牌直接曝光次数达100万次，取得了很好的传播效果，成为全媒体品牌推广和跨界营销的有益尝试。

二、赋能社会治理，服务中见证新闻的力量

当下，移动互联和数智时代全面到来，新技术、新应用加速迭代，为媒体的变革发展提供了更为广阔的空间和更为便利的条件，媒体的功能呈现出更为多元化、平台化、跨界化的特点。

创新"新闻+"业态，拓展增量价值。最为显著的特征，是始终以内容建设为根本，通过创新融合新闻、政务、服务、商务等要素，拓展"新闻+"产品形态，构建"内容+服务"的全链条、全方位、全媒体新业态，以新闻文化独特的功能优势，服务读者大众，赋能社会治理。

《媒体融合蓝皮书：中国媒体融合发展报告（2021）》显示，近年来，各个媒体基于自身的路径和条件，在"新闻""政务""服务"等方面进行了有益探索，各有千秋。大致的应用范围包括直播带货、文稿服务、文化创意服务、舆情监测服务、传播营销服务、展会展览服务、视频制作服务、品牌打造以及IP孵化服务等一揽子"新闻+商务"产品矩阵。

如在政务服务方面，北京广播电视台对接打造"12345接诉即办"新媒体端服务平台；湖北广播电视台"长江云"与湖北省政务服务平台"鄂汇办"互通互联，将652项政务民生服务接入全省121个云上系列移动政务客户端；还有一些传媒集团探索构建"新闻+党务"模式。

如《中国石油报》的"变革中的石油力量"——纪念改革开放40周年知识竞赛活动，就是创新"新闻+服务"、高质量开展品牌塑造的有益尝试。中国石油"百城万站·扶贫助农"百日攻坚活动，则是"新闻+商务+服务"在传播营销和社会公益服务方面的成功实践。

可以看出，无论是何种创新，都是通过跨界传播策略，拓展"新闻"的增量价值，实现跨界反哺和良性互动，增强主流媒体市场竞争能力和自我造血机

能，实现社会效益、经济效益和政治效益的多赢。

融入时代洪流，坚定人民立场。要实现高质量的新闻文化服务，必须高站位策划，融入时代洪流，彰显主流媒体价值。

坚定人民立场，这是"新闻文化+""新闻+"的核心理念。新闻工作坚定站稳人民立场，坚持受众思维、读者导向，与产业、政务、商务等坚持以人民为中心的理念，源于一理，殊途同归。因此，如何探索新闻与服务、政务、商务的有机融合，让议程设置有温度有力度，是走好新时代网上群众路线的新课题。

深耕文化内涵，这是"新闻文化+"的鲜明特色。它不是新闻与文化、服务的简单相加，而是充分发挥新闻的力量，发挥文化的力量，通过线上线下融合互动，以新闻为根、文化为魂、服务为本，构建新型的文化服务供给体系。

坚定新闻理想，这是新闻文化服务的底座支撑。媒体搭台，服务唱戏。当下更注重传统媒体与社交媒体的有机联姻，促进新闻与政务服务的有机融合。而 AI 等新技术应用，抖音、快手新交互媒介等新支点、新载体，使新闻文化服务的边界不断拓展、应用场景持续增加，推动文化产品与服务更加多样化、个性化。

"新闻文化+"，强化社交化传播理念。新闻文化服务，灵魂是新闻，目的是服务。服务首要体现在其公益属性上，创造更多延伸的附加价值，具体通过社交化的传播来实现。离开新闻文化内核讨论服务、商务等，那就偏离了方向，失去了意义。当然也不能将"新闻文化+"狭隘地局限在传统新闻层面，两者是相加相融、相得益彰的关系。

从这个意义上说，不能将"新闻文化+"仅仅理解为技术平台的搭建等，它更是一种创新理念，一种适应新时代的传播方法论。

加快系统性变革　壮大新闻主流舆论
（代后记）

（在中宣部第五十九期全国报社负责人岗位培训班上的学习报告，摘录时有调整。）

世界之变、时代之变、历史之变，正以前所未有的方式展开，传媒行业身处意识形态斗争的最前沿，也正经历着深刻变革，挑战与机遇并存。

2023年10月召开的全国宣传思想文化工作会议正式提出习近平文化思想，这在党的宣传思想文化事业发展史上具有里程碑意义。会议提出"七个着力"的要求，强调"着力提升新闻舆论传播力引导力影响力公信力"。党的二十届三中全会提出"构建适应全媒体生产传播工作机制和评价体系，推进主流媒体系统性变革"的战略任务。这些都为进一步做好宣传思想文化工作指明了方向，提供了遵循。

一是深化对意识形态工作"极端重要性"的认识。新闻宣传是一线，也是火线，搞好改革发展，舆论需先行。

党的十八大以来，以习近平同志为核心的党中央高度重视新闻舆论工作，多次研究有关问题，对新闻舆论工作作出重要部署。习近平总书记不止一次用"极端重要"一词来评价宣传思想文化工作。总书记强调，"宣传思想文化工作事关党的前途命运，事关国家长治久安，事关民族凝聚力和向心力，是一项极端重要的工作。""意识形态工作是党的一项极端重要的工作，是为国家立心、为民族立魂的工作。""党的新闻舆论工作是党的一项重要工作，是治国理政、定国安邦的大事。"

能源央企作为国有重要骨干企业和国际知名企业，更是处在意识形态交锋的"前沿阵地"。意识形态管理不能"留白"，不能有"盲区"。新闻宣传是一线，也是火线。能源行业媒体要从守护国家主权政权的战略高度，从壮大舆论主阵地主战场的时代要求等维度，深刻领会习近平总书记关于新闻舆论工作的重要论述和重要指示批示精神，不折不扣贯彻落实党中央决策部署，把宣传工作放到"国之大者"的格局中去谋划，强化政治自觉，坚定正确的政治方向、舆论导向和价值取向，面向社会面向读者，唱响主旋律，打好主动仗，做好舆论引领、思想引领。

二是明晰互联网环境下媒体融合发展的目标任务和攻坚方向。主力军挺进主阵地主战场，攻克"腊子口"，扩大主流价值影响力版图。

习近平总书记指出："没有网络安全就没有国家安全；过不了互联网这一关，就过不了长期执政这一关。""人在哪儿，宣传思想工作的重点就在哪儿，网络空间已经成为人们生产生活的新空间，那就也应该成为我们党凝聚共识的新空间。"随着互联网、大数据的广泛应用，5G、云计算、区块链、人工智能等迅猛发展，"元宇宙"概念扑面而来，信息传播方式日新月异，"新闻纸与新媒体之间的墙被逐渐拆掉"。国内外舆论环境深刻变化，社会价值诉求和利益诉求多样化，话语体系和媒介表达多元化，增加了主流媒体传播主流价值的难度。互联网既是推进媒体融合发展的"风口"，也是网络意识形态领域斗争必须攻克的"腊子口"。媒体融合的目的是壮大主流思想舆论，核心是落实党管媒体、党管意识形态。因此，必须站在增强"四个意识"、坚定"四个自信"、做到"两个维护"的政治高度，切实增强媒体融合发展的时代使命感和历史责任感，夯实媒体融合的思想基础。通过做大做强做优主流思想舆论，抢占新闻文化宣传制高点，扩大主流价值影响力版图。

三是坚定做强做大主流思想舆论的理论自觉和行动自觉。着眼"有报少纸"或"有报无纸"新常态，加快推进新闻供给侧结构性改革。

当前，舆论传播格局正发生巨大变化，从"铅与火"到"数与智"，呈现移动化、平台化、可视化、智慧化、交互性的发展趋势，"有报少纸""有报无纸"或是新常态。因此，需守正创新，着力加快推进新闻供给侧结构性改革，从"以产定销"向"以销定产""产销互促"转型，从数据驱动向智能驱动转型，把握时代脉搏，聆听时代声音，回答时代课题，承担时代使命，提升新闻报道传播力、影响力、感染力。

新思想指导新实践，新思想引领新征程。深入贯彻落实习近平文化思想，致力于高品质、高水准新闻宣传，对内构建凝聚力强、感召力强的舆论生态，对外发挥正面舆论导向对社会的引领力和影响力，必须以时不我待、只争朝夕的使命感、紧迫感，乘势而上，发展图强。

必须坚持政治家办报的原则不动摇，牢固树立"在新闻领域为党工作"的理念。

马克思主义新闻观是我们党新闻舆论工作的"定盘星"。深入贯彻落实习近平总书记关于宣传思想文化工作的重要论述，牢牢把握正确的政治方向和舆论导向，牢固树立"在新闻领域为党工作"的理念。没有离开业务的政治，也没有离开政治的业务。作为党媒，讲政治是其天然属性。站位上不去，媒体很难办好。要把"政治家办报"理念和要求落实到新闻实践中，自觉站在党和国家的高度看待问题、思考问题，坚持从大局出发、体现大局要求。立足国内国际两个舆论场、石油系统内和系统外两个读者群，把准时代脉搏、呼应人民需要，以宏阔的全球视野、宽广的历史视野、深厚的文化视野谋划和推动石油新闻事业。

从"跑马圈地"转向"精耕细作"，媒体融合贵在从"共享""共融"到"共情"，推动主流媒体系统性变革。

随着"数与智"的演进发展，互联网这个最大变量变成事业发展的最大增量。新型主流媒体占据影响力高地；5G、AI等大数据技术应用不断革新，短视频成为发展风口、MCN运营创新展现投资吸引力；跨界合作推动深度融合，"+"模式成为媒体加快转型升级的重要推手。媒体融合已迈入智能融合、生态融合、柔性融合的新阶段。"共融"不易，"共情"更难。加快重塑全媒体传播新格局，推进主流媒体系统性变革，必须突破传统思维模式，推动各种媒介资源、生产要素有效整合，从"跑马圈地"转向"精耕细作"，加快信息采集、新闻制作和发布互动等向数据驱动、智能驱动迈进，资源池共享，业务块共融，作业者共情，构建包括策、采、编、发、评等在内的完整的业务生态闭环。

由虚向实，回归和坚守"思想内容生产"，坚定"内容为王"的战略定力。

报纸是新闻纸，更是思想纸、观点纸。新闻媒体的舆论引导，引导的就是思想和价值观。发挥传统优势，锻造"内容为王"看家本领，既是立身之本，更是发展之道。在强调传播形态、技术牵引和创新驱动的同时，必须把思想内容建设摆在十分突出的位置，推动新闻生产方式变革，强化读者意识和受众思维。坚持从自身价值出发，深耕行业沃土，坚持守正创新，在供给侧创新生产,在需求侧满足用户,在视频端抢抓长尾,在提高质量和品位上下功夫,以思想内容优势赢得发展胜势,壮大主流舆论。

撼山易,撼思想观念难。媒体应勇于解放思想,革自己的命。关键要解决好后继有人这个根本大计。

需要直面的是,塑造主流舆论新格局、壮大主流舆论阵地,媒体的潜力、能力、动能够不够?最大的挑战来自观念的固化和因循守旧。不破不立,唯有先破后立,破立结合。比如,实际工作中,存在确保"不出错"胜过"要出彩"、前沿性前瞻性研究和主动深入思考不够等问题。勇于解放思想,破除"守成"观念,打破固有的思维惯性。机器产生不了思想,只有人才能产生思想。因此要以党的政治建设为统领,打造政治过硬、本领高强、求实创新、能打胜仗的新闻铁军,解决好后继有人这个根本大计。

行笔至此,我的交流汇报也告一段落。拙作所录,仅为一名基层新闻工作者的学思践悟。一家之言,虽力求客观,仍难免管窥之见,未臻理论之完备。惟愿此书能为同行提供些许工作参照,便是它最大的价值。

成书过程中,承蒙中国行业报协会、中国石油报社、石油工业出版社诸位领导的厚爱、鼓励和鞭策,得到多年来合作共事的各位同仁的指导和帮助,在此一并深表谢忱!更要向所有受访者鞠躬致意,他们的故事,才是时代最真实的注脚。

新闻之路漫漫修远。新闻人当"择高处立,就平处坐,向宽处行",以脚步丈量时代,怀敬畏记录历史。谨以此书,献给所有相信文字力量的同路人。